自立支援の実践知
阪神・淡路大震災と共同・市民社会

似田貝香門 編著

東信堂

序（はじめに）

似田貝 香門

「聴け、私がお前に問いかけるのだ。答えるのはお前だ」（『ヨブ記』42章4節）

　本格的に震災直後の神戸の調査を始めた1995年夏、被災市民たちが路上で、お互いの知人たちの安否の確認後の別れ際、「おたがい頑張りましょう」、という挨拶を繰り返している光景が随所に見られた。その場面の印象が、被災者の〈立ち上がり〉と私たちの〈出会い〉であった。やがてそれが私たちの〈受動的主体の主体化〉という、私たちの調査研究の主要なテーマの一つを構成するきっかけとなった。

　本書を貫く基本的モティーフは、1章で強調しているように、苦しみpathos に偶然、出会う人間（支援者）が、この「苦しみ」と〈居合わせる co-presence〉ことにより、自らも受難＝受動の様相に置かれ、そこで提起された被災者の自立にかかわる問題、課題やテーマに対し、否応なく立ち上がり、当事者との新たなる共同的な主体、すなわち〈われわれ〉という〈主体の複数性〉を形成していく可能性について問うことにある（本書で述べるようにやがてこれを、〈共に－ある être-avec〉という〈共同出現〉と呼ぶ）。

1）〈生の固有性〉という視点

　阪神・淡路大震災（1995年）によって生まれた多くのボランティア活動は、137万人もの多数のボランティア活動の量的な多さもさることながら、文字通り被災者の〈生〉の緊急支援と、被災者の自立支援について、生活や地域という場所に根づく支援の実践として、社会に大きなインパクトを与えた。

　こうした現象のなかで、今日まで12年にもわたって、震災から自立支援を持続しつづけているボランティア活動に、これまでとは異なる、新しい

活動・運動の実践が生み出されつつあることに、私たちは注目してきた。

それは、「たった一人を大切に」、「最後の一人まで目線を向ける」(村井雅清)、「最後の一人まで見捨てない」、「最後まで生ききること・自立」(黒田裕子)という、被災者各自の生命＝生活の「他ならなさ uniqueness」(アーレント)という視点に「こだわる」(村井雅清)、自立支援の新たなる実践思想の生起といえる。わたしたちは、このような支援の基本線を、〈生の固有性〉へこだわる実践思想と呼ぶことにした。

95年震災後から今日 (2007年) に至るまで、この実践思想がいかなる条件下で、どのようにして生まれてきたのか、またこのような特異な支援活動が今日まで何故持続してきたのか、について当初から私たちは、深い関心を寄せてきた。

私たちは、支援者たちと、支援活動の特異性 singularité、およびこうした実践思想を母胎として育まれる、将来的な、被災者や市民の、生命・自立・共同あり方が、今後どのように社会として卓望されるに至るのか、等について、12年間にわたって対話・討論を繰り返してきた。

私たちは、支援者との対話を通じて、〈生の固有性〉という考え方を背後に持つこうした支援活動の要は、支援活動現場での、支援者と被災者間の〈語る─聴く〉という関係行為にこそある、と考えるようになってきた。

そして私たちは、この〈「語る」─「聴く」〉という行為を支援者から学びながら、このような実践的方法を、〈近傍からの接近〉、あるいは〈近傍に寄る〉と呼び、私たちも、もっぱらこの〈聴く〉という方法を自らの調査の力となるように努力をしてきた。

支援活動の〈生の固有性〉という視点こそ、大震災の支援活動の最も特異な視点であった。それは、個々の人間の生存様式としての固有性に「こだわる」支援行為である。そして、この特異的な支援の基本思想は、「自立・自律とは『支え会いである』」という〈実践知〉に結実する。

自立・自律と支援との関係は、なにより当事者─支援者の、相互行為(「支え合い」)である。そしてその実践のパースペクティブは、当事者間の相互行為、当事者─市民の相互行為へと、次第にミクロ・ボランタリズムからマクロ・ボランタリズムへと関係の位相を広げようとしている。その彼方

に、自由な市民活動の場としての市民社会を卓望する。

　こうした〈生の固有性〉という特異な視点は、個と集団の本源的自立化作用を促す〈新たなる行為〉といえる。さらに敷衍(ふえん)しよう。このような行為を念頭に置けば、レスキュー段階で対応される自立支援の、日常的な「暮らしを整える」(黒田裕子；2007/08/08) 行為は、人の実存的生存関係の最も基盤的な自立を支える個と集団の相互行為といえる。

2) 方　法

　支援活動にかかわる支援者の大切な言葉 (実践語) は、1995年の支援活動が開始された当初から今日に至るまで、〈生の固有性〉への支援実践のパースペクティブに向けられ、組み合わされ、有効化されようとしてきた。

　既にふれたように、私たちは、〈生の固有性〉という視点による支援活動の特異性 singularité を理解し分析する方法として、〈聴く〉という方法を重視した。本書で述べるようにこの方法を〈近傍からの接近〉、〈近傍に寄る〉と呼ぶことにした。

　私たちは、支援活動にかかわる支援者の大切な言葉 (実践語) が、いかに〈生の固有性〉という支援の実践の基本思想のパースペクティヴという視点と結び付いているか、を全体として理解し、把握することが最も重要、と考えた。

　それは、私たちが重要と考えている支援者の大切な言葉 (実践語) は、〈そのつど〉、〈具体的、一時的、局所的〉に行われる支援行為を表明しているだけでなく、支援者の被災者に対する、現在から将来への、実践的行為の時空間的パースペクティヴに対して開かれている、と思うからである。それは時空間的な実践方向 sense の指針である。同時にそれは、支援者の支援者自身に対する応答姿勢、したがって〈約束・関与＝責任 engagement〉を負いつつ、自己を更新する実践的な倫理的指針でもある。

　このような方法は、私たち調査者の〈聴く〉という行為もまた、支援者の被災者に対する応答関係と同じように、研究者として研究内容としての支援者のかかわった被った出来事 Sache に対する、責任の負い方でもあることを強力に示唆する。

このような出来事を理解し、了解するには、当該の問題に徹底的に〈近傍に寄る〉という方法しかない。それが〈聴く〉という方法である。
　「私達は〈希望〉の可能性への行為を反映している現在の〈絶望〉の具体的状況から出発すべきである。テーマは、そこに包摂されている。同時にまた、「未検証の可能性」の行為そのもののなかに包摂されていることを、対話によって発見し、共同に形成していかねばならぬところまできている」(本書1章)。この私たちに課した責任を〈聴く〉という方法でどの程度、可能となったか。まだまだ心許ないし、未完ではあるが、本書はその中間的報告である。

3)「自立支援の実践知」の生成と展開
　この調査は徹底的に〈「語る」－「聴く」〉という、私たちの名付けた〈近傍からの接近〉あるいは〈近傍に寄る〉という方法を展開した。まだ完成には遠いが、これまでの調査の概要・骨格として、「自立支援の実践知」の生成を、支援者の実践表現(言葉)の生成と展開から、可能な限り理解しようとした。
　その理解を深めるため、支援者の実践の言葉(実践語)に関連対応できうる概念を準備し、その上で言葉と概念を関連対応させ(表1 ix頁)、総合的に分析するという視点からこの「一括表」を作成した(**図表1**別紙)。このような作業は、〈聴く〉という行為の実証的理論の構築の基礎作業といえる。
　図表1「『自立支援の実践知』の生成と展開」は以下のように作成された。
(1)「生成と展開」の時間軸は、阪神・淡路大震災以降の1995年～2007年の間に生成され展開された、支援者の自立への実践の大切な言葉(実践語)と、それに関連対応させるために私たちの準備した概念を時間に沿って記している。
(2)自立支援の言葉(実践語)を、〈語る〉主体の対象内容の位相からみると、さまざまな次元が表現されている。
　存在について表現としては、「わずらわしさ」、「見えないものが見(る)えてきた」が、自己のゆらぎ・変容についての表現としては、「掘り起こしてしまったニーズ」、「ボランティア活動は、気づきであり学びである」、「人

[例 続]

図表 1　「自立支援」
――支援者の実践兼観(言葉)の関連連鎖

1995年 ―――――――――――――――→ 2000年

0. 由来事
- a 由来事
- b 生起されるテーマ：〈身体性〉という実体・表した (pathos) からの〈主体〉〈意識〉
- c テーマの用語
- d テーマの置換　　：

I. 実践知の構想
- a 実践知
  : 「人間の多様があり、多様する人間がいる。」
  「そしてこのいのちを重んじる」
  A
  「自分は人として最適でない」
  「最適の人ともき合えること」
  「最適の一人まで目標を向ける。」
- b 実践知をめぐる用語・概念　：〈強い存在〉に対する〈弱い存在〉の最後

II. 主体の差様
- a 主体の差様の実践兼観
  : 「聞く＞傾聴」（「相手と本気で向き合う」）
  「病人を相手にしてしまうケース」
  「ただちらんと」
  〈聞く〉
- b 主体の差様の用語・概念　：ここに〈呼びかける〉有
- c 共同性をめぐる用語・概念　：〈寄り添う co-presence、隣り合わせ、沈黙に寄り添う〉
- d 主体の差様の方法・概念　：〈沈黙からの接近〉・〈沈黙に寄る〉
  「認識の行為 (acts of cognition)」

III. 場所・空間の実践
- a 実践にとっての場所の意義　：「住まう」・「ポランティアを拠点にしている」
  「場所の広がり」・「喜びの場の活動」・「自身をつくる場」

IV. 行為伝達の契機 (moment)
- a 行為伝達の実践兼観　：「瞬間を大事にする」
- b 行為伝達経験の用語・概念　：〈その2〉・〈真体的、一時的、局所的〉、問題の特異性 singularité の発見は
  〈出会い rencontre, rencounter〉・「気づき awereness」

V. 支援関係
- a 支援関係の実践兼観　：「何でもあり」
  「バランスで」、「たぶ」一緒。
  A'
- b 支援関係の用語・概念　「未検証の行為 untested feasibility」
  〈個の有限性〉

協和」の生成と展開

連帯経済と概念の対応性、の一括表

2005年 ⟶ 2007年

（pathos）新しさ ⟶ 目文
の自律性・多様性・新しい社会の代替案としての「市民社会」
「ある être-avec」・〈共同出現〉
主体・〈支体の収用の転移〉

C"
                                    「ひとつにまとまろう」
                                    「自立とは支え合い」   ⟶「市民社会」
                                    ⟨場所作り⟩、「Aのあり方」をB方を主題にする。
                                    ⟶〈幸の固有性〉への様の基本的留保

ステージス   「ボランティア労働は   「自立とは支え合い」
                                    「ふれあい」・「違いを認め合う」   ⟶「市民社会」
                                    使命 mission を続ける   〈支体の残態性〉
マネジメント   ［捉えること Verwindung］   ⟵〈持続〉
⟨きえる⟩への多様   ⟵〈共同出現〉   ⟵「市民社会」
                                                    ⟨分有＝共同 partage⟩
体の多動性】   ⟵〈共に-ある être-avec⟩
多動的主体性   ⟶〈相互行為⟩

cent   「多様な事業展開・共同の資源還流
                        ⟶「強者の論理からつながるネットワーク共同体」

f [つなぎ] conjoncture⟩
所、持つ

                                    〈ネットワーキング〉
C'
の活動を合わせる。   ⟶「隔ててしたしたか」な接続
                        「隔離と連携」
つくり（共車間道）、「あらしーの市場   〈継続性〉
ユーネメントの力、「対話できる計画」   ⟶「市民運動のスタイルの形成」、「市民の自己組織化、
つくり／つくり」   ⟶ 地産地消を進める。   ⟶「コミュニティを作る」   ⟶「新しい社会の代替案」
「ボランタリーなシチズンシップ地域発展 community development」
3.   自力性、「おそれがない勇気」、「総合力」、「アマチュアのつなぐ多様な接触、
                        「まちづくりはプロセス」・「情報を選び取る」
                        〈開間と連続〉（未来志向・未来系・居息の行動）   ⟶〈捉える〉   ⟵〈持続〉
霊、⟶〈網状の動態的持続的関係（共同）〉＝〈共に-ある être-avec⟩の動態的実質性   ⟵〈多様性〉

と出会って、人として成熟すること」、「言葉は人の何を表しているのか」、「切るやないよ」が、実践、行為についての表現としては、「聴く姿勢」、「相手と本気で向き合う」、「こだわる」、「瞬間を大切にする」、「つなげる」、「最も弱い者にボランティアの活動を合わせる」が、制度体・秩序についての表現(社会を穿つ言葉)として、「人権とは少数者を守ることからはじまる」、「少数者に目を据える」、「多様な目を持つ多様な市民」が、人のあり様の〈共通〉についての表現としては、「人のありよう」、「人ってこんなもんでしょう」が、他者・社会とのかかわりについての表現については、「変わり合い」、「支え合い」、「顔の見える関係」、「ふれあい」、「違いを認め合う」がある。

(3)このようにいくつもの位相に表現を分節できるので、時間的にも空間的にも、全体として理解し、把握するため、以下のように分類することにした(ローマ数字は大分類、アルファベット小文字は小分類)。

対話者であった支援者の実践の際の大切な言葉は、
Ⅰ．実践知の様相　a 実践知
Ⅱ．主体変様　　a 主体の変様の実践表現
Ⅲ．場所・空間の実践　a 支援にとっての場所の意義
Ⅳ．行為促進の契機　a 行為促進の実践表現
Ⅴ．支援戦略　a 支援戦略の実践表現
支援者の言葉はいずれも「　」で記している。

次に、支援者の言葉に関連対応させるために、私たちが独自に定義付けをした概念、あるいは専門用語を転釈した概念を、上記と同じような考え方で分類した。
Ⅰ．実践知の様相　b 実践知をめぐる概念
Ⅱ．主体変様　　b 主体の変様の概念、c 共同性をめぐる概念、d 主体の変様の方法・概念
Ⅳ．行為促進の契機　b 行為促進契機の概念
Ⅴ．支援戦略　b 支援戦略

独自に定義した概念は〈　〉、既存の概念を転釈したものは「　」でいずれも記している(各章のに掲載した、「基本的な用語説明」も合わせてみていただきたい)。

(4) この表からわかるように、なにより実践の言葉は、〈そのつど〉、〈具体的、一時的、局所的〉に生成された経験知といえよう（生成）。

このように個別に生成した経験知は、時間の経過と共に、自立支援の課題・テーマ等の必要性、状況の変化によって、相互に蓄積、累積されて、実際に使用される。

つまり、当座必要な個別の経験知に、他の相補的な経験知が、あるいは近接的な経験知が加わり、経験知の意味内容を補完し、豊饒化させるのである（展開）。

この支援者による実際の使用（言葉行為 parole）としての累積は、〈呼びかける声〉の状況やその時々の必要により、時間を超えて、相互に近い経験知はもとより、遠い経験知間でも、〈結びつけ〔つなぎ〕conjoncture〉という組み合わせ、経験知群の相互交流という展開をもたらしている。そして、そこから新たな実践的意味を創造している。

つまり、経験知の複合化、多層化が生み出され、より上位の言葉（実践語）を創造している。これは言葉の多層化である[1]。

(5) 個別の経験知の〈結びつけ〔つなぎ〕conjoncture〉による、実際の使用のネットワークの範囲について素描したのか、A、B、C……のアルファベットで括られたグループである。

〔A、B、C〕、〔A'、B'、C'〕、〔A"、B"、C"〕で括られている支援者の言葉と私たちの概念は、独立しながらもしかし相互に深い関係をもつ領域である。

深い関係とは、支援者の場合、言葉を相互に補い、同じ支援にかかわる出来事に対し、別様な表現する際に用いられることもある。これも、時間の経過と共に、いわば次第にネットワークされてくるという、時間（実践の言葉の展開）と言葉の空間（実践の言葉としての広がりや多層化）という生成と展開を表現している。

異なる概念の間の関係も、上記と同じである。12年間の長い対話により、支援者も私たちも、相互にお互いの言葉、概念を幾分なりとも使用しつつある。その意味で、対話という関係によって、言葉と概念がネットワーク化され、その結果、支援者と私たちの間に、「共同行為」の生成と展開とい

う様相が萌芽的に生まれつつある。

(6)かつて私たちの都市社会などの地域社会研究の「構造分析」という方法は、現状を分析して、過去の状況との分析比較をし、社会の変化を見ようとした。しかし、残念ながら調査・分析によって、将来を予見するという、経験的かつ論理的な示唆 suggestion の成果は少なかった。

これに対し、〈「語る」－「聴く」〉という方法は、思わぬ効果が随所で現れた。

この方法は、支援者と私たちが相互に長い時間をかけての対話・討議というコミュニケーションを経た。上記の「言葉と概念のネットワーク化」の説明でもふれたように、それは結果として、実践行為という出来事についての言葉（実践語）と、私たちがその言葉に対応すると考えた概念との、相互的対話による共通了解過程であった。つまり、お互いの言葉と概念との間で、事実上の相互浸透 osmose が進行したのである。

このような相互浸透は、その効果として、支援者と私たちが、当該の実践行為についての表現の言葉と概念を、相互に予見しあうことが可能となりつつあった。

例示しよう。

支援者の和田耕一さんは、「ボランティアは、対象者と一つになった時に、『ふれあい』が生まれる」（和田耕一；1997/07/30）という。その説明を〈聴く〉途中で、私たちの「支援は出会いということですか」という問いかけに、「そうなんです。ボランティアとは出会いなんです」（1997/07/30）。

やがて支援者には、「最も弱い者への配慮」→「こだわる」→「出会う」→「ふれあい」→「今あることに全力を尽くす」という実践語の継起的多層化という連接が、私たちには、〈出会い rencontre、rencounter〉→〈約束・関与＝責任 engagement〉→〈受動的主体性〉という概念の流れの結びつきができあがった。

そして、相互的対話を通して、このような言葉と概念の流れや〈結びつけ〔つなぎ〕conjoncture〉を、相互に理解することが可能となった。

もう一つの例示。

私たちの研究のキー・タームとなった〈受動的主体性〉という概念は、〈能

動的主体性〉という概念が同時に論理的に包摂している〈克服 Überwindung〉というモメントに対し、同じく論理的には〈耐えること verwindung〉というモメントが不可欠である、と考えていた。

支援者の村井雅清さんは、ごく最近の対話で、「（このセンターが創設された95年1月の『たった一人、最後の一人を大切に』という）ミッションを大切にする。ミッションを続ける。（その結果）つぶれてもよい。耐える。覚悟する」(2007/08/07；（　）は引用者挿入）と述べた。

支援者の12年の実践時間の経過のなかで、「原点」・「使命 mission」→「こだわり」→「使命を続ける」→「耐える・覚悟する」という言葉（実践語）が繋がり、そしてそれが、一連の支援者の実践行為の意味方向 sense を形つくった。それは、私たちの準備した概念〈受動的主体性〉に、論理的に内包される〈耐える〉というモメントと、遙かに交信、共振する。

表現の言葉と概念の相互浸透は、こうして相互的な予見を実践行為について語り合える効果を導いている。

このような異なる主体間の相互浸透・交流という関係の生成は、かつて調査における「共同行為」(似田貝香門；1974) を論じたその内容を更新させ、〈共に－ある être-avec〉、〈共同出現〉という資格を付与された関係性として立ち現れる可能性を予期させる。

(7)〈実践知〉とはなにか、についてのこの調査における私たちの経験的定義とその知の内包するパースペクティヴ、については本書8章10) おわりに、の「〈実践知〉とはなにか」の中間総括で論じた。

表1「支援者の実践表現（言葉：実践語）と関連対応のため準備された概念」は、言葉と概念の関連相互対応については示したものである。

左側の欄に支援者の実践の際の大切な言葉（実践語）、右側の欄にそれに関連対応させるため、私たちが準備した概念である。

支援者が実践に使用した言葉（実践語）を、私たちはその場での討議・対話を行い、さらに持ち帰って改めて検討し、ときには数回にわたり、相互に対話を繰り返した。そして、実践の言葉の内容を壊さないように、かつ他の支援行為との関連を分析可能にするように、改めて研究上の概念として定義するか、あるいは他の研究の用語・概念を転釈して使用するように

表1 「支援者の実践表現（言葉：実践語）と関連対応のため準備された概念」

実践語	対応関連する概念
「聴く姿勢」	〈聴く〉・〈近傍からの接近〉・〈近傍に寄る〉
「わずらわしさ」・「こだわり」	〈約束・関与＝責任 engagement〉
「掘り起こしてしまったニーズ」	〈可傷性 vulnérabilité〉
「つなげる」	〈結びつけ〔つなぎ〕conjoncture〉
「隙間」	〈隙間〉
「隙間と混在」	〈未決定・未完遂・停留〉・〈カオス chaos と秩序の相互浸透 chaosmose〉
「ネットワーキング」	〈ネットワーキング〉
「耐える」・「覚悟をする」	〈耐える verwindung〉
「瞬間を大事にする」	〈そのつど〉・〈具体的、一時的、局所的〉
「ボランティア活動は気づきであり学びである」	「気づき（awareness）」
「出会い」	〈出会い rencontre、rencounter〉
「生活を整える」・「自分らしく生きる」・「ふれあい」・「顔の見える関係」	〈共に―ある être-avec〉・〈共同出現〉
「なんでもありや」	「未検証の行為 unsetting action」
「抱え込まない」	〈個の有限性〉
「変わり合い」	〈相互行為〉

した。

その時間的経過・空間的関連性（多層化された言葉と概念）については、図表1の「『自立支援の実践知』の生成と展開」での解説を見られたい。

4）調査団体と調査対象者

1995年調査が始められてから実に多くの団体や支援者に出会った。調査としてどのようなテーマやそれを具現する団体や支援行為をどこに据えるか、これはすぐにはわからない。私たちは、これまでの調査では経験したことのない、被災地域という場所で、寸暇を惜しんで、どこへでも話を伺いに歩いた（**表3**参照）。

表3は、2000年までにお話しを伺った団体や支援者の一括表である。そのなかから、**表2**にある団体は、今日まで絶えることなく対話をし続けてきた団体と支援者である。

95年の5月にはほとんどのボランティアやボランティア団体が、「もはや自分たち活動のフィールドはない」といって、被災地を去っていった。

表2　調査対象団体および対象者（1995年〜2007年）

調査対象団体および対象者	調査団体の概要
「阪神淡路大震災地元NGO救援連絡会議」（現「被災地NGO協働センター」） 草地賢一〔故人〕・村井雅清（仮設住宅支援連絡会・「ちびくろ救援ぐるうぷ」現「ぐるうぷ"えん"」）・細川裕子・鈴木隆太・増島智子	1995年の震災直後、自然発生的に組織化された阪神地域のおおよそ150のボランティア団体の連絡会議。情報誌『じゃりみち』、『かわら版』。市民が主役となり、主体的責任をもってかかわる新しい市民社会を形成するために、それぞれの身の丈にあった協働の働きをしていくと共に、広く市民が協働の働きを実践する場をめざす。国内外の震災等への緊急支援活動を行い、海外災害援助市民センター（CODE）への援助を含め、「被災地KOBE」から活動を発信し続けている。他に、「まけないぞう事業」、「寺子屋セミナー事業」。
特定非営利活動法人「阪神高齢者・障害者支援ネットワーク」「伊川谷工房・あじさいの家」 黒田裕子・中辻直行・梁勝則（リャン・スンチ）	震災当日の1995年1月17日夕方より長田区で高齢者・障害者の緊急避難所支援活動開始。西神第7仮設住宅（1060戸）を拠点に、99年9月の仮設住宅解消まで、周辺の仮設住宅を24時間体制で支援活動を続けた。その時の経験を活かし、地下鉄伊川谷駅構内の「伊川谷工房・あじさいの家」を拠点とし、デイサービス、仕事場、寄り合い場など地域の交流拠点として活動するほか、市内各所で復興住宅自治会支援、訪問活動、医療を始めとする各種相談、研修受入、災害ボランティアネットワーク、ボランティアのコーディネート等、広く活動。2004年特定非営利活動法人格取得。専従スタッフ19名、有償ボランティア4名、無償ボランティア250名。
「被災地障害者センター」（現特定非営利活動法人「拓人こうべ」） 福原史朗〔故人〕・大賀重太郎・溝渕裕子・竹本貞雄	震災を契機に、地域の障害者や団体、関係者の救援・支援活動に取り組むため、1995年2月2日、障害者自身による救援活動の拠点として発足。安否確認、生活支援、小規模作業所の復活、情報発信をはじめ、可能なあらゆる活動を展開。その後は、緊急支援から緩やかに生活支援へと障害当事者の必要に応じて活動内容を変えていき、1999年には特定非営利活動法人格取得。2005年10月NPO法人「拓人こうべ」と名称変更。障害者の為だけではなく、障害をもたない人も同じ権利を主張できる、大切にされる社会を目指す。専従スタッフ21名。2006年組織改組を行い、主要なる事業を社会福祉法人「えんぴつの家」に移した。専従スタッフ2名。
「野田北部まちづくり協議会」 浅山三郎会長・焼山昇二・林博司・河合節二・松田利之・福田道夫　森崎輝行（森崎建設事務所；野田北部まちづくりコンサルタント）	「野田北部地区」の震災復興本部が地震当日に設置され、復興まちづくりはここから始まる。協議会地域の一部（海運町2丁目、3丁目）が区画整理事業に指定され、同一協議会範囲内における復興の将来像の差異に不安を抱いていた。区画整理事業対象外でも全半壊率が高く、住宅再建促進に加えて、災害に強いまちなみの創造、下町らしいまちなみの再生が目指された。全国初の街並み誘導型地区計画の制定、細街路整備事業の導入、従前居住者の帰郷を促すユニークな「コムスティ構想」の実践、自ら行った「野田北部　美しいまち宣言」に基づいて神戸市と締結した初の「パートナーシップ協定」等の活動をしている。
「たかとり救援基地」（現「たかとりコミュニティセンター」） 神田裕（カトリックたかとり教会司祭）・和田耕一・鈴木迪子	阪神・淡路大震災のボランティア活動の拠点。外国籍の住民が全体の10%を占める神戸市長田区にあり、現在この地域で、言葉、文化、民族、国籍などが違っても、同じ住民として一緒に新しいまちをつくることを目指し、敷地内の10の団体などがネットワークを組んでセンターを構成。情報誌『たきび』。

表3 調査対象団体および対象者（1995～2000年）

調査対象団体	調査対象者
「兵庫県定住外国人生活復興センター」（現「神戸定住外国人支援センター」）	金宣吉
「兵庫県立看護大学」（現「兵庫県立大学看護学部」）	南裕子（当時；学長）・井伊久美子・山本あい子
「阪神大震災市民まちづくり支援ネットワーク」	小林郁雄・天川佳美
「全テント村連絡会」・「全神戸避難所連絡会」・「兵庫県被災者連絡会」	河村宗治郎
「南駒栄公園テント村自治会」	中村
「真野地区被災対策本部」	山花雅一、宮西悠司（真野地区まちづくり推進会相談役）
「すたあと長田」	河合敏雅
「曹洞宗国際ボランティア会」	市川斉
「西神戸YMCA」	髙田裕之館長（当時）
「神戸市長田区役所ボランティアセンター」	常深幸子
「すずかけ作業所」	岡
社会福祉法人「えんぴつの家」	鋤柄和茂
「コミュニティサポート・センター神戸」	中村順子
「長田ボランティアアソシエーション（NVA）」	佐藤武敏
「神戸市社会福祉協議会ボランティアセンター」	弓削
「自立生活センター神戸・Beすけっと」	井奥裕之
「小規模作業所ピータンハウス」	岡田恵津子・橋本聡美
「兵庫中学仮設待機所」	中野健一（被災者）
「さわやか神戸・市民の会」	松本巧
「灘区琵琶町在宅デイホーム避難所」	大竹茂
西神南仮設住宅団地	大川記代子（JOCSボランティアコーディネーター）
「長田区庄山町3・4丁目自治会長」	徳永一誠
「コレクティブハウジング事業推進応援団」（石東都市環境研究室）	石東直子
「松本地区まちづくり協議会」	中島克元
「尻池北部まちづくり協議会」	福井由松会長
長田区まちづくり推進課	内藤直樹・井谷誠司
神戸市住宅局建築部指導課	鈴木三郎課長
兵庫県都市住宅部	坂井豊都市政策課副課長・松田孝夫住宅整備課副課長・植田昌邦住宅管理課入居審査係長
神戸市企画調整局企画部・議会事務局・震災復興総括局	溝橋戦夫神戸市企画調整局企画部長・後藤範三企画課係長・樽谷利信市議会事務局・花木章震災復興総括局調査課
その他；「東灘・地域助け合いネットワーク」・「コープこうべ」・「こうべまちづくりセンター」・「板宿小学校避難所」・「灘区琵琶町在宅デイホーム避難所」・「大阪ボランティア協会」・津川章久（朝日新聞神戸支局）・岩崎信彦（神戸大学）

注）肩書きは当時のもの

残されたのは、一部のボランティア団体やボランティアであった。

このような事態を、草地賢一さんは私たちに対して、「日本にはボランティア入門しかない」といって嘆き、このような不幸の緊急支援から社会が回復するまでの「市民社会」の「社会開発」の学問が、先進国のなかで日本は最も遅れていることを鋭く指摘した。この時期、自立困難な「震災弱者」が構造的に生み出されようとしていた。

草地さんの指摘は、私たちの調査のテーマと調査の対象に決定的に影響を与えた。「ボランティア組織についての研究をなんとかします」、これが草地さんに当時、約束したことである。調査の責任ということを深く肝に銘じなければならなかった。

一般に、レスキュー段階から、復旧段階へ移りつつあるとき、依然としてレスキュー段階に置かれ、次第に見捨てられつつあったのが「震災弱者」である。やがて、仮設住宅での被災者の「孤独死」という事態が起き、一層、自立困難な被災者の問題を、正面から対応しなければならない支援活動の緊要課題が差し迫った。

この時期、被災者自身がボランティアとなり、支援活動を開始あるいは、途絶えつつあった支援活動を継続し始めた。

本書は、こうした支援のため何度も立ち上がり、今日まで支援をめぐる困難に状況を、「覚悟し」、「耐える」なかで「持続」してきた支援団体とそのリーダーたちの、支援の実践方法を素描したいわば中間的総括の書である。

注
1 こうした言葉・概念の多層化から、〈実践知〉の意義を明らかにし、またこの〈実践知〉が多義性ambiguityを帯びることから、〈生の固有性〉の自立を支援する行為は、市民社会に対する、多様な行為の原初的生成であることについては、本書8章10)おわりに、の「〈実践知〉とはなにか」の中間総括を見られたい。

参考文献
似田貝香門 1974「社会調査の曲がり角——住民運動調査後の覚え書き」(『UP』24号)

目次／自立支援の実践知——阪神・淡路大震災と共同・市民社会

序（はじめに） ………………………………………………………………… i
用語解説（各章別） ………………………………………………………… xix

1章 市民の複数性——現代の〈生〉をめぐる〈主体性〉と〈公共性〉
……………………………………………………………似田貝香門… 3

1　阪神・淡路大震災の思想的インパクトとそこから生成されたテーマ
……………………………………………………………………… 3

1) 生成されたテーマ——〈受動性〉から出発する《新しい主体性論の構築》 8

(1)〈身体性〉という主体 (8)　(2)パテーマ (pathos: passion) 論からの〈主体〉像の再検討 (8)　(3)〈可傷性 vulnérabilité〉——「弱い存在」と受動的主体 (9)　(4)〈主体の位相の転位〉(11)

2) 高齢化社会——余儀なくされた責任の範囲の身体へ拡張　12

2　ボランタリズムと〈公共性〉…………………………………………13

1) ボランティアと「市民社会」の公準構築との関係　13
2) 主体の〈生〉の複数性——生は、「公共性」のいかような位相にかかわるか。　14

(1)住民運動論的〈主体性〉—〈公共性〉(14)　(2)「弱さの存在」からの〈主体性〉—〈公共性〉(15)　(3)〈弱い主体〉にとっての〈生〉の複数性をめぐる〈公共性〉と〈生の共約可能な commensurable 要素〉の〈公共性〉の相互浸透に向けて (17)

3　残された問題 ………………………………………………………20
注 ………………………………………………………………………22
参考文献 ………………………………………………………………28

2章 再び『共同行為』へ——阪神・淡路大震災の調査から
……………………………………………………………似田貝香門…31

1　フィールドからフィールドへ ……………………………………31

1) 〈調査者—被調査者関係〉　31
2) 再び〈調査者—被調査者関係〉の問い　33

2　可能性 …………………………………………………………………34

1) 〈絶望〉から〈希望〉へ　34

2)〈未検証の可能性〉または〈未検証の行為〉　35
　3　挑戦的現実 challenging reality ………………………………………36
　　1)〈リフレックス・ソシオロジー〉　36
　　2) ボランティアと「市民社会」のリストラクチュアリング　37
　4　ボランティアの諸相と時系列的展開 ……………………………39
　注 ………………………………………………………………………43
　参考文献 ………………………………………………………………44

| 3章　多様なボランティアが切りひらく新たな市民社会 |
| ──被災地NGO恊働センターの活動展開から ……西山　志保…47 |

　1　はじめに ………………………………………………………………47
　2　緊急救援NGOとしてのスタート …………………………………49
　3　なんでもありや！──既存の価値観の崩壊と多様なボランティア ……51
　4　衝撃的な孤独死の発生──復興格差の深刻化 ……………………54
　5　日常時におけるボランティア活動のゆらぎ ………………………58
　6　「孤独な生」という現実 ……………………………………………60
　7　非営利事業への展開──ボランティア活動から有償事業へ ………62
　8　「支えあい」が生み出す関係性 ……………………………………65
　9　被災地発「もう一つの働き方」──コミュニティ・ビジネス ……69
　10　おわりに──新しい市民社会を切りひらく ………………………71
　注 ………………………………………………………………………73
　参考文献 ………………………………………………………………74

| 4章　被災者の固有性の尊重とボランティアの〈問い直し〉 |
| ──阪神高齢者・障害者支援ネットワークの持続 …三井　さよ…77 |

　1　はじめに ………………………………………………………………77
　2　仮設住宅へ──活動の開始と背景 …………………………………80
　3　最初の限界／発見──開けられない〈扉〉／開けない〈扉〉 ……82
　4　「その人らしさがあってはじめてやる」──「生」の固有性 ……86
　5　「生活している人間がいる」「人間が生活している」──生活の発見
　　 ………………………………………………………………………92

6　「場づくりが人づくりになる」──〈強さ〉の生成……………96
　7　被災者の「自立」／ボランティアの「自立」………………101
　8　「取り残されていく」人々──〈被害の重層化〉……………104
　9　「つなげていく」──固有な転換点への着目………………108
　10　「最後まで生ききる」──支援ネットの持続戦略……………112
　11　「人」の発見／ボランティアの役割……………………115
　12　おわりに……………………………………………119
　注………………………………………………………123
　参考文献………………………………………………128

5章　職能ボランティアの成立と可能性
　　　──ながた支援ネットワーク……………………似田貝香門…131

　1　専門職がボランティア化する意義………………………131
　　　1）はじめに　131
　　　2）専門職のボランティア活動の経過　135
　　　　(1)活動経過 (135)　(2)震災直後の「法システム」としての福祉行政業務の停止──緊急時の高齢者福祉活動の状態 (136)　(3)施設専門職のボランティア化──緊急時の福祉領域のニーズの発見と職能ボランティアによる福祉行政の強行な再構築 (139)　(4)職能ボランティアの脱施設──フィールド創設と支援活動 (140)
　2　職能ボランティアの専門性の実践………………………141
　　　1）実践 praxis の空間としてのフィールド──〈隙間〉の創出　141
　　　2）被災者との応答に対する〈約束・関与＝責任 engagement〉
　　　　　──専門職の自省性 reflexivity　143
　　　3）被災者との応答に対する〈責任看取（アンガジュマン）〉　144
　注………………………………………………………151
　参考文献………………………………………………154

6章　〈居住の論理〉に基づくコミュニティ形成
　　　──野田北部地区の復興まちづくり……………清水　亮…157

　1　問題意識──震災復興まちづくりとコミュニティ形成……157
　2　復興まちづくりの初期条件──〈居住の論理〉に基づく震災
　　　以前のまちづくり……………………………………160
　3　「復興」の初動体制と〈居住の論理〉の確認………………163

4　〈居住の論理〉の優先——土地区画整理事業区域内のまちづくり …166
　5　地区の空間的〈一体化〉とコミュニティ規範による〈所有の論理〉
　　　の乗り越え ……………………………………………………………170
　　　　　(1)地区計画によるまちなみ形成 (170)　(2)私的所有のコントロール
　　　　　としての〈専有＝割当て Appropriation〉——現代版〈コモンズ〉の形成
　　　　　(172)　(3)社会規範の形成とコミュニティの成立 (175)
　6　復興イベントによる精神的〈一体化〉——「コムスティ」構想 …177
　7　事業型まちづくりから持続型まちづくりへの転換
　　　——復興事業後のまちづくり展開……………………………………179
　8　インナーシティ問題と住宅再建の接合——「復興」のまちづくり戦略
　　　…………………………………………………………………………182
　9　現代におけるコミュニティとまちづくりの展開可能性 ………185
　　　　　(1)「総合力」のまちづくりと協議会 (185)　(2)〈居住の論理〉に基づ
　　　　　くコミュニティとまちづくり (190)
　注 ………………………………………………………………………………193
　参考文献 ………………………………………………………………………195

補論　まちづくりコンサルタントの活動とその職能 ………………197
　注 ………………………………………………………………………………202
　参考文献 ………………………………………………………………………203

7章　自立支援のリアリティ——被災地障害者センターの実践から
　　　………………………………………………………佐藤　　恵…205
　1　はじめに ………………………………………………………………205
　2　被災障害者のヴァルネラビリティの先鋭化——被災障害者の多様性
　　　…………………………………………………………………………207
　3　被災障害者のヴァルネラビリティから能動性への転回 ………214
　4　自立と支援 ……………………………………………………………218
　5　「分からなさ」を「聴く」ことと決定の留保——「分からなさへの定位」
　　　…………………………………………………………………………222
　6　オルターナティブな自立観——自己責任論を超えて ……………227
　7　問題解決に向けた「隙間の発見」 …………………………………231
　8　三者関係としての支援へ——異質な支援者間の補完性・相互依存性
　　　…………………………………………………………………………235

9 おわりに ……………………………………………………240
注 …………………………………………………………………242
参考文献 …………………………………………………………245

| 8章 〈ひとりの人として〉を目指す
  支援の実践知………………………………似田貝香門…249 |

1 神戸の被災者支援の総括の原点 …………………………249
2 草地賢一さん、黒田裕子さん、大賀重太郎さん、
   村井雅清さんとの出会い ……………………………………250
3 支援活動の基本思想；「自分らしく生きる」──〈生の固有性〉への
   こだわり …………………………………………………………252
4 新しいボランティア行為 ……………………………………256
5 黒田裕子の実践的な言葉 ……………………………………259
   1)「瞬間を大事にする」・「瞬間瞬間の必要性に目を向ける」 259
   2)「聴く姿勢」 261
       (1)媒介の論理 (263) (2)約束・関与＝責任 engagement (264) (3)〈出
       会う rencontre、rencounter〉(266) (4)「変わり合い」(相互の自立)
       と共同の可能性(〈共同出現〉) (266) (5)〈共に─ある être-avec〉、〈共
       同出現〉の実例 (268)
   3)「つなげていく」、「つなぐ」──主体の変様 269
       (1)主体の変様 (271)
6 大賀重太郎さんの実践的な言葉 ……………………………272
   1)「隙間と混在」 272
   2)「セルフ・マネージメント」(自己決定から「セルフ・マネージ
      メント」へ) 277
   3)「関係を切らない」、「切るんやないよ」 280
   4)「アメーバのごとく多様な戦略」 281
7 村井雅清さんの実践的な言葉 ………………………………282
   1)「わずらわしさ」 282
   2)「何でもありや！」 284
   3)「十人十色」 285
   4)「バラバラで、(なお) 一緒！」 290
   5)「耐える」 291

8　神田裕さんの「他者との交わり」(「たかとり救援基地」、カソリックたかとり教会司祭)──支援基地と根拠地としての空間 …294
   9　和田耕一さんの「ふれあい」と「モラル」(長田区「たかとり救援基地」) ……………………………………………………295
  10　おわりに──「市民社会」；公共性・場所性・多様性 ………299
　　1)「存在」──「現れ」の公共空間 (ミクロ・マクロのパースペクティブとして「市民社会」) 　300
　　2)　社会の仕組み作り──市民活動の場としての「市民社会」　302
　　3)　新しい支援の行為の特異性 singularité ──まとめに代えて　304
　　　　(1)〈近傍からの接近〉、〈近傍に寄る〉(304)　(2)〈「語る」－「聴く」〉という相互的関係 (306)　(3)〈実践知〉とは何か (307)　(4)支援活動の特異性 singularité (310)　(5)今後の課題 (312)
　注 ……………………………………………………………………313

あとがき ………………………………………………………………325
索　引 …………………………………………………………………333
執筆者紹介 ……………………………………………………………341

用語解説（各章別）

1章　市民の複数性（似田貝）

〈居合わせる co-presence〉、〈寄りそう co-presence〉、隣り合わせ傍らにいる、隣り合わせ隣り合わせ；「他者のいるその場所に特別の条件なしに共にいること」（鷲田清一）という定義を転釈し、より主体論的位相に引き寄せて使用。本書では、この概念を実体概念、規範概念のいずれにも使用することを避け、苦しみ pathos のなかにあって、支援者の現れそのものを表現し、同じ「時間」、同じ「場所」で〈そのつど〉、〈具体的、一時的、局所的〉に取り結ばれる、動態的な共時的関係を意味するように使用する。また、この概念をより動態的に、〈共に―ある être-avec〉、〈共同出現〉という実践の行為の関係の形成への変移 Verganginiss へと展開させた（本書8章参照）。「条件なし」とは、本書では、〈約束・関与＝責任 engagement〉が中断、〈未決定・未完遂・停留〉され、それによって自らの支援行為が揺さぶられても、廉直に、また愚直に、支援の「原点 mission」に立ち戻り、その揺さぶりに〈耐え〉ながら、対話によって支援行為を〈持続する〉こと、と理解している。つまり、際限のない〈約束・関与＝責任 engagement〉とほぼ同じである。

〈出会い rencontre、rencounter〉；自立困難な、さまざまな条件やテーマ・課題を抱えた人と支援者が邂逅し、その結果、やむなくその人と応答関係を引き受けざるをえない出来事。このような、新しい出来事や新しい行為との〈出会い rencontre、rencounter〉は、具体的諸個人が、偶然に、あるいは否応なしに、または避けることができない状況で、絶えず支援の現場へと立ち会わせ、そして余儀なく自らの主体を開かされる出来事（〈主体の受動性〉参照）。

〈受動的主体〉・〈受動的主体性〉・〈受動的＝能動的主体性〉；本書では、「近代社会」の主体論の前提であった能動的主体像を「強い存在」と考え、これに対し、「弱い存在」の主体像を、〈受動的主体〉とした。現代における主体論は、苦しみ pathos を受ける「弱い存在」の主体化、つまり〈受動的主体性〉をテーマにすべきと考えている。〈受動的主体性〉とは、自立困難な出来事をめぐって〈出会う〉他者との関係性のなかで、否応なく被る〈可傷性 vulnérabilité〉と、それによって働きを受ける主体の感性力を介して、支援行為と自分自身に働きかける力能である。つまり否応なしに他者からの働きを受けつつ、他者と自分自身に働きかけるという力能。ときに〈受動的＝能動的主体性〉と表現することもある。要は、従来のような、受動性／能動性の二分法的考え方でなく、その同時性がこの概念のテーマである。この概念と深くかかわる主体の変化を主体変容と記さず、主体変様と標記する理由は、〈受動的主体〉というこの主体の変化は、外部からのインパクトにより、感性等を通じて、身体を介して主体が変様（アフェクチオ）することを強調するためである。

〈主体の転位〉・〈主体の位相の転位；主体の回転〉；本書では、「弱い存在」論を論じるにあたり、既存の主体論のコアをなす能動主体への過剰な参照を批判的に受けとめ、受動主体の意味の再認と参照の意義を強調している。「人間の弱さを前提にし、受動・受苦の意味を積極的に認めようとする〈パトスの知〉である」（中村雄二郎,1999）という考え方を継承し、近代の主体の立ち上がりの参照体系 reference たる、社会と向き合うマクロ性、積極性、能動性、確実性という能動への関心から、身体的ミクロ性〔ミクロロジー〕、受動性、忍耐性、不確実性〔未決定性〕と決断という受動への、主体の参照体系の重点移動、ないし強調を論じる。本書で使用する、〈主体〉とは、西洋近代が設定してきた言説的な

主体である「人間」ではなく、現実に多様に、〈生の固有性〉を追求しながら生き、行為する場面に立ち現れる主体を問題としている。

〈可傷性 vulnérabilité〉；一般にはこの概念は、「弱者」が他者（強者）から、攻撃誘発や、つっこまれやすさを身に被る際の傷つき易さ、を意味する。本書では、〈弱い存在〉、〈受動的主体〉という概念に深くつなげ、人間が誰でも受難者たり得ること（〈弱い存在〉）から、誰もが、いつでも、どこでも〈可傷性 vulnérabilité〉を身に被ることをテーマ化した。本書では、特に支援者が支援途上で被る、自分のふがいなさ、唖然さ、自失さ、もどかしさ、無力さ、さらに自分の居心地の悪さ、不快さ等から起因する傷つき易さを指す。しかしこの苦しみ＝受動性が主体を立ち上げるモメントとして働くときの主体像を、本書では〈受動的主体性〉と呼ぶ。

〈現れの空間 the space of appearance〉；H・アーレント Hannah Arendt の用語。アーレントは、他者とまみえる相互性を「現れの空間」と呼び、そこに「公共性」の根源を認めようとした。本書では、この考え方を受け継ぎながら、他者との〈出会い rencontre、rencounter〉によって、〈そのつど〉、〈具体的、一時的、局所的〉に形成される具体的な〈生の固有性〉をめぐる、実践的な関係行為たる、共時的共同関係を、実存的な「公共性」の現れとして使用し、「市民社会」の「公共性」の根源な現れとして捉えたい。

〈隙間と混在〉；「隙間と混在」という支援者の〈実践知〉を参考に、本書ではこの言葉を、新しい出来事（非日常性）とは自明性（日常性）を切断するなにか新しいものが生まれる実践空間、という概念で対応させた。〈新しい出来事〉は常に〈隙間〉に生起する。〈隙間〉という事象が生起するのは、第1に社会問題が生起する場面、第2に、さらにその問題を当座、人が実践上解決不可能判断し、かつ認識上、未知＝〈隙間〉と認めざるを得ない状況の時空間領域の場面、である。第3に、この〈隙間〉領域は、当該の問題認識や実践的解決にとって、単にカオス chaos であるのではなく、新たなる知の枠組みや、新たなる制度体構築の尖端的出現とでもいうべき、〈chaos と秩序の相互浸透 chaosmose〉という運動的、過程的、変化的な創造的時空間となりうる潜在的・可能的な場の母胎となる。社会問題の生起する場では、さまざまな境界が現れるだけでなく、あるものとあるものの相互関係、既存の制度・秩序としての関係が溶解するような融合現象が存在する。混沌 chaos が2つの秩序 cosmos の間、それらが相互浸透し、社会的領域と法的領域、社会的領域と政治的領域など、異なる秩序領域間を〈結びつけ〔つなぎ〕conjuncture〉、媒介する（8章用語解説参照）。第4に、この場面で同時に、〈新しい出来事〉との〈出会い rencontre〉の、実践的な共同の〈関係性〉がつくられる母胎となる。

2章　再び『共同行為』へ（似田貝）

〈未検証の可能性 untested feasibility〉、〈未検証の行為 unsetting action〉；P・フレイレ Paulo Freire（1970＝1975）の概念。L・ゴルドマン Lucien Goldmann の「現実意識」と「可能意識」を参照しながら、最も苦しい状態（「限界状況」）から「これまで気づかれることのなかった生命力」の発現させる「検証行為」の未発な状態。ここには「現実とは転生するもの becoming」という社会観が横たわっている。本書では、この考え方に触発され、苦しみ pathos による〈可傷性 vulnérabilité〉を、〈克服 Überwindung〉するのでなく、むしろ可能性は未発なるが故に、その間の主体は、不確実、不確定な時空間を、主体として〈耐えること Verwindung〉、持続すること、が不可避であることを意識した主体性（〈受動的主体性〉）という意味を引き出している（8章参照）。

3章　多様なボランティアが切りひらく新たな市民社会（西山）

〈サブシステンス　sabsistence〉；I・イリイチ Ivan Illich によると生活のあり方を問い直し、市場経済の外部にある非市場的領域において成立する「人間生活の自立と自存」のための活動と定義されている。本章では、この定義をふまえながらも、市場と対抗する次元ではなく、他者と互いの存在を支えあう、という人間の存在維持のかかわりへとまなざしを向ける視座であり、人間の実存の次元における他者との支え合いを捉える概念として使用した。

〈なんでもありや〉；多様な価値観を持つボランティアが存在することで、最も弱い被災者が抱える多様なニーズに配慮・目配りするような状況が生み出されたこと。震災直後に全国から多様なボランティアが集まり、規範やルールにしばられることなく自らの意志やモラルに基づいて被災者の救援活動に取り組んだ。そこでは既存の価値が崩壊し、非日常の状況が出現したことで、文化や年齢の違いを超えてお互いの存在に配慮しあい支えあう、いわゆる「震災ユートピア」が生み出された。個々のボランティアが自らの価値に基づいて判断し行動をしたことで、多様な被災者の存在に目を向け、ニーズを発見することができたということである。ボランティア活動をする際に、多様な価値の存在が重要な鍵となることを示している。

〈孤独な生〉；避難所から仮設住宅に移動するにつれ、生活再建から取り残される不安、新しい環境への不適応などから被災者の間に孤独死という深刻な問題が発生した。急速な対応が求められたため、仮設住宅は郊外の不便な場所に建設され、住宅構造上の問題も多かった。また弱者優先のもとに高齢者や障害者、母子家庭などが優先的に入居したために、要援護者の割合より高い超高齢社会の縮図が出現した。こうしたなかで高年齢層の単身男性を中心に孤独死が発生するようになる。孤独死とは、なんらかのハンディをもった被災者が不便な仮設住宅で暮らし、友人や家族とのかかわりから切り離され生きる希望を失っていく結果として生み出された死である。当初ボランティアは、孤独死を阻止するための努力をしていた。しかし次第に孤独死を、社会的孤立し、自分の生活や生きることへの関心も失うという「孤独な生」から捉える必要性を強く感じるようになる。そしてこのことが固有な「生」を支えるボランティア活動へと展開する大きな契機となった。

〈もうひとつの働き方〉；効率主義や能力主義によって利潤最大化を目指す市場経済における働きとは異なり、仕事を通して人と人とのかかわりの中で生きがいと社会貢献を両立させていく働き方である。これは人間の生存維持にかかわり、社会に埋め込まれた「実態経済 (substantive economy)」K・ポランニー Karl Polanyi や社会的経済 (social economy) と深くかかわる働きであり、近年では、コミュニティ・ビジネスやソーシャル・エンタープライズという用語で注目を集めるようになっている。こうした動きは、活動を通して収益を上げながら、それを社会に還元し問題解決を図る点に大きな特徴がある。

4章　被災者の固有性の尊重とボランティアの〈問い直し〉（三井）

〈問い直し〉；自身がもともと目的としていたことを実現するための活動が壁にぶつかったときに、その壁の意味と共に、目的を再考すること。それは同時に自分自身のこれまで（職業的経歴や生活史を含む）で培ってきた価値観・考え方を問い直すことでもある。状況に応じてそのつど別様な働きかけを生み出し、そこから新たな目標（もともとの目的と無関係ではないがその内容を再考した上で定立されるもの）を生み出すまで至る、

一連のプロセスの起点を指している。その具体的なあり方は、直面した状況や壁、そこで個々のボランティアが自身をどう捉え返すか、そしてどのように別様な働きかけを生み出すかによってさまざまだが、「生」の固有性を尊重して支援する上で重要な鍵となる。

〈応答＝責任 responsibility〉；ボランティアが被災者に対して、職業上の責任のように機能的に限定されたものを超えて抱く責任を指す。E・レヴィナス Emmanuel Lévinas の「無限責任」から示唆を得ているが、本章では「無限」という意味は込めてはいない。また、それを具体的に誰がどう担うかという、E・レヴィナスがあまり論じなかった論点に踏み込んでいる。当初はどちらかというとボランティアが自ら引き受けるという側面が強かったと思われるが、一人ひとりの被災者の顔を知り、固有性を尊重した支援を持続するなかから、徐々に被災者から直接求められるようになり、字義通りの〈応答＝責任〉へと醸成されていった。

〈(仮設住民の)強さ〉；「災害弱者」でもある人が多かった仮設住民が、相互に結びつくことによって、他の仮設住民に対する支援者として獲得する力を指したもの。ある人Aさんにとってもう一人Bさんが持つ支援者としての〈強さ〉は、一方ではBさんがAさんの生活に対して施す配慮の幅や深さ、細やかさなどによって生まれ、他方ではAさんがBさんの配慮を受け入れることによって生まれる。その意味で、ここでいう〈強さ〉はあくまでも顔の見える個人と個人の関係で育まれるものである。社会資源やインフォーマル・ネットワークといった用語を用いなかったのは、この点を強調したかったからである。

〈被害の重層化〉；被災地が復旧に向かうなかで、被災の直後に存在したフラットな関係性が失われさまざまな社会的格差や排除が生じてきたが、これは「取り残される」側の置かれた状況がそれぞれの形で徐々に悪化していく過程であり、また主観的には被害が降り積もる過程であった。このことをもって、本章では〈被害の重層化〉と呼んだ。そうすることで、「弱者」がまさに「弱者」として「取り残されていく」過程が存在することを示し、そこに支援の余地が確かにあることを示したかったからである。

持続；ボランティアたちが被災地の状況の変化に応じて、ときに〈問い直し〉の過程を経ながら、被災者（＝元仮設住民）の「生」の固有性を尊重した支援を行う支援者＝ボランティアとして、自身を生み出し続けることを指す。それは繰り返し「生」の固有性を発見し続けるという過程でもあり、自らの「原点」を発見し続けるという過程でもある。本章では、単にボランティア団体が団体として継続することや、個々のボランティアが活動を継続することと区別して、この言葉を用いた。

5章　職能ボランティアの成立と可能性（似田貝）

〈サバイバーズ・エリア survivors area〉；阪神・淡路大震災時に、ボランティアが「二次避難所」とか「緊急生活の場」と呼んでいた、身体障害者や老人、差別されている人々等、見捨てられている人々を、「緊急保護・救済するため、ボランティアが創設した一時の施設や空間を、本書では〈サバイバーズ・エリア survivors area〉と呼ぶ。そして、より積極的に使用するため、転じて、緊急時に、〈そのつど〉、〈具体的、一時的、局所的〉に創設される実践空間を指すことにした。この実践空間で試みられる諸実践は、制度化への通過的媒体、苗床的媒体ともなりうる、〈隙間と混在〉（1章用語解説参照）の様相を有する。

〈制度化された専門性〉；専門性は、本来、その対象（クライアント）に対し、誠心誠意、己の知力・技法を注ぐべきであると、職能倫理としては理解されている。にもかかわらず、そのサービスを行う資格が、法システムを根拠としており、かつ、多くの場合、専門職

は、制度的な施設のなかで仕事を行うため、業務やサービスがこの施設はさまざまなルールに拘束されて行われる様態を指す。

〈施設化 institutionalization〉；専門的施設の業務（サービス）が、施設運営規則や意思決定ルール、個別施設の運営諸ルールを準拠して行われる。サービスを受ける側の個別的な要望から遠くなる。この様態によって、専門職は、ルールの担い手の役割を演じ、本来の専門性から離れ、別様の力を生み出す。これによって、専門職と顧客clientとの関係は、対等・共同の関係でなく、支配－被支配の関係に転化する可能性が高くなる。〈職能ボランティア〉は、その意味で、脱施設化を企てる支援行為を生み出す可能性が高い。

〈ミクロ・ボランタリズム〉、〈マクロ・ボランタリズム〉；本書では、〈生の固有性〉のをめぐる支援の基本的な実践思想の意義を、鮮明に表現するため、このような弁別した概念を準備した。〈ミクロ・ボランタリズム〉は、ボランティア自立支援の対象が、その人のため、その人の「自分らしく生きる」という〈生の固有性〉への具体的諸個人に向けられ、当事者の身体と基本的な生活の整えにこだわる。これに対し〈マクロ・ボランタリズム〉は、個人を介して、社会への支援を中心に置く。

現代日本では、社会レベルのあらゆる領域、場面で個別の社会問題が強固に存在し、それが故に、多くの自立の困難、不安という「痛み」、「苦しみ」が、あらゆる社会領域で持続し続けている。しかし同時に、そこにはその苦しみから己を解放し、自立しようとする試みや、それらを支援するボランティア活動が、あたかも地下茎のように、どこにでも広がっていく、日本の新しい市民活動の潮流を生み出しつつある。こうした自立支援の基本的な実践思想の現れは、現に生起しつつある諸社会問題への取り組みの社会的実践として、まさに当のミクロな社会レベル領域や当該の場所で生まれている。この実践活動は新たなる人の〈生〉の営みの共同性創造の、いわばミクロな政治力学の場の存在の可能性を表現しており、このような動きをミクロ・ボランタリズムとでも呼ぶべき、新しい社会的文脈である。

6章 〈居住の論理〉に基づくコミュニティ形成（清水）

〈居住〉・〈居住の論理〉；〈居住〉とは住むための基盤としての住宅の確保によってのみ成立するのではなく、その住宅を中心に地域のなかで暮らしていくための諸条件を整えて生活をしていくこと全般を指す。〈居住の論理〉とはこの〈居住〉という行為に準拠した一定の合理性、あるいはこの合理性を優先的に考える思想のことであり、まちづくりにおいてはコミュニティ住民の生活を第一に考える発想を意味している。

〈所有の論理〉；所有という行為に準拠した一定の合理性。土地の所有は自身の居住利用以外に、収益を得る財産としての意味も有している。このように、所有者と利用者が異なる場合には〈所有の論理〉はしばしば経済的な面が表に立ち、〈居住の論理〉と対抗的となる。一般に、まちづくりを行う際に「権利者」となりうるのは「所有者」に限定されるため、住民の一部の意思は反映されづらくなる傾向がある。

まちづくり・まちづくり協議会；「まちづくり」とは、地域社会が抱えたなんらかの課題に対し、問題解決を目指す行為を指す。道路や公園などの建造にかかわるハードなまちづくりもあれば、住民活動の活性化を初めとしたソフトなまちづくりもある。まちづくりを先導する住民組織が「まちづくり協議会」であるが、自治会等との既存集団とは別に組織されることで、私権にまで立ち入った活動の可能性を有している。

復旧・復興・復興まちづくり；「復旧」はもとの状態に戻ることだが、「復興」はもとの状態を超えて発展しうるだけの勢いに至ることであり、従前からの諸問題の克服まで含まれる。震災後に本来的に目指されるのは当然「復興」の方である。だが、我が国には「復旧」支援の制度はあっても、「復興」のための制度は存在しない現実がある。「復興まちづくり」は壊れたまちが再び自律性を回復して地域の問題解決主体として立ち上がっていく過程である。

〈一体化〉；コミュニティにおいて、集団としての全体性を空間面でも精神面でも常に意識すること。まちづくりにおける〈一体化〉の思想は、「住宅」を「まちなみ」に連接し、コミュニティから抜け落ちそうな成員を〈居住の論理〉と「弱者への目線」で包摂するなどして、問題状況を集団として解決していこうという姿勢である。

7章　自立支援のリアリティ（佐藤）

ヴァルネラビリティ；高齢者と並んで震災被害が集中した障害者は、震災以前からの日常的な生活上の困難が非日常的状況において顕在化し、しばしば「震災弱者」化を余儀なくされた。ただし、こうしたヴァルネラブルな（傷つきやすい）側面を持っていたからといって、障害者を一律に「弱者」と把握するのは妥当ではない。震災以前から、自立生活のための生活支援ネットワークを構成していた障害者は、能動性を発揮し、被災市民を支援する側に回った。被災障害者のヴァルネラビリティとは、実体的概念というよりも、むしろ関係的概念である。

自立；独力での経済的自立・身辺自立という自助的自立観に対し、障害当事者が提起してきたオルターナティブな自立観においては、必要な支援を獲得しながら、「どこで、だれと、どのように生活するか」という生活目標・生活様式を自己決定し生活を組み立てていく取り組みを自立と捉える。なお、ここでいう自己決定は、当事者の自己決定が、支援者など周囲の他者の自己決定との相互関係において成り立つという、自己決定の相互性に基づくものである。

「支え合い」；自己決定の相互性をふまえた上で、支援者が障害当事者の自己決定を「わがまま」、「甘え」などと一方的に価値づけ、切り捨てるのではなく、逆に、支援者が自らの行為を一方的に決定され障害者のいいなりになるのでもなく、互いの差異を認め合い、障害者の自己決定との対等な関係性を構築していく過程を「支え合い」と呼ぶ。「支え合い」の関係においては、障害当事者の生き方に関する自己決定を支援者が支えるのみならず、支援者自身も、当事者とかかわるなかで、「自分が変わる」契機を獲得し、生き方を自己決定していくこととなる。

技法；技法とは、マニュアル化されたテクニックのようなものではなく、M・ド・セルトー M. de. Certeau の言葉を借りつつ表現するなら、当事者と支援者が生き延び「なんとかやっていく」ために、「日常的な技（アール）を実践していくこと」を指す。

「隙間の発見」；介護保険事業・障害者ホームヘルプ事業の指定事業者としてサービスを提供するにあたっては、制度的規制を強く意識せざるをえない局面がしばしばある。そうしたなかで、目的に向かってシステマチックに集中することを回避し、制度、ルール、マニュアルによる規制を必然視しないような、弾力的な支援の技法を、①「弾力性の隙間」と呼ぶ。また、直面した問題に対し、必ずしもその全き解決となるとは限らないにせよ、それでもなお、インフォーマルな試行的実践によって一時的・局所的な「解決の要素」を調達し、フォーマルなサービスにつないでいくような支援の技法を、②「試行性の隙間」

と呼ぶ。

「混在」；制度の枠内の事業者としての役割と、制度の枠外のボランティアとしての役割という、複数の多元的現実を同時に生きる技法を、①「深さの混在」と呼ぶ。①においては、場面ごとに、当座、焦点化されている役割と、背景に退いている役割とが同時に多元的に存在する。また、独力での支援という従来のボランティア観とは対照的に、異質な支援者間のヨコの連携のもとで、補完性・相互依存性によって支援を成立させていく技法を、②「広がりの混在」と呼ぶ。②によって、異質な支援者同士がそれぞれの解決能力を補完し合い、支援の方向づけを行っていくこととなる。

「分からなさへの定位」；「支え合い」の取り組みにおいては、「分かり合う」ことを性急に求めず、「分からなさ」と向き合う支援技法が重要になる。それは、「分かり合う」から関係性を結ぶ、あるいは関係性を結べばただちに「分かり合う」ことができるはずだという姿勢ではなく、最首悟の言葉を引くなら「分からなさへの定位」である。同質的・均質的な「分かり合う」主体間の共同性ではなく、異質な主体間の、必ずしも「分かり合う」関係に収斂するとは限らない共同性を、その都度成り立たせる相互行為にこそ、分析の焦点を合わせる必要がある。

8章 〈ひとりの人として〉を目指す支援の実践知（似田貝）

〈相互行為〉；この調査で検証された、被災者—支援者の「変わり合い」、「支え合い」という、相互の主体間の同時相即的、並進的な、主体変容の共同関係を参照しながら、以下のように定義した。〈新たな出来事〉の現出の際、この出来事にかかわる人と人、人と出来事を、偶然なる体験として、テーマとして〈出会い rencontre、rencounter〉(1章用語解説参照)、やがてお互いに自己の本性を変更しつつ(主体変様)、この出来事やテーマへのかかわりへの新たなる共同関係を形成していこうとする、〈そのつど〉、〈具体的、一時的、局所的〉な働き。あるいは持続的な相互的働き。本書で使用される、〈主体の複数性〉、〈共に—ある être-avec〉、〈共同出現〉という概念と深くかかわる。

〈近傍からの接近〉、〈近傍に寄る〉；現実問題の生起そのものを理解するには、最も近傍に接近することが不可欠。そのために、当該の問題が生起している「時間」と「場所」において、したがって、時間と空間を共有するがごとく、当事者に対する、〈聴く〉という行為による直接的な接近 approach が不可欠。別な視点からいえば、〈居合わせる co-presence〉とは、問題そのものが生起している出来事に、共時的時間 contemporaine および「場所」に最も接近することである。調査者にとって、〈居合わせる co-presence〉、〈近傍に寄る〉とは、なによりも、対話を介しての、当事者(支援者)—調査者の関係を形成する行為である。そして、対話とは、当事者と、〈語る〉—〈聴く〉という関係を形成しつつ、当該の課題を、現実に存在し、かつ解決されるべき〈問題〉として、相互に了解可能な、〈生成されていくテーマ〉へと、相互了解を志向する行為である。〈聴く〉という行為は、こうした、当該の問題を、当事者との関係形成によって、解決すべき現実的問題へと相互に〈生成していくべきテーマ〉や、〈問題提起 problématique〉を発見する方法である。

〈共に—ある être-avec〉、〈共同出現〉；被災者が支援者に「語る」ことは、被災者が支援者の〈近傍に寄る〉という接近 approaching である。同時に、支援者が被災者の話を〈聴く〉ことは、被災者への〈近傍に寄る〉という接近である。こうした〈語る〉—〈聴く〉という対話は、異なる人間同士が、相互に他者として「隔たり」がありながら、相互に接近するという、接触の同時性が、必要に応じて、〈そのつど〉、〈具体的、一時的、局所的〉に生成されている。これが〈共に—ある être-avec〉という共同の関係性である。したがっ

て、この概念は実体概念ではない。この交互の「変わり合い」という相互行為によって形成される共同関係の接近方法を、本書では、〈共に－ある être-avec〉と呼び、解決すべき課題・テーマに共に対峙し、それへの実践のふるまいの共同性を〈共同出現〉と名付けた。〈居合わせる co-presence〉の展開形。

〈共に－ある être-avec〉、〈共同出現〉とは、J・P・サルトル Jean Paul Sartre の『弁証法理性批判』第一巻「実践的総体の理論」に登場する「溶融状態」にある集団「溶融集団」に現れる純粋な状態と類似している。この状態を、もっと問題出現の、〈そのつど〉・〈具体的、一時的、局所的〉の共同のあり方の、「現れ」と「存在」の同時的な関係性の集団状況の位相として捉えたい。なお少し技術的になるがハイフォンは以下の理由でつけた。「共に avec」は、時間的に〈そのつど〉瞬間的に現れて、空間的に「在る être」という関係を形成する概念として準備した。時間的状況を示す概念としての「共に」と、人間存在の空間的表現を表す概念、という相互に位相の異なる概念を組み合わせたもの。多くの哲学者が「存在」と「現れ」を２分法として使用しているのに対し、本書ではそれを否定し（８章注14）参照）、同時性に表現するため、あえてハイフォンをつけた。時間的、空間的位相の差異がある概念の同一化を避け、とりわけ規範的にそのような関係が持続しているような感じを払拭したいためである。

〈実践知〉；本書では以下のように使用している。当事者の自立支援をめぐる希望・願いを、支援者が跡切れることなく、既に〈そのつど〉獲得した経験知群のなかから、必要なものを〈結びつけ〔つなぎ〕conjoncture〉（８章用語解説参照）、組み合わせることによって生み出された経験知群。いくつかの異なる経験知より構成され、この構成は、支援をしなければならない出来事が起きる〈そのつど〉に、支援の行為の参照として、また指針として、個別の経験知が引き出され、あるいは複数の経験知が〈そのつど〉、〈具体的、一時的、局所的〉に、連接し（〈結びつけ〔つなぎ〕〉）、組み合わされる。その結果として、経験知群の多層化・重層化と相互被覆化という構成をもたらす。これを可能にしているのは、支援者の「人となり」と不可分であるからであろう。この意味で学問的な知とは異なる。〈実践知〉とは、支援の対象の量的、質的数量と時間の経過と共に豊饒化され、多義化され、他の実践の意味にも展開化されうるような可能性を孕む、異なる経験知の連続化という動態的な経験知群である。

〈約束・関与＝責任 engagement〉；「たった一人を大切に」、「自分らしく生きる」ことへの「こだわり」、という支援者のふるまい方から学び、またJ・P・サルトル、E・レヴィナスの「責任」概念や、I・イリイチの「積極的関与」の概念を参照に、以下のように定義した。「人として命を重んじる」、「最後まで生ききる」というような、生活者として、その人の積み重ねてきた人生、生活、苦しみ、願い等を支援者自らが、人としても受けとめることなしには、引き受けられないことを知る。その上で、その人の生き方に深く関心・関与することによって約束を果たすということだけでなく、同時に、自らもまた、その目的に向かって自己自身の生きるあり方を、自己を拘束する。したがって、自らを変えなければならぬ課題にも直面する。本書では、この概念を規範的行為としては扱わず、出来事が生起する〈そのつど〉、〈具体的、一時的、局所的〉に、当事者と応答するというコミュニケーションとして理解している。〈「語る」－「聴く」〉、〈近傍からの接近〉、主体の変様、〈主体の複数性〉の概念と深くかかわる。

〈結びつけ〔つなぎ〕conjoncture〉；この概念は、E・レヴィナスのものであるが、以下のように転釈して使用。「つなぎ」（〈結びつけ〉）という実践は、〈生の固有性〉に立脚した支援活動とその組織が、〈そのつど〉のぞまれる人のニーズを、〈一時的・不断的・持続的〉に、自己活動をその課題に継続させ、完遂させるため、常に潜在的可能の対象〔新

しい行為〕へと可能的に組み合わせ、かつそれを、自己を〈結びつける〉支援行為や考え方。「つなぎ」という実践は、支援者を新しいことに巻き込み、つなぎ合わせる。と同時に、自己をもその新しさへの実践者として変化させずにはおかない。つまり、試みられ、企図された支援のための諸実践、思考等が、〈隙間〉を埋めるため、ある定型的サービス等を、いろいろなある制度機構、秩序に、ニーズの実現という観点からは、〈越境的に〉、かつ正統に、依存させる形で配置させようとする行為。支援者が新たなる行為、新しい出来事への巻き込こまれ（〈結びつける〉）ということは、同時に、自己の複数化という〈主体の変様の兆し〉の様相と同時並進的、同時相即的である。本書では、結び付ける・接合・取りこみ、と広く使用する。また、仏語の conjoncture は、「さまざまな状況の結び付き」という原義を持ち、jonction の意味である「むすびつけ」に、con が付くことにより、「さまざまなもの一緒に」結びつく、という意を強調している。

自立支援の実践知
──阪神・淡路大震災と共同・市民社会

1章　市民の複数性
―― 現代の〈生〉をめぐる〈主体性〉と〈公共性〉

似田貝　香門

1　阪神・淡路大震災の思想的インパクトとそこから生成されたテーマ

　イタリアの社会学者 A・メルッチ Albert Melucci は、『現在に生きる遊牧民』(1997年) のなかで、「高度に差異化された複合社会に典型的な生活様式への関わりが増大するにつれて、人々は生存の痛みにさらされるという事実に向き合うこととなった。こうして、日常生活の経験が集合行為とどのような関係を持つのか、あるいは人間が自らの人生を意味あるものにしようとして利用する隠れたネットワークと、人間が権力と対決して自らの主張、要求、苦情を表現する公的動員との関係性について、膨大な経験的資料を収集することとなった。……このように焦点を絞るということは、日常的実践に強い関心を持つということであり、これにより現代社会で起こる集合行為の新しい形態を理解できるようになるのである」(日本語版への著者序文ⅴ頁) と述べている。彼は、「痛み」、「苦しみ」こそが、現代社会の社会学的なテーマだと指摘する。そしてこのようテーマへの接近として、非制度的な集合行為の自立性の場たるサブシステムを主要な社会的課題として設定しようと試みている。

　社会学領域では、A・トゥレーヌ Alain Touraine、J・ハーバーマス Jurgen Habermas、A・ギデンス Anthony Giddens が、同じように、主観性、日常生活における実践、親密性 intimacy といったテーマを展開しているが、それらは経験度の高いレベルで、親密度への個人実践の集合行為をテーマし、非制度的形式を持つ集合行為の自立性の場たるサブシステムへと関心を集

中している。

　本書のテーマである、新しい主体論・自立論に向けての、被災者の自立という共同の企てへの相互行為から、形成される関係性の時間・空間性は、こうした現代社会の人々の「痛み」、「苦しみ」の問題と深くかかわっている。

　私たちの研究を貫くのは、無条件に苦しみに〈居合わせる co-presence〉という支援行為のなかに、人々の生をめぐる自立性と、その自立性を可能にする人々の実存的社会関係性としての「サブシスタンス」（I・イリイチ）を求める、というテーマである[1]。

　鷲田清一（1999）は、「他者のいるその場所に特別の条件なしに共にいること」ことを、〈居合わせる co-presence〉として表現した。鷲田はこの用語によって、「苦しみ」と「他者」との関係性について問題にした。しかし、この表現は、静的な規範的なふるまいの状況概念の感がする。そこでもう少し、状況に応じて可動的に、共同関係が生成するような展開を考えたいと思う（8章で、この概念をさらに発展させて、〈共に－ある être-avec〉、〈共同出現〉という概念を展開している）。私たちはこの概念に学びつつ、阪神・淡路大震災の被災者の自立の支援活動を介して、苦しみ pathos のなかで、人が取り結ぼうとする共時的関係性という、新しい関係性を形成させる可能性を、主体論から改めて展開したいと考えている。本書では、やがてこの概念を発展させて、ミクロで具体的な二者関係から、マクロで抽象的な位相まで、あるいは関係概念から、近さの空間概念としても取り扱ったことを念頭に置くため、〈居合わせる co-presence〉を、その時々の使用法として、〈寄りそう co-presence〉、傍らにいる、隣り合わせ、と呼ぶこともある[2]。

　この作業には、「近代」を論ずるにあたって暗黙の前提であった、能動的主体論とりわけ事実上のこの主体論のコアであった、自己中心的な主体論を受動的主体論へと枠組みを転回させる必要がある。この転換は、被災者─支援者の相互行為によって形成される自立への共同的企て、という実践的行為とを組み合わせることにより、経験的・理論的に展開することは可能と思われる。

　つまり、苦しみに偶然〈出会う rencontre〉[3]人間が、この「苦しみ」と〈居

合わせる co-presence〉ことにより、受難＝受動の様相に置かれ、ここから提起されたテーマや課題に対し、否応なく立ち上がる〈共に—ある être-avec〉という〈共同出現〉的な主体、すなわち〈われわれ〉という〈主体の複数性〉の形成の可能性を考えたく思う。

　このような〈われわれ〉という〈主体の複数性〉という視点は、先取りすれば、新たな人間の正義 justice を生成する、空間的な〈近さ〉という位相に接近することができる。阪神・淡路大震災の被災者の自立支援という、苦しみと〈居合わせる co-presence；傍らにいる、隣り合わせる〉という行為は、新たな人間の共同存在にかかわる、規範的ふるまい方の動機付けに深くかかわるテーマを浮かび上がらせている。

　〈居合わせる co-presence〉という行為は、別な表現をすれば、支援者が被災者と空間的な近傍という位置にいる、ということである。当事者と支援者の相互行為によって、空間的な〈近さ〉〔〈寄りそう co-presence〉、隣り合わせ、近傍〕を生み出す。それは、人間的な固有な意味としての、したがって根源的な関係としての人間のふるまい方を、「人ってこんなもんでしょ」というような、人間にとって「共通」の正義 justice へと至らしめる動機付けを同時並行的に形成させ、そこで初めて人間相互の空間の〈等質性〉を形成することになる[4]。

　人の〈生〉の多様なるもの、差異的なるものが、〈空間的等質性〉への関係へと結実していくのはこのような人間的意味形成が可能となったときであろう。その意味で、平等とは、差異、相違、多様性が、〈隣り合わせ co-presence〉の〈近さ〉の関係として、人間的な意味（ふるまい方を、正義へと至らしめる動機付け）を形成しうる時、可能性 possibilité が高まるであろう。

　これらのテーマは、後にふれる、自立をめぐる人の苦しみ pathos、受苦、受難に関する、パテーマ論やホモ・パティエンス論、そしてイタリアン・ハディガーたちの〈弱さの思想〉などの研究と深く共振しつつ、今日ほど〈生〉の自立に[5]かかわる研究にとって緊要であることを、表現しつつある。

　とまれ、冒頭で引用したA・メルッチの言葉をこの本書の導きの糸としたい。

　1995年1月の「阪神・淡路大震災」は、人の実存の限界を、人の生の有限性を、いやというほど知ることになった。

以下、1995年1月17日に発生した阪神・淡路大震災の概要データ（ひとまず震災後500日）を概略史的に記述すれば、

- 1995年1月17日午前5時46分、淡路島北端部を震源地にマグニチュード7.2。気象台が初めて神戸市内に7と発表。
- 死者5000人以上（高齢者の死者が増加していく。ハンデキャップの高い者ほど死亡）。
- 住友ゴム工業等の大手工場の閉鎖。震災減失住宅数13万6,730戸。
- 「避難所」生活者31万6,678人（1月）→5万2,000人（震災3ヶ月4月）→332カ所に1万7,600人（7月）→「災害救助法」に基づく「避難所」廃止（行政の日常化＝秩序化。ここからボランタティア活動の困難が始まる）、被災者への食事提供打ち切り。その結果、1万に程度の被災者が行き場を失い、運動の結果、7,600人向けに12カ所の「待機所」設置（8月）。

　【避難所】学校校舎、幼稚園、保育所、社会教育施設、宗教団体施設、都市公園。この施設の環境の悪さで500人以上が死亡したと推定されている（本書5章 似田貝香門「職能ボランティアの成立と可能性」参照）。

- 兵庫県人口は14万7,000の減少（12月国勢調査）→県外被災者「戻りたいがもどれない」4割（1997年4月。兵庫県調査）
- 「仮設住宅」4万8,300戸完成（8月）→ピーク時4万6,617世帯入居（11月）。入居をめぐって〈社会的正義〉が問題となる。（本書2章 似田貝香門「再び『共同行為』へ」の3「挑戦的現実（challenging realty）」参照）
- 「仮設住宅」での「孤独死」（5月）から始まり、1997年の5月までには150名にのぼる。過半数が40歳〜60歳の男性。改めて「仮設住宅」周辺に支援活動が再組織化される。
- 「仮設住宅」生活者の84％が転出目途無し（1996年2月。神戸市調査；全戸調査）→3万世帯転出の目途無し。年収300万未満7割（1996年5月。兵庫県全戸調査）→震災500日目（1996年5月。なお「仮設住宅」に4万2,700世帯居住）。
- 「恒久住宅」

そしてそれは同時に、人間存在は受苦的な存在である、というテーマを、人は改めて認識せざるをえなかった。しかし被災者は、その苦しみのなかで、生命への志向、次には生活再生、コミュニティ再生を、自らの意思で試みようとした。つまり生の有限性のなかで、受苦的な存在のなかで、自立することのテーマを改めて世に問いかけたといえる。それは、人の「限界状況 limits-situations」（P・フレイレ）のただなかで、〈希望〉を持ち、それを実現する、という方法を実践的に究明することに他ならない[6]。

限界状況下における〈希望〉とは、人々にとってのその受苦的な存在が、現時空間から将来の時空間にわたって、「可能性がなくなってしまう通過不可能の境界」ではなく、「あらゆる可能性がそこからはじまるところの現実的境界」として了解されている、ということである[7]。

つまり、人は、この震災のなかで、ただ生き延びたのではなく、なにものかになりつつあるという、いわば becomming 過程の存在として自己を認識せざるをえなかったのである。すなわち現時点の苦しみ pathos は、人として未完成である、という現実のなかにある存在として、あるいは現実と共にある未完成で未完了な存在として、自分を否応なく肯定せざるをえなかったのである。被災者は、絶望者から〈希望〉者へと自らを転身させ[8]、また生活再生を決意せざるをえなかった、といえよう[9]。

ここでいう自己の決意、すなわち〈自己決定 self-determining〉とは、既に内容が究極的に決定されていたり、決着済みであったり、人生の決断のような、大げさな、抽象的なイメージを持って結論づけられているような、決定論 determinism 的に解するのでなく、日常の具体的な生活の内容にシフトとして、〈そのつど〉の状況認識において自己のあるべき欲求を定式化し、それを組織化するチャンスの自由意志 free will の行為として理解すべきであろう。そのことによって、人がなにものかになりつつある becomming 過程の存在としての、自己認識する決断のプロセスと、解すべきだろう[10]。

このようなプロセスは、まずは被災を受けた身体と生、という受苦性、受動性から出発する。人が自らの意思によって、自己を苦しみから解放し、自立しようとするこのプロセスは、否応なく受苦を被り、受動化されたものが、〈受動的主体性〉へと立ち上がる、過程的主体の生成を現している。そ

して、被災者の〈絶望〉から〈希望〉への生成という行為は、被災によって自らの存在を否定されている人々が、現在の状況を、〈希望〉が無くなってしまった通過点として考えるのではなく、それとは反対に、あらゆる可能性がそこから始まるところの「現実的境界」として考えたことから出発している。

〈受動的主体性〉という用語については、次節の「生成されたテーマ——〈受動性〉から出発する《新しい主体性論の構築》」で改めてふれることにする。

そしてそれを支援したボランティアの存在は、今日の日本社会の有り様をめぐる基本的な思想的インパクトを与えたほど、大きなものである[11]。それは同時に、市民社会や地域社会の在り方をめぐる新たな方法的視点構築を不可欠としている。

1) 生成されたテーマ——〈受動性〉から出発する《新しい主体性論の構築》

(1) 〈身体性〉という主体

被災を被るという事態は、人々の身体性をして、自らが弱く、また苦しみを受ける、という受苦性を認識させた。そして、人が〈精神—身体的存在〉であることを改めて痛切に感ぜざるをえなかった。痛み・苦痛・悲しみ・絶望は、人の欲求・喜びという能動的な精神—身体の活動力を減少させ、抑えることによって〈自ら活動する主体としての精神—身体的存在〉を著しく困難にさせる。人として、自己の存在を固執しようとする力＝自存力 conatus の減退は、精神の基体としての身体そのものを脅かすばかりでなく、人々を相互に結びつけている関係をも脅かし解体させる、という現実に直面せざるをえない[12]。

生活の場としての、社会空間たる地域の崩壊、同時に私的空間としての住居の崩壊は、住民が生活の存在（様態）を特色づけていた社会の破壊、あるいは解体関係を意味し、それが故に、一挙に、自ら活動する主体としての〈精神—身体的存在〉そのものを〈弱さの存在〉として、また〈受動的存在〉として受け止めざるをえなかったといえよう[13]。

(2) パテーマ pathos: passion 論からの〈主体〉像の再検討

上記したような視点は、中村雄二郎が「人間の強さを前提とし、ただ能

動的であることだけを善しとする〈近代科学の知〉とは反対に、人間の弱さを前提にし、受動・受苦の意味を積極的に認めようとする〈パトスの知〉である」(中村雄二郎, 1999; 11) と述べるように、ものを対象化する知とか、その対象を制御可能な知、というような〈能動としての知〉への対置としての知ではなく、「パトスの知」や「臨床の知」といわれる、「パッションの知 (受動)」に深くかかわる[14]。

　パテーマ pathos: passion とは、苦しみを受ける身体性、の視点である。V・E・フランクル Vilktor Emil Frankl は「ホモ・パティエンス」(1951年) で、「理性の人」に対置して、苦しむ人、受ける、被る、苦しむ、容れるを論じている。つまり、人間なるもの存在は、そのもっとも深いところでは、「苦しむ人 homo patiens」であるという。

　こうしたテーマが意味するものは、身体的な主体を全面に出しつつ、そこから〈主体の転位〉が試みられている、ということである。

　それは、受動的主体が受動的ではあるが (〈受動的主体性〉)、この主体が主体化する、〈受動的主体性〉へと転生する行為を、新たにテーマとする必要がある、という〈主体の転位〉が問題とされよう。つまり否応なしに他者からの働きを受けつつ、他者に働きかけるという〈受動的主体性＝受動的能動性〉を問題にしなければならない。

　このテーマは、古く K・マルクス Karl Heinrich Marx が『経＝哲手稿』のなかで、「受難の神の秘密」として、受動的な存在を情熱的な存在として捉え、被害を被る、という受動性や、身体を介しての受難から、能動的に、積極的・情熱的に対応する、苦悩—要求—窮迫の関連のなかに、主客の転位を論じている (似田貝香門, 1984)。

　この pathos の意義を強調するのは、後に、〈受難の主体〉、〈弱い存在〉の主体化視点から、これらの人々の自立化を支援するボランティアの主体形成、および〈支援の論理 ratio〉の形成が、パトス的性格を帯びるという、特異な点にあるからである。

(3) 〈可傷性 vulnérabilité〉——「弱い存在」と受動的主体

　神戸市長田区「たかとり救援基地」の和田耕一さんは、ある時、突然涙

ぐみ、そしていう。「私がドラえもんだったらどんなによいか」。それは、多くの被災者の声に応答するにはいかに自分が非力か、を訴える。この多く被災者の〈呼びかける声〉への応答には、たくさんの「和田さんが必要」という。また、あらゆる呼びかけに応答可能な「ドラえもんだったらいいのに」と嘆く。「阪神高齢者・障害者支援ネットワーク」の黒田裕子さんもまた、和田さんと同じように、「黒田と同じように考える人がほしい」(2002/03/22)という。黒田さんは、なすすべもなく、多くの人が目の前で亡くなっていく体験をしたときの思いを、「どれだけ自分がふがいないのか」(2003/03/07)と痛感したという。

〈復旧─復興段階期〉の被災地では、多くの被災者の〈呼びかける声〉に、聴く人も、応答する人も絶望的に不足していた。支援者は、これらの〈呼びかける声〉の前で、呆然と立ちつくし、自失し、もどかしさを感じ、ふがいなさと無力さを痛感している。そしてそれは同時に、無力な自己から逃れきれない自分への「居心地の悪さ」、「不快感」をも伴っていた。このような経験こそが、支援者の〈可傷性 vulnérabilité〉である。

傷ついているのは、被災者だけではない。支援者もまた、〈呼びかける声〉に応答しきれない自己の無力さに、傷ついているのである。そればかりでない。この無力さ故に、心なき人から、ボランティア支援活動に偽善者攻撃を受け、文字通り〈可傷性 vulnérabilité〉の本源的意味である、「攻撃誘発やつけこまれやすさ」を身に被る。あるいは「燃え尽き症候群」として自己卑下をしていく可能性を抱えていた。

支援者は、被災者の「痛み」を人として受けとめ、それを〈約束・関与＝責任 engagement〉[15]として引き受ける。

ここでいう〈責任〉とは、他者との、生存の痛み suffering を介した応答関係である。支援者の主体性とは、このように、他者の苦しみ pathos のテーマ（課題）への人間的応答性を意味する。その応答によって、支援者その人の、これまでの人としてのあり様が大きく変更を強いられる可能性の高い出来事が主体性である[16]。この場合、この主体性は〈受動的主体性〉である。

〈人として受けとめる〉、とはそれ自体、他者の「痛み」を否応なく、余儀なく被る、支援者の受動的ふるまいである。同時に、この他者の「痛み」が、

自らの自分らしさ identity を動揺させるような〈可傷性 vulnérabilité〉を引き込む可能性が高い。すなわち、他者の苦しみを自分も負うという、受動的な支援者となる。こうして、支援者は決して「強い存在」でない。十分に〈可傷性 vulnérabilité〉を持つ、「受苦的存在」である。本章でいう「弱い存在」である。支援者とは、何より〈受動的主体〉である。被災者の苦しみを〈聴く〉ことは、同時に支援者の受動性を意味し、かつ同時に、支援者は〈可傷性 vulnérabilité〉を負うこととなる[17]。

多くのヴァルナラビティティ論は、被災当事者の可傷性をテーマの中心を置く。そして、支援者の感性による想像力と、共感という感性こそが、当事者の可傷性を受けとめる、と説明する[18]。そこには暗黙の内に、支援者（強者）―被災者（弱者）という垂直的関係性が表されている。

そこでは、支援者の支援行為の初めから終わりまで、能動的主体として、「強い存在」として、おのれを変えようとはしない。支援者としての〈主体の転移〉、そして、この〈主体の転移〉こそが、やがて、被災者―支援者が、自立のための、相互行為を介して、「支え合い」という〈共に――ある être-avec〉、あるいは〈共同出現〉の主体として、新たな共同性を生み出してくるという姿を描き切れていない。

なにより、支援者本人が、〈呼びかける声〉を余儀なく引き受け、それに責任を負う、ことによって、〈可傷性 vulnérabilité〉を身に負う、という主体の受動性にもっと関心を寄せるべきであろう。

(4) 〈主体の位相の転位〉

〈受動的主体性＝受動的能動〉問題を議論するには、人間の〈強い存在〉に対する〈弱い存在〉の問題を引き合いに出す必要があろう。近年のイタリアン・ハイデガーのG・ヴァッテイモ Gianni Vattimo の「弱い思想」論やボランティア論としてヴァルナラビティティ論が次第に関心を集めつつある[19]。〈弱さの存在〉を〈受動的存在〉として了解することは、既にW・ヴェンジャミンが、「細部への情熱（ミクロロジー的なパトス）」への関心、として論じたことがある。

このようなテーマの設定は、近代的知の主体性が、全体として強さと力

の〈能動性〉の原理から論じられてきたことに対置して、現代は、痛み・苦痛という人間の弱さ、すなわち〈受動性〉から出発する《新しい主体性論の構築》が緊要である、と主張することにある。

阪神・淡路大震災直後から今日までの、被災者ボランティアの存在こそは、身体性の受苦、受動、弱さからの〈自立〉を支援するという、こうした自立的な多くの人々との〈出会い—組み合わせ〉によって、新たに〈弱さの存在論〉、〈弱さの主体性〉がテーマ化されつつある、とういう予感が私にはある。〈弱さの存在〉—〈受動的主体〉が、いかに〈受動的能動性〉へと生成するか、という問題が最も現代性を帯びて提起されてきたといえよう。〈主体の受動性〉というテーマは、人が持つ希望の実現を、待つ、耐える、忍耐するという行為の選択を受け入れ、その過程のなかで、新たな可能性を待つ。あるいは自らが尖端的な新たな可能性を創出するチャンスを待つ、ことも含まれる。

おそらく、主体から所与へ、という能動的視点として捉えるのでなく、また能動的契機を重視するのでなく、〈所与から主体へ〉と、いう主体の受動的契機を問題とすることになるであろう。そして、〈所与から主体へ〉とは、所与が受難であり、制度や秩序による主体の置かれている制約状況を意味し、いかにして主体はこの制約＝受動という所与のうちで、構成されるか、という問いを立てることになる。こうした、主体が所与から超出していくプロセスに、やがて見るように、E・レヴィナスのいう「他者についての経験」、すなわち受難した他者との〈出会い rencontre、rencounter〉という出来事との経験に、受動化＝能動化の契機があるといえまいか。

それは近代知からみれば〈主体の位相の転位〉である。同時にこうした問題提起は、市民社会の主体像や地域社会の主体像の設定に、大きなインパクトを与えざるをえない。

2）高齢化社会——余儀なくされた責任の範囲の身体へ拡張

そもそも、〈身体への関心〉というテーマは、人が自己自身の生命＝生活を保持つために、私たちが自分の責任を持つ範囲を拡げた、ということである。そして、地域生活のなかで、そのような責任を拡大するということ

は、改めて「市民」としての〈主体性〉概念に、〈身体性〉概念をビルトインさせ、そこからの、市民的原理の構築と実践、およびその方法戦略を問うことになる。このような、いわば余儀なくされたヒューマニズム（市民主義）の身体への拡張、という事態のうちに、今日の人と生命＝生活をめぐる重要な問題の一つがよく現れている。

〈身体性〉を「市民」の主体像に繰り込む、という問題意識は、市民が地域という範囲のなかで自分自身の生命と生活を維持するため、自分たちの責任を持つ範囲を拡げたわけであり、一種の抽象的人間中心主義から具体的人間中心主義的市民観への拡張、あるいは、むしろ新しい市民主義の原理的貫徹に他ならない。それは、後に論じるように、市民の関係性を一層〈弱さの存在〉、異質性、〈生〉の多様性等へと関心＝配慮を拡大していくことであり、「同格市民」としての複数性の相互承認というテーマへの拡大を意味する。こうして、いま、人は内部と外部から自己を支える身体をはっきり基礎として、自己を再建しなければならないであろう[20]。

2　ボランタリズムと〈公共性〉

1）ボランティアと「市民社会」の公準構築との関係

阪神淡路大震災におけるボランティア活動の日本社会に与えた思想的インパクト、およびその社会学的研究の主題の1つは、〈救済→生活支援→復旧→復興→社会再生〉の諸段階におけるボランティア活動中、特にボランティアが一挙に不在となった〈復旧→復興〉段階こそ、「ボランティア活動とはなんであるのか」、という真価が問われる。日本社会にとって「ボランティア活動のうねり」が行き着くところはどこか、という問題を避けて通れない（似田貝香門, 1996）。

ボランティア活動は、その被災地の復興・再生へ至る諸段階まで、活動の視点や行動基準に状況に見合った変化・移動が引き起こされる。つまり諸局面におけるボランティアの役割変化に応じてボランティア自身の主体変容をも引き起こす。こうした事象をボランティアの時系列的展開と呼ぶことにする[21]。

被災地の状況に応じた、主体的変様を伴うボランティア活動のこうした

展開は、理論的には「市民社会」による国家と「公共性」への協働と対抗という〈相補性〉のモメントを含みながら、「公共圏」の構築という課題を現出したといえる[22]。

　私たちは、こうした局面を、理論的に新たな現出した〈多元的／対抗的「公共圏」創出問題〉と呼ぼう。この問題を「市民社会」の公準構築次元へと理論的に係わらせるためのは、まずボランティア論としては、社会的には、チャリティ段階のボランティア論から、社会再生としてのボランティアへと、状況の変化に対応してたえず活動体の自己組織化が試みられる組織の、差異化と持続性の、動態的理論化がはかられなければならない。

2) 主体の〈生〉の複数性——生は、「公共性」のいかような位相にかかわるか。
(1) 住民運動論的〈主体性〉―〈公共性〉

　「公共性」は、〈生の共約可能な commensurable 要素〉を特定化することによって成り立つ、とされてきた。それは社会の「共同」の問題位相であった、といえよう。この問題位相では、暗黙の前提として、人々の〈生〉の複数性は、究極的には「同一性」で捉えられると考えられてきた。その上で、生（生活）は、その必要を社会的「共同」の視点＝「公共性」視点から、充たされる必要がある、と考えられてきた。

　こうして、これまでの議論次元では、必然的＝必要不可欠 necessarry 論、ニーズ論、権利要求論、基本的な社会的資源（社会的共同消費手段）論、というような多様な議論を「公共性」論とかかわらせながら展開してきた、といえよう。

　そして、なにが生（生活）の共約可能な価値であるか、の定義（判断）過程は、意思決定の民主主義的手続きや合意のための「討議実践」（J・ハーバーマス）が必要とされてきた。したがって、このような「公共性」の位相は、「同一性」をめぐる「政治の生 bios politikos」（政治化）を不可欠とする。

　住民運動論的な主体性論が、理論的な視野に「公共性」を包摂しえたのは、まさにこうした〈生の共約可能な commensurable 要素の特定化〉、すなわち生命＝生活の複数性を、必然的＝必要不可欠 necessarry を原理的根拠として、既存の「公共的価値」に対して、対抗的に定式化しえた、ということ

に他ならない。

　住民運動論が強調する、国家（公権力）に対しての日常生活からの権利要求、という〈市民性〉の主体性は、多様な〈生〉を営む社会の構成員たる市民は、その〈生〉の複数性は〈同一にして同等資格〉である、ことへの国家的承認（実定法的な権利獲得）を求める運動であった。そしてそれが実現された場合、〈同一にして同等資格〉を有する、見知らぬ他者たる「市民」の〈非人格的 impersonal 連帯〉が形成される[23]。

　しかし注視したいのは、こうして形成された〈市民性〉の主体性の内容は、同時に両面指向 ambivalent 的性格をも生み出してきた、という事実である。〈市民性〉の主体性は、権利獲得までは、運動としてそこには自発的連帯＝非制度的連帯を形成せずにはおかない、という傾向を有する。しかし他方で、一旦、国家的承認（実定法的な権利獲得）が確実化されると、その主体性は、①他律的なモメントが日常を覆うような、制度的連帯＝強制的連帯の形成へと転生する、と同時に、②新しい、ないし別様の〈生〉の複数性の同一化要求を提起しょうようとする動きに対し、国家（公権力）と並んで、ないし無関心を通して、それを排除し、封じ込める諸力形成へと転化する可能性を防ぎえなかった、ことも事実である[24]。

　したがって、住民運動論的〈主体性〉の像化（ビルトイン）された〈市民性〉概念は、自らを他律化すると共に、他者に対しては排除者として立ち現れることを、排除しえない、という理論的なディレンマに追い込まれた。

　ここで排除された生命＝生活の複数性としてひとまず今日問題となるのは、間人格的な関係性を必要とする、愛情、尊敬、名誉、尊厳、他者との連帯等の「人間的な技 human art」の〈生〉の複数性である。これから論ずる、〈弱い主体〉の視点から改めて〈主体性〉論を考えていくと、改めて住民運動論的〈主体性〉の像化された〈市民性〉の〈公共性〉とは別様の準拠枠組みを求めなければならない。

(2) 「弱さの存在」からの〈主体性〉—〈公共性〉

　排除された生命＝生活の複数性の問題をH・アーレントは、「見棄てられた境遇 Verlassenheit」として捉えた[25]。それは他者の関心＝配慮と、他者と

の応答関係を失なわされた境遇者を指す。他者との応答が失われることは、同時に、自己との内的対話を失う境遇である、という。〈身体性〉についての主体のところでふれた、〈弱い主体〉—自ら活動する主体としての〈精神—身体的存在〉の困難者、と同じ意味合いを持つ境遇者である。

　この概念からH・アーレントは、一回性によって特色付けられる個人の生命＝生活の「他ならなさ uniqueness」という複数性こそを、「公共性」空間の出現なのだ、と強調する。

　すなわち、自らものではないものに関心を向け、そしてそこには無数の〈生〉の複数性が同時に存在している、ことを了解することこそ「公共的生」だ、という。

　こうした生命＝生活が共約不可能性であることからくる、「公共性」の複数性、それは〈弱い主体〉にとっての、〈生〉の複数性をめぐる新たな〈公共性〉審級の問題位相である。こうした問題は、今日、介護・介助・看護などケア行為の臨床現場で常に問題提起されている。

　神戸市長田区の「被災地障害者センター」(現「拓人こうべ」)の大賀重太郎さんは、「自己決定を支える支援とは、〈顔の見える関係〉を出発点に、介護者の〈生活〉を把握することしかない」、という。「人間的な技 human art」は、なにより、個の一回性の生命＝生活にこだわることにつきている[26]。

　それはまず、支援者という具体的な他者による、介護者個人の「かけがえのない」具体的〈生〉そのものへの関心＝配慮を持ち続けることが、当事者たる、被災障害者の「困難な自己決定の伝達」を可能にする。支援のフィールドや臨床現場では、支援とはそのようなものと解されている。

　介護者と支援とのこうした相互の自己決定、すなわち〈個の一回性の生命＝生活〉にこだわる支援方法と、自己決定を支える「セルフ・マネジメント」[27]という、間人格的な関係の形成が、この問題に大きな示唆を与えている。この関係は、〈生〉の複数性への関心＝配慮を、具体的・直接的・人格的な方法で対処しようとしている。このような方法は、〈生〉の複数性を、共約可能性という枠組みでのなかで〈公共性〉を構築したこととは明らかに別様な領域を生み出している。

　個人の具体的〈生〉の関心＝配慮は、個人的・私的領域であり、その在り

方は決して必然＝必要でなく、「偶然性 contingency」といえよう。しかし、にもかかわらず、これが〈公共性〉領域であり得るのは、人が他者のため処遇する場、人が自己を表現する（＝自己決定する）場を創出することもまた、人－間のニーズとして根源的に捉えるからである。H・アーレントは、これを「現れの空間 the space of appearance」と呼んだ。要は、他者が存在する空間である。それは、他者とまみえる相互存在こそが「公共性」の空間である、という。個人の尊厳の相互承認が、最も重要な「公共的公準」であるという認識を強調しているのである。それは人間の存在論の位相での〈公共性〉の最も基本的な原理といえよう。それに対し、〈生〉の共約性可能性をめぐって構成（創成）される〈公共性〉は、具体的にして、経験的、手続き的な、リベラリズム的な原理といえる。

(3) 〈弱い主体〉にとっての〈生〉の複数性をめぐる〈公共性〉と〈生の共約可能な commensurable 要素〉の〈公共性〉の相互浸透に向けて

　〈生〉の共約可能な〈公共性〉と、〈生〉の個別性、すなわち〈生〉の共約不可能な〈公共性〉との関係について、考えてみよう。具体的に検討するため、事例研究として神戸市長田区の「被災地障害者センター（NPO）」の被災障害者の救援・復興活動を見ることにしよう。

　この団体は1995年の震災時に、自然発生的に組織化された。そして当時、障害者自身が、自己の救援のみならず、地域の救援活動の支援をも行ってきた。その彼らが、1999年にNPO化するとき、迷ったという。運動体が公的に承認された制度体になることへの躊躇、である。

　そのため、長期にわたってNPO化することの是非を組織で論議したという。結局、「障害者の自立を持続的に可能にしていくには、NPO化するしかない」との判断から、NPO組織化に踏み切った。しかしNPO組織とは別に、旧組織は残している。

　この自立した運動体「被災地障害者センター」と、「NPO被災地障害者センター」の差異化への彼らのこだわりは、今私たちが問題にしてきた、〈弱い主体〉にとっての〈生〉の複数性をめぐる〈公共性〉からの立論を考えるにあたって参考になる。そしてこの〈生〉の個別化された共約不可能な〈公

共性〉と、共約可能な、制度化された〈公共性〉との今後の関係を理解するにあたって、示唆的と思われるので手短に紹介する。

《前提》

障害者の自立への支援を持続的に行うため、まずは組織としての自立基盤を強化するため、余儀なく NPO 化したこのセンターは、活動内容を市民に透明化することによって、「市民の共感」を呼び起こし、会員制度をより盤石なものにしていく努力をしている。しかし、最も重要な点は、介護保険で指定業者の地位を獲得することによって、より財政的に安定化することである。

したがって、介護保険の指定業者になった場合、障害者の自立をどのように支援することができるか、という課題をセンターは自らに問う。

① 〈混在〉と〈隙間〉——当事者の自己決定を支援する活動の「隙間」と「混在」

〈混在〉；当事者の個性的な〈生〉の要求、つまり「他ならなさ uniqueness」という、複数性に基づく、自己決定への対応として、センターは以下の制度的対応と非制度的対応による活動を企みようとしている。

種々の制度や介護保険等による専門的な介護・介助・支援を合計しても、10 時間分にしかならない制度的支援の対応と、残された 14 時間の当事者の個性的な〈生〉の要求に対応したボランティアによる支援の対応、これらの 2 つの異なる活動の同時に行うことを目的としている。こうした制度的—非制度的な支援の〈共時的あり方〉を、彼らセンターは、〈混在〉と呼んでいる。

前者は、介護保険の指定業者化を前提とし、他の制度的福祉制度を取り合わせた NPO の支援活動である。私たちの問題関心からいえば、〈生の共約可能な commensurable 要素〉の〈公共性〉視点である。したがって、国家が公的に承認し保証した制度であり、当事者にとっては権利化されつつあるものである。

後者は、支援者による、そのつどの状況下における、当事者自己決定の内容の認識に応じた活動であり、非制度のもとでの、したがって専門家のマニュアル的活動領域から配慮されない、非専門家による間人格的介護・介助である。私たちの関心からいえば、文字通り、〈個の生の「他ならなさ

uniqueness」複数性への配慮〉である。センターの人々は、この活動を領域を「顔の見える関係」と呼び、ここにこそ、このセンターの活動の原点が存在する、と考えている。

　前者は市民社会での活動ではあるが、国家に承認され保証された活動であり、それはいわゆる「公共圏」に属する。しかし後者は、間人格的関係(「顔のみえる関係」)の領域である。そして同時にそれは、H・アーレントのいう「現れの空間 the space of appearance」そのものである。

　〈混在〉と呼ばれる活動は、さらに市民の支援活動への、有償参加と無償参加をも期待している。同一の当事者の自己決定内容への、同一空間の場champ での、「公共圏」と間人格的関係との、相異なる活動原理の〈共時的あり方〉が、〈混在〉と呼ばれ、この〈共時性〉を持続させることこそが、障害者の自立への支援にかかわるセンターの組織としての自立、を考えられている。

　〈隙間〉：制度的活動(専門家によるマニュアル化による定められた一定のサービス)では対応できない、当事者である被災障害者の、自己決定内容への介護・看護・支援の、非制度的時間での対応活動(残された14時間)は、当事者の個性的な自己決定に対する支援者の認識活動である。支援者は努めて当事者「生活を把握する」が不可欠、と彼らはいう。

　「隙間を発見すること」とは、支援者は当事者の〈生〉にこだわって、したがって当事者の自己決定内容を理解し、認識し、了解していくプロセスのことである。当事者の自己決定をどのように他者に伝え、それをニーズに表現するか、が重要だとセンターの人々は言う。この自己決定の内容の理解と、それをサービス可能なニーズに変換することが、〈間隙を発見する〉プロセスである。

　しかし同時にそれは、ニーズ化されない、当事者個人の〈生〉のあり方への、サービス内容の発見でもある。つまり〈隙間を発見すること〉とは、〈生〉の共約可能性と共約不可能性の、境界領域の発見でもある。〈生〉の共約判断過程に、可能性と不可能性の〈間の領域〉が存在し、支援者はここに〈出会い―組み合わせ〉の実践の場 champ を見いだす。

　さらに、当事者の自立を可能ならしめる、自己決定内容へ支援者の認識

活動による〈隙間の発見〉によって、活動内容と非専門的参加主体（「市民の共感」を求める）という、〈混在〉化により、間人格的関係（「顔のみえる関係」）と公共圏の隙間を埋めることこそ、重要な課題を思われる。彼らはそれを「支え合い」の原理と呼ぶ。

② **〈弱い存在〉主体視点からのミクロ戦略——〈混在〉と〈隙間〉からなる実践の場としての「ユニット」**

マニュアル化不可能な支援、個別の〈生〉のニーズに応答する支援、というような、対応できないサービス等、具体的な他者たる介護＝支援者の、当事者の「かけがえのない」具体的生そのものへのへの関心＝配慮行為は、こうした行為が可能となる、〈出会い—組み合わせ〉というユニットの場 champ の創出である。

それは、〈個の生の「他ならなさ uniqueness」複数性への配慮〉を可能にする、根源的な間人格関係の場、と考えられておりH・アーレントいう「現れの空間 the space of appearance」としての、〈公共性〉の根源が、間人格的関係（「顔のみえる関係」）から創出されている、といえよう。と同時にこの〈出会い—組み合わせ〉という空間は、制度的な〈公共性〉をも、積極的に戦略として選択されている。したがって、この場は、〈混在〉と〈隙間〉からなる実践の場としての「ユニット」である。そしてそれは、G・ドゥルーズ Gilles Delenze のひそみに従えば、身体的主体を視点するミクロ戦略の場、である。

3 残された問題

第一に、こうしたテーマをから、改めて高齢化社会での〈弱い存在〉の地域生活者としての主体性をどのように論ずるか、の課題をえることができよう。〈出会い—組み合わせの〉というユニットの場 champ から、市民的ひろがりとしての「支え合い」の原理が強力に発現されるとき、それはこれまでと異なる別様のコミュニティーズが開かれよう。

第二に、〈弱い存在〉論からの新たな共同性論についての問題提起が引き出されよう。

〈弱い存在〉主体視点からのミクロ戦略としての〈出会い—組み合わせ〉という実践の場は、当事者個人の〈生〉〈生〉の共約可能性と共約不可能性の、

境界領域の場でもある。両者のサービスのあり方は、当事者と支援者のそれぞれに自己ディレンマと緊張を引き起こす。同様に、当事者―支援者の関係性も、この境界領域での〈出会い―組み合わせ〉という実践で、緊張とディレンマを引き起こす。それは、〈弱い主体〉にとっての〈生〉の複数性をめぐる〈公共性〉と、〈生の共約可能 commensurable 要素〉の〈公共性〉の緊張し、ディレンマをも有する相互浸透の交叉する場ともいえる。

　支援者の他者（当事者）との関係性は、他者への関与と応答を不可避とする。当事者の語りかけに答る支援者の行為は、責任となる。それは行動の応答であり、支援者と当事者との「間の領域」こそ、存在が存在となる、関係である。

　対象者の「かけがえのない」具体的生そのものへの関心＝配慮を運動の、実践の原点に私たちが関心を据える限り、次のような基本的な課題を背負うことにあろう。

　〈生〉の共約可能性と共約不可能性の、境界領域の空間の存在は、当事者と支援者関係が、予め決して〈同一化〉されていないということが問題化されよう。すなわち関係の共同化は安易には見いだせないのである。この関係は容易に〈同一化〉されず、むしろ相互に他者性（差異性・特異性）であることの相互に認識、承認が現前性を持つであろう。それはボランティア活動が、当事者―支援者の関係性が、予め〈同一〉の意味を共有すると思念するのでなく、ボランティア活動自体が、この境界領域で、分割され、両者間のそれぞれの差異において分有されることを想定されざるをえない。安易な共同性、同一性への活動のもたれかかりは、実践的にも理論的にもここでは禁欲しなければならない。

　冒頭で導入した〈弱い主体〉論は、人を取り囲んでいる社会・制度・さまざまな出来事を、苦受的な存在（受動的存在）として受け止めているところから出発した。しかし受動的存在から、いかに能動的存在へと転生するのか。これに答えようとするのが、主体概念に〈身体性〉概念を導入した試みである。この概念は、時間の中での身体変化（様態変化）をテーマ化している。常に外界変化なかで、自己を同一のものとして「持ちつづけ」、自己に同化 appropriation し、その結果、自己同一性に閉じこもり、人を排除す

ることから解放されるには、時間のなかで、〈そのつど〉、〈具体的、一時的、局所的〉に産出される出来事の差異性と同一性のなかに、他者と共にあること、を映す必要があろう。つまり、〈弱い存在〉からの新しい主体立ち上がりは、ボランティア活動のそのときどきの、差異性と同一性のなかに存在しており、そして〈市民の複数性〉は、自己の固有性が有限な現前として認識され、むしろ他者と〈共に—あること avec–être〉、あるいは現実世界への〈共同出現〉を可能にしていく戦略にこそ認められるのである。こうした新しい〈共同性〉が問われなければならないであろう[28]。

この共同性の関係は、相互に他者性を排除しない。したがって、同一の集団＝共同・体を形成しない。すなわち双方にとって、個々の差異における複数的な声、が聞こえ、閉じた同一性を形成しない。根源の同一性によって規定される集団＝共同・体でなく、同一性の共有によって規定されない有限の分割＝分有 partage[29] としての集団＝〈出会い—組み合わせの〉というユニットの形成が重要であると考えられる。われわれを絡み合わせるものがわれわれを「分割」し、われわれを分割するものがわれわれを絡み合わせる。

こうした点に関する理論的展開が地域社会の主体論—共同論と公共性論に新たな革新を生むであろう。

注
1 私たちは「サブシステンス」概念を、人の「生」の営み、すなわち生命＝生活の基本的な活動上不可欠な相互行為的な実存経済と考え、震災以降のステップとしての復旧以降の被災者支援活動の地域的・全国的空間にまで広がった活動交換を、もう一つの経済たる市民的サブシスタンスの萌芽と位置付けたい。本書、似田貝香門8章の10「おわりに——「市民社会」；公共性・場所性・多様性」、西山志保（2005）参照のこと。
2 〈居合わせる co-presence〉、傍らにいる、隣り合わせ、〈寄りそう co-presence〉とは、鷲田清一によれば「無条件のコ・プレゼンス」（「なんの留保もなしに、「苦しむひと」がいることというただそれだけの理由で他者のもとにいるということ」 1999；245）、あるいは精神科医の中井久夫の使用法では、他者の「プレゼンス」（「じっとその場にいてくれること」）が被災の現場でいかに重い意味をもつかについて、何度の語っている（『1995年1月・神戸』）。しかし私から見れ

ば、この使用方法は、〈レスキュー段階〉、つまり支援者の行為が「何でも役に立った時」(和田耕一)に適合的である。復旧—復興段階に取り残されている人々の自立の問題になると、この関係はより複雑になる。どのようにして〈居合わせる co-presence〉、傍らにいる、隣り合わせることが、いよいよ自立が困難となるな時期に可能であるのか、が問われる必要がある。傍らに居つづけること、隣人でありつづけることの持続性は、より困難になってくる被災者の自立へ希望の〈声〉が発せられる、〈そのつど〉、〈具体的、一時的、局所的〉に支援実践の試みと、その自己検証の裡にしか可能性はない。しかもその可能性は、「語る」—「聴く」という、相互的行為の持続、支援実践が完遂されなくとも、双方が、次の機会 chance まで、〈耐え〉、〈待つ〉という行為に対し寛容である関係性の生成が何より不可欠である。〈寄りそう co-presence〉という用語には、こうした将来時間へと連続され、維持される行為のダイナミズムに、もっと考慮する必要がある。そして、この関係性の生成持続は、二者関係に留まらず、多様な生き方に寛容である〈市民の複数性〉の動態的共同性という新たな「市民社会」の形成を伴わざるをえないだろう。「無条件」、「なんの留保なしに」、「条件なし」とは大変難しいことである。用語解説、本書、似田貝香門 8 章「〈ひとりの人として〉を目指す支援の実践知」の項参照。

3　この研究で使用される〈出会い rencontre、rencounter〉という概念は、さまざまな条件や要素の問題・テーマ・課題を有する人と人が、おもいがけずに、したがって偶然ではあるが、応答関係を引き受けざるをえない状況のもとで邂逅する出来事、と考えている。新しい出来事や新しい行為との〈出会い rencontre、rencounter〉は、具体的諸個人が、偶然に、あるいは否応なしに、または避けることができない状況で、絶えず現場へと立ち会わせ、余儀なく自らの主体を開かされる (〈主体の受動性〉)。

4　「人ってこんなもんでしょ」とは、支援者が被災者から〈呼びかけ〉られ、支援するかどうか熟慮した後、思い切って支援行為を決断し、実践する際の表現。被災者からの〈呼びかけ〉に応答する支援者は、何より自分を一般者と見なさない。あたかも西田幾多郎の「一般者の自己限定」のようである。呼びかけられた〈わたし〉。

　それは支援者＝「私」にとって、支援可能であるかどうか不安であり、事によっては自己解体すらまねく。いわば被災者の〈呼びかけ〉は、支援者の主体にとって反主体へ、あるいは「ゆらぎ」でもありうる。しかし支援をすると決断した時、そのときのふるまい方の根拠は、「人ってこんなもんでしょ」という、ふたたび「一般者」という人としての共通感覚の再構築である（新たな正義による人間の共同存在)。「人ってこんなもんでしょ」とはこうして、支援行為が生み出した実践知である。P・フレイレは、このような状態を、「限りなく人間になっていく」と呼び、「人間化 humanization」と概念化する。本書、似田貝香門 8 章の 10「お

わりに——「市民社会」；公共性・場所性・多様性」、参照。

5 　阪神・淡路大震災の支援活動によって生まれつつある自立についての考え方は、他者に対する自己（私）の「自立的」ふるまいでなく、支援者にとっては被災者、被災者にとっては支援者が、共にある「自律的」あり方を追求する必要がある。すなわち、他なるものの存在によって、絶えず自らが脅かされると感じざるをえない「自立性」の立場に対し、他者との関係によって、むしろ自らでありうる「自律性」が、新たなる自立論である。決して単独主体、独我論的自立ではない。

6 　P・フレイレ『被抑圧者の教育学』（亜紀書房；115頁）。P・フレイレはこうした状況を、「限界状況」(limit-situations) の克服、と呼んでいる。それはK・ヤスパース Karl Jaspers の Grenzsitutiation でいう、「人は、歴史的に過去から限定されている現存在を引き受けざるをえないという必然性の『限界状況』におかれている。この『限界状況』堪えて世界に踏みとどまる覚悟が実存の本質」（『ヤスパース選集、26巻』（理想社）、の悲観的側面を取り除いて概念化されたもの、と考えられる。後にふれる〈弱い存在〉論は、〈克服 Überwindung〉に対して〈耐えること Verwindung〉を主題としている。

7 　ボランティア活動（支援活動）は、被災者（障害者）との相互関係が重要である。大切なことは、この関係によってボランティア活動者（健常者）も被災者（障害者）と同じように、人として、〈becoming 過程の存在〉であることを認識することである。それによって、両者が、人として、同一性、同格性、であるという認識より、後にふれるように、他者性（差異性・特異性）として、相互に承認しあい、支援による相互関係を介して、「支え合い」や「絆」の協働性を形成していくことになる。後に述べるが、こうした相互関係が行われる場での〈出会いと—組み合わせ〉というユニットは、協働の最小ユニットである。

8 　震災のあった1月には被災者はまさに絶望の淵にいた。しかし、6月、8月私たちが調査にいくにつれ、被災者は、道ばたでお互いや知人の安否の確認を行い、帰り際に自然と「希望を持ちましょうよ」と会話をしている光景に幾度となく出会った。あるボランティアのリーダーは、被災者の〈希望〉は、ボランティアが被災地神戸で活動していること自体そのものからえられていったものという。本書、似田貝香門 2章「再び『共同行為』へ」参照。

9 　E・フッサール Edmund Husserl の「人間は、世界の中に世界と共にあり、そしてそこで自分自身を発見する方法を、批判的に知覚する能力を発展させる。かれらは世界を静止した現実としてではなく、過程にある、変化しつつある現実としてみるようになる」（『純粋現象学及現象学的哲学考察』岩波文庫）、H・ベルグソン Henri Bergson の不変性と変化という対立物の相互作用の中に見出される「持続」概念等を参照。

10 　determing とは、一つの過程を解決し完了することと解せられるが、しかし

それは先を見越してそれを支配したり、予言したりせず、さまざまな制限や終極にも、またいかなる外的原因にも関係しない。ここでは自己決定とは「自分らしく生きていく」ため、日常生活を安全に快適にすごせるように、具体的、特定的な対象にかかわり、配慮し、それらにかかわって行為する支援者を含めた、関係者が、相互に個々の複数的な声を聴き、そのうえで自己のふるまい方を、〈そのつど〉必要なときに決める行為、と考えたい。この行為は意思決定をする当事者を含めた、関係者は当該の対象内容に付き、責任ある応答を行おうとする臨床現場の関係性の再構成を伴うものである。こうした「自己決定」の抽象性を具体的、日常的な用語として「セルフ・マネージメント」なる用語で対応した大賀重太郎の視点は大変重要である。それは、「日々の生活を安心して暮らせるように、また、どこで何をするか、誰と過ごすか等、の日々の行動の選択としての生活を自分で組み立てる」という考え方である。本書、似田貝香門 8章「〈ひとりの人として〉をめざす支援の実践知」の6の2)「セルフ・マネージメント」の項、参照。

11 被災者の〈絶望から希望へ〉という転身を、P・フレイレの用語を援用して〈未検証の行為〉unsetting action と呼んでおきたい。被災者のこうした転換に対し、私たちはなにができるであろう。この〈希望〉への可能性という「未検証の行為」が、ふたたび〈絶望〉の状況へ引き戻されぬように、「未検証の可能性」のチャンスの瞬間を、観察し記録しつづける行為こそ、社会学者の構えでなかろうか。調査は、単に調査者─被調査者の関係に留まらない。私たちは〈希望〉の可能性への行為を反映している現在の〈絶望〉の具体的状況から出発すべきである。テーマは、そこに包摂されている。同時にまた、「未検証の可能性」の行為そのもののなかに包摂されていることを、被災者や支援ボランティアとの対話によって発見し、共同に構築していかねばならぬところまできている。本書、似田貝香門 2章「再び『共同行為』へ──阪神・淡路大震災の調査から」参照。

12 スピノザ Spinoza は、自存力 conatus という概念で、人の自己保存の力の意義を論じた。また、E・レヴィナスは、『存在の彼方へ』(1978＝1999) において、conatus とは、「存在することへの不屈の固執として遂行される存在者の努力・傾動」、「存在に固執するとは持続するということ」と、論じながら、同時に「自分に繋ぎ留められていて、逃れることができない」限界の指摘に転じている。つまり、主体の自己への繋縛を、他者への〈約束・関与＝責任 engagement〉によって、受動化する主体の、あるいは〈可傷性 vulnérabilité〉を受ける主体の、それへの忍耐という行為にこそ、「忍耐の受動性における主体性の、実存しようとする努力・傾働」、すなわち自己再帰性 reflexivity こそが、自存力 conatus と考えている。この稿のテーマである〈市民の複数性〉、〈主体の複数性〉はこうした自己を保存しようとする力に逆らって、他者との関係性から、当該の実践課題に対して〈共同出現〉していく主体の自己再帰性 reflexivity ＝自存力 conatus

を論じることになる。

13　人間は単なる存在でなく、知覚し、運動し、意図、決断、自由、危険等の諸々の環境とモメントと不可避に存在せざるをえない。こうした状況をヴァイツゼッカーは「パトス的」と呼ぶ（V・V・ヴァイツゼッカー Victor von Weizsäcke, 1950＝1975）。本稿のテーマとの関係でいえば、この概念は、身体性を有し、したがって、生命活動をする人間全体が環境世界との接点で、自己の主体性を維持ずるために営んでいる行為であり、単なる存在概念に留まらず、環境との接点（受難）において、主体性を生成していく概念、と理解できる。つまり、身体的主体性は、何よりも〈受動的＝能動的主体性〉として受けとめることが必要である。私は、身体をもった主体とは、有機体（人間）と環境（出来事）とが、絶えず〈そのつど〉、〈具体的、一時的、局所的〉に出会っている、その瞬間とその場所という、〈出会い rencontre、rencounter〉を根拠として働く「原理」として理解したい。

14　とりあえず中村雄二郎「〈パテーマ論〉序説」（講座『生命』所収）参照。

15　本書で使用される〈約束・関与＝責任 engagement〉なる概念は、暫定的に定義しておけば、私が、他者の苦悩を緩和するという目的に向かって、それらを成就するための具体的な支援実践の企てに関与・参加することにおいて、そのような私の自己自身の生きるあり方を、他者と約束すると同時に自己を拘束する、とう意である。

16　ここでの主体性は、きわめてゆらぎを持つ。つまりここでの主体性は、自己の identity のなかに異なる identity が、「自己に抗して」構造化されうる。そして、この主体性の様相としての自己の identity のなかの異なる identity は、それによって不安をかき立たれた既存の自己の identity の動揺である。本章のテーマである〈主体の複数性〉はこのような様相を介して生み出される。E・レヴィナス, 1974=1999 Autrement qu'être ou au-delà de l'essence, Martinus Nijhoff（合田正人訳『存在の彼方へ』）参照。

17　支援者の〈聴く〉行為の意義については、本書、似田貝香門「〈ひとりの人として〉をめざす支援の実践知」の「聴く姿勢」参照。

18　花崎皋平, 1981『生きる場の哲学──共感からの出発』（岩波新書）, 金子郁容, 1992『ボランティア』（岩波書店）参照。

19　G. Vattimo=P.A. Rovatti Il pensier dedole, 1983. G・ヴァッティモ Gianni Vattimo の「弱い思想 pensiero debole」は、アドルノらの形而上学批判の態度を、絶対的な起源や基礎づけを求める「強い」思考（「強い思想」）を批判し、この思想では形而上学の暴力性を否定することはできず、却って暴力性を行使し続ける可能性を批判する。「弱い思想」は、ハイデッガーに倣って屈曲 Verwindung というモデルを提出し、存在が今ここに現前するのではなく、常に今ここの向こうへと引き渡されるということ考える。つまり、存在が現前せず、かつその状況を認

めるという点で、形而上学が拠って立っていた根拠がないからこそ、「弱い」のである。それは、存在が屈曲し、現前しないという意味で、「存在そのものの弱さ」である。「強さ」を求めない「弱い思考」は、多元性、差異性を積極的に引き受けようとする。一方、J・ハーバーマスの「無際限のコミュニケーション」による社会の透明性への希求を批判し、逆に不透明さと混迷をもたらすだろうとして、批判する。逆に、コミュニケーションの不透明性こそが、現実の多様性へと視点が広がるものとして、積極的に捉え返し、多様な、複数の解釈が可能な視点を確保しようとする。Gianni Vattimo, La società trasparente, Garzanti, 1989/ 2000.（英訳：The Transparent Society (David Webb trans.), Johns Hopkins Univ. Pr. 1992. ただし英訳は旧版からのもの）

G・ヴァッティモの詳細な文献一覧は、http://www.giannivattimo.it/menu/f_bibliografia.html 参照。

20　ここでは、生命への愛（バイオフィソー：E・フロム E Fromm『人間の心』）とか、ハンス・ヨナス Hans Jonas のいうような、「自己の傷つきやさを思っておののく人への姿への畏敬にこそ、責任の倫理の核心がある」(The Imperative of Respnsibility, in Search of an Ethics for the Technologikal Age. 1984, pp.201-202（『責任という原理』加藤尚武監訳、東信堂））、というような、世代を越えて受け継がれる生命への配慮の議論が必要であるが、深くはふれない。

21　本書2章、似田貝香門「再び『共同行為』へ——阪神淡路大震災の調査から」（環境社会学会『環境社会学研究』Vol.2、1996）。同「阪神・淡路大震災とボランティア——社会学の役割」（似田貝香門他編『阪神・淡路大震災に学ぶ』白桃書房、1998）参照。

22　【公共圏】創出問題として、とりあえず以下のような例示あげておく。例示1；震災時の行政の硬直性（事態の悪化）→新たな事態に対するボランティアの新しい判断と意思決定とその実施、による新たな活動空間の〈場 champ〉＝「公共圏」を創出、それは、自由意志による活動空間である。例示2；兵庫県に見られるボランティア活動の包摂と動員に対しする、対抗的公共圏の構築。それは新たな「公共圏」の構築による対抗性である。理論的課題としては、「公共圏」の内側からの批判（自己反省のポテンシャル）のモメントを想定する構想する、T・イーグルトン Terry Eagleton（1984）の「対抗的公共圏」を念頭に置きつつ、「公共圏的合理性」の支配を拒否し、合理性のもつ排除性、「市民的公共圏」の排除構造への徹底的に批判する認識方法は必要である。それは、合理性の複合性を一層徹底化し、合理性と他者との関係を一層流動化させる必要がある。J・ハーバマスの「批判的公共性の原理」の意味を転釈しつつ「市民的公共圏」を復権させる方法的戦略を必要としている。つまり、コンフリクトを解決する際の使用される方法＝戦略の〈正当性〉をいかに構築し、かつ保証するか、が課題である。「公共圏」衰退と密接に結びついた「親密圏」の周辺化。この「親密圏」そのも

のを「対抗的公共圏」として復権させることが不可欠であろう。
23 松原治郎・似田貝香門編著 (1976) 参照。
24 具体的なケースについては似田貝香門 (1994) 参照。この問題は、M・ヴェーバーの権力論や I. イリイチの専門権力論と、社会的資源の閉鎖論と結びつき、差別論や排除論の問題へとかかわってくる。
25 「見棄てられていることは……根を絶たれた余計もの的な境遇と密接に関連している。根を絶たれたというういうのは、他者によって認められ、保護された場所を世界にもっていないということである。余計者ということは、世界にまったく属していないことを意味する」(H. Arendt, The Origins of Totalitarianism; George Allen and Unwin/1966 475/320)。
26 「被災地障害者センター（現「拓人こうべ」）」の事例研究については、本書7章、佐藤恵「自立支援のリアリティ」、同、『自立と支援の社会学——阪神大震災とボランティア』(東信堂、2008) 参照。
27 大賀重太郎さんは、「自己決定」という用語に対し、「セルフ・マネージメント」という用語を重視する。「自己決定」という言葉が、人生の決断のような、大げさな、抽象的なイメージを持つのに対し、「セルフ・マネージメント」という言葉は、「日々の生活を安心して暮らせるように、また、どこで何をするか、誰と過ごすか等、の日々の行動の選択としての生活を自分で組み立てる」ということを考えるのに適した概念であり、障害者の「生活の内容にシフト」したものとして、また「このような感覚を当事者に持ってもらうことが必要」という（大賀重太郎、2003/03/06）。「自己決定」から「セルフマネージメント」とへと運動、活動の基本的な枠組みが変化した意義については、本書、似田貝香門8章〈ひとりの人として〉をめざす支援の実践知」を参照。
28 この点の詳論は、本書、8章 似田貝香門「〈ひとりの人として〉をめざす支援の実践知」の10 おわりに——「市民社会」；公共性・場所性・多様性を参照。
29 J・ナンシー Jean-Luc Nancy によれば、「分割とは、分離である境界そのものによる結びつけを表す語」つまり、分離がそのまま結合と不可分であるような働きあるいは関係を意味する (Jean-Luc Nancy, 1986『無為の共同体——バタイユの恍惚』朝日出版、1985；訳注165頁）。

参考文献
メルッチ，1997『現在に生きる遊牧民』(岩波書店)
似田貝香門，1984『社会と疎外』(世界書院)
似田貝香門，1994「都市の異質性排除とコミュニティ」(『都市社会とコミュニティの社会学』日本放送出版協会)
松原治郎・似田貝香門編著，1976『住民運動の論理』(学陽書房)
西山志保，2005『ボランティア活動の論理』(東信堂)

Terry Eagleton, *The Function of Critism, From the Spectator to Post-Structura-lism,* London, 1984.（大橋洋一訳『批評の機能——ポストモダンの地平』紀伊國屋書店，1988年）
Jean-Luc Nancy, *La communute desauvree*, Christian Bourgois, 1986, 2e ed. augumentee, 1989. English translation, The inoperrative community, Minnesota Press, 1991.
中村雄二郎，1999『死と生のレッスン』(青土社)
鷲田清一，1999『「聴く」ことの力——臨床哲学試論』(TBS ブリタニカ)
Victor von Weizsäcke, 1950 = 1975『ゲシュタルトクライス——知覚と運動の一元論』(みすず書房)

2章　再び『共同行為』へ
——阪神・淡路大震災の調査から

似田貝　香門

1　フィールドからフィールドへ

1)〈調査者―被調査者関係〉

　かつて私は、数多くの住民運動の調査の後のレポートを書き上げた後、断片的ではあるが、調査にかかわる主体間の関係（調査者―被調査者）について覚え書き風に論じたことがある。

　①「社会調査の曲がり角——住民運動調査後の覚え書き」(1974、以下「①調査」と略す)、②「運動者の総括と研究者の主体性　上・下」(1977)、③「コミュニティ・ワークのための社会調査」(1986)、等がそれらである。

　「①調査」については、中野卓 (1975a, 1975b, 1975c, 1975d, 1775e)、安田三郎 (1975) らとの間でいわゆる〈調査者―被調査者〉論争を惹起したし、さらに、当時としてはいち早く山口節郎 (1976) がヴィトケンシュタインを下敷きにしつつではあるが、また今防人氏 (1976) はより直接、エスノメソドロジーの視点からの言及がなされ、栗原彬氏は民衆の理性という観点から言及された。

　また近年もこのテーマが再燃し、佐藤健二 (2000, 2006)、桜井厚 (2003)、松田素二 (2003)、井腰圭介 (2003)。そこで最後まで問題となったのは私自身が使用した、調査者―被調査者の関係における〈共同行為〉という用語であったと思う。必要な限り引用しておく。

　被調査者の調査者への先のような質問や疑念や不信は (「一体何のために調査をするのか」、「一体あなた方はどういう研究団体なのか」とか、「その地域で起こっ

ている issue への私たちのとりくみ方の姿勢」等を指す）、調査技法によるラポート関係……や客観的調査を行なおうとする調査主体の客体へのみせかけの人間関係（調査者—被調査者関係）への鋭い問題提起なのである。こうした〈みせかけの人間関係〉という、人々の研究者への問題提起は、単に直接的な調査者と被調査者との狭い人間関係の不信だけを意味しているのではなさそうである。

　〈みせかけの人間関係〉の意味内容を一層敷衍してみれば、それは、第一に〈専門性〉の役割活動と、第二に、研究者と被調査者との〈共同行為〉を指しているようである。……

　人々は、私たちが専門の研究者であることを十分に承知しており、しかも、当面、調査—被調査という関係の枠組みそのものを取り払おうことを要求しているものでもない。むしろ、人々はこの関係の枠組みを十分に前提とすらしているようである。その上で、調査者と被調査者との関係が、〈共同行為〉の関係になりえることを渇望しているのである。（中略）

　そこで私なりの暫定的な課題を提示すれば次のようなことになる。

① 大衆のなかの今日の文化形成の担い手や問題提起者の動きに、研究者自身が少なくとも一つでもコミットメントしていく必要があること。このコミットメントは、従来のように、外からの観察や調査ではなく、自己が運動者との日常的交渉を常にもつことが必要となろう。

② ここから私たちは、個別・具体的な範例化という作業を行う必要がある。今日の社会科学の普遍化志向による、リアリティの排除を防止する手だては、こうした個別・具体的な範例化の繰り返し[1]、という作業による他はないと私には思える。

　当面私はこの二点が重要な課題であると考えているが、調査者—被調査者との〈共同行為〉という側面から再びこの課題のメリットを考えておこう。

　研究者が具体的な動きの一つに自らコミットメントすることは、第一に、この動きを具体的な問題からテーマを立てていかねばならぬ、という課題を自己に課すからである。第二には、この具体的な問題の意味をめぐって、この運動に参与する人々との間に、知識の共有と相互理解が可能となるからである。〈確実な〉知識の積み重ねという行為は、前提として、この参加

者間に情報や知識の相互理解と了解が必要である。この相互理解と了解の上に共有された知識が形成されてこそ、参加者間のコミットメントの〈確実性〉は高まっていくのである。

　私たちは、こうしたコミットメントのなかから、個別・具体的な範例化を学びとり、この作業によって、逆に、豊富な全体がみえてくるような、整序の仕方を人々と共有しなければならぬだろう（似田貝香門, 1974）。

　私自身は論争のきっかけをつくったにもかかわらず、積極的対応をしないまま、若干論点をずらした、「②総括」、「③ワーク」の覚え書きをひそかに提出したに留まった。当時としてはこの「共同行為」という概念の論点を十分に論述できる発想も経験も持ち得なかった、というのが正直な理由であった。それから20年が経過した。この間に私もさまざまな調査に参加し、この種の問題に関し、いろいろ考える時間を得ることができた。特にいま私たちが行ってきた神戸市での震災に関する調査を介して、この問題の考え方についてそれなりに提起できるような気がするので、ここで再論したく思う。

2）再び〈調査者－被調査者関係〉の問い

　調査は1995年、阪神・淡路大震災の報告を行うよう日本社会学会研究活動委員会より要請を受けたものであった。それはかつて私たちが「公共政策と市民生活」というテーマで、神戸市を共同調査（蓮見・似田貝・矢澤, 1990）したことを承けて、災害地としての神戸市の現状と再生の可能性について社会学的に報告してほしい、というものであった。私たちはさっそく調査団を組織し、私自身の個人的調査を含め、2007年まで12年間、神戸市での現地調査を行った。ここでは最初の調査の時点での問題意識を論じたい。

　調査が本格的に開始されたのは、震災が起こってから6カ月も経過した7月以降であった。したがって、訪れた避難所やテント村での被災者からは、「今ごろ何を調査するのか」、「社会学というのは被災者や被災地域の再生をどのように支援できるのか」、という質問が繰り返しなされた。

被災地域ではいかにして生活再生が可能であるか、が緊要なる課題であり、この課題への専門的支援は不可欠な状況であった。当然、私たちの調査もそのような課題へのいくばかりかの期待が込められていた。しかし残念ながら社会学は、震災に関する自然科学的専門性を持ち合わせておらず、また不動産学、建築学、まちづくりプランナー、弁護士、医療関係者、福祉関係者等のように、専門的知識・技術をも持ち合わせない学問である。この点は内心忸怩たる思いで、調査中もその後も私たちを悩ませた。

　〈現実科学としての社会学〉とはこうした場合、いかような実践を考えればよいのであろうか。20年前、住民運動のリーダーたちの前でたじろいだ自分を思い返した。ほとんどこの種の問に私たちは前進していない。むしろ学会の動向は、現実を言説として把握することに関心が集中し、現実問題の構造やその解決へ向けての地味な学問姿勢やその専門家を育てることを明らかに怠ってきた。このことも私にとっては今、忸怩たる思いである。

　私たちは、「社会学という学問は、直ちにはお役に立てませんが、今後のこうした不幸をできるだけ最小にするため、またどのような生活の再生の方法がありうるか、について、できるだけ正確な社会学的な記録をとるため、勉強させて下さい」、とお願いすることのみであった。被災者はそれでも私たちに時間を割いてくれた。

2　可能性

1)　〈絶望〉から〈希望〉へ

　私たちが調査を開始した時期、神戸で出会ったボランティアのリーダーの多くは、被災者自身が既にボランティアであった。こうしたボランティアの方々とのヒアリングのなかで、初めての経験ではあるが、聞き取りのノートが涙で濡れた。私たちが、ボランティア活動のきっかけやその展開等について聞き及ぶと、黙して語らず、そして目には涙が、人によっては滂沱の涙が留まることなく流れるのであった。

　多くの場合、これらの方々は何等かの最愛の近親者を今回喪っている。長田区真野地区「被災対策本部」リーダーの山花雅一さんは、屋根の梁で下敷きになった父親をみすみす喪った。火が回ってきて、父親が「おまえ

たちは逃げてくれ」の言葉を背にしたその足が重かったという。「ごめんよ、ごめんよ」、その言葉を口にするたび、涙を禁じえないという。

　長田区「野田北部街づくり協議会」のリーダーのМさんは、震災時旅行中で、帰宅したら娘さんを喪っていたという。「娘にすまなくて、すまなくて。葬儀以降、2週間はどこへも出る勇気はもたなかった」。「町内の人々が、自らの悲しみを振り切って、被災対策に懸命に活動しているのをみて、これはいかん、娘の弔いに立派に街づくりを」と思い、リーダーに復帰したという。

　今回の震災は多くの被災者を〈絶望〉の淵に立たせた。しかしやがて生活再建に向けて、まちづくりに向かって人々は立ち上がった。〈希望〉を信じつつ。〈希望〉が無ければ人々は立ち上がれなかったであろう。

　被災者の〈絶望〉から〈希望〉への姿勢の変化に対し、私たちはなにができるであろう。夜の宿での私たちの討論は、〈絶望〉から〈希望〉への転身を、社会学の行為論ではどのようなカテゴリーで把握してきたのであろうか、に集中した。無論、解答は誰も言い出せなかった。社会学は、このような状況を記述するカテゴリーを準備していないのである。

2）〈未検証の可能性〉または〈未検証の行為〉

　そのとき私が思いだしたのはP・フレイレの「未検証の可能性 untested feasibility」と「未検証の行為 unsetting action」とうカテゴリーであった（Freire, 1970=1979）。未だ実現していない〈希望〉とは、これに賭けて行ってみる価値があるような行為のことである。文字どおり未検証ではあるが、行ってみるべき価値ある行為、と考えられるのがこれらのカテゴリーの意味である、とそこでは説明したように思う。

　しかも〈絶望〉から〈希望〉への人々の転身という行為は、被災によって自らの存在を否定されている人々が、当該の〈絶望〉の状況を〈希望〉が無くなってしまった通過点として考えるのではなく、それとは反対に、あらゆる可能性がそこからはじまるところの「現実的境界」として考えられているのである。

　敷衍すれば次のようにいうことができよう。もはや現状況を、被災者の

存在と無との時間と空間の折り重なった時点として人々は了解するのではなく、正に逆に、この状況を自己の存在とより多くの被災者の、人間的存在の〈希望〉の可能性の時点として認識するようになると、人々は自己の行動を、その認識に内在する「未検証の可能性」を実現する方向へ向け始めるのだ、と。この瞬間からは、被災者は震災という受難を、単に受動的に受け入れるのではなく、それを否定し圧倒することに向かう行為によって、現実の状況に応じるのである。

被災者の〈絶望〉から〈希望〉への転換に対し、私たちは何ができるであろうか。この〈希望〉の可能性という「未検証の行為」が、再び〈絶望〉の状況へ引き戻されぬように、「未検証の可能性」のチャンスの瞬間を、観察し記録しつづける行為こそが、社会学者の構えでなかろうか（この点については、本書、似田貝香門 8 章「〈ひとりの人として〉をめざす支援の実践知」および「あとがき」参照）。

3　挑戦的現実 challenging reality

1)〈リフレックス・ソシオロジー〉

この調査では結局 2 つのテーマが私たちを捉えた。しかしこのテーマが絞られるには、私たちのこれまで調査に欠落していた視点を認めざるをえない。都市の公共政策と住民生活とのかかわりを、行政（都市官僚制）と住民生活（団体・集団）の分析という 2 つの領域を社会学的に分析する努力をしてきた（蓮見音彦, 1983；蓮見音彦・似田貝香門・矢澤澄子, 1990；似田貝香門・蓮見音彦, 1993）。

今回のような地震による災害によって崩壊する行政と住民生活の復旧－復興による都市社会の再生には、こうした 2 つの領域の分析では不十分であるといわざるをえない。都市社会のこうした突然の受難に対し、社会学はいかなる貢献が可能であるか。社会学の実践的性格が合わせて問われざるをえないのである。

都市システムに対する社会的依存性が増大する社会ほど、一旦災害が発生すると大災害が引き起こされ、地域社会そのものの破壊という重大な個人生活のみならず、地域生活困難という問題に遭遇する。システムへの依存性の増大に対する個人や地域生活は、システムを維持している基盤その

ものの破壊によって、一層〈無力さ〉、〈ひ弱さ〉を重層的に増大させる。こうした問題に対する社会学的対応はいかようにあるべきか。別言すれば、社会学は震災復興になにをなしえることができるか。

　私たちが調査を行っていたとき、被災者は、震災以前の地域生活の水準のなかで断層化されてきた生活格差が次第に顕在化してくる状況下にあった。しかし、マスコミであれほど注目されたボランティアは枯渇していた。震災における社会システムや都市システムの無力さに対し、現場的かつ臨床的対応としてのボランティア活動なしには多くの被災者の救出は不可能であった。さらに国家行政、自治体行政、諸公共サービス機関による復旧や復興の公共サービスが始動しても、さまざまなボランティア活動やそれを組織的にバックアップするNGO、NPOなしに被災者の生活支援→復興そして地域社会の再生はなしえないと思われたのである。

　地元NGO連絡会議代表の草地賢一氏は私たちとの話し合いで、「この震災で、貧しい人がますます貧しくなっていくのに対して、公共当局の行政や政治が行われていない」、「レスキュー（救出・救命）段階では、思想も方法もなんであろうともレスキューが最重点である。しかし行政は、例外事項機能不全状態で、マニュアル無しや稟議的方法での意思決定では、例外事項機能不全状態で、いつまでも初動的状況であった。緊急事態においてシビル・ソサイアティが実現できないとは、学者や学会、官界がこうした問題を建て前論で考えてきた問題点である」と指摘し、「この事態のなかから、日本におけるボランティアの弱さを認識し、社会学がボランティアの組織論を本格的に取り組んでほしい」と要望された[2]。社会学がその基本的概念の1つであるボランタリズムvoluntarism概念を、現代社会に実践的に重視してこなかった学問としてのひ弱さを実感せざるをえなかった。

2）ボランティアと「市民社会」のリストラクチュアリング

　そこでテーマ化しようとしたのが、NGO（ボランティア）と「市民社会」の公準構築との関係の問題であった。ここで使用している「市民社会 Zivilgesellschaft」という概念は、J・ハーバーマス『公共性の構造転換（改訂版）』の「自由な意思にもとづく非国家的・非経済的な結合」のことを念頭におい

ている。つまり、生活世界にかかわるコミュニケーション・プロセスから生じてくる社会的結合の形成をテーマ化しようとしているのである。具体的には、震災からの救出→生活支援→復旧→復興→社会再生に至るボランティアの組織化と地域組織活動戦略の方向を剔出(てきしゅつ)することであった。

　私たちは、多くの被災者とそれを支援するボランティア・リーダーのヒアリングを通して、震災からの救出―生活支援―復旧・復興―社会再生の各段階で、〈公共性〉、〈公平性〉、〈社会正義性〉という「市民社会」の生活に関する新たな価値・規範をめぐる社会的紛争が出現していることを知った。震災後の被災者の生活再生は不可避に「市民社会」の立て直しrestructuring を必要としているのである。ボランティア活動には上記のようなステップに応じた活動の戦略がありうると思われる。

　しかし今日明らかになっているのは、せいぜい震災からの救出→生活支援のボランティア活動レベルまでの戦略である。被災から再生までの、状況変化の過程で出現する新たな被災者の問題に対応するボランティア活動の組織論の構築こそが、緊要な課題であることを、痛切に感じざるを得なかった。

　この問題に対処するためには、その行動原理たるボランタリズムをどのように理解するかが極めて重要であろう。ここではボランタリズムvoluntarism を以下のように暫定的に理解しておく。

　ボランタリズムとは、人間存在の意味にかかわる、創造的・能動的に意味を志向する行為のことであり、したがって功利主義的、目的合理的、手段合理的な行為を排除するものである。同時にそれは、他者への共同性を志向し、価値合理的である。M・ヴェーバーにおいては、キルヘの権威に対するゼクテの運動を指し、そこから支配への対抗性を強調している。したがって、ゼクテ成員の自由な合意による自由なゲノッセンの結社フェアラインが重視される。ヴェーバーが分析した宗教的ゼクテ制度の所産としての、「権力に対抗するところの、被支配者個人の1つの不滅の権利」の世俗化した社会権利こそ、「良心の自由」としての権力から自由を保証する「基本的人権」の原点ともいえる[3]。

　神戸で私たちが見てきた多くのNGOの組織的リーダーのボランタリズ

ムの精神は、上記の意味で正に、「いわれなくてもやる、いわれてもしない」という、まったく自主的、自発的、自由に必要と思われる〈公共の利益〉になることを実践する姿であった。その活動は、多くの人が認めるように、わが国の社会に、社会福祉、社会開発などの「市民社会 civil society」形成の実践が不可欠なもの（草地賢一）として、少なくともテーマ化されつつあることを予感させるものであった。それはさらに、問題によっては国家（公権力）が直接行うより、自由で自主的な意志をもつ NGO や市民が行うほうがよい、と考える日常思想が人々に生まれてきていることの認識でもあった。日本でもボランティア・セクターが根づく可能性がでてきたのである。

　こうして私たちの調査では、ボランタリズムを理論的―実践的にどのように理解するかが調査・研究で特に重要となったことはいうまでもない。これまで、ボランティア活動はどちらかというと、「非健常者」を対象とした福祉ボランティアの活動を想定しやすかったが、今回の震災はボランティアのイメージを拡大し、もっと身近なものにしたといってよい。

4　ボランティアの諸相と時系列的展開

　私たちの調査はボランティアが枯渇した1995年夏から本格的に行われた。したがって、被災地域においてボランティア活動が不可欠にもかかわらず何故、ボランティア活動が枯渇するのかを究明せざるをえなかった。そして、逆にどのようなボランティア活動がどのような被災の諸ステップたる状況に不可欠なのかを課題として考えざるをえなかった。以下はこの調査で私たちが得た、諸状況におけるボランティアの諸相と時系列的展開を仮説的に把握した覚え書きである。

　被災地神戸におけるボランティア活動は、以下の段階を経つつ展開している。

I　緊急・救援→生活支援

表2-1　時系列的展開（1995年）

1月17日～1月末	エマージェンシー／レスキュー　ここから「避難所」等へ。 緊急医療 NGO からの撤退（AMDA の例 950131）
2月～3月 　～3月末	「避難所」〈エマージェンシー・リリーフという時期〉 コミュニティの復旧〈リリーフ〉。その後、ほとんどの NGO の撤退。避難所／テント村の自治運営組織化（被災者、地域の自立）

表2-2 活動例

活動別	活動内容
緊急ボランティア	人命救助・救出
救援ボランティア	避難所／非避難所避難者等の生活支援、コミュニティ崩壊を防ぐ
生活支援ボランティア	被災者の被災生活を維持し生活再生の準備を支援

　この段階のボランティア活動を次のようであった。私たちはこれらのボランティア活動を緊急ボランティア、救援ボランティア、生活支援ボランティア、復旧ボランティア、とネイミングしておく。この段階のボランティアの行為は〈レスキュー〉そのものであるである。ここでのボランティア活動は、避難者への勇気づけ、元気を取り戻すための応援、絶望のなかからの〈希望〉を見出す勇気づけを与え、被災者の生還と希望をテーマとする実践的な他者への「積極的関与 committed involvement」[4]（P・フレイレ）の行為であった。

表2-3 時系列的展開（1995年）

4) 4月～7月	〈中期的リリーフ〉→〈復旧リコンストラクション〉
5) 8月～9月	現在〈復旧リコンストラクション〉の中間点

表2-4 活動例

活動別	活動内容
生活支援ボランティア	被災者の被災生活を維持し生活再生の準備を支援
復旧ボランティア	コミュニティの復旧、テント村のコミュニティ、仮設住宅の〈場所〉としての一時的コミュニティ等の支援

II　復旧→復興

　この段階でのボランティアの行為は、〈認識の行為 acts of cognition〉である。

　1996年、すでに多くのボランティアが被災地を引きはらった後の、4月以降被災地でかかわりあうボランティア（ないしNGO）行為は、被災現状を認識する事なしにボランティア活動はできない。P・フレイレが強調する、〈認識の行為〉そのものである。

　ボランティアは、生活格差が顕在化しつつある状況での被災者の生活再

生への努力は、被災者自身が生活格差を一層現実化しうる状況への絶えざる変革（〈復興〉）しつづける過程そのものであることを認識せざるをえない。ボランティアはこうした被災者の〈希望〉そのものを水路づけしている、現実の認識なしにはボランティア行為そのものをすることはできない。ボランティアの存在は被災者の現存在と共にあり、被災者の絶えざる〈希望〉の現実化過程への認識が自己に形成されることのなかに自己のボランティアの存在を発見したのである。

　ボランティア行為は、被災者の希望を反映している被災の現状の具体的状況そのものを認識し、ボランティア行為の水準へとそれを喚起しなければならない、という課題を認識し実践に移すことが、〈認識の行為〉の最大の現実的挑戦ということになる。絶望のなかからの〈希望〉を見出す勇気づけを与えたボランティア活動は、この段階では〈可能への開かれた行為〉への支援が実践的テーマとなる。

　やがて被災者は単に生き延びるのではなく、〈生還者の声は社会を変える survivors speak out〉、というこれからの〈社会への可能性〉へと生成する過程のなかを存在していくものへの希望の支援をする事を、ボランティアは課題提起せざるをえなくなる。このとき、従来のボランティアの「入り口論」（無償性、自発性、アマチュア性、自己犠牲、パート・タイム性等の視点のみで把握）を乗り越えざるをえなくなるであろう。私たちのテーマはここに

表2-5　時系列的展開（1995年）

9月以降〜5・6年	〈復興リコンストラクション〉 〈社会リコンストラクション〉

表2-6　活動例

活動別	活動内容
復興ボランティア	コミュニティの復興支援、住宅・地域・都市計画（コミュニティ）の支援
社会再生ボランティア	一層拡大していく生活格差、不平等化、断層化の〈構造化〉のなかでの地域社会の再生は、いかに公平に是正するか、という〈社会的公正〉、〈社会的平等〉という「市民社会」そのものの再生を伴わざるをえないことに対する支援。

ある。

III 復興→社会再生

この段階でのボランティアの行為は社会再生に「積極的関与 committed involvement」すると想定されよう。

このように、ボランティア活動は、緊急・救援→生活支援に留まることなく、社会再生段階(復興ボランティア、社会再生ボランティア)の実現のため、そしてコミュニティ再生のため、市民社会 civil society の創造や開発を実現するため、ボランタリズム(自由意思、意義申し立て、市民社会での公益実現)をベースに、理論的―実践的行為戦略による裏付けを必要とされるであろう。

こうして NGO(ボランティア)と「市民社会」の公準構築との関係については、当面次のことを考えている。ボランティア活動は既にふれたごとく、その被災地の復興へ至る諸段階により、視点や行動基準の〈プロブレマティーク(理論的対象に関するすべての問題提起の理論的母胎をなす。対象と問題設定に関する認識論的行為。行為の戦略の「視点移動」)〉が引き起こされる。つまり諸局面におけるボランティアの役割変化に応じてボランティア自身の主体変容が引き起こされるかどうかが最大の鍵である。ここでは、こうした事象をボランティアの時系列的主体変様と呼ぶことにする。主体的変様を伴うボランティア活動のこうした展開は、理論的には「市民社会」による国家と「公共性」への協働と対抗という〈相補性〉のモメントを「公共圏」に引き込むことになる。私たちは、こうした局面を、理論的に新たな多元的／対抗的「公共圏」創出問題と呼び、そのためにまずボランティア論としては、社会的には、チャリティ段階のボランティア論から、社会再生のボランティアの理論化が企られなければならないであろう[5]。

ヒアリングは、単に調査者―被調査者の関係に留まらない。私たちは〈希望〉の可能性への行為を反映している現在の〈絶望〉の具体的状況から出発すべきである。テーマは、そこに包摂されている。同時にまた、「未検証の可能性」の行為そのもののなかに包摂されていることを、対話によって発見し、共同に形成していかねばならぬところまできている。

私たちのこのささやかな願いは、震災以降11年目にようやく、共同の作

業としての書を上梓することができた(似田貝香門編 2006『ボランティアは社会を変える——支え合いの実践知』)。これは、「社会調査の曲がり角」(似田貝香門 1974)以来、「共同行為」という難しい用語を連ねてきたが、支援者という実践者と研究調査者が12年以上にもわたる対話の上、成り立った営為といえる。

対話による非調査者と私たちの「共同行為」の形成は、苦しみpathosの世界からの自立の支援活動をめぐる調査の重要な方法的な課題でもあった。

本書8章、「〈ひとりの人として〉を目指す支援の実践知」において、黒田裕子さんの「聴く姿勢」という言葉の解説を介して、私たちは、被災者(声)と支援者(聴く)の間に、被災者の希望・願いを、すべては包摂されないと知りつつ、にもかかわらず、可能な限りニーズという諸概念のなかに受けとめ、〈聴きわける〉という、独自の臨床的・現場的な対話的コミュニケーションの介在の意義を強調した。

この〈聴く〉という行為に徹することを、私たちも学び、調査の基本的姿勢として持続してきた。この対話的コミュニケーションの独自性は、出来事としての臨床現場(場所)と支援者としての主体の形成(人としての成熟)が、対話という相互の関係性を介して、同時相即・並進的に成立させ、〈話す〉―〈聴く〉という相互的な行為と、この行為によって相互に「変わり合う」という主体の変様の不可欠性、また〈聴く〉という行為の、被災者への接近性、〈約束・関与＝責任 engagement〉、「変わり合い」(相互の自立)と共同の可能性(〈共同出現〉)、〈共に―ある être-avec〉、〈共同出現〉という、「共同行為」を生み出すことにある。

注
1 「阪神高齢者・障害者支援ネットワーク」の黒田裕子さんは、「事例を大切に」という(1998/08/04)。専門職にありがちな、普遍化作業志向、抽象化、一様化するマニュアル化によって、「自分らしく生きる」という〈生の固有性〉の多様な現実 reality が排除されることを防止する手段として、「事例」という具体的な範例化の繰返しを支援者に要請する。この事例を我がものとする方法として、黒田裕子さんは、「聴く姿勢」による主体の変様を想定する。本章、8章似田貝香門「〈ひとりの人として〉を目指す支援の実践知」の5節「黒田裕子さ

んの実践的な言葉」参照。
2　草地賢一は、日本では NGO が育たないことを問題とする。経済的先進国のなかで NGO が最も遅れており（最後進国）、それはインターディシプリナリーな〈開発学〉が日本の学問には存在しないことを指摘する。これに対し、ヨーロッパ、アメリカにはそれがあり、これが理論的―現実的なボランティアを育てているという。このように、アカデミックな関心の薄い日本の状況では NGO は育たない。市民が神戸から NGO を組織することから、これまでのボランティアの動きを一歩踏み込み、NGO が市民的認知を得て、さらに官にも認知させるべく努力が必要、という。同氏のボランティア論についてはとりあえず、同氏（1996）を参照。
3　ボランタリズムは、元来、プロテスタント教会が、国教として税金で維持される宗教制度から分離して、信者が自らの献金で宗教を支える意志を表現する宗教用語である。そして、プロテスタント教会の原理として、教会と国家の関係において国家の優越性を認めず、また国家からの教会に対する援助を拒否し、教会は教会員によってのみ維持されるべきであると主張した。それは、宗教上の権威、伝統、形式、特権に対して「異議申し立て」をするという、プロテスタントのディッセントの伝統のなかから教会の原理として展開され、論理化されてきた。この伝統が、労働組合、協同組合・セッツルメントや社会事業　の働きを発達させ，ボランタリー・アソシエイション（任意団体）を形成することになり、ここから今日のボランティアの活動が展開されたのである（阿部志郎，1981）。
4　形式的参加ではなく、自己を変えてまでの関与の意味。
5　詳細は似田貝香門他（1995）参照。

参考文献

阿部志郎，1981『日本人と隣人』（日本 YMCA 同盟出版部）
似田貝香門，1974「社会調査の曲がり角――住民運動調査後の覚え書き」（『UP』東京大学出版会，24；p1-7）
似田貝香門，1977「運動者の総括と研究者の主体性　上・下」（『UP』東京大学出版会，55；p28-31，56；p26-30）
似田貝香門，1986「コミュニティ・ワークのための社会調査」（『公衆衛生』医学書院，50-7；9-13）
似田貝香門，1993「都市環境問題と都市市民の権利　地域からのコントロール――「権利」による環境問題の制御（〈Appropriation〉―〈Rechte〉）」『環境社会学会　第8回セミナー　報告レジュメ』
似田貝香門他，1995「震災による地域生活の崩壊と復興――サバイバーズ・スピークアウト（生還者の声は社会を変える）」日本社会学会シンポジウム報告レ

ジュメおよび資料.

似田貝香門編, 2006『ボランティアは社会を変える——支え合いの実践知』(関西看護出版)
中野卓, 1975a「歴史社会学と現代社会学（一）」(『未来』101, 未来社；p2-7)
中野卓, 1975b「社会科学的な調査における被調査者との所謂『共同行為』について」(『未来』102, 未来社；p28-33)
中野卓, 1975c「社会学的な調査の方法と調査者・被調査者との関係」(『未来』103, 未来社；p28-33)
中野卓, 1975d「環境と人間についての緊急調査との関係」(『未来』104, 未来社；p45-48)
中野卓, 1975e「社会学的調査と『共同行為』」(『UP』104, 未来社；p45-48)
山口節郎, 1976「ウィトゲンシュタインとエスノメソドロジー」(『UP』東京大学出版会, 43；p1-8)
安田三郎, 1975「『社会調査』と調査・被調査者関係」(『福武直著作集』第2巻, 東京大学出版会)
栗原彬, 1976「民衆理性の存在証明」(『思想の科学』16-18)
蓮見音彦編, 1983『地方自治体と市民生活』(東京大学出版会)
蓮見音彦・似田貝香門・矢澤澄子編著, 1990『都市政策と地域形成——神戸市を対象に』(東京大学出版会)
似田貝香門・蓮見音彦編, 1993『都市政策と市民生活——広島県福山市を対象にして』(東京大学出版会)
草地賢一, 1995「市民とボランティア」(酒井道雄編『神戸発 阪神大震災以降』岩波新書)
Paulo Freire 1970=1975 *Pedagaogy of the Oppressed*, New York: Herder and Heder (『被抑圧者の教育学』亜紀書房)
佐藤健二, 2000「社会学の言説——調査史から問題提起」(栗原彬・小森陽一・佐藤学・吉見俊哉編『越境する知3 言説：切り裂く』東京大学出版会)
―――, 2006「地域社会へのリテラシー」(似田貝香門他監修『地域社会学講座 地域社会学の視座と方法』)
桜井厚, 2003「社会調査の困難——問題の所在をめぐって」(日本社会学会『社会学評論』vol.53, No.4)
松田素二, 2003「フィールド調査の窮状を超えて」(日本社会学会『社会学評論』vol.53, No.4)
似田貝香門「市民の複数性——今日の生をめぐる〈主体性〉と〈公共性〉」(地域社会学会編『地域社会学会年報』第13集, 2001.5, ハーベスト社) p52〜参照.
井腰圭介, 2003「社会調査に対する戦後日本社会学の認識転換——「似田貝—中野論争」再考——」

3章　多様なボランティアが切りひらく新たな市民社会
――被災地NGO協働センターの活動展開から[1]

西山　志保

1　はじめに

　多くの人々の尊い命を奪った阪神・淡路大震災から10年以上が経過した。神戸の町並みを歩いてみると、表面的には、ほとんどのビルや住宅が再建され、町も完全に復興したかのように見える。しかし、震災の傷跡が癒えず、苦しい思いで暮らしている被災者が数多く残されているのも事実である。復興住宅でいまだ止まない被災者の孤独死は、被災地での問題が潜在化し、多様化している深刻さを物語っている。震災は、道路や家屋を破壊しただけでなく、生き残った被災者を含め、人々の人生に深い爪痕を残しているのである。

　復興から取り残されていく被災者に決め細やかに対応し、彼らが生きる気力を取り戻すよう、支援し続けている団体として、ボランティア[2]、NPO（民間非営利組織）やNGO（非政府組織）といった市民活動団体をあげることができる。彼らは他者の苦しみに痛みを感じ、一人ひとりの被災者の存在にこだわり、しくみづくりを主体的に担う、という正に市民意識に基づく活動を展開している[3]。なかには、震災を契機に人生が変わり、10年間も被災者や障害者・高齢者の支援活動を継続しているボランティア団体も少なくない。

　復興から残される被災者の個別の課題を発見し、継続的に支援するためには、ボランティアが多くの困難を乗り越え、専門性や事業化を取り入れながら役割変化する必要がでてきた。日本でボランティアは、弱者に対する無償支援や自発性、自己犠牲という、いわゆるボランティアの「入り口」

論(草地, 1995)で語られることが多かった。しかし活動が長期化するにつれ、こうしたボランティア理解だけでは活動を継続することができなくなり、多くの困難に直面することになる。そこでボランティアは、状況に応じて自己変容し、一人ひとりの被災者と対等な関係を形成しながら、共に自立を目指すというエンパワーメントを中心にすえた活動へ転換するようになる。震災後のボランティア活動の展開は、いかにボランティアが被災者の生の固有性にこだわり、持続的な支援を可能にするか、という試行錯誤の過程でもあった。

彼らは、単に行政に対して権利要求や政策提言するだけでなく、被災者とのかかわりを通して発見した支えあいの実践行為を、地域社会に根づかせていくためのしくみづくりを継続している。それは公的制度の隙間に置かれ、復興から取り残されていく被災者が抱える固有な問題を、私的問題ではなく社会で取り上げるべき問題として訴えかけ、実践的なしくみづくりを通して、ライフスタイルや働きを問い直すという運動だといえる。こうしたボランティア活動の展開過程に、「市民社会」の萌芽を見出すことができると考える。

本章の目的は、「被災地NGO恊働センター」へのボランティア・リーダーおよびスタッフに対する長期にわたるヒアリング調査から、震災後に生み出された自然発生的なボランティアの実践が、被災者とのかかわりのなかでいくつもの困難を乗り越え、NPO/NGOへと展開していく過程を考察し、かけがえのない「いのち」を支えるというボランタリズムの行為が、人間の根源的な存立基盤(subsistence)をなす関係性=「支えあい」と深いかかわりを持つこと、そしてこの「支えあい」が新たな市民社会の構成要素となることを論じることにある。

事例として注目するのは、神戸市兵庫区に事務所を構える「被災地NGO恊働センター」[4]である(以下、NGOセンターと略する)。NGOセンターは、1995年の8月、仮設住宅での被災者支援を目的とした「仮設支援連絡会」を母体に設立された中間支援団体である。2003年度の有給スタッフは4名、年間事業規模は約2,000万円で、全国20のボランティア・NGO団体の参加する「震災がつなぐ全国ネットワーク」の中核組織となっている。NGOセ

ンターは、組織の自立性を重視し、財源を行政からの補助や受託事業に全面依存するのではなく、なるべく自主事業、助成金、寄付金に求めている。現在まで、地域社会の「声にならない声」に耳を傾け、被災者の声を代弁する活動を続けている[5]。

主な活動は、第1に、国内外の災害救援活動、第2に、被災者の生きがいと仕事づくりとしての「まけないぞう事業」、第3に、他の市民活動団体と連携し、行政や関係機関に提言する「提言・提案活動」である。最近では、「被災地NGO恊働センター」代表の村井雅清さんが事務局長を務めるCODE (Citizens towards Overseas Disaster Emergency) 海外災害援助市民センターを通して、海外で頻発する自然災害に対する救援活動に力を入れている。

2 緊急救援NGOとしてのスタート

1995年1月17日午前5時46分、直下型の阪神・淡路大震災が、人口約150万人の神戸市を直撃した。震源は淡路島北部、マグニチュード7.2、死者6,433名、損害10兆円という、戦後最大の災害であった。断層が神戸市街地を横断していたため、大都市の中枢機能は麻痺し、電気、上下水道、ガスなどのライフ・ラインも大きな被害を受けた。さらに、神戸港を初めとする港湾、鉄道や道路など都市インフラも破壊された。

緊急事態において行政機能が麻痺したのに対し、被災者の救援に柔軟に対応したのが、全国から駆けつけた延べ150万人を超えるボランティアであった。彼らのエネルギーは、マスコミによって「ボランティア元年」「ボランティア革命」と表現されるほどの大きなうねりとなり、瓦礫のなかで被災者の命を救い出す大きな役割を果たしたといわれる。ボランティアや隣近所の地元住民は、倒壊家屋の下敷きになった隣人を必死に救出し、かけがえのない命のために1杯の水を運ぶという活動を展開した。

阪神・淡路大震災の復興段階を、ボランティア活動の課題とかかわらせると、緊急救援(レスキュー)期(震災直後1週間)、避難救援期(1995年1-3月)、そして復旧・復興期(4-12月)、生活再建期(1996-1997年)、まちづくり期(1998-1999年)、市民社会の再構築期(2000年以降〜)に分類することができる(表3-1)。この分類に基づき、震災後の問題状況とボランティア活動の

表 3-1　復興段階とボランティア活動の課題

区分	段階	期間	課題
第1期	緊急救援期	震災後1週間	生命の救済、緊急避難、物資供給
第2期	避難救援期	1995.1～3月	避難所での緊急支援、物資供給、生活再建に向けての支援
第3期	復旧・復興期	1995.4～12月	生活再建、仮設住宅での生活支援、自立支援活動への展開
第4期	生活再建期	1996～1997年	ボランティア活動の再構成、事業化への展開、被災者の生きがいづくり
第5期	まちづくり・しくみづくり期	1998～1999年	運動方向の明確化、ミッションの再確認、情報公開、ネットワーク形成
第6期	新たな市民社会の形成期	2000～現在	企業、行政、地縁組織への影響、NPO・NGOの自己変革

出典：西山（2007：69）

役割変化を明らかにする。

　震災2日後の1月19日、日本で最も古いNGOの協議会である「神戸NGO協議会」を中心に、「阪神・淡路大震災地元NGO救援連絡会議」（以下、「連絡会議」と略す）が、NGO系団体の連絡調整を主な目的として設立された。2月に開かれた第1回の連絡会議には、68団体、110名が出席し、緊急支援に関する課題を話しあった。連絡会議の最初の活動は、外国NGO（英国の緊急救命NGO）の受入れであったが、次第に、東京や神奈川を中心としたボランティア団体などの協力を取り付けながら、救援活動の実態把握、さらにボランティア団体間の調整と連絡、民間企業との連絡、情報収集、文化財・古文書の発掘・保全などを担当し、多くの団体を連携させるうえで大きな役割を果たした。2月には、約60団体110名が集まり、外国人救援、保健・福祉、ボランティア、物資供給、情報ネットワーク、復興と行政という6つの分科会を組織し、それぞれの課題に取り組むようになる。

　震災直後に活躍したボランティアには4つのタイプがあるといわれる（出口，1997）。第1は、「人命救助型」ボランティアである。これは震災直後のレスキュー段階に、被災者の人命救援にあたった活動で、地域社会の非組織的な緊急救助が中心になっている。組織的なものではAMDA（アジア医師連絡協議会）や日本赤十字社などがこれに該当する。第2は「コーディネート型」ボランティアで、震災後に全国から集まったボランティアを登録し、仕事を割り当てるなどの調整を行った。たとえば「被災地の人々を応援す

る市民の会」は、大阪ボランティア協会を母体として作られた任意団体で、希望する活動を選び、求人票上に付箋紙を貼る「ポスト・イット（付箋紙）方式」によるボランティア登録や、他団体との連携など、ボランティア活動の調整役を担った。第3は、「ネットワーク型」のボランティア組織である。震災直後から行政との連携をはかり、救援活動を行った西宮ボランティア・ネットワークや連絡会議などはその典型である。これらの団体は、多くのボランティア団体が連携を図りながら協力体制を確立することに大きな役割を果たした。第4の「情報ボランティア」の活躍もめざましい。東京を中心に活動するNGOのピースボートは、手書き新聞を毎日発行し、情報提供により被災者を支え続けた。またインターネットでのボランティア活動や電子情報での支援など、パソコン通信ネットワークを駆使しボランティア活動を展開する新たなボランティア形態も現われた。さらに、震災の被害を記録として残すことを目的とした「震災・活動記録室」など、情報にかかわるボランティア活動も広がった。

しかし予想以上に多く集まったボランティアは、専門的知識をもたない一般の人々であったことや、手続き上の問題によって、ボランティアを迅速に対応させることができないなど、コーディネートのミスマッチの問題は深刻であった。しかも手続きを重視する行政は、大量のボランティア登録者を、なかなか有効に活用できなかったという（神戸市生活再建本部2000）。その一方、一般ボランティアは、それぞれの判断で自己運営組織を結成し、避難所で生活する被災者を対象に、全国から送られてきた大量の緊急物資を仕分けし、安否確認、情報収集などの生活支援を行った。

3 なんでもありや！──既存の価値観の崩壊と多様なボランティア

NGOセンターの代表村井さん[6]は、震災まで神戸市長田区で工房を開いて靴職人として働いていた人物である。延焼を防ぐための水で直に工房を再開できない状態になったことから、以前から水俣病運動の関係で知り合いだった園長のいる「ちびくろ保育園」で、高齢者や障害者の安否確認と介護支援をする「ちびくろ救援ぐるーぷ」の救援ボランティア活動を始めた。これが村井さんの本格的なNGO人生のスタートである。「ちびくろ保

育園」は、以前から革新的な活動で有名な保育園だったこともあり、全国から救援物資が届き、また全国から数多くのボランティアが駆けつけた。

　緊急救援期に全国から集まった人々の半数以上は、ボランティア活動未経験者で、その多くは学生だったといわれる (大阪市立大学生活科学部, 1995)。自らの意思で集まった多様なボランティアが、行政からの指示やマニュアルに基づくのではなく、自らの自由な判断で、臨機応変に緊急事態に対応し、多様な活動を展開した。たとえば、「ちびくろ救援ぐるーぷ」の中には、茶髪の元暴走族が、交通機関が麻痺するなか、住所・名前が記された紙と地図を持って、障害者の安否確認を行ったおかげで、多くの障害者の避難先が確認された、という有名な話がある。安否確認といっても、住所地にいる障害者はほとんどいなかった。しかし見事に避難所や親戚宅、施設などに移動していた障害者を探し出した。「バイクを乗って怒られたことはあるけど、誉められたのは初めてや」と言って帰っていったバイク隊の行為は、言われてするものではなく、自らの意思で行うものだというボランティアの本質を示していたと、村井さんは振り返る。

　また震災直後の緊急救援期には、悲惨な状況であるはずの避難所や公園、テント村などで、互いの人々がいたわりあい、助け合う姿がみられた。1杯の水が命を救い、声を掛け合うことで命の存在を確かめあった。多くの住宅が倒壊し、「みんなホームレス」、「震災ではだれもが障害者」という非日常の世界で、普段は地域社会から孤立しがちな障害者が、ボランティアとして被災者に温かい食事の炊き出しを行い、また車椅子の押し方を教えた。それはボランティアをされる側の障害者が、震災という緊急事態のなかで、自らの能力を発揮し、ボランティアする側へと転換するという逆転現象であったといえる。それぞれの被災者が自分の固有の力や知恵、特技などを、相手のために提供することで、障害を持つものと通常の市民の間の壁が崩壊した。そこでは1個のおにぎりを分けあい、若い者が高齢者を気づかうなど、被災者やボランティアがお互いに配慮しあい、支えあう、いわゆる「震災ユートピア」[7]と呼ばれる状態が、被災地のあちらこちらに成立したのである。

　このように全国から集まった多様なボランティアは、行政の指示や規範・

ルールに縛られることなく自らの意思やモラルに基づいて判断し、多様な行動を展開した。そしてこのことが、一括りできない被災者の多様なニーズを排除することなく、対応することができた状況を生みだしたという。こうした状況を、村井さんは、「なんでもありや！」と表現する。「なんでもありや！」とは、非日常のなかで無秩序に何でもしてよいということではない。既存の価値が崩れ去り、非日常が出現したことで、文化や年齢を超えて多様な価値や人々の存在を認め合う状態が成立したことを指している。「なんでもありや！」の状態において、被災者の間には、「せっかく生き残ったのだから、命を何よりも大切にしよう」という、暗黙のルールが共有されていたのではないかと村井さんはいう。

　実際に、被災地では信号機が壊れた交差点でも事故が起きなかった。もし運転手が自分のことばかりを最優先していたら、事故が多発していたであろう。そこでは自己利益を優先する状態ではなく、誰もが最も弱い人に目線をあわせ、暗黙のうちに目で合図し、配慮しながら、車を運転していたことが想像される。つまりボランティアの表現した「なんでもありや！」という言葉には、かけがえのない命を最優先するというルールを共有しながら、最も弱い被災者のニーズに配慮・目配りする状況が生み出されていたことが、明確に示されている。

　もちろん被災地でのボランティア活動のなかには、被災者の心を踏みにじったり、ボランティア同士のけんかなど、さまざまな問題が発生したことも事実である。震災時のボランティアを過度に理想化することには慎重になる必要があるだろう。ここではあえて、非日常のなかで多様なボランティアが自らの価値や判断に基づいて行動したからこそ、被災者の多様なニーズに目線を向けることができたという事実を強調したい。

　多様で、自発的で、創造力のあるボランティアの活動は、「こうでなくてはならない」という、単独主体論による倫理・道徳的な定義づけからはかけ離れたものである。むしろマニュアル化し、規則化してしまうことで、ニーズを見落としてしまう場合がある。また多様なボランティアがいると、ある人が対応できないニーズに対しても、他のボランティアが対応してくれることもある。ボランティアはなんでもできる神様的存在ではなく、被

災者の抱える問題に対応できないことも多い。しかし自分ができなくても、それに対応できる他のボランティアがいれば、活動は成立するわけである。ボランティアが多様であることの魅力はここにあるといえよう。

その後、ライフ・ラインが復旧し、被災者が避難所から仮設住宅へと移動するようになった避難救援期になると、同じ避難所内でも、自力で生活再建できる人とできない人に分かれていった。次第に行政の持つ縦割り秩序や、日常時の価値やルールが回復するにつれ、能力主義や効率主義という価値観が再び優先的になっていったのである。またボランティア活動も非日常時における緊急支援から、日常時における生活再建支援へと移行することが求められた。そこで被災者の救出、緊急医療、物資供給といった非日常時を対象とした救援ボランティアの多くは、3月末までには終了し、撤退に向かった。またマスコミによって美化されるのとは対照的に、被災者が死んでいくのを目の当たりにしたボランティアのなかには、自分の無力さを感じるなどの無力感から、不眠や過敏、感情のコントロール不可能などの「心的外傷後ストレス障害」（PTSD）になった者も少なくなかったという。

こうして、いつの間にか震災直後に成立した「震災ユートピア」は崩れ去り、「避難所の人々＝被災者」から、次第に、「避難所の人々＝社会的弱者」へと追い込まれていった（松井他編、1998；13）。そしてこの復興格差の問題は、仮設住宅で一段と深刻化することになる。

4　衝撃的な孤独死の発生——復興格差の深刻化

1995年4月以降、活動場所が仮設住宅中心の復旧・復興段階になると、被災者支援も緊急支援から長期的な生活支援への転換が求められた。そのため連絡会議に参加する分科会にも、活動の場を失い、力不足で解散や活動中止に追いこまれるケースもみられた。そのなかで、地元を中心とした外国人救援ネットのような活動が充実し、さらに5月には、被災者ケアのための7つ目の分科会である「仮設支援連絡会」が誕生した。実際、復興が進むにつれ、被災地の状況は厳しさを増していった。とりわけ仮設住宅では、生活再建から取り残される不安、仮設住宅という新しい環境への不適応など、震災後の2次的ストレス[8]や復興格差から仮設住宅で被災者の自殺

や「孤独死」の問題が発生するようになる。

　「応急仮設住宅」とは、災害救援法（第23条）に基づいて建設され、「災害により住家が滅失した被災者のうち、自らの資力では住宅を確保できない者に対し、簡単な住宅を仮設し一時的な居住の安定をはかる」ための住宅を意味する（厚生省社会局施設課, 1992）。通常は、国の責任において都道府県知事が建設するとされている。しかし、阪神・淡路大震災の場合、兵庫県は迅速な救助のため、市町村長が仮設住宅の建設などを行うことを決定した。実際、神戸市長は地震発生当日、市内の公園などに仮設住宅用地を確保する指示をだしている。県が仮設住宅の設計・発注業務を行い、市が用地の確保や建設調整、募集・入居住宅などを行うとした。その結果、阪神・淡路大震災では、最終的に4万9,681戸の公的仮設住宅が建設された。これは全壊世帯18万2,619に対してわずか27％で、他の災害と比べてもはるかに少ない（室崎,1997;118）。その仮設住宅に、1995年11月には最大4万6,617世帯が入居した。

　仮設住宅には問題が山積し、避難所からの移動はなかなか進まなかった。仮設住宅に伴う第一の問題は、建設場所の問題と質の悪い住宅構造である[9]。神戸市では大量の仮設住宅建設が必要となったが、都心部近くに用地を確保することは非常に難しかった。そのため多くの仮設住宅は、被災地から離れた、商店や病院もない不便な遠隔地に建設されるという、場所上の問題を抱えていた。加えて、隣の物音が聞こえ、すきま風や雨がもれ、風呂や便所も高齢者や障害者向けの仕様になっていないなど、住宅の構造上の問題があった。そのため、被災者の痴呆症やノイローゼが生じ、精神病や入院する被災者が後を絶たなかったという。

　第二の問題は募集方法と入居条件である。神戸市では入居者を抽選で決定すること、入居期間は6ヶ月でさらに6ヶ月の更新ができることなどを広報し、兵庫県にも募集要項を説明していた。入居者は、全申込者のなかから抽選する一般募集枠が8割で、残りの2割を落選者のうち、母子家庭や障害者・高齢者・乳幼児・病弱者のいずれかがいる世帯に「特別募集枠」として再抽選した。しかし県は、希望世帯10万、入居世帯5万戸では不十分として、自らの資力では住宅を確保できない高齢者や障害者といった弱

者を優先的に入居させる10割優先方式を強く主張した。つまり県は、抽象的な弱者救済のイメージで、神戸市に仮設住宅の入居配分を指示したといえる。その背景には、人道的に要援護者を優先すべきであるという国の強い指示があり、形式的に「弱者」を救済しようという傾向は市より県、県より国で強かった。

しかしその結果として、仮設住宅には要援護者の割合の非常に高い、いわゆる「超高齢社会の縮図」が出現した。1996年5月の兵庫県の仮設住宅調査[10]によると、世帯主の65歳以上が42％、そのうちの半数以上（51％）が高齢単身世帯であった。こうして弱者優先という行政の「形式的な平等」により、高齢者や障害者のような「自己主張しない人々だけが1箇所に集められ」、隔離された劣悪な住環境で暮らすことを余儀なくされた（荻野, 1999;340）。さらに仮設住宅への入居は60歳以上という「固定化された規則」により、本当に支援を必要としている震災弱者が排除されることもしばしば起きた。こうしてさまざまな条件が重なり合って、震災弱者が地域社会から切り離され、支援や安全面で危険な状況に追い込まれていった。

1997年1月から3月にかけて生活問題研究会が、仮設住宅で生活する169世帯を対象に調査し、悲惨な暮らしの実態を明らかにしている（生活問題研究会, 1997）。調査によると、生計中心者の過半数は無業者層で、「暮らしの基盤が不安定でもろく弱い」、特に壮年期の男性が非常に多い。働いていない理由は「病気のため」が最も多く、その場合、主な収入源は生活保護の受給となっている。暮らしの基盤の不安定さは、家族構成にはっきり現われ1人暮らしが約7割にもなる。暮らしや健康のことで相談する相手として「身内」をあげる人が多かったが、働いていない男性の場合、「相談できる人がいない」という場合が36％も占める。加えて生計中心者の62％、生活保護受給者のほとんどが病院に通い、ストレスを抱えながら苦しい生活を送っている実態が浮かびあがる。とりわけ55〜59歳の生計中心者の健康状態が良くなくいという結果がでている。

多くの被災者は、自助努力を求める政府、行政に割り切れぬ思いを持ちながらも、その怒りを訴える知識も情報も持ちあわせず、ただ黙りこむしかなかった。震災によって経営していた飲食店と借家がつぶれ、仮設住宅

で1人暮らしを続ける神戸在住の無職男性（62歳）の言葉は、行き場のない怒りを示している。

　「今仮設住宅に残っている者はみな死にかけている。わしらのような年寄りばかり残って、音も立てず、物も言わず、ただ死ぬのをまっているんじゃ」「糖尿病で体がしんどく、目も悪い、腰もだるい」「眠れない、イライラして落ち込むことが多く、根気がなくなった」「材料さえあれば、めしはなんでもつくれるが、食べたくない。食べる気がしない」「ここは墓場じゃ」「誰も動けない、どこにもいけない」「どうしても家にこもってしまう、そしてテレビだけの生活、また落ち込む」「先の見通しがたたない、落ち込むばっかりや」「もう1年ももたん」「もうやけくそや、もう絶望や」（生活問題研究会，1997；87）。

　そして仮設住宅ではアルコール中毒や孤独死に至るケースが増加した（額田，1999）。孤独死[11]とはマスコミの造語で、「一人暮らしの被災者が仮設住宅内で誰にもみとられずに死亡すること」という意味に使われる。しかし、現状を適切に表現したものではなく、ボランティアからも、孤独死の問題はより広く社会的に捉える必要があると指摘されている。
　孤独死は、圧倒的に中高年層が多く、とりわけ老人福祉法の対象にならない40-65歳までの働き盛りの男性が中心になっている。しかも彼らの多くは、慢性の疾患を持病としており、無職もしくは低所得者である。つまり頼りにする家族も友人もいない、持病をもち、働きたくても働けず、交通費がかかるために病院にもいけない、さらに国からの社会保障も期待できないという貧困者であった。彼らは仮設住宅で他者とのかかわりが途絶えるだけでなく、それにより生きる希望や自分自身の健康への関心を失い、アルコール依存や病気をさらに悪化させる、という悪循環におちいるケースが非常に多い。つまり、もともと何らかのハンディを持った被災者が医療機関もなく職場からも遠い不便な仮設住宅で暮らすようになった結果、社会から構造的に生み出された結果、孤独死が発生したといえる（生活問題研究会，1997；83）。

孤独死がマスコミによって盛んに取り上げられると、ボランティアが自治会と協力して、仮設住民の安否を確認する必要性が緊急に高まった。NGO センターの村井さんも、「ちびくろ救援ぐるーぷ」の活動を通じ危機感をつのらせた。そして1995年5月、阪神・淡路大震災地元 NGO 救援連絡会議のなかに、新たに第7の分科会、仮設連絡会が設立された。仮設連絡会は、およそ25のボランティア団体で構成され、仮設住宅での生活支援やふれあい訪問、自治会の結成、安否確認などの被災者の生活全般支援を目的にし、特に組織の使命(ミッション)を孤独死問題への取りくみにおいた。しかし仮設住宅には、高齢化に伴う老人介護、生活ケア、自立支援などの問題が山積していた。とりわけ生活再建が困難な高齢者、障害者、外国人などの震災弱者は、継続的な支援を必要としていた。

しかし潜在化する被災者のニーズを発見できない多くの自然発生的ボランティアは1995年の4月頃までに、撤退していったため、被災現場は「ボランティアも被災者」(「じゃり道」第16号, 1996.4.19) という状態になった。連絡会の中で、10月以降も活動を継続したのは、「外国人救援ネット」と「仮設連絡会」の2分科会のみであった。

5　日常時におけるボランティア活動のゆらぎ

1995年秋頃からボランティアの活動課題は、震災当初の緊急救援を中心とした被災者への直接的支援から、被災者が自らの力で生活再建することを支える間接的支援へと転換することを余儀なくされた。「仮設連絡会」でも、被災者の自立支援ということを前面に出し、そのための勉強会「かせつ寺小屋」を開き、活動の方向性を探るようになる。

同時に、長期に渡るボランティアの支援活動が被災者の自立を妨げ、生活再建の邪魔になるなどのクレームを行政や地元商店街から受けるようになる。

　　ある時期を過ぎると、ボランティアは活動範囲がなくなってしまった。ボランティアが活動しても、それをビジネスとしてやっている人の足を引っ張ることになる。結局、非日常の中で通じたものは日常の中では通じ

ないのかもしれない(ボランティア和田さんヒアリング)。

安否確認や訪問カードだけでは止めることができない孤独死問題を抱え、ボランティアは、さらに苦しい立場に追い込まれていった。実際に、震災後1年ほどたった頃から、ボランティア活動を継続することが困難になり、その存在意味が問い直されることになる。仮設連絡会のボランティアは、次のように述べる。

　私たちはここ数ヶ月、活動において壁に突き当たっていると感じる場面が多くみられます。教本のないボランティア活動は、まさに試行錯誤の繰り返しです(「じゃり道」第7号、1995.11.24)。

　今までのやり方じゃだめ、ボランティアは必要なのか？(『じゃり道』第10号、1996.1.20)

ボランティアのなかにも肉体的、精神的に燃え尽き、自身が健康を損なうなどの問題を抱える者が急増した。とりわけ問題となったのが、他者のことだけ配慮し、自らの限界を超えてしまう自己犠牲的なボランティア活動や、自分のスタイルを他者に押しつけ、自己を絶対視する自己満足的なボランティア活動であった。自己犠牲的なボランティアとは、自分の限界を越え仕事をし、逆に自分自身が健康を壊してしまう、いわゆる「燃え尽き症候群」になってしまうタイプである。また自分の支援方法にこだわり、自分の好きなことだけ行い、ニーズを自分の観点からしか探せない自己満足的なボランティアも問題であった(草地、1995；174)。自己犠牲的ボランティアや、自己満足的ボランティアといった一方的な行為が、被災者の自立を妨げ、活動の継続を困難にするという問題が浮かびあがったのである。

むしろこの段階で求められたのは、ボランティアが自分と相手(被災者)に配慮しながら、関係性のなかで被災者の生活再建を支えるという支援方法であった。それは非日常時に有効であった被災者を助けるチャリティ型のボランティア活動から、彼らが自らの力で日常生活を再建するための自

立支援へと転換することを意味した。

　ここで仮設連絡会でも、二つの活動方向を模索するようになる。一つは、全国キャラバンを通じ各地に被災地の現状を伝え、後方支援者を確保するため、被災地内外のボランティア団体の全国的ネットワークを形成することであった。もう一つは仮設連絡会の組織化である。仮設連絡会では、研修会・学習会を行い、意識の向上とともに、リーダーの育成し、行政への提言のために専門的な意見をまとめる部会を作るなど、被災地内外をネットワーク化していった。1996年の3月には、仮設連絡会は会則をつくり、会員制を取り入れ、「阪神・淡路大震災「仮設」支援NGO」（以下、仮設NGOと略す）として独立した。

　組織の再編は、ボランティア自身が活動を振り返り、被災者の潜在的ニーズを発見し、自立支援を継続するためにも必要不可欠な作業である。つまり被災者の自立支援のためには、まずボランティア自身が自立することが大きな課題となったのである（「じゃり道」第8号，1995/12/07）。

6　「孤独な生」という現実

　1996年の半ば頃に社会システムはほぼ復旧し、仮設住宅での生活も次第に日常へと戻っていった。この時期、仮設住宅から災害復興公営住宅への移動が始まった[12]。公営住宅も仮設住宅同様、遠隔の郊外地に建設され、元の居住地への復帰やコミュニティづくりはほとんど配慮されていなかった。そのため、体調や心のバランスを崩す被災者が急増し、仮設住宅と同じような問題が発生した。にもかかわらず、行政の対応は被災者のケアを最優先させたものではなかった。同年の7月には、公営住宅へ移住し仮設住宅を解消するため、家賃低減の総合プログラムが決定された[13]。しかしプログラムは、仮設に入っていない県外避難者が非常に不利になる、たった5年で被災者の自立を促す、また高齢者にはわかりにくい手続きであるなど、問題が多かったという（「じゃり道」第21号，1996.7.4）。連絡会議と同じ事務所に同居していた「震災・活動記録室」などは、公営住宅への入居を助け、行政の情報を被災者に翻訳して伝える役割を果たした。

　避難所から仮設住宅、そして仮設住宅から公営住宅へと、住む場所を何

度も移動させられることは、これまで築きあげたコミュニティを解体し、再び新しいコミュニティを作りあげるという重い負担を被災者に課すものであった。その重荷に耐え切れない被災者は、他者とのかかわりを持たなくなり、社会から孤立していくという悪循環を生み出していた。

　こうした状況のなかで、ボランティアのなかから、孤独死を防止することが問題なのか、という根本的な問いが提起されるようになる。

　　孤独死というのは、私は、孤独な生なのかなというところから始めていかなければ……中略……で、孤独な生ということは、一人で生きていらっしゃる方に対して、どうするかということをまず原点におくのが、大切なことです (「仮設」支援NGO連絡会全体会議事録，1996/10/09)。

　それは孤独死を防止するのではなく、それを生み出している「孤独な生」を問題化していく必要性であった。孤独な生とは一人でいることではなく、社会保障の制度から除外され、社会とのつながりが断ち切られた結果、社会的に孤立状態になることを意味する (生活問題研究会，1997；82)。社会的に孤立すると、人は他者とのかかわりを失うだけではなく、自分の生活や生きることへの関心も失っていく。つまり孤独な生とは、家族や友人といった親密圏の解体によって、他者との対話だけでなく、自己との内なる対話も失っていくような、そういった極限状態を指す言葉であった。

　これまでボランティアは被災者と積極的にかかわることで、彼らが孤独になることを阻止するように努めてきた。しかし被災者の「心の中までマンツーマンで入れない」(村井さんヒアリング) という現実を考えると、もはやこのような方法で問題を解決するのが困難なのは明らかだった。むしろこの段階で必要となったのは、被災者自身がボランティアの支援を得ながら社会とのかかわりを持ち、生きがいを見つけていくような支援活動を展開することであった。これに対してボランティアができることは、法制度の対象外にいる人々の声を拾い上げ、それを社会に提示していく「声なき声の代弁者」(全体議事録，1997/03/12) となることだった。

7　非営利事業への展開──ボランティア活動から有償事業へ

　震災後3年が過ぎた1997年頃から、次第に被災者の自立支援のための、生きがいづくりや仕事づくりが、被災地のなかでも中心課題となる。4月には「仮設」NGOでも話が具体化し、「ボランティアと被災者という関係から一歩踏み込む」(「仮設」支援NGO連絡会全体会議事録，1997/03/12)という主旨のもとに、被災者の職づくりである共同作業所、生の声を拾うための医・保・福の相談所、全国からの支援を集めるためのリサイクルショップ、被災者グッズ販売などを含む「共生・共創センター」が設立された。

　この時期のもう一つの重要な動きとして、被災者の声を代弁し、国や行政の公的保障を求める政策提言を前提としたアドボカシー活動への取りくみがある。そもそも「仮設」NGOは、1995年秋から被災地の情報を発信し、後方支援のしくみをつくるために全国を行脚する全国キャラバンを展開していた。しかし、ボランティア団体の直接的支援だけでは、被災者の経済的問題や生活再建の困難を解決できないという認識が広がり、被災者の生活を支える制度や政策を変える動きがみられるようになった。

　　被災者より、被災者を囲む状況が原因である。それを変えなければ、根本的な解決にはなり得ない。個々の被災者に対応するだけでは意味がない(「仮設」支援NGO連絡会全体会議事録，1997/04/23)。

　1996年には、「仮設」NGOを中心に、「市民とNGOの『防災』国際フォーラム」で採択された「神戸宣言」に基づき、被災者に対する公的支援を求める運動が展開された。なかでも、市民＝議員立法「災害被災者等支援法案」の制定に向けての動きは、被災者の生活再建のための基盤整備に個人補償を求め、また災害援護資金の貸し付けを可能にすることを目的としていた。「仮設」NGOの参加団体が、直接的に運動の中心を担ったわけではないが、市民立法のための情報交換や勉強会を開くなど、現場と法案制定の橋渡しを担ったといえる。

　さらにこうした動きが立法制定の大きな世論を巻き起こし、1998年に、

条件的限定はあるが、個人補償を認める「被災者生活再建支援法」が可決された。さらに神戸市と兵庫県、国が策定した震災復興計画に対する対案として、被災者の生の声を書いた1,000枚のカードを分析し、市民の視点に基づく「市民がつくる復興計画」を提起するなど、さまざまな取りくみが見られた（市民とNGOの「防災」国際フォーラム実行委員会編，1998）。この過程で、「仮設」NGOは、各ボランティア団体をとりまとめるネットワーク組織から、事業を中心としたセンター組織へと体制を変化させ、名称も「被災地NGO協働センター」に変更した。ここでNGOセンターが、財政的困難を乗り越え、被災者の仕事づくりを行うために取り入れたのが、非営利事業という手法であった。

　被災地では、1997年ごろから、震災復興を目的に集まった基金が減少し、活動の自己財源を確保する必要が高まった。そこで多くの団体が、非営利の事業化を取り入れるようになる。たとえば、障害者や高齢者が作ったクッキーや、石鹸、まくら、竹炭、ケーキなどの商品を全国に販売する事業などがある。これらの事業は、単なる売上高を目指したものではなく、お金と商品の交換を通して、支えあいという心の付加価値を交換させることを目的としている。

　しかし日本で無償と理解されてきたボランティアが有償事業に取り組むことに対しては、周囲からの反発や批判が多くでたという。しかしその過程で、多くのボランティアは仕事の持つ従来の意味、働くことの意味を改めて問い直すようになった。NGOセンターの村井さんも、無償のボランティアが事業化する意味について深く考えるようになる。そして、仮に無償に近い活動でも、社会とかかわりを持つような「働き」を、生きるために重要な仕事として価値づける必要を強く感じるようになる。それは生産活動に貢献する賃労働だけを仕事と考えるのではなく、社会の役にたつ「働き」をすべて価値ある仕事と捉えることを意味した。

　　　働くこと、仕事をもつことの意味を価値転換させる必要がある。だから、こういうことをむりやり定義づけて、位置づけて押し込んでいく作業をやらなくてはならない。「まけないぞう」という事業体で新しい価値をつく

りあげていきたい(「NGO センター」代表村井さんヒアリング)。

　資本主義社会で評価されるのは、資本蓄積に結びつく有償雇用であり、賃金労働である。そのため商品化された労働力だけが市場経済のなかで取引の対象とされてきた。こうした労働は、生活するために不可欠な貨幣ないし資本を生産する生産的労働とされる。これに対し、ボランティア活動や家事労働などは、Ⅰ・イリイチらによって「シャドウ・ワーク」や「アンペイド・ワーク」として私的領域のなかに位置づけられてきた(Ⅰ・イリイチ 1981)。とりわけ無償労働は、有償―無償という資本主義の基準によって区別され、市場経済で有償労働を支える影の領域にある縁辺労働とみなされてきたといえる。

　しかし孤立した被災者にとって働くことは、仮に無償であっても、他者とかかわりを持つという重要な意味を持っていた。こうした「働き」の重要性を社会的に訴えかけていくために、村井さんは小規模な仕事づくりに着手することを決断する。ここでの有償化とは、あくまでボランティア精神に基づく「働き」の価値づけを示す指標であり、その価値づけに対して社会的共感を獲得するためのものであった。

　ただしボランティアが事業を行うためには、その内容が「社会から評価されるだけのボリュームと質をもつ」こと、つまり「気軽に、どこでも、誰でも」参加することができ、また活動の目的・内容が社会からの共感を得ることが必要であった。これらの条件を満たすものとして、NGO センターでは、震災後に集まった多くのタオルを、被災者がゾウの形にして販売するという「まけないぞう事業」が考案された[14]。

　「まけないぞう」は、主に仮設住宅や災害復興住宅で生活している人や長田区のケミカルシューズの縫製場で働く30代～70代の女性が作り手となり、全国から集められたタオルをゾウの形にして、一個400円で販売するという事業である。製作者に100円の手間賃、190円がタオル以外の材料費・制作費・輸送費など、残りの110円から郵送料を差し引いた額がセンターの活動財源となっている。

8 「支えあい」が生み出す関係性

　まけないぞう事業は、1997年7月に開始されわずか2年間で8万個をこえるぞうタオルを販売した。これを年間換算すると、年間約1,600万円の平均総事業収入となり、ボランティア事業としての収益は非常に高いことになる[15]。そのため1998年の好調な売上を背景に、1999年度からまけないぞう事業をNGOセンターの一般会計から独立させ、収益事業としての自立を目指している。

　事業が急速に全国に広がった理由は、商品が持つメッセージが具体的であり、しかもそれを全国へと発信するボランティアによる全国キャラバン[16]や新聞やマスコミの動きにより、多くの後方支援者の共感を引きつけたことがある。まけないぞう事業の特徴は、一方的な募金やサービス供給と異なり、被災者が他者からの呼びかけを感じ、それに応答するという、共感に基づくコミュニケーションを生み出している点にある。次にこれを支えあいの関係性という視点から考察しよう。

　非営利事業を始めて3ヶ月後の頃、ゾウを購入した支援者から「逆に勇気や元気をいただいた」という感謝のメッセージが、NGOセンターに送られてくるようになった。

　　　ボランティアの皆様が頑張ってタオルのゾウを作っておられるのをテレビで拝見し感動いたしました。私は痴呆症の母を看ておりますのでお手伝いをと思う気持ちだけで何もできませんが、私自身精神的にまいってしまう時があります。そんな気持ちのときに、かわいい、ゾウのテレビをみまして、なんだか救われた気持ちがしました。私も頑張るぞーと元気がでました（京都府在住の女性からのメッセージ「ぞう通信」第7号，1998/08/23）。

　震災という辛い経験を乗り越えて必死に生きる被災者の姿が、逆に後方支援者に勇気や励ましを与えたのである。そして後方支援者から感謝のメッセージを受けとり、自分の作った商品がどこかの他者を励ましていることを知った被災者は、次のように語るようになった。

震災後、ずっと助けてもらってばかりだったけれど、やっとこうして人の助けに、社会の役に少しでもたったのね (「じゃり道」54号、1998/08/23)。

　この言葉から、他者の支援を受け続け自尊心を失った被災者が、メッセージ交換を通して、自分が誰かの役に立っていると実感するようになったことが理解される。このように、まけないぞう事業を知った支援者は、被災者の発するメッセージに共感しただけでなく、ゾウを購入し、さらにはメッセージを返すという行動をとるようになる。その行動によって被災者は、初めて、具体的な他者の応答を感じ、さらには自分が他者の役に立っていることを感じるようになる。つまり支援者の共感が、商品を買うという行為によって表現されたことで、被災者は他者の具体的な応答を感じ、逆にその相手に対して共感を抱くようになったのである。
　共感の発信が相互的であり、しかもそれが行動として表現された場合に、被災者は初めて、自分が尊ばれていると実感することができる。なかには自分の作ったゾウタオルが売れたことで、「やっと自分の人権が認められた、自分の存在が認められたような気がする」と述べる被災者もいた (事業担当増島氏ヒアリング)。被災者の心情に変化が現われるのは、相互的な共感により、支援する側と支援される側という力関係が変化し、支援者と被支援者、弱者と強者、健常者と障害者といった固定的な関係が揺らぎ始めるからである。村井さんは送られてくる多くの手紙から、立場の転換をはっきりと認識するようになったという。

　事業を通じて、被災者を支える側と支えられる側の転換を、10月頃からはっきりと認識するようになった。これは瞬間的に、でも持続的に転換している。……中略……ボランティアをする側とされる側は対等でなくてはならない。このことはお互いの存在を認め合うことだと思う (「NGOセンター」代表村井さんヒアリング)。

　他者と互いの立場の入れ替わりを実感し、「自分が支えられているだけでなく、誰かを支えている」「自分が独りではないこと」を感じるような関

係を、村井さんは「支えあい」と呼ぶ。ここでいう支えあいという関係は、単なる人々の間の相互扶助的な助け合いという意味に限定されるものではない。それは支援者と被支援者という立場をこえ、互いの存在を認め肯定しあうような関係である。

確かに、まけないぞう事業では、被災者とボランティアとの直接的かかわりを生み出すだけでなく、メッセージ交換によって、「ゾウによって励まされています」「元気づけられています」といった他者の具体的な応答が生み出されていた。苦しいなかで生きる被災者が、他者を励まし、他者から存在を肯定されるという経験をすることは決定的に重要な意味を持つ。それは自己に応答する他者存在を通して、被災者が自分自身のなかにある孤独や不安と向き合い、その状況を客観的に受け止めるようになるからだと思われる。

　　（まけないぞうを）誰が作っても、自分が一番かわいいと思っている。作った人の顔に似てくるっていうんですよ。きっと自分でものを作るってことは、おそらく自分でストーリーを作ることにつながっているんじゃないかな。買い手が送ってくれるメッセージから、自分で納得できるストーリーを作って、前に進んだりすることができることは重要だと思う。喪失感から脱出するときには、誰でもそうしなくちゃいけない。その時、最初は苦しみを共有するかもしれないけど、生まれたものを発信していくうちに、だんだんと仲間に入れたということで、苦しいっていうマイナス志向ではなく、プラスを共有するようになるんですよね（「NGOセンター」代表村井さんヒアリング）。

自己存在が肯定されているという感覚が、自分の苦しみを個人的な不幸や不運とするのではなく、他者にも通じるストーリーをつくることを可能にする。これにより、なんで自分だけがこんなに苦しいのかという感覚から、他者へと目を向け、人間って、苦しいなかで支えあうことが重要なんだという感覚へと転換していく。実際に、まけないぞう事業担当者増島さんは、生きる希望を失っていた被災者の多くが、事業に参加することで、

一人で生きているのではないことに気づき、自分と向き合うようになる変化を見ている。「私も負けずにがんばるぞうと、自分の作ったぞうさんに話しかけながらつくっています」「ぞうづくりを通して、自分が一人ではないと思えるようになった」(『ぞう通信』2000.5.25)という言葉は、生きる希望を失った被災者が、自己との対話を始めたことを示している。そして村井さんは、このように他者との対等な支えあいという関係を形成しながら、自己の存在意味を再確認する過程に、人間として最小限の「自立」を見出している。それは一人で何でもできるという単独主体を想定した概念ではなく、他者を支援し、支援されるという相互的関係に成立する「自立」、つまり「自立とは、支えあうこと」という新たな概念だといえる。

　また別のケースでは、震災後に入退院を繰り返していた被災者が事業に参加し、「ぞうづくりの楽しさが生活を明るくしてくれた」「体調が良くなった」といって元気を取りもどすケースが見られる。たとえば、Aさん(65歳)は肺感染症とリュウマチを患っており、神戸市内の仮設住宅に一人暮らしをしていた女性である。普段は携帯ボンベを持ち歩き、主治医からは安静にするようにといわれてきた。ボランティアがAさんに声をかけたことで、仮設住宅内のふれあいセンターで行う「まけないぞう」の講習会に顔をだすようになる。初めはボランティアがぞうづくりを薦めても、「私にはできない」といって見ているだけであった。しかし試しに一つ作ってみると、商品にすることができるくらい上手に完成させ、「こんな体でも出来た。こんな私でも人のお役に立てるなんて」と喜びを表した。さらにぞうの購入者から送られてきた「勇気づけられた、元気づけられた」などのメッセージによって、ますます張り切って参加するようになった。この頃から明らかにAさんに変化が見られるようになったという。30年間も医者に支えられ、震災後もボランティアに支えられ続けてきたAさんがゾウをつくり、支援者からメッセージを受けとることで、自分も負けてはいられないと思うようになり、入院回数が非常に減るようになったのである。

　このようにボランティアの行う非営利事業は、被災者が働くことを通して立場の入れ替わりを感じ、自己の存在意味を再認識する支えあいという関係をつくりだしている。ここでいう支えあいとは、人間のいのちの一回

性や「生」の固有性（かけがえのなさ）に徹底してこだわる根源的な関係性を示している[17]。その意味で、この非営利事業の基盤にある経済（エコノミー）は、物質の希少性を示すものではなく、生存維持を意味する他者とのかかわりであり、人間存立の基盤であるサブシステンスを形成する支えあいという関係性だといえる。

　さらにNGOセンターでは、2002年に「海外災害救助市民センター」(CODE)という団体を設立し、震災で学んだ支えあいのしくみづくりを、日本国内だけでなく、海外の災害救援活動を通して実践している。まけないぞうタオルも、トルコやインドなどの災害復興支援のシンボルとして、神戸から世界に発信されている。まさにそれは、まけないぞう事業を通した神戸発支えあいの再生産だといえよう。

9　被災地発「もう一つの働き方」──コミュニティ・ビジネス

　阪神・淡路大震災は、多くのボランティアのライフスタイルや物質的価値観だけでなく、人々の人生を大きく変化させた。病院の副総婦長からボランティア団体のリーダーになった方、長田地区の靴職人からNGOのリーダーになった方、世界を飛び回る会社員からNPOのスタッフになった方など、震災が人々の人生に与えたインパクトは想像を超えるものがある。彼らは、震災を経験したことで、従来の社会システムや価値の矛盾や限界に気づき、そこから自らのライフスタイルを変えるだけでなく、新しい生き方を社会に提唱してきた人々である。

　震災から10年以上が経過した現在、市民自らが発見した支えあいという価値に基づき、新しいしくみづくりが広がりつつある。たとえば、しくみづくりの一つとして、被災地で広がりをみせるコミュニティ・ビジネスをあげることができる。一般的にコミュニティ・ビジネスとは、地域社会の課題を、地域資源（人材や土地・施設）の循環によって解決していくような事業のことを指す。また前述したまけないぞう事業のように、被災者や障害者・高齢者が製作した商品を全国に販売し、情報から取り残されていく高齢者らに市民がラジオ番組を制作する事業、高齢者のための給食サービス

や大工仕事など、地域のニーズと個人の技能・技術を組み合わせる多様な事業がある。またユニークな取り組みとして、震災によって芽生えた市民活動を市民の手で育てるためのしくみとして「しみん基金・KOBE」がある。

　被災地におけるコミュニティ・ビジネスの特徴は、第1に、ニーズが小規模で、企業の事業化や行政の施策の対象にもならない領域に対応している点、第2に、主婦や女性が起業しやすい点、第3に、地域の資源を生かして事業のリソースとしている点などがあげられる（柳田, 2005 ; 124）。つまり市場サービスや行政政策の対象にならなかったり、地域に潜在化している小さなニーズを、市民自らが解決するための手段としてコミュニティ・ビジネスが注目されているということである。

　兵庫県もコミュニティ・ビジネス支援に力を入れており、1999年にはコミュニティ・ビジネス離陸応援事業で、105団体に最大300万円ほどの助成を行ってきた。また市民がコミュニティ・ビジネスを始めるための情報提供や事業相談などを支援する「生きがい仕事サポートセンター」の運営が、しみん事業サポートネットワーク（神戸西区）、宝塚NPOサポートセンター（姫路）、コミュニティサポートセンター神戸（神戸東）、コムサロン21（播磨）に委託されている（現在では、6団体が展開）。NPOの起業を支援し、NPOで働きたい人に仕事を紹介するなど、やり方はそれぞれ個性的であるが、生きがいを中心にした仕事づくりにより、「もう一つの働き方」を目指すという目的を共有している。

　コミュニティ・ビジネスは、地域のニーズを有償事業によって解決するだけでなく、もう一つの働き方を提唱している点に大きな特徴がある。その働き方とは、商品の交換という市場性を強調したものではなく、あくまで地域に暮らす人々が、自分の固有な特技や能力を発揮しながら、他者との支えあいを通して自らの存在意味や生きがいを実感できるようなものである。

　神戸で広がりつつあるコミュニティ・ビジネスは、現段階では、生きがいを感じられる仕事に対して充分な収入をえられるわけではない。収入という点では、無償ボランティアに近い状況で運営しているコミュニティ・ビジネスも多い。しかし事業へと参加した人々は、他者と支えあいという

関係を形成し、自分の固有な能力を発揮しながら存在意味やアイデンティティを自覚しているケースが多く見られる。これはH・アレントのいう「活動 action」[18]という一人一人の固有性を尊重する働き方・生き方の提案であり、震災で発見した支えあいを社会に根づかせていくしくみづくりとして理解することができよう。

10　おわりに──新しい市民社会を切りひらく

　本章では、NGOセンターの事例から、被災者が復興過程で直面した諸問題の構図を考察し、ボランティアが役割変化しながら、社会におけるしくみづくりに取り組むようになった過程を明らかにした。
　震災によって、多くのボランティアや被災者が気づいたのは、今まで依存してきた行政システムや規則・ルールが、緊急時には有効に働かなく、逆に格差を生み出す、という事実であった。そして彼らは、国籍の違いや年齢の違いを超えて、お互いに人間として助け合い、支えあうという「震災ユートピア」のなかに、一筋の希望を見出した。しかし行政システムが復興し、住宅の再建が進むにつれ、復興格差という深刻な社会問題が発生するようになる。とりわけ震災の被害は、貧困者や障害者、高齢者など、社会の最も弱い層に集中的に現われ、その結果、孤独死という悲惨な形で、多くの被災者が貴重な命を失っていった。
　しかしその一方で、大震災は全国から延べ150万人を越えるボランティアのうねりを生み出した。これは日本の歴史上、稀にみる出来事であった。その後、ボランティアは自己満足や自己犠牲といった困難を乗り越え、被災者一人一人の命に目配り、気配りしながら生活再建を支え続けている。被災地において、もう一つの価値やライフスタイルを提唱しながら、地域に潜在化するニーズを発見し、被災者の「生」の固有性を支え続ける市民活動が展開されていることは、本章で見た通りである。
　地域社会を基盤に活動する地縁系団体を初め、NPOやNGOなどの多様な主体がテーマごと、地域ごとにつながりながら、埋もれていた地域資源を発掘し、多様な課題に対応している。それは正に震災直後に命がけで発見した助け合いや支えあいを再現するために、自ら考え、自らライフスタ

イルや働き方を決定していく自立した市民の誕生だといえる。

　こうしたボランティアの実践から見えるのは、多数者の意見を優先する社会システムだけでは、少数派のニーズが切り捨てられてしまうということである。現実問題として、地域代表性を示す自治会や町内会などの地縁系組織だけで、多様化する地域問題に対応することは難しくなっている。それは地域代表性が多数意見を体現しているために、個別なニーズは少数派と見なされ、切り捨てられがちだからである（震災10年市民検証研究会,2005）。しかし国際法学者の芹田健太郎の言葉を借りると、「万人の幸福は、最後の一人が幸福になって初めて実現する」（神戸新聞, 1997/12/07）。つまり多数派だけでなく、少数派のニーズに対応する多様なセーフティネットが存在していることが、社会の成熟度と深くかかわりを持つということである。

　このことは、近代市民社会理念のもとで語られてきた伝統的コミュニティが、閉鎖性・同質性を特徴としており、それ故に排他的側面を持つことと深くかかわっている（三本松, 1999 ; 110-112）。近代市民社会の担い手として求められてきたのは、自らの意思で積極的に行動する自立した市民であり、そこでは資本蓄積に有効な生産労働を担い、社会的に優勢な位置を占める人々を中心とした知の体系や価値観が形成されていた。そのため性別や年齢、所得、民族、障害などの異質性を持つ障害者や高齢者、貧困層やエスニック・マイノリティなどの人々は、近代市民社会のメンバーから排除される傾向が強かった。同質性を強調する近代市民社会論のなかで、その存在は不可視化されてきたのである。実際に、復興過程から取り残され、「震災弱者」と呼ばれた人々は、震災以前の日常時から困難を抱えた弱者であった。その意味で阪神・淡路大震災は、近代市民社会が日常的に抱えてきた排除の問題性を、改めて我々に問題提起することになったのである。

　少数ではあるが一部の市民たちが、行政に頼りきるのではなく、自分たちのことは自分たちでやろうと互いに連携し、変革を唱えながらさまざまなしくみづくりに取り組んでいることの意味は大きい。人々が、お互いの存在を尊重し、支えあいのなかで「もう一つの」生き方を実現する市民社

会の萌芽は、こうした市民の多様な試みのなかで、着実に育まれているといえよう。

注

1 本章は、西山志保 (2007改訂版)『ボランティア活動の論理―ボランタリズムとサブシステンス―』東信堂、における第5章、第6章を大幅に加筆・修正したものである。大震災後のボランティア活動の全体的な動向と役割変化、市民活動の国際比較については同上書を参照のこと。
2 ボランティアとは、自由意志を意味するラテン語のvoluntasを語源として、「自ら進んで奉仕活動する人」の意味で使用されることが多い (小谷, 1999)。最近では、有償性や他者との関係性に注目する定義もみられる (金子, 1992；原田, 2000)。
3 似田貝香門 (2001) は人間の抱える受苦性に注目し、運動論に身体性を組みこみながら、「弱さ」から立ちあがる受動的主体をテーマ化している。そして住民運動の中心を担った強い主体に対して、弱い主体からボランティア論を展開している。
4 1995年5月に「阪神・淡路大震災地元NGO救援連絡会議」の1分科会として設立された「仮設支援連絡会」は活動展開に伴う組織化により、96年3月には「阪神・淡路大震災『仮設』支援NGO」に、さらに98年3月には「被災地NGO恊働センター」に名称変更された。
5 被災地NGO恊働センターの詳細な展開過程については、西山 (1999) を参照。
6 村井さんについては、村井雅清「第3章 たったひとりを大切に～かけがえのないボランティアたち」似田貝香門編『ボランティアが社会を変える――支えあいの実践知』関西看護協会を参照。
7 「震災ユートピア」とは、震災後の3ヶ月間に避難所で、人々がわけへだてなく自然に助け合い、いたわりあう状態のことを、研究者が表現した言葉である。
8 住まいや仕事を失い、行政からの十分な支援もないなかで、元の生活を取り戻すのは並大抵のことではなかった。周りが復興するようになると、次第に自分だけ取り残されていくという思いが強くなる。被災した直後のストレスを直接的に受けた1次的ストレスと考えたとき、このように生活再建していく過程で受けるストレスを2次的ストレスと考えることができる (NHK神戸放送局, 1999；65)。
9 震災直後、行政の対応は被災地への配慮が目立った。しかし、仮設住宅の供給が一段落すると法律や前例に固執する体制にもどったという (朝日新聞, 1999.1.17)。
10 兵庫県都市住宅部住まい復興推進課1996『応急仮設住宅入居者調査結果速報』の結果による。

11 1999年3月に最後の仮設住宅が解消されるまで、兵庫県内の仮設住宅で発生した孤独死は、約233人にも上った。
12 1997年4月に始まった「生活再建支援金」は、公営住宅に移動した高齢世帯や要援護世帯を対象として、月15,000〜20,000円を最長5年間保障するというものであった。
13 このプログラムには5年間、復興公営住宅の家賃を補助する、仮設居住者を優先する、公的支援によって1998年までに仮設住宅が解消されることが明記された。
14 ボランティアが行う非営利事業を、労働概念の再検討により考察したものについては西山 (2001) を参照。
15 NGOセンターでは、「まけないぞう」事業を、コミュニティ・ビジネス的要素を持つ活動として位置づけている (村井, 1998)。
16 実際に全国キャラバンによって、全国からタオルが集まり、またゾウ購入者も個人だけでなく、福祉の店、生協、リサイクルショップ、婦人会や小学校など、さまざまな団体や業種が参加するようになった。
17 生命学の森岡正博 (1994 ; 76-86) は、命の一回性、かけがえのなさにこだわるかかわりを相互扶助と区別して支えあいと呼ぶ。「相互扶助」が社会形成の秩序原理であるのに対し、支えあいは、いのちや生死にかかわる場面で要請される根源的状況に根ざした行為原理だという。本章では、この根源的関係性をサブシステンス概念によって捉えた。サブシステンスの理論的検討に関しては、西山 (2005) を参照。
18 H・アレントは、人間の活動を「労働 labor」「仕事 work」「活動 action」という3類型に分類し、物や事柄の介入なしに直接人と人との間で行われ、自らの「唯一存在」を現すことができるような「活動」に注目している (Arendt 1958=1994)。

参考文献

Arendt, H., 1958, *The Human Condition*, Chicago: University of Chicago Press. (=1994, 志水速雄訳『人間の条件』筑摩書房.)
震災10年市民検証研究会、2005『阪神・淡路大震災10年——市民社会への発信』文理閣.
震災復興市民検証研究会編、2001『市民社会をつくる——震後KOBE発アクションプラン』市民社会推進機構.
原田隆司、2000『ボランティアという人間関係』世界思想社.
金子郁容、1992『ボランティア——もうひとつの情報社会』岩波書店.
小谷直道、1999『市民活動時代のボランティア』中央法規.
厚生省社会局施設課、1992『災害救助の実務』厚生省.
草地賢一、1995「市民とボランティア」酒井道雄編『神戸発阪神大震災以後』岩

波書店，165-188．
出口正之，1997「震災以後のボランティア状況」JYVA『ボランティア白書96'-97'』65-73．
神戸市生活再建本部，2000『阪神・淡路大震災　神戸市の生活再建・5年の記録』神戸市生活再建本部．
松井豊・水田恵三・西川正之編，1998『あのとき避難所は──阪神・淡路大震災のリーダーたち』ブレーン出版．
森岡正博，1994「自立の思想には限界がある」森岡正博編『「ささえあい」の人間学──私たちすべてが「老人」+「障害者」+「末期患者」となる時代の社会原理の探究』法蔵館，76-86．
村井雅清，1998「市民活動とコミュニティ・ビジネス」神戸都市問題研究所『都市政策』92；68-89．
室崎益輝，1997「仮設住宅の建設と生活上の問題点」神戸大学震災研究会編『阪神大震災研究2　苦闘の避難生活』神戸新聞総合出版センター，115-128．
NHK神戸放送局，1999『神戸・心の復興──何が必要なのか』NHK出版．
西山志保，1999「阪神淡路大震災におけるボランティア活動の展開とその課題──活動と事業化のはざまで揺れる被災地ボランティア」『慶應義塾大学紀要』50；11-18．
────，2001，「『労働』概念の再考とサブシステンス経済──阪神淡路大震災における被災地ボランティアの活動展開から──」『地域社会学会年報』，地域社会学会，第13集，ハーベスト社，97-114頁．
────，2005，『ボランティア活動の論理──阪神・淡路大震災からサブシステンス社会へ』東信堂．
似田貝香門，2001「市民の複数性──今日の生をめぐる〈主体性〉と〈公共性〉」『地域社会学会年報』13；38-56．
額田勲，1999『孤独死』岩波書店．
大阪市立大学生活科学部，1995『震災とボランティア──阪神・淡路大震災ボランティア活動調査報告書』大阪府社会福祉協議会．
三本松政之，1999「コミュニティと福祉」藤田弘夫・吉原直樹編『都市社会学』有斐閣ブックス，pp. 100-119．
生活問題研究会，1997『孤独死──いのちの保障なき「福祉社会」の縮図』仮設住宅における壮年層のくらしと健康の実態調査報告書，生活問題研究会．
柳田邦夫編，2004『阪神・淡路大震災10年』岩波新書．

4章　被災者の固有性の尊重とボランティアの〈問い直し〉
——阪神高齢者・障害者支援ネットワークの持続

三井　さよ

1　はじめに

　1995年1月17日未明に生じた阪神・淡路大震災は、多大な被害を生むと同時に、多くのボランティアが救援・支援活動に参加したという点で、今後の日本における市民社会の構築へ向けて重要な示唆を孕むものであった。本章ではそのうちでも特に、「阪神高齢者・障害者支援ネットワーク」[1]による、仮設住宅での活動、およびその後の活動に照準する。

　仮設住宅は、結果的に生じたことではあるが、「災害弱者」と呼ばれる人々が多く居住する場となっていた。ここでいう「災害弱者」とは、被災後の避難生活において生活上の困難が特に顕著だった人々を指しており、具体的には後述するように高齢者や障害者、経済的に困難な状況にあった人々である[2]。佐藤のいうように、「災害弱者」の多くは日常における社会的「弱者」でもあり、日常時における生活上の困難が「非日常時にいっそう顕在的に現れた」(佐藤, 1999 ; 2) 人々であった。そのため仮設住宅での支援活動は、日常における社会的「弱者」と呼ばれる人々への支援と大きく重なる部分がある。

　だが同時に、多くの仮設住宅は、いわゆる「高齢者」「障害者」「貧困者」といったメルクマールによって人々が配分された場ではなく、あくまでも被災者が居住する場であった。「仮設」という意味では特殊な場ではあったが、人々がなんとか普通に生活しようとしていた場でもあった。ボランティアはそこで、住民のいわゆる社会的「弱者」としての側面にとどまらない姿に出会った。

このことが持つ意味は大きいと私は思う。今日では阪神高齢者・障害者支援ネットワークの活動は、高齢者や障害者、経済的に困難な状況にある人々への支援活動として、いわゆる「社会福祉」的な性格を色濃くしている。にもかかわらず、NPOとして再出発する際にも、自らが「震災発」であることを強調している。ここには、仮設住宅で彼らが発見したものが、「弱者」への支援を行う上でも、重要な意義を有していることが示されている。

では、ボランティアたちは仮設住宅でなにを、いかにして発見したのか。そしてそのなかから、なにを自らの役割として選び取り担っていったのか。

今日、阪神高齢者・障害者支援ネットワークのボランティアは、自身の活動を首尾一貫したものとして捉えている。たとえば後述するように、「人としてのいのちを重んじる」ことを一貫して重視してきたと述べており、確かに一面ではボランティアの活動はその目的を一貫して追いかけてきたともいえる。

だが他面では、それはボランティアが、繰り返し直面する壁に対して、そのつど自己を〈問い直し〉たからでもある。ボランティアは被災者を支援することを目的として活動している。ただし、行政機関や医療機関・福祉機関の有するような制度的手段をほとんど持たなかった。そのため、被災者の危機的状況に際して、被災者を助けられないかもしれないという限界に繰り返し直面した。それは、ボランティアが誰に強制されたわけでもなく自発的に活動していたことからすれば、ボランティアの存在意義を見失わせかねないものであった。

阪神高齢者・障害者支援ネットワークのボランティアたちは、そうした限界に直面するたびに、そのつど自身の目的と自らが直面している壁の内実を〈問い直し〉た[3]。ここでいう〈問い直し〉とは、目的を根本的に放棄するのではなく、その内実を置かれた状況に応じて再考することであり、そのとき直面した壁の意味について捉え返すことである。そのような〈問い直し〉を通して、ボランティアはそのつど、それまでの手法とは別様の働きかけを生み出していった。そこで新たに生み出された別様の働きかけは、明確な指針がないなかでの模索であり、被災者を確実に助けられるというものでは必ずしもなかった[4]。

だが、だからこそ、ボランティアは被災者の固有性を発見し、また尊重することが出来たのである。固有性はあらかじめそれとして把握可能なものというより、特定の局面において浮上するものであり、ボランティアが自己を〈問い直し〉てこそ、それとして捕まえられるものである。また、固有性はああかもしれないし、こうかもしれないというなかでこそ、それとして尊重されるものである。ボランティアが一つの働きかけのあり方にこだわらず、そのつど別様な支援のあり方を模索することで、すぐには助けられたくはなかったり、そのような形では助けられたくなかったりといった、被災者の固有性を尊重することが出来た。

ボランティアの意義は、彼らが限界に直面した際に、そのつど自己を〈問い直し〉別様な手法を新たに編み出すという一連の過程を辿ることで、被災者の固有性に開かれ続けたところにある。そうすることでボランティアは、自身を支援者＝ボランティアとして持続してきた。「人としてのいのちを重んじる」ことの意味を繰り返し〈問い直し〉、別様な働きかけを生み出し続けることによって、「人としてのいのちを重んじる」試みを具体的に実践してきたのである。

こうしたボランティアの姿は、活動の過程を丹念に追うことで見えてくる。ボランティアによる〈問い直し〉は、そのつど直面した自らの限界のなかでなされたものである。そこから生まれる別様な手法も、そのつど生み出されたものである。そして被災者の固有性もまた決して所与のものではなく、支援活動を展開するなかでそのつど発見されたものである。ボランティアが発見したもの、そしてそこから担っていった役割を明らかにするためには、彼らの活動の過程を追うことが必要であろう。

こうしたことから、本章では、阪神高齢者・障害者支援ネットワークによる仮設住宅で(およびそれ以後)の活動の過程を検討する。そこから、「人」を支援するということの意味、「生」を支えるということの意味について、多くの示唆が得られるであろう。

2 仮設住宅へ──活動の開始と背景

　阪神高齢者・障害者支援ネットワークは、1995年1月29日に、それまでの高齢者ケアセンターながたと林山朝日診療所、弱者救援センターの活動を合流させることで、「ながた支援ネットワーク」として生まれた。避難所で主に要介護老人を対象とした支援活動を行った後[5]、1995年6月より、西区第7仮設住宅での支援活動を開始した。

　まず、仮設住宅での支援活動が開始された背景について簡単に述べよう。震災後、神戸市は、家屋が全壊するなど生活の場に困る被災者が多くいるという認識に基づき、いち早く1月19日に応急仮設住宅を発注した。夏までに兵庫県分だけでも4万8,300戸が建てられた。うち神戸市分は3万2,346戸、西区に建てられた第7仮設住宅はそのなかでも特に大きなもので1,060戸であった（朝日新聞社編、1996；477）。

　仮設住宅の入居に際しては、高齢者や障害者等が優先された[6]。そのため、多くの仮設住宅で高齢者の居住率が非常に高くなっていた。第7仮設住宅でも、1995年6月15日から11月までに阪神高齢者・障害者支援ネットワークと「WOAちびくろ救援ぐるうぷ」とが共同で行った「安否確認調査」によると、1995年11月1日時点で全住民数は1,500人、うち65歳以上の高齢者の割合は全体の52％、65歳以上独居者は全体の30％を占めていた。

　しかし、仮設住宅は高齢者や障害者にとっては過酷な環境であった。第7仮設住宅は最寄りの地下鉄西神中央駅からバスで15分ほどかかり、バスの本数も1時間に1-2本しかない。周囲は人影がまだらなニュータウン造成地の外である。最も近いスーパーでも歩いて15分かかった。健康であれば別だったかもしれないが、高齢者や障害者にとっては厳しい生活環境であった。敷地内についても、通路が身体の不自由な人々にとっては通行困難な砂利道になっていたことを初め、後述するように高齢者や障害者に合った環境とはなっていなかった。

　1995年5月4日、ながた支援ネットワークのメンバーは西区の仮設住宅を視察し、その環境に呆然としたという。転びやすい砂利道に杖をついて歩く老夫婦を見て、「ここは人間の住む場所ではない」と感じたそうである。

少なくとも、ながた支援ネットワークが避難所で支援対象としていた高齢者や障害者にとっては、改めて過酷な環境が課せられると思われたのである。

　こうした認識に基づき、ながた支援ネットワークは、仮設住宅で支援活動を行うことを決定した。1995年6月3日に名古屋で世話人会を開き、「阪神高齢者・障害者支援ネットワーク」(以後、「支援ネット」と略記) と改称した。その上で、1995年6月15日、第7仮設住宅の空き地に大きなテントを建て、その「ふれあいテント」を拠点として24時間体制による支援活動を開始した。

　なお、この時点から支援活動の中心的人物となるのが、もともと関西にある病院で看護師として勤務していた黒田裕子さんである。黒田さんは、震災直後はながた支援ネットワークとは別に、緊急的に救護所・遺体安置所として開放された総合体育館で救護活動を行っていた。その後、一旦は職場に復帰し活動を中断していたが、支援ネットの中心的存在の一人に誘われ、職を辞して24時間体制の活動のリーダーとなった[7]。

　仮設住宅での活動を行う際に、特に念頭に置かれていたのは、「孤独死」の防止であった。仮設住宅は、被災者の多くがそれまで居住していた避難所よりは快適な生活が送れる場のはずであったが、1995年5月頃より、仮設住宅のなかで、亡くなってかなりの時間が経過した住民の遺体が繰り返し発見されるようになった。これらは、発見されるまで時間が経過していることからその人の生前の孤独な生活がうかがえることにより、「孤独死」と呼ばれた。

　この防止は、当初から支援ネットの目的の一つに掲げられた[8]。当初は、「孤独死」の内容やその意味について、後述するような理解がなされていたわけではないであろう。ただ、そのあまりの悲惨な姿に対して、なんらかの支援が必要だという認識が、当時のボランティアたちを突き動かしていたのだと思われる。

　第7仮設住宅でも、上述した「安否確認調査」によると、独居者は全体の52％および、「孤独死」が生じる可能性は高かった。そのため、支援ネットは住宅を一軒一軒回って安否確認を行い、日に30軒から40軒を巡回し

ていた。

3 最初の限界／発見――開けられない〈扉〉／開けない〈扉〉

　にもかかわらず、支援ネットは活動を始めて数ヶ月で、「孤独死」と直面してしまう。

　それが最初に「起きた」のは、9月上旬のことであった。第7仮設住宅のプレハブの一室で、56歳の男性が亡くなっているのが発見された。発見されたときには既に死後2ヶ月が経過しており、顔からウジがわいている状態であった。死因は栄養失調による衰弱死であり、部屋にはウイスキーの空き瓶が2本転がっていたという。その後も55歳の男性の突然死、42歳の女性の睡眠薬による自殺が発見された。これらの「事件」は、ボランティアたちを激しくゆさぶることになった。

　まずは、多くのボランティアが「ベッドの上での死としか向き合ったことのなかった」だけに、その姿そのものが大きな衝撃であったろう。だがなにより、その防止が目的であった「孤独死」が起きてしまったことが、ボランティアには衝撃だった。黒田さんは、「なんのための、ボランティアなんだ」と、ボランティア活動の意義を見失い、辞めることも考えたという（黒田, 2006：39）。ボランティアの支援活動は、行政機関や医療機関・福祉機関におけるそれとは異なり、制度化された役割として行われているわけではない。そこに苦悩する被災者がいるから、なんとかしたいと、自発的になされるものである。にもかかわらず被災者を助けられなかったという経験は、自らの活動の意義を根底から疑わせるものであったろう。

　では、ボランティアがその努力にもかかわらず、「孤独死」に直面してしまったのは、なぜだったのか。最初の「孤独死」とされた56歳の男性の場合、ボランティアがまったく気づいていなかったわけではない。その住宅の扉の前にボランティアは14-16回立ち、ノックし続けていた。だが、当人が鍵を開けてくれない以上、扉をこじ開けるわけにはいかなかったのである[9]。

　ボランティアの多くがそれまで支援活動を行ってきた場と、仮設住宅という場は、このような扉の有無という点で大きく異なっていた。施設内で

あれば(支援ネットのボランティアには、通常は施設において支援を職務として行っている人々が多く含まれていた)、入所者が生命の危機にあるかどうかは、たとえばベッドのカーテンをめくればわかることである。ボランティアの多くは避難所で活動した経験を有していたが、避難所であれば、少なくとも被災者の生死は一望すればわかったはずである。それに対して仮設住宅では、プレハブとはいえ、それぞれの住居には扉がついており、そのなかを一望できるわけではない。だからこそ安否確認という形で訪問が繰り返されたのだが、扉に鍵がかかっているとき、ボランティアがそれをこじ開けられるわけではなかった。なぜなら、ボランティアは警察などの行政機関と異なり、開かない扉をこじ開ける制度的手段を持たないからである。そのため、「相手から声が上がらない限り、情報を持たないボランティアの安否確認では、遺体は発見できても、確実に死を防ぐことができないのが現実だ」(『ひろば』第9号、1)。

つまり、個々の住宅の〈扉〉がボランティアの活動の前に大きな壁として立ち現れていたのである[10]。ボランティアが被災者に支援することを目的とし、そして被災者の危機的状況に際していただけに(「孤独死」に至るというのは、それだけ危機的状況にあったということである)、この壁の存在はボランティアの存在意義すら見失わせるような大きなものだった。先に挙げた黒田さんの「なんのための、ボランティアなんだ」という言葉は、当時の支援ネットワークの人々が置かれた立場を端的にいい表している。

当時、活動に参加していた一人ひとりがどのように考え、どのように行動したのかを、正確に復元することはもちろんできない。ただ、聞き取りやニュースレター『ひろば』から浮かび上がってくるのは、そのなかで次第に、本当に「孤独死」そのものが問題なのかと〈問い直す〉営みが始まったということである。

たとえば黒田さんは、先述したように活動を辞めようとしたとき、他のボランティアに「一人の死を防げなくとも多くの生を支えよう」といわれ、活動の継続を決めたという。ここでいわれているのは、第一に、「孤独死」には二つの側面があるということである。一つはその人が亡くなるということであり、もう一つはそれまでにその人が孤独な「生」を生きていたと

いうことである。そして第二に、亡くなった住民以外にも多くの住民が残されているということである。〈扉〉をこじ開けるという制度的手段を持たないということは、残された他の住民が一人で亡くなるのも止められないであろう、ということを意味する。それでも、残された住民のなかで孤独な「生」を生きている人々を支えることは出来るのではないか。このような〈問い直し〉から、ボランティアは住民の「孤独死」の防止というより、「生」を支えることへと活動の重点を移していった。

　これは、自分たちの活動の目的とは何かという〈問い直し〉でもあった。今日、黒田さんは自らの活動は常に「人としてのいのちを重んじる」ことであったと捉えているが、その「人としてのいのち」の内容は繰り返し〈問い直さ〉れてきた。「孤独死」の防止を目的としていたボランティアは、「人としてのいのち」のなかでも生命の維持に比較的重きが置かれていた。もちろん、ボランティアは活動開始当初であっても「人としてのいのち」を生物学的な生命の維持とだけ捉えていたわけではない。ただ、震災によって多くの生命が奪われるのを目の当たりにしていたボランティアには、せめてこれ以上は人々の生命が奪われてほしくない、という思いが強かったことも確かであろう。それに対して、生命を維持させる制度的手段を持たないという現実に直面したとき、「人としてのいのち」のなかでも、亡くなるまでの「生」に重点が置かれるようになった。つまり、「人としてのいのち」には、たとえ生命が終わるのは避けられずとも、それまでの「生」が含まれていることが改めて発見されたのである。

　ただし、「生」を支えることに重点を移すといっても、「生」を支えるとはどのようなことか、後述するような具体的な内容について理解されていたわけではないだろう。むしろ当初は、置かれた状況のなかで可能なことを模索したのだと思われる。

　その模索の一つが、自身が直面している壁と、それに対する向き合い方についての〈問い直し〉であった。具体的にいえば、〈扉〉を「開けられない」ことが本当に問題なのかが〈問い直さ〉れたのである。ボランティアは確かに、警察などの行政機関とは異なり、〈扉〉をこじ開ける制度的手段を持たず、そのため〈扉〉は壁としてボランティアたちの前に立ちふさがった。

だが、本来は、〈扉〉は不動のものではない。実は、住民自身であれば、容易に開けられるのである。住民自身が開けてさえくれれば、〈扉〉は壁ではなくなるはずである。ならば、〈扉〉を開けてもらうようにしなくてはならないのではないか。ボランティアたちはそう〈問い直し〉た。

いわばボランティアは、ボランティアが〈扉〉を「開けられる」か「開けられない」かという平面から、住民が〈扉〉を「開ける」か「開けない」かという平面へと目を移したのである。前者である限りは、ボランティアには制度的手段がない以上、ほとんどできることはない。だが後者であれば、ボランティアにも住民に開けてもらうように努力するという働きかけの余地が生まれる。

この視点の転換は、他方では住民の危機的状況を救えないという可能性が残されることでもあった。〈扉〉を開けるのが住民自身である以上、ボランティアがいかに努力したところで、〈扉〉がどうしても開けてもらえないという事態はありうる。

それでも、住民が開けることを重視すれば、そのためにボランティアが働きかける余地はあり、それによって壁が壁でなくなる可能性も生まれる。そのためボランティアは、あえて住民に〈扉〉を開けてもらうという試みに賭けることにしたのである。

こうしてボランティアは、「生」へと目をむけ、別様な働きかけを見いだした。これは一方では制度的手段を持たないがゆえの必然であったが、他方でボランティアによる主体的な決断でもあった。なぜなら、ボランティアが活動を行うのはあくまでも当人たちの自発性に基づくからである。「何のための、ボランティアなんだ」と意義を見失いかけたときに、ボランティアはその活動を停止してもおかしくはなかったはずである。

にもかかわらず活動の継続を試みたのは、仮設住宅にはまだ多くの住民が残されていたからであり、先述したような状況ゆえにそれらの住民には支援が必要だと感じられていたからである。当時のボランティアは個々の住民を、必ずしも後述するような具体的な「一人」として意識していたわけではないと思われるが、そこに確かに支援を必要とする住民が残されているという認識はあった。それゆえボランティアは自身の活動を継続する

ことを決断したのであり、その決断はボランティアが単独でなしたというよりも、被災者という相手がいるがゆえになされたものであった。

　このような〈問い直し〉の過程を経て、ボランティアは住民が少しでも〈扉〉を開けてくれる機会を作ろうとしはじめた。具体的に言えば、一つは住民が集う場所を設けることだった。1995年8月に行政によって「ふれあいセンター」が設置された。拠点を持ったボランティアは、テントを撤収して代わりにセンターで「ふれあい喫茶」を開設、住民が交流する場を設けた。バザーなどのイベントを繰り返し行い、また自治会と連携するなど試みている。もう一つは、そこに出てこない人たちへの戸別訪問であった。そもそも「孤独死」に至りそうな人々は、イベントを開催してもなかなか出てこない[11]。それゆえやはり、戸別訪問を繰り返さなくてはならなかった。

　これら二つを試みる過程から、ボランティアたちはさらに新たな課題と出会うことになる。それは、「生」を支えるということがなにを意味するのか、その内実を発見していくという過程でもあった。

4　「その人らしさがあってはじめてやる」――「生」の固有性

　まず、後者の戸別訪問を繰り返す過程から見出されていったことについて考察しよう。支援ネットワークは、ホームヘルパーや保健婦が訪問するもの以外に、継続して訪問し状況を把握する必要があると思われたり、独居住民で話し相手を必要としていると思われたりするケースについて、週一回ペースで定期的に訪問する「ふれあい訪問」を行っていた[12]。この過程からボランティアたちは、それぞれの人々が固有の「生」を生きる人々であることをまざまざと知らされていった。

　たとえば、黒田さんはアルコール依存症の56歳の男性とのかかわりについて述べている。その男性は肝臓に支障を来しており、アルコールを摂取し続けることは明らかに生命にかかわることだった。そこで黒田さんは繰り返し、その男性に対して「飲まないでよ」と訴えていたという。だが、何度そう言っても、男性は飲酒を辞めようとはしなかった。黒田さんはなぜ飲酒を辞めてくれないのかと悩んでいたという。

　このとき、黒田さんにとって、飲酒を辞めようとしない男性自身が、壁

として立ち現れていたであろう。看護職であった黒田さんの観点からすれば、生命にかかわるようなことはやめるのが望ましいことは自明のことであった。看護職であったということを除いても、被災地で多くの人命が奪われるのを目の当たりにしていたボランティアたちにとって、これ以上被災者の生命が奪われないことはなにより重要な課題であったろう。特にこの場合には、男性の身体的状況はかなり悪化してきており、生命が危機的状況にあったのだから、それを避けるための努力（＝断酒）は、多くのボランティアにとって望ましいことと映ったはずである。にもかかわらず、男性はそれを拒否し続けたのである。

しかし、あるとき黒田さんは、「自分が看護婦になっている」「上からものを言ってしまっている」と感じたという。黒田さんは、男性の危機的状況に際しても男性を救うことが出来ないという限界に直面するなかで、「飲まないでよ」といい続けてきた自らの働きかけを〈問い直し〉たのである。

それは一つには、壁と見えたものとそれに対する向き合い方の〈問い直し〉であった。ここで黒田さんが「上からものを言ってしまっている」と感じたというのは、一般的に考えられる（そして自らも考える）望ましさを押しつけていると感じたことを意味している。先に述べたように飲むのをやめるのは一般的に見れば望ましいことであった。だが、この男性にとっては、いくら身体的状況が悪化していても、飲むのをやめることが望ましいことではなかったのであろう。

このとき黒田さんは、人の「固有性」を知ったという。仮設住宅の住民は同じく被災を経験し、同じような問題を抱えていたが、それでもそれぞれが異なる固有な「生」を生きる人たちである。ここでは、黒田さんの言葉に即して、これを「生」の固有性と呼ぼう。このような「生」の固有性は、通常の生活をしているなかでいつでも意識されているわけではない。固有性はある特定の局面において浮上するものであり、どの局面で浮上するかということもまた、その人その状況ごとに固有である。この男性の場合には、飲酒を続けたための体調悪化に際して、黒田さんの「飲まないでよ」という、一般的に考えれば望ましいことに見えるかもしれない働きかけをあえて拒否し続けるという形で、彼の固有性が浮かび上がってきたのであ

る。つまり、当初は壁と見えていたであろう、男性による断酒の拒否という行為が、その人の固有性として捉え返されたのである。

　今日から振り返ってみれば、それが壁として立ち現れていたのは、ボランティアが制度的手段を持たないが故である。第一に、先に述べたように、行政機関のような制度的手段を持たないために、ボランティアは住民自身に〈扉〉を「開けて」もらうしかなかった。そこで無理に「飲まないでよ」と繰り返せば、住民は再度〈扉〉を閉じてしまうであろう。そのため望ましさをめぐる意味づけの相違は、避けられないものとして立ち現れた。〈扉〉を閉められてしまうことを避けるためには、黒田さんは、男性が黒田さんの考える望ましさをそのまま受け入れはしないことを、無視することが出来なかったのである。

　第二に、医療機関や福祉機関における専門職のような制度的手段を持たなかったためである。黒田さんが「自分が看護婦になっている」と感じたというのは、医療機関・福祉機関における専門職の働きかけと、ボランティアとして働きかけることとの違いを象徴的に表している。患者や入所者が固有の「生」を生きる人々であることは繰り返し指摘されているが (Strauss et al. [1985]; Kleinman [1988＝1996])、通常の専門職はなかなか気づかない。なぜなら、施設内で入院患者や入所者を前にしているとき、専門職は一定程度の統制手段を有しているからである。統制が可能なのは、患者あるいは入所者が、医療機関や福祉機関を訪れる時点で一定程度の支援を求めると同時に、専門職への協力を義務として引き受けると自明視されているからである (Parsons [1964＝1973: 362])。行政機関ほどではないが、医療機関や福祉機関もまた、一定の制度的手段を有しているのである。それを持たないボランティアは、住民が自分で酒屋を呼んで酒を購入するのを止める手段も正当性も持たなかった。

　このように制度的手段を有していなかったために、黒田さんは男性による断酒の拒否という壁に直面したのだが、黒田さんはその壁をあえてその人の固有性として捉え返した。それは黒田さんにとって、自分自身を問い直すことでもあった。「自分が看護婦になっている」という表現には、医療機関における専門職として自明視してきた視点を根底から〈問い直し〉た

ことが示されている。

　ただし、黒田さんはこのように発見した男性の固有性に対して、ただ従うことはできなかった。固有性にただ従うのであれば、当人が望む通り（定かではないが少なくともすぐに断酒することではなかったのだろう）にすればよいはずである。それは実質的には男性が死ぬに任せるという選択になったであろう。だが、黒田さんはその男性を「見捨てる」ことが出来なかった。今日の黒田さんは、「最後の一人まで見捨てない」ことが自身の活動の基本的姿勢だったと強調しているが、その言葉を用いるなら、このとき黒田さんはどうしてもその男性を「見捨てる」ことが出来なかった。

　なぜなら、そこにいるのは「一人」の具体的に顔が見えている「その人」だったからである。活動開始当初であれば「高齢者」「被災者」「住民」であったかもしれないが、戸別訪問を繰り返すなかで、その男性は具体的な「その人」として立ち現れるようになっていた。具体的な「その人」が体調を崩していくのを前にした黒田さんは、どうしても彼を「見捨てる」ことが出来なかった。男性が断酒を拒むのならそれでよいと放置しても良かった（ただ断酒を勧め続けるのも実質的には同じことであったろう）はずだが、それでも具体的に顔が見えている「その人」を「見捨てる」ことができなかったのである。

　このとき黒田さんは、「その人」に対する〈責任 responsibility〉を感受したのだといえよう。ここでいう〈責任〉は、たとえば看護師としての機能的に限定された職業上の責任（具体的には主に相手の生命の維持）にはとどまらないものである[13]。このとき、機能的に限定された責任を果たすのは、男性の生命を維持するために断酒させることが困難だったことからすれば、実質的に不可能であった。黒田さんはその上でさらに出来ることはないかと探ったのであり、その意味では、少なくともこの時点で当人の主観において、この〈責任〉は、なにをどうすれば担えるものなのか、あらかじめ定かではないものとして立ち現れていた[14]。

　そうしたなかで、黒田さんは、男性に対する働きかけを大きく変えた。具体的にはまず、「飲まないでよ」というのをやめた。その上で「お酒おいしいの」と聞いたという。そうすると相手は「そりゃおいしいわいな」と答

えた。これがその男性との会話の糸口になった。そして、「お酒飲みながら何かおつまみはされてるの」と聞き、「おつまみはめんどうくさくてせえへん」と答えられると、「でも肝臓や胃袋が欲しがってるんとちゃうかな、一緒に作ろうか」と誘ったという。飲酒を禁止するのではなく、飲むこと自体は前提として、その上でせめて肝臓への影響を考えて少しは栄養のある食事をするよう促したのである。こうしたことから黒田さんとこの男性のかかわりは始まった[15]。

つまり、まずはその人の話を聴いたのである。これは黒田さんが、男性が断酒するか／しないかという平面から、断酒するかもしれないし、しないかもしれないという平面へとあえて目を移したことを示している。これは単に断酒へのこだわりを捨てたというだけではない。体調を悪化させるか／させないか、という平面から、体調が悪化するかもしれないし、しないかもしれないという平面への移行でもあった。話を聴いたところで男性は、断酒せずますます体調を悪化させてしまうかもしれなかった。その意味では、確実に男性を助けられるとは限らない。だが、話を聴くのであれば、せめて体調を改善する道が見つかるかもしれないし、ひいては断酒する道も見つかるかもしれない。「飲まないでよ」と繰り返すだけであれば、結局男性は飲酒を続けたであろう。それに対して、断酒しないかもしれない（体調が改善されないかもしれない）という可能性は残されるにしても、少しでも男性の体調を改善する方法を探ったのである。

そしてこのように別様な働きかけを生むことで、男性の「生」の固有性を尊重することが可能になった。固有であるということは、なにが望ましいことなのかは一様ではないことを前提として初めて尊重されうるものである。男性の例でいえば、飲酒を辞めるのが望ましいかもしれないし、そうではないかもしれない、ということを前提にしたときに初めて、飲まずにはいられないという彼の固有性を尊重することが可能になる。体調を悪化させないことが望ましいかもしれないし、そうではないかもしれない、ということを前提にして初めて、体調が悪化してでも飲むしかなかった彼の固有性を尊重できるのである。その固有性を尊重することで、「おつまみ」を作るという、そのなかで少しでも体調を改善する道を見出すこともまた、

可能になる。

　こうした壁の意味と向き合い方についての〈問い直し〉は、ボランティアの目的の〈問い直し〉とも不可分であった。前節で黒田さんの「人としてのいのちを重んじる」という言葉を挙げ、その内容が生命を維持させることというより「生」を支えることへ重点を移されていったと述べた。ここでも同様に、男性の生命の維持よりもその「生」全体を支えることに重点が移されている。ただし、危機的状況を避けるための断酒という、一般的に考えれば望ましいことを拒絶するというこの男性に対して、それでも「見捨て」ずに〈責任〉を引き受けようとしたとき、「人としてのいのち」は一般化された意味でのそれではなくなっている。あくまでも「その人」の「人としてのいのち」を「重んじる」こと、「その人」の「生」を支えることが重視された。いわば、「人としてのいのち」のなかにその人の固有性が含みこまれるようになり、「人としてのいのちを重んじる」ことはその人の固有性を重視することを含むと捉えられるようになったのである。

　後に、こうした固有性の重視は、ボランティア活動の「原点」と捉えられるようになった。黒田さんは、ボランティアによる支援活動を「その人らしさがあってはじめてやること」であり、それがすべての「原点」であると述べている（1998/03）。

　今から振り返るなら、このときボランティアたちは、前節で述べたような自らの〈問い直し〉の過程を、壁にぶつかったが故に致し方なかったというだけでなく、それ自体がむしろ大きな意義を有するものだと捉え返すようになったのではないか。ボランティアは〈扉〉をこじ開ける制度的手段を持たないが故に、住民自身によって〈扉〉を開けて「もらい」続けなくてはならず、話を聴くことになった。だがもし〈扉〉をこじ開けることができたら、ボランティアの考える望ましさを押しつけてしまうだけになったかもしれない。それに対して、話を聴くということから始め、一緒に「おつまみ」を作れば、ただ押しつけるのではなく、体調が悪化し続けるのを避けることができる。このように「その人らしさ」（＝固有性）に合わせていくことには、ただ〈扉〉をこじ開けることとは異なる意義があるのではないか。そう〈問い直さ〉れたが故に、「その人らしさがあってはじめてやる

こと」が「原点」として導き出されたのである。

その後の活動まで視野に入れると、この「原点」は以後の支援ネットの歩みを確かに規定していったように見える。だが、この「原点」は不動の準拠点であったというより、むしろ支援ネットの活動のなかから、繰り返し再発見されていくものであった[16]。そしておそらく、後に改めて論じるように、実はそうであることで初めて、真にボランティアの「原点」となりえたのではないかと思われる。

5 「生活している人間がいる」「人間が生活している」
――生活の発見

これまで述べてきたように、支援ネットは、仮設住民に対して、まずは「その人」の話を聴くところから始めた。その過程で住民が訴えた問題はさまざまだったが、当初多かったのは、仮設住宅の環境の不備にかかわる問題であった。たとえば棟番号が高い位置に小さい文字で記されているため、高齢者は自分の棟がわからなくなってしまうことも多く、広大な敷地内で迷う人もいた。そこでボランティアたちは棟番号の張替えを行った。また、住宅内の環境で隙間からの音や光に悩まされる人が多く、ボランティアはガムテープで目張りをするなどを行った。ときにはバリアフリーを考えた住宅改装まで行ったという。

そうした過程で、ボランティアたちは仮設住民のそれぞれの住宅に、住民自身に招き入れられるという機会を得ていくことになる。住民に〈扉〉を開いてもらい、その住宅に入るという過程は、住民の生活について具体的に知っていくという過程でもあった。たとえば、ドアをノックしたときの開け方に既にその人の身体的・精神的な状態が表れている。またなかに入れば、台所やゴミ箱が見える。きれい好きではない人の台所がほとんど汚れていないとすれば、それは台所を使っていないということであり、食生活が荒れている可能性が高い。ゴミ箱に捨てられているゴミによっても食生活が推し量られる。こうして、住宅に招き入れられることによって、ボランティアは住民の生活全体を自然と知らされていった。

そして、仮設住宅入居者のなかには、経済的に困難な状況にある人が多

かった。年収300万円を切る世帯が7割以上を占め、年収100万円未満世帯は約3割にのぼると言われていた。第7仮設住宅でも、明確な数値は明らかではないが、西区社会福祉事務所によると1995年11月1日時点で全体の約1割が生活保護受給世帯であったという（『ひろば』第10号, 4）。仮設住宅は低収入の人々のために開設されたわけではないが、結果的には経済的に困難な状況にある人々が多く住む場となっていたのである。

　ボランティアたちは徐々に住民の住宅に招き入れられるようになるなか、経済的に困難な状況におかれた人々の生活を知っていった。黒田さんはある男性の例を挙げている。その男性は65歳で、震災前までは日雇い労働者であった。出勤すれば収入も得られるだろうが、仮設住宅ではなかなか出勤もままならないなか、少しの白米に加えるものは、朝は塩、昼は醬油、夜は味噌という生活だった。夜は電気代の節約のために、7時のNHKニュースを見ることで代わりとしており、テレビをつけるのはそのときだけだったという。

　このような生活を知ることはまずは、支援ネットのボランティアの多くが、経済的に必ずしも困難な状況にはなかった人たちであったことを考えれば、それ自体がボランティアには衝撃であったろう。黒田さんは「貧富の差がこんなにあるとは知らなかった」と、自身の受けた衝撃について語っている。

　だが、このときボランティアたちが知ったのは、単なる「貧富の差」ではなかった。むしろ、経済的な諸条件がどれだけその人の生活に大きな影響を与えるかということであり、具体的な生活の諸側面がその人の「生」全体において有する意味の大きさであった。黒田さんはこの男性の例を挙げるときに、「専門職として成熟した」と述べている。それまでの黒田さんであれば、男性が体調を崩したなら、病院に連れて行って治療を受けさせたろうが、そうではなく生活そのものを整えなければならない、生活とその人の体調とが密接にかかわっており、体調だけを見ていればいいわけではないのだということを知ったというのである。

　黒田さんは、「生活している人間がいる」という視点の重要性を訴える。ここに込められている意味は、ある人が具体的な生活に基づいてその「生」

を生きているということである。たとえば上述した男性は、その生活と身体的側面とが密接にかかわっており、それらが渾然一体となって彼の「生」を形作っている。前節で、「人としてのいのち」が住民の固有の「生」に重点を置いて捉えられるようになっていたと述べたが、このときその具体的なあり方としての生活、そしてそこでの具体的な課題――多くの場合には経済状況――が発見されたのである[17]。

　では、生活上の問題を知った上では、どのような支援がありうるか。「生」を支えるためには基盤となる生活を支えなくてはならない。ならば住民の経済状況を改善しなくてはならないことになるが、ボランティアには、住民の経済状況を直接に改善することは出来ない。いかに男性の状況が危機的なものであり、ボランティアがその男性に対して〈責任〉を担おうとしても、経済状況を直接に改善することはボランティアには不可能であった。

　といっても、経済的に困難であるなら、生活保護を受けるという制度的な支援の手段がある。ボランティアは、自身が担えない〈責任〉を実質的に果たす先として、行政機関における生活保護という制度的手段を見出し、それに託そうとした。実際、黒田さんは上述した男性に、生活保護を受けてはどうかと勧めている。

　しかし、そこにいたのはいわゆる「貧困者」ではなく、住民であり、一人の固有な人間であった。その男性は、「65歳までになってそのような保護を受けるのはもってのほかや」と怒りをぶつけてきたという。このとき、黒田さんは、一般論としての「貧困者」に対応した制度的手段だけでは、その男性の固有な「生」を支えるものとはならないことを、男性自身によって知らされたといえよう。生活上の問題を知り具体的に制度的支援を活用しようとしたとき、その人が固有の「生」を生きる人であることが改めて発見されたのである。

　黒田さんは、「生活している人間がいる」ことを強調すると同時に、「人間が生活している」という視点も強調している。これは、生活上の問題を把握し支援を行うときには、前節で述べたような「生」の固有性が改めて浮かび上がることを示したものである。人の「生」が具体的な生活のなかで営まれるものであることは確かだが、その生活を生きるのは、それぞれ

固有の「その人」である。その固有性に応じた支援でなければ、「もってのほか」でしかない。このことは前節で述べた過程で既に発見されていたことではあったのだが、生活上の問題を認識した上で支援を行おうとしたときに、再発見されたことでもあった[18]。

だが、放置しておけば、男性の生活は困難になる一方である。そこでボランティアは、行政の担当者と連絡をとり、周辺を巡回してみてもらうように働きかけた。いわば、生活保護を受ける／受けないという平面から、受けるかもしれないし、受けないかもしれないという平面へと目を移したのである。そうすることで、男性の生活を少しでも改善する道を探ることが可能になった。確かに生活保護をすぐ受けさせることにはならないが、担当者と男性とが知り合う機会を作ることで、「保護を受ける」ことは、必ずしも「もってのほか」ではなくなるかもしれない。生活保護をすぐに受けさせなければならないという前提を捨て、受けるかもしれないし、受けないかもしれないという前提に立つことによって、ではどのような形であれば受けるのかを問う余地が生まれる。確かに最終的に生活保護を受けず生活はさらに困難になっていくかもしれないが、少なくとも保護を受けてくれる方法を探ることは可能になる。このような別様の働きかけを生むことによって、「もってのほか」だという住民の固有性を生かしつつ、制度的手段を活用する可能性を生むことができたのである。

こうしたことからボランティアは、福祉機関や医療機関、あるいは行政機関などとの連携を課題の一つとしていった。具体的には、行政や既存の福祉機関・医療機関への情報の提供と、それらとの個別の交渉である。黒田さんはたびたび生活保護担当者との交渉を手伝っており、また病院に通う住民に対してさまざまな配慮を行うよう、医療機関に連絡を入れたこともある。特に保健所とは頻繁に連絡を取り、定期的にミーティングも開いている。これらのインフォーマルな働きかけは、制度的手段がしばしば被災者の固有性に即応していないなかで、大きな意義を有していたと思われる。

このようにボランティアは、それまでとは別様な働きかけを生み出すことで、被災者が制度的手段を活用できる道を、その人の固有性に応じて、そのつど模索していくようになった。これは後にボランティアが自ら見出

す役割の一つへと結実していく。

6 「場づくりが人づくりになる」──〈強さ〉の生成

　ここで、支援ネットが行ったもう一つの活動に目を向けよう。それは、仮設住宅の住民の間に、相互に知り合う機会を作っていくというものだった。

　そもそも、仮設住宅における住民同士の人間関係は当初どのようなものだったのか。仮設住宅への入居に際しては、高齢者や障害者を優先的に入居させるという配慮がなされていたが、具体的な入居先については抽選によって決められていた。これは行政が、住民を一律平等に扱うという平等原理に基づいていたためである。だがその結果、仮設住宅への入居に際して、住民たちはもともとの居住地域とは切り離されてしまった。避難所であれば同じ地域に暮らす人々の集まりであり、昔からの知り合いも多数含まれていたが、仮設住宅では相互にまったく知らない人々がいきなり集められたのである。

　そのため、仮設住宅での生活が始まった当初は、黒田さんの表現を用いれば、隣の住民を「カーテンの横からにらむ」ようなことも多々見られた。知り合いがいなければ、「元住んでいた町では散歩もしていたが、仮設住宅に移ってほとんど外に出ることがなくなった」（神戸新聞夕刊，1995/07/26）といったことが生じる。以前住んでいた町であれば老人会に参加したり、商店街に買い物に行ったり、銭湯で仲間と話に花を咲かせていた女性が、「こっちに来たら、暇が多くていろいろ考えて眠られへん」と述べている（神戸新聞夕刊，1995/07/27）。

　そうした関係性を変化させることが課題の一つとして挙げられたわけだが、それはたとえば「ふれあい喫茶」を開けばいいというものではなかった。仮設住宅住民の手記や言葉のなかには、住民の間にさまざまなコンフリクトが存在していたことが示されている（阪神大震災「仮設」支援NGO連絡会編，1998；118-47）。ボランティアたちにとっても、コンフリクトの存在は明らかであったろう。住民と住民が知り合うということは、コンフリクトを多々生むということでもある。その意味では、知り合う機会を作るという試み

は、住民の「生」の固有性を改めて認識させるものであった。

　そのため支援ネットは、単に「ふれあい喫茶」を開くだけでなく、住民の個性に合わせた働きかけを行った。たとえば「ふれあい喫茶」に来ても一人ぽつんと座っている人がいれば、他に一人でいる人に紹介し、趣味が合うと思われる人に紹介することもあった。また、「旧友探し」と呼ばれたが、広い仮設住宅のなかにはもともとの知り合いが住んでいてもお互いに知らないこともあり、それらの知り合いを探し出し引き合わせることが試みられた。

　そうしたなか、支援ネットの試みによる変化は徐々に現れ、ボランティアの意図を超えて思わぬ結果を招いた。黒田さんの挙げる例の一つが各棟のプランターを用いての花作りである。ソニー生命ボランティア有志の会によって、プランターと花が用意された。花を通じて住民の間に「このお花きれいね」「このお花何て言うんだろうね」という会話が始まり、徐々に被災時の経験についてもお互いに話をしていくようになった。さらに、毎日午前10時に花に水やりをすることにし、それぞれが水を持って集まるようになった。そこから、お互いの顔を見て、挨拶を交わすようになっていった。

　ある日、一人の住民が来ていないことに、別の住民が気づいた。さらに他の住民からも「そうだ」という声があがり、一人がその住民の家を訪ねに行った。そうしたところ、その住民が体調を崩しているのが発見された。ボランティアに急遽連絡があり、その住民はかろうじて危機を脱することが出来たという。

　ここには、住民同士が結びつくことによって、ボランティアだけでは不可能だった「孤独死」の防止が、確かに可能になっていったことが示されている。他の住民が訪ねなければ、その住民は「孤独死」に至っていたかもしれない。住民が別の住民の「孤独死」を確かに防止したのである。

　これはボランティアにとって大きな発見であった。黒田さんはこれらの経験から、「人と人のかかわりで何かが生まれることが確かにある」と述べ、「場づくりが人づくりになる」とも表現している。ここでいわれる「人づくり」は、住民が相互に知り合っていくことによって、住民が他の住民を支える上で〈強い〉支援者となることを指している。そしてその支援者とし

て有する〈強さ〉は、支援ネットが当初目的として掲げつつも防げなかった「孤独死」を、確かに防いでみせたという意味では、ボランティアを超えていた。

　支援ネットのあるボランティアは、次のように述べている。

　　と、同時にこうした状況の中にあっても、人は明日へ向かって生きようとしているのだということも知らされていった。(中略)
　　そうか。人が生きる為に最も大切なものとは、支え合い助け合って生きるという人と人との関係なのだ。(中略)お訪ねした仮設住宅。そこでも人々は、支え合い励まし合い助け合って生きていた。
　　"ごはん食べたん。あかんなぁ。食べな、あかんね。そやっ、もうじきお正月も来るしな。""うん、そやな。お正月が来るな。"(『ひろば』21号, 5)

　ボランティアは仮設住宅の活動のなかから、人々が「支え合い励まし合い助け合って」いくことが有する力を繰り返し知らされていった。それ故、住民同士の結びつきは「人が生きる為に最も大切なもの」と捉え返された。いわば、「人としてのいのちを重んじる」上で、「支え合い励まし合い助け合う」関係が持つ力を発見したのである[19]。

　ここでいう〈強さ〉とは、ある特定の人が、ある特定の人に対して支援者として有する力である。その支援者としての〈強さ〉は、一面では、その人が相手に対して示す配慮や気遣いの幅や深さ、細やかさによって生み出される。住民の生活は日常のこまごまとした細部から成り立っている。その生活の細やかな細部に至るまでの配慮と深く幅広い気遣いにおいては、人数と時間が限られるボランティアがいかに努力してもどうしても限界がある。だが、特定の人と特定の人との間に生まれた結びつきは、一方が他方に向ける配慮と気遣いの幅や深さ、細やかさを、ボランティアのそれを超えたものにした。それが、ある朝に出てこなかったというわずかな事実に気づかせ、様子を見に行かせたのであり、「ごはん食べたん」という気遣いを生む。こうした配慮や気遣いの幅や深さ、細やかさがあることで、ボランティアにも出来なかった「孤独死」の防止が可能になったのである。

もう一面では、相手がその支援者の配慮や気遣いを受け容れるということから生み出される。同じような励ましの言葉、同じような声掛けであっても、それをいう人が自分にとってどのような人であるかによって、受け手にとって持つ意味は異なってくる。「ごはん食べたん」という気遣いに応え、「もうじきお正月も来るしな」という言葉に「うん、そやな。お正月が来るな」と励まされるのは、それを発する人がその人にとって、そのような意味を持つ人であったためである。

そのため、ここでいう〈強さ〉とは単独者としての「強さ」ではない。仮設住民は、その多くが「災害弱者」であったという意味では、単独者として見たときにはむしろ「弱い」かもしれない。だが、人と人とが結びつくことによって、その結びついた相手にとっては〈強い〉支援者となった。それはあの人にとってこの人が支援者として有する〈強さ〉であり、この人が支援者としてすべての人に対して有するものではないが、あの人にとっては確かにかけがえのない〈強さ〉を発揮するのである。

別の角度から見れば、このとき、ボランティアたちは「孤独死」の意味を改めて理解したともいえるのではないか。「孤独死」の背景にあったのは、単なる身体的状況の悪化や経済的困難ではなく、単に訪ねる人がいなかったということでもなかった（現にボランティアは安否確認を行っていたのである）。「孤独死」した人々の周囲にもたくさんの人間はいた。だが、それらの人間が、「支えあい励ましあい助けあう」人ではない限り、住民は〈扉〉を開けない。「孤独死」が意味しているのは、その人に自ら〈扉〉を開けたくなるような人が訪ねてこなかった、ということなのである。

ただし、ここで注意しておきたいのは、〈強さ〉が生まれるのは固有の人と人との結びつきによるのであって、ボランティアがどの住民にも結びつく相手を見つけ出せるとは限らない、ということである。先に述べたように、住民同士が知り合うことでコンフリクトも多々生じており、結びつけようとする試みが常に成功していたわけではない。また、ボランティアが住民にとって「支えあい励ましあい助けあう」人になれるとは限らない。もちろん、ボランティアが住民にとってそうした人として立ち現れたケースも多々見られるのだが[20]、ボランティアも固有の人であり、すべての住

民に対してそうした人として立ち現れるわけではない。

　しかし、ボランティアにも、「場づくり」をすることによって、被災者の間に〈強さ〉が生み出される可能性を拡大することはできる。「場づくり」は「人づくり」そのものではないが、「人づくり」に「なる」ことは可能である。住民のなかには、高齢者や障害者であるために外出も困難であり、他の住民と結びついていくのが難しい人もいる。そうした人々に対して「ふれあい喫茶」などの「場」を提供することは、ボランティアにも可能である。ボランティアが直接には「支え合い励まし合い助け合う」人になれない場合であっても、せめてそうした人に出会える機会を提供することは可能なのである。

　だからこそ、ボランティアは「場づくり」にさらに力を入れていった。先述した通り、「場づくり」はいつでも〈強さ〉を生んだわけではなく、「場づくりが人づくりになる」という表現には、「場づくり」が「人づくり」にならないかもしれないという意味が込められている。おそらくこれを意識していることが、あの人とこの人なら合うかもしれないという個別の試みや工夫を可能にした。うまくいかないこともあると意識されているが故に、ただ単に「ふれあい喫茶」という大きな「場」を設けるだけでなく、住民それぞれについてそのつど別様に「場」を「つくり」出そうと試みられたのである。

　別のいい方をすれば、ボランティアはここで、「孤独死」の防止という当初の目的を達成する手法を獲得したともいえるだろう。先述した通り、〈扉〉を開けられないという限界に直面したボランティアは、「人としてのいのちを重んじる」の具体的な内容を、生命の維持というよりも、その「生」を支えること、それも「生」が根ざす具体的な生活と、それを生きる「人」の固有性を尊重して支えることに重点を移した。そして具体的な生活のなかで固有の「人と人とのかかわり」が、被災者のなかに〈強い〉支援者を生み出すことを発見した。そうした〈強い〉支援者は実際に住民の「孤独死」を防ぎ、その生命を維持した。そして、〈強い〉支援者をボランティアが直接生み出すことができずとも、「場づくり」によってその可能性を高めることが可能だということも発見した。このように、一旦は傍らに置かれた生命

の維持という課題が、実は「生」を支えようとする活動のなかから達成されることが、明らかになったのである。

「孤独死」に直面した黒田さんが、「なんのための、ボランティアなんだ」と活動の意義を見失ったことは先述した。ボランティアは、正にその意義（「何のため」）を作り出したのである。このことが、ボランティアが自らの役割を見出し、その活動の目標を定立していく上で、重要な指針となっていった。

7　被災者の「自立」／ボランティアの「自立」

こうしたボランティアと被災者とのかかわりは、支援ネットワークを初めとしたボランティア独特の「自立」概念を生んでいった。ここでは特に支援ネットに即して、ボランティアの考える「自立」の内実について考察したい。

当時、日本の多くのマスコミ等が、「被災地の自立」が必要だと述べていた。そこでいわれる自立の内実は、助けや支援を必要としないという意味での自助的な自立であった。仮設住民に対して支援活動を続ける人々には、「被災者の自立を阻害している」という言葉すら投げかけられる状況であった。だが、仮設住民の多くが上述のように経済的に困難な状況にあり、仮設住宅から移転したくともできないことは、ボランティアにもわかっていたことであった。仮設住宅の住民の多くには、自助的な自立を期待することは難しかったのである。そのためボランティアは、自助的な自立という意味での「自立」という言葉は用いない。

だが、「自立」という言葉は使用されており、ボランティア活動の目標は住民の「自立」にあるといわれていた。上述のような問題がありながら「自立」という言葉が用いられた背景にあったのは、仮設住宅という場の特性である。仮設住宅は、「終（つい）の棲家」ではない。住民の経済的・社会的背景や恒久住宅の抽選結果などによって、いつ出るかはそれぞれに異なるにしても、数年以上住む場所ではないことはあらかじめわかっていた。最終的には4年3ヶ月継続したが、当初は使用期間を原則として2年間にするといわれていた。住民はいつか仮設住宅を出て行き、ボランティアがい

つまでも今と同じような支援を行えるわけではない。

　つまり、仮設住宅でのボランティア活動で意識される「自立」は、時間的・物理的な具体性を有した切実な課題だったのである。いい換えれば、「自立」は最終的な目標ではあるにしても、それを達成すれば支援を行わなくてもよいという意味ではなかった。むしろ支援が十分に行えなくなることがあらかじめ前提となっており、その地点に向けて、少しでも達成していくべき目標としての「自立」だったのである[21]。

　ボランティアにとって、時間的・物理的な限界が切実な課題となったのは、ボランティアが住民の「人としてのいのちを重んじ」ようとし、一人ひとりに対する〈責任〉を担おうとしていたからである。その〈責任〉は、当初はボランティアが自ら引き受けるという側面が強かったと思われるが、仮設住宅での活動が続けられるなかで、ボランティアが被災者自身から直接に活動の継続を求められることも出てくるようになった。黒田さんは個人的に一旦活動から抜けようとしたことがあるが、そのときにある住民から「辞めてしまうんか」と涙を流されたことが、活動の継続を決断させたという。ボランティアにとって、住民の「人としてのいのち」への〈責任〉は、字義通り住民に対する〈応答＝責任〉として結実してきていた。そのためボランティアは、仮設住宅の間だけでなく、それ以後にその住民たちがどのような「生」を生きていくのかということも意識せざるを得なかった。

　しかし、住民たちの「生」に対する〈責任〉を引き受けるといっても、どうしても時間的・物理的限界は訪れるため、その〈責任〉をボランティアがそのまま担えるわけではない。こうした現状を踏まえたとき、どこにどのようにその〈責任〉を託していくのか、ボランティアはそれを探らなくてはならなかった。これが「自立」という言葉が打ち出された背景にある。

　支援ネットによる「自立」の具体的な定義は、「住民がお互いをお互いで支えあうこと」である。こうした表現の背景にあるのは、前節で述べたように、住民が〈強い〉支援者となりうることを知っていたことである。

　固有の人と人とが結びついたとき、住民は、他の住民に対して、行政やボランティアにも成し遂げられないようなことが出来る〈強い〉支援者と

して立ち現れる。行政やボランティアに可能なそれをはるかに超えて、幅広く深く、そして細やかに他の住民の生活を気遣うことが出来る。そして結びついた相手も、その「人」の気遣いだからそれを受け容れ、支えられ励まされる。そうすることで、確かに「孤独死」が起きる可能性を減らすことが出来る。その支援者としての〈強さ〉は他に代えがたいものであった。

そう認識したからこそ、支援ネットは「自立」を「住民がお互いをお互いで支えあうこと」と定義した。単独者としての「強さ」（＝自助的自立）を求めることは困難であったとしても、固有な人と人とのつながりのなかから生まれる〈強さ〉を生み出すことは可能である。そのような意味での〈強い〉支援者たちが住民の間に生み出されれば、住民の「生」に対する〈応答＝責任〉をその人々に託すことが可能になる。

このように支援ネットの「自立」は、仮設住宅以後を見据えて、支援として最も大きな力を持つのはなにかを見据えた上でなされた定義である[22]。住民への〈応答＝責任〉を果たすための現実的な方途を探ったものであり、ボランティアはその〈責任〉を担う主体を住民自身のなかにも見出したのである。

そしてこれは、ボランティアの「自立」と不可分であった。ボランティアの「自立」とは、自らに出来ることに限りがあるという厳しい現実認識を踏まえた上で住民に働きかけることとして位置づけられていた。

ボランティアの限界とは、具体的には次の二点である。第一に、ボランティアだけでなく、行政などの制度的手段の活用が必要になる。生活を整えることが不可欠で、ボランティアが個々人の生活費を丸ごと提供できるわけではない以上、制度的手段を活用せざるを得ない。第二に、「支えあい励ましあい助けあう」関係は、ボランティアも一端を担うことができるが、固有な人と人との結びつき故に、ボランティアがいつでも作り出せるとは限らない。

逆にいえば、自らの限界を見据えることで、ボランティアは自らの可能性も見出していった。第一に、行政などの制度的手段が「生」の固有性に即応したものとなっていないのであれば、行政との連携をとり、情報を提供し交渉することによって、住民の「生」を支えることが可能になる。第

二に、固有な人と人との結びつきによる〈強さ〉をボランティアが直接的に作り出すことが出来るとは限らないが、少なくとも「場づくり」をすることによって間接的にそれが生まれる可能性を高めることはできる。

　被災者と自らの限界を見据えることによって、被災者の可能性を引き出すと同時に、自らの可能性も引き出す、それがボランティアの「自立」に込められた意味であった[23]。

8 「取り残されていく」人々──〈被害の重層化〉

　一方で、震災から時間が経つにつれて、仮設住宅には新たな問題が浮上してきた。第一に、神戸全体が復旧を進めていくなかで、「取り残されていく」人々が生まれてきたことである。仮設住宅から多くの被災者が転出していくなか、1999年11月末時点では、第7仮設住宅の住民は161世帯、221人となった。そうしたなかで残されていくのは、主に経済的に困難な状況にある人々であった。自力で家を再建したり、新たに住む場所を獲得したりしていける人々は、次々に仮設住宅から出て行く。だが、経済的に困難な状況にある人々はなかなか行く場所を見つけることができない。仮設住民の多くは古く賃料の安い集合住宅に居住していたが、それが倒壊した後、新たに建て直された建物は家賃が高額になっており、なかなか賃料を支払うことができない。賃料が安く設定された公営住宅も建設されたが、抽選で決められるため、何度申し込んでも、抽選ではずれてしまえば行く場所がないままである。

　このなかには、高齢者や障害者が多く含まれていた。もともと、高齢者や障害者のなかには経済的に困難な状況にある人が多く、また状況が劇的に改善することはなかなか望めない。1998年3月時点で、第7仮設住宅住民のうち65歳以上の高齢者は、全体の8割を占めるようになった[24]。

　第二に、同じ住民においても、事態が悪化する人々が多く出てきたことである。第7仮設住宅でいえば、当初認知症の住民は3人にとどまっていたが、3年後には8倍になり、前駆症状の人を含めると10倍に達したという。また、中高年男性のアルコール依存症が徐々に大きな問題となってきていた。

そして、第一の点と第二の点は不可分であった。認知症やアルコール依存症の要因を震災や避難生活、あるいは「取り残されていく」ことだけに求められるわけではないが、仮設住宅という環境にいつまでも「取り残されて」いったことがその背景にかかわっていたことも否定できない、とボランティアたちは捉えている。

　これらに示されているのは、被害というものが時間の経過に伴って持つ性格である。通常、被害は、たとえば被災した時点こそが最も重く、その後は徐々に改善されていくものだと思われがちである。だが、阪神・淡路大震災での経験は、特に「取り残されていく」人々にとっては、被害というものが時間の経過に伴って進行していくものでもあることを示している。これらの人々が「取り残されていく」過程を、ここでは〈被害の重層化〉と呼ぶことにしたい。

　もちろん、この過程を、日常性の復帰であったと捉えることも可能である。高齢者や障害者、経済的に困難な状況にある人々は、日常社会における社会的「弱者」でもある。震災時に一時的に出現したフラットな関係性から、徐々に日常の社会的格差が立ち戻ってきたのだともいえる。それだけであれば、〈被害の重層化〉と表現する必要はなく、日常社会の縮図が仮設住宅でも現れたというべきであろう。

　しかし、「取り残されていく」過程は、単なる日常性の復帰にはとどまらない意味を持っていたと思われる。まず踏まえなくてはならないのは、日常性の復帰のように見えたとしても、復旧に際して生じる格差は、一つの局面で生じるというより、その人固有の過程を経て徐々に生じるものであったということである。たとえば高齢で収入が少なく、身よりもないために、出て行く先が見つからないという人がいる。あるいは病院が遠いために身体が良くならないことから、仕事が見つからない人もいる。震災をきっかけに家族関係が崩壊し、アルコールに依存するようになったため、仕事も失ってしまった人もいる。その過程は決して単線的なものではなく、人によってそれぞれ異なる形で、徐々に進行していくものだった。「取り残されていく」人々を、高齢者・障害者や経済的に困難な状況にある人々であったと総括することは可能だが、それぞれの人はそれぞれに固有の過

程を経て格差の拡大を経験していったのである。

　そしてこの過程を経験することは、当事者にとって過酷な意味を持っていたと思われる[25]。被災者は震災時に多くのものを失い、一旦は「絶望」に落とされている。そこから、被災者同士あるいはボランティアとの間で、「希望を持ちましょうよ」といいあいながら、もう一度立ち上がり、復旧や復興に携わろうとした（似田貝，1998；128-129）。にもかかわらず、他の人々がもとの生活に戻っていくのを見ながら、仮設住宅に「取り残される」ことは、なんのために一度は「絶望」から「希望」へ立ち上がったのか、その意義すら見失われるような経験であったろう。

　先述したように、個々人の状況が悪化していく背景にはこのことも深くかかわっていたと思われる。たとえば、ある仮設住宅の住民は次のように述べている。

　　　わし、どう考えても、なんでここにいるのかわからん。地獄のような毎日に酒を飲む以外なかったんや。けど、飲んでも心の痛手はいっこうに癒されへんかった。地震にしろなんにしろ、やっぱり力のない者は遅かれ早かれ助からん運命や。わしらは手からこぼれる一粒の砂やなぁ。一度落ちたら二度と拾いあげてもらわれへん。（額田，1999；8）

　その意味で、「取り残されていく」過程は、単に日常性が復帰したにとどまらない意味を当事者にとって持っていた。このような当事者にとって持つ意味を重視して、ここでは〈被害の重層化〉という表現を用いることにする。〈被害の重層化〉とは、客観的な条件としては、いくつかの条件や事情からその人固有の形で、少しずつ状況が悪化していく過程である。そして、当事者の主観にとってみれば、「手からこぼれる一粒の砂」は「二度と拾いあげて」はもらえないという、一旦は抱いた「希望」すら見失うような経験であった。これらの意味を込めて、〈被害の重層化〉と呼ぶことにしたい。

　そして、仮設住宅で徐々に生じてきた第三の問題は、一旦結びついた人々が改めてバラバラに切り離されていくということだった。「取り残されて

いく」人々にとって、その他の住民が徐々に仮設住宅を後にしていくことは、せっかく作られた結びつきが壊されていくことを意味していた。ある住民は「隣の人が引っ越ししてしまってさびしいねん。人がおったときはあったかかったけど、今は寒い。隣に人がおるだけでどれだけあったかかったか」と述べている（阪神・淡路大震災「仮設」支援NGO連絡会編, 1998；65）。

　それは仮設住宅から出ていく人々にとっても同じことだった。仮設住宅を先に出る人々は、残される人々のことを思い、「隠れるように」出ていくことも多かった。そして恒久住宅という居住環境が大きく改善された場に移っても、その先には知り合いがいなかった。仮設住宅から恒久住宅へ移転する際には、それぞれの希望と抽選によって場所が決まっていった。これもまた行政がその平等原理に基づいたためだったが、これによって住民はまたバラバラになってしまい、一旦は仮設住宅で作られた結びつきが壊されてしまったのである。

　このことは、高齢者や障害者、経済的に困難な状況にある人々にとっては特に深刻なことであった。若く健康で経済的に豊かな人々であれば、同じ恒久住宅に知り合いがいなくても、遠方にいる知り合いに会いに行けばいい。だが、高齢者や障害者、経済的に困難な状況にある人々にとっては、遠方への移動は大きな負担であり、同じ恒久住宅に知り合いがいなければ家に一人で閉じこもるしかなくなるのである。そのため、既に恒久住宅に当選し移転した高齢者のなかには、「仮設に帰りたい」と涙声で電話をしてくる人もおり、また「仮設で死にたい。知らない場所に二度と行きたくない」と述べる仮設住民もいたという（『ひろば』第23号，2）。さらに、恒久住宅のなかで事態が悪化していく人々が増えてきた。認知症が悪化したり、アルコール依存症の人が再飲するようになったり、「孤独死」という問題が恒久住宅においても徐々に生じてきた。

　つまり、一旦は可能になったと思われた「自立」が改めて破壊されていったのである。特に仮設住宅から出ていく人々において「自立」が破壊されたということは、ボランティアにとっても過酷な意味を持っていた。ボランティアの一人は、「抽選が生む無残な結果をつぶさに見届けるのは、ボランティアにとっても耐え難い苦しみとなるでしょう」と述べている（『ひ

ろば』第18号, 1)。

　もともと「自立」という目標は、仮設住宅以後を見据えて打ち立てられたものだったが、恒久住宅の移転で「自立」が破壊されるということは、仮設住宅以後に向けて新たに目標を設定しなおさなくてはならないことを意味していた。そして、特に「自立」の破壊が深刻な意味を持っていたのは、〈被害の重層化〉を経験している人々であった。それらの人々においては、「自立」の破壊はさらに〈被害の重層化〉を進展させ、生命の危機にかかわる問題が再浮上してきた。これらの人々に応じた活動の再編が必要になっていたのである。

　にもかかわらず、恒久住宅へのバラバラの移転は、ボランティアとしての活動が大きく変質することも示唆していた。仮設住宅での生活においては、ボランティアが24時間住み込み、同じ住宅の住民に対して同時にかかわり、相互に知り合う機会を作り、なにかあれば駆けつけることも可能である。だが、その後の恒久住宅では、仮設住宅のように集合的な支援活動はほぼ不可能である。

　ボランティアは、改めて壁に直面していた。〈被害の重層化〉と「自立」の破壊という被災者側の状況の変化を前にして、被災者がバラバラに移転し点在するという、恒久住宅のあり方が壁として立ち現れてきたのである。

9　「つなげていく」——固有な転換点への着目

　1999年9月27日、第7仮設住宅最後の住民が仮設を後にした。24時間体制での支援活動は4年3ヶ月続いたことになる。そして支援ネットは、1999年8月より西区樫野台にグループホームとデイサービスを行う「あじさいの家」、西区伊川谷に仕事場とつどいの場として「伊川谷工房・鯰（なまず）屋」を開設、新たな活動を進めていった。

　先に述べた通り、仮設住宅のような集合的活動は不可能になっていた。ボランティアが直接的に元住民を支援することは非常に困難になっていたのである。黒田さんを初めとした支援ネットのボランティアは、活動を停止せざるをえないのではないかという局面に向き合い、自身の活動を〈問い直し〉た。そこで〈問い直さ〉れたのは、自身が被災者の直接の支援者で

なくてはならないのかということだった。被災者に支援する主体は他にもいくつか想定しうるはずである。むしろ、そうした主体を生み出し、〈責任〉をゆだねていくことが必要なのではないか。そう〈問い直さ〉れたのである。

それが、黒田さんの言葉を用いれば、さまざまな意味で人々を「つなげていく」ことであった。黒田さんのいう「つなげていく」の具体的な内容は多岐にわたっているが、次の二つにまとめることができる。

第一に、被災者とその他の支援者とを結びつけていくことである。一つには他のボランティア団体と「つなげていく」ことが挙げられる。姫路など遠距離へ移転する被災者がいれば、姫路で活動するボランティアを探し、適当と思われる人に紹介するといったことも行っている。もう一つには、被災者と既存の医療・福祉機関を結びつけていくことである。たとえば、一人暮らしが困難になった被災者がいれば、その人に適した老人ホームを探し入居を手伝うという。ただし、黒田さんによれば、ただ老人ホームを探せばいいというものではなく、「その人」をよく知るが故に、「その人」に適した老人ホームを探せることが重要なのだという。経済的事情から生活が困難な人は生活保護に「つなげていく」が、これは単に申請を代行するという意味ではなく、たとえばヘルパーを必要とする人であれば、その費用を勘案して認定すべきだと提言していくことを含んでいる。

第二に、被災者同士を結びつけることである。たとえば、恒久住宅へ仮設住宅住民がバラバラに移転していくとき、そのままであれば新たな住宅でそれぞれの住民は誰も知り合いのいないなかで孤独に生活しなくてはならなくなる。それを避けるため、同じ恒久住宅へ移転した人々を結びつけていく試みが多々なされていった。「あじさいの家」「伊川谷工房・鯔屋」はそのための「場」として位置づけられた（後に二つは合併され、「伊川谷工房・あじさいの家」となった）。

実際、黒田さんの挙げる事例では、「つなげていく」ことが重要な意義を持っていた。仮設住宅に遅くまで「取り残されて」いた、90歳代の女性と70歳代の女性を、趣味を同じくしていることから黒田さんが引き合わせた。さらに公営住宅に移転する際にも、行政に働きかけ、同じ公営住宅に住めるように計らった。二人は同じ棟の中に住み、相互に行き来する関係になっ

た。その後、70歳代の女性は認知症となってしまったが、老人ホームに入居するまでの彼女の生活を支え、さらには、黒田さんが多忙のためなかなか実現できなかった、老人ホームへの入居を取り計らったのも、90歳代の女性だったという。結局、70歳代の女性の生活をもっとも支えたのは、その90歳代の女性だったのかもしれない。

　これらの試みは、仮設住宅で行われていたことの延長でもある。第一の点に関して言えば、被災者の「生」がその具体的な生活に根ざしており、またその人固有のものであるという認識に基づいて、仮設住宅の頃からさまざまな公的機関や他のボランティア団体との連携を試みていた。第二の点に関して言えば、仮設住宅で行われていた住民同士を結びつけるという試みを、恒久住宅においても行っている。

　だが、先に述べた通り、被災者は〈被害の重層化〉と「自立」の破壊を経験しており、過程を経るにつれて一部の被災者の事態は徐々に悪化していくという状況にあった。そのため、仮設住宅での活動の延長だとはいえ、そこには一定の違いが存在している。

　それは、黒田さんのいう、「つなげていく」ときには「常にテーマがある」、という言葉に表れている。先述した通り、〈被害の重層化〉は過程を経て徐々に、そして人それぞれに進行するものである。その過程には、いくつかの重要な転換点が存在する。そこで必要と思われる支援を行うことは、その人の後の「生」を大きく方向付ける。それが、「テーマ」という言葉の含意の一つであろう。たとえば、転居といった大きな転換点において、転居先に知り合いがいることは、その人が「支え合い励まし合い助け合う」関係を作り出す上で決定的に重要な意味を持つ。上述した90歳代の女性と70歳代の女性の例は、まさに転換点において「つなげていく」ことによって、〈被害の重層化〉を避けようとしたケースだと言えるであろう。その他にも、老人ホームに入居するにしても、どのような老人ホームに入居するかは、その人のその後の「生」において決定的に重要な意味を持つ。また経済的に困難な状況にある人にとっては、生活保護による経済的なバックアップがなされることは、生活が決定的に悪化するのを避ける上で重要であろう。

　別のいい方をすれば〈被害の重層化〉に際して、ボランティアにも出来

ることがある、ということである。確かに特定の人々において被害が〈重層化〉し、いったんは可能になったと思われた「自立」があえなく壊されていくこともある。それでも、「生」の過程における決定的に重要な転換点において支援を行うことで、〈被害の重層化〉のプロセスが進行することや、「自立」が徹底的に破壊されてしまうことを防ぐことは可能である。それが、恒久住宅での「つなげていく」試みだった。ボランティアは被災者の状況の変化に応じて、それまでの延長でありつつ、別様な支援のあり方を生み出したのである。

　そして、こうした「つなげていく」試みは、その人ごと、そのつどになされるものだった。「テーマ」という言葉のもう一つの含意はここにある。被災者の「生」はその人固有のものであり、〈被害の重層化〉の具体的な過程もまた、その人固有のものであった。転換点への支援が必要だといっても、何がその人の「生」における重要な転換点となるかは、人によってさまざまである。そのような固有な転換点を見極め、対応が必要なのである。先述したようにボランティアの「つなげていく」具体的な内容は実にさまざまだが、それは固有な「生」の固有な転換点にそのつど対応しようとしてきたが故である。

　逆にいえば、「つなげていく」ことは、「生」の固有性を改めて発見させた。「つなげていく」ことで思わぬ結果を招くことも多々あったからである。たとえば日常生活支援を必要とする人に、ヘルパーを「つなげた」ところ、ヘルパーとその人との関係がうまくいかなかったこともある。そうしたときには、別のヘルパーを頼むよう派遣先と連絡をとるなど、新たに「つなげていく」ことが必要になる。また、うまく行くかどうか不安を抱えながら紹介した被災者が、相互に強く結びつき、支援者として思わぬ〈強さ〉を生み出すこともある。「つなげていく」ことは、「生」の固有性を踏まえるが故になされることだったが、同時にそれを再発見させるものでもあったのである。

　こうした数々の失敗や成功などの思わぬ結果を孕みながら、支援ネットは、繰り返しその人ごとに、固有な転換点において「つなげて」いった。「つなげていく」という試みもまた、必ずしも常にうまくいったわけではな

い。だがむしろそれが意識されていたがゆえに、この人のこの状況においてはなにが最善かを、そのつど別様に試みることが可能になった。それが、被災者と被災者の置かれた状況の固有性に応じた支援につながったのである。

10 「最後まで生ききる」──支援ネットの持続戦略

このようにして、支援ネットは現在も活動を続けている。近年、支援ネットは「最後まで生ききる」ことを目標として強調するようになっている。この表現は仮設住宅でも用いられていたのだが、〈被害の重層化〉が進展するなかで、「自立」よりもむしろこの言葉が用いられるようになった。

「最後まで生ききる」という言葉に託されている意味は、第一に、被災者の「生」は過程である、という認識である。「生」の過程においては、さまざまに新たな問題が生じうる。震災による被害はなにもその当時だけのものではなく、その後の経過において徐々に〈重層化〉していくものである。「取り残されていく」人々を支援する上では、進展してしまう〈被害の重層化〉過程を、そのつど少しずつ止めていくしかない。こうした認識が背景にある。

ただし、「最後まで」という言葉に表れているように、根底には被災者の生命がいつまでも継続されるものではないという認識がある。もともと仮設住民のなかには高齢者が多く、高齢者であれば時間の経過と共に、認知症や身体的状況の悪化などによって、徐々にその生命の終わりに近づいていく。高齢者以外にも、アルコール依存症が悪化していく人々であれば、その生命の終わりは遠からぬものとして見えてくる。「最後まで」という言葉には、こうした状況下において被災者の生命を少しでも維持させることを大きな課題の一つとしていることが表れている。いわば、「人としてのいのち」のなかで、生命の維持が改めて重要な要素として浮かび上がってきたのである。

別の角度から見れば、「最後まで生ききる」という言葉には、被災者の「生」が続く限りその生活を支援し続けるという、ボランティアの強い意志が示されている。本章第3節で述べたように、黒田さんは具体的な「その人」を

前にして、「最後の一人まで見捨てない」と決断した。この決断は一度限りのものではなく、仮設住宅での活動のなかで繰り返されたものであろう。そうした決断が繰り返されてきた上で、今日の黒田さんは「命の続く限り被災者と共に生きる」と述べている。仮設住宅のなかで培われた「最後の一人まで見捨てない」という一つ一つの決断が、今日では「最後まで生ききる」「命の続く限り被災者と共に生きる」という言葉に結実しているのである。

　これはボランティア側の一つの決断だが、被災者から求められるが故のものであった。支援ネットは、仮設住宅が撤廃された時点で活動を停止することも可能だったはずである。それでも支援ネットが活動を続けたのは、まずは被災者の〈被害の重層化〉を目の当たりにしていたためだったが、なにより被災者自身に活動の継続を求められたからである。恒久住宅から「仮設に帰りたい」と涙声で電話をしてくる被災者の声が、ボランティアに活動を継続させた。ボランティアが活動を継続したのは、まさに苦悩する被災者に対する〈応答 response〉だったのである。

　「最後まで生ききる」という言葉の第二の含意は、瞬間の重視である。黒田さんによれば、「最後まで生ききる」ことは、実は今日一日、あるいは瞬間を「生ききる」ことでもある。黒田さんは被災者にしばしば「今を一所懸命生きようね」と語りかけるという。今日を「生ききる」ことの具体的な内容は人と状況によって異なるであろう。たとえば、介護に追われる日々を送る人が、「今日は（要介護者が）お水を飲んでくれたんです」と少しでも希望を見出すことであり、末期状態で病院に入院した人が黒田さんに会って微笑むことでもある。だからといって、介護者の負担が急に軽くなるわけでもなければ、末期状態にある人が劇的に回復するわけでもない。それでも、その瞬間において「生ききる」ことを重視し、そしてそれを繰り返していくことが重要だという。つまりは、日々の生活の細やかな局面こそが重視されているのである。

　瞬間が重視されるのは、まず、被災者の「最後」を意識せざるをえないからである。たとえば高齢者に生命の「最後」が訪れることそのものは避けようがない。それでも被災者の最期のときまで、〈被害の重層化〉過程を

押しとどめようと試み続けるのであれば、そのつどの瞬間を重視せざるをえない。むしろ瞬間の「生ききる」ことを重視することで、「最後まで」の「生」の過程を大切にしようとしているのである。

　ただし、それは同時に、固有性に開かれることでもあった。一つには、被災者その人の固有性に応じることである。なぜなら、「今日を生ききる」といえるかどうかには、そのとき被災者が支援をどのように受け止めているかが深くかかわっているからである。支援が被災者からして意味のないものであれば、被災者にとっては、長期的に「生ききる」ことにつながるといくらいわれたところで、「今日を生ききる」ことにはつながらないであろう。実際、黒田さんはいまでも、被災者を「つなげよう」として、被災者自身から「何を聞いとったんや」と怒鳴られることがあるという。瞬間を重視することで、被災者の「生」の固有性に開かれ続けようとしているのである。

　もう一つには、被災者の固有の状況に応じることである。瞬間を重視するということは、次の瞬間にはまた別の状況が発生するかもしれないという可能性を視野に入れるということでもある。認知症が進んでしまえば老人ホームに入居しなくてはならなくなるかもしれないし、家族を失うことで転居しなくてはならなくなるかもしれない。「生」の過程ではさまざまなことが生じうる。そうした新たに生じる問題に対してそのつど別様に対応するためには、次の瞬間には事態が変化しているかもしれないという可能性に開かれていることが不可欠である。

　別の角度からいえば、支援ネットは単に活動を継続させようとしているのではない。活動をただ継続させるのではなく、それを「その人らしさがあってはじめてやる」ものとして続けようとしているのである。その意味を込めて、ここでは持続する sustain という言葉を用いよう。これまで述べてきたように、支援ネットの「原点」とされる「その人らしさ」（＝被災者の固有性）は、その活動のなかで繰り返し発見されてきたものである。支援ネットは、「最後まで生ききる」のは瞬間を「生ききる」ことであると位置づけることによって、固有性を繰り返し発見し続けようとしている。そうすることで、彼らの活動の「原点」を発見し続け、その活動を「原点」に応じた

ものとして持続しようとしているのである。

　このように支援を持続する具体的なあり方が、支援ネットの場合には「つなげていく」ということであった。〈応答＝責任〉を自身がすべて担うのではなく、その人の固有性に応じつつ他の主体にゆだねていくことによって、果たそうとした。それによって、自身が有する限界を乗り越え続けようとしているのである。

　これは持続に向けた一つの戦略であり、この他にも戦略は多々ありうる。本書の他の章にも見られるように、他の団体であればまた異なる戦略が採用されている。支援ネットワークの場合に「つなげていく」という戦略が採用されたのは、まず中心的メンバーのなかに専門職が多く含まれていたためであろう。それが、特に行政や医療・福祉機関に「つなげていく」ことをより可能にしてきたと思われる。そしてなにより、支援ネットが対象としていた元住民のなかには高齢者が多く含まれているためである。高齢者であれば、加齢のために認知症を発症するなど、「最後」に向けた変化への対応が重要な課題とならざるをえない。それ故「最後まで生ききる」ことを目標とし、そこにおける重要な転換点に留意して「つなげていく」ようにせざるを得なかったのだと思われる。ボランティア団体は、それぞれ固有のメンバーが、それぞれ固有の対象者に対して活動している。それ故、それぞれが採用する持続戦略も、その団体固有のものとなるのである。

　こうして、仮設住宅が全面撤去されてから5年以上、仮設住宅での活動を開始してから数えれば10年以上の間、（元）住民たちの〈被害の重層化〉過程を押しとどめるべく、支援の持続が試みられてきたのである。

11　「人」の発見／ボランティアの役割

　これまで、阪神高齢者・障害者支援ネットワークの活動の経緯を分析してきた。ここで、ボランティアが仮設住宅での活動からなにを発見したのか、そして被災者に対してボランティアが果たした役割とはなんだったのかを考察しよう。

　ボランティアが発見したことは、被災者が「人」であるということの意味であった。ボランティアの活動は、今日から振り返れば、常に被災者の「人

としてのいのちを重んじる」ものだったともいえるが、同時に「人としてのいのち」の内容を発見していくものでもあった。ボランティアは活動開始当初、「孤独死」の防止を目的とするなど、生命の維持に重点を置いていた。だがそこから「生」へと目が向けられ、さらにその過程で、被災者の「人」としての固有性や、「生」の基盤となっている具体的な生活、被災者同士の「人」としての結びつきとその意義などが発見されていった。そしてそれらが生命の維持と不可分なことも発見されていった。これらの具体的な内容を、後述するボランティアの役割と照らし合わせるなら、次の二点にまとめられよう。

　第一に、「生」が具体的な生活に基づいていることと、さらにその人固有のものであるということである。「生」に対して支援を行う上では、生活を改善するために行政などの制度的支援を獲得することが重要なこと、だがその制度的支援が必ずしも固有の「生」に即したものとなっていないことが発見された。ボランティアは、住民自身に〈扉〉を開け続けてもらおうとしたために、住民の「生」の固有性に直面せざるを得なかった。そして、住民に家に招き入れられなければ支援活動が出来なかったために、住民の具体的な生活の様相と、そこにおける問題が「生」全体に深くかかわっていることを知った。それ故、制度的支援の必要性と、制度的支援と固有な「生」との間に存在する乖離とに気づかされていった。

　第二に、固有な人と人とが結びつくことによって、被災者自身が、行政にもボランティアにも出来なかったようなことを成し遂げる、最も〈強い〉支援者となることがある、ということである。固有な人と人とが結びつくことで、ある住民が別の住民の具体的な生活に対して細やかに幅広く深く気遣い、また相手の住民がそれを受け容れるという意味で、その住民は相手の住民に対する支援者としてかけがえのない〈強さ〉を発揮する。こうした〈強さ〉を生み出すことこそが、「孤独死」を防ぐ力となる。具体的に「場づくり」を試みてきたボランティアは、その〈強さ〉の意味を発見していった。

　そこから、ボランティアは「生」を支えることの意味と、自身が果たす役割を見出していった。次にボランティアの果たした役割を、行政が果たす役割とかかわらせつつ、考えてみたい。

第一の点に関していえば、行政は単に一律平等での制度的支援を行うだけでなく、人々の固有の「生」に応じた支援をより試みるべきであろう。だが、行政が平等原理を基盤としていること、人々の「生」があまりにもその人固有のものであることを考えると、行政だけでは限界も出てくる。ボランティアが果たしたのは、そうした行政による制度的支援と「生」の固有性との乖離を埋める役割であった。具体的には個別の人についての情報を、生活保護課や警察、消防署などへ、あるいは医療機関や福祉機関などへ提供し、また個別の人の思いや状況に応じた制度的支援がなされるよう、これらの機関と個別に交渉を行ったことである。今後の行政に求められるのは、そうしたボランティアによる情報提供や交渉に積極的に応じていくことである。そうすることによって、ボランティアは自ら選び取った役割を果たすことがより可能になるであろう。

　第二の点に関していえば、人の「生」において重要な、「支えあい励ましあい助けあう」関係を作り出すのは、原理的には、行政が成し遂げられることではない。ボランティアによってすら、成し遂げられるとは限らない。そのような関係が生まれるかどうかは、あくまでも固有の人と人とのかかわりに依拠している。どの人とどの人が結びついても生まれるわけではなく、ある固有の人とある固有の人とが結びつくことによって生まれるものである。細心の注意を払っても、思いもかけない結果を招くこともある。そのため、平等原理に基づく行政には困難であり、ボランティアであってもいつでも可能とは限らないのである。

　ただ、「場」が有する重要性を見過ごしてはならない。被災地についていうなら、仮設住宅への移転、そして恒久住宅への移転において、抽選による選抜はその「場」を失わせるものであった。行政にはせめて「場」を失わせないという配慮が求められるであろう。そしてボランティアが試みたのは、その「場」を「つくる」ことであった。抽選による選抜によって「場」を失われた被災者にとって、新たに「場」を「つくろう」としたボランティアの試みは、被災者が「支えあい励ましあい助けあう」相手を見出す上で、非常に重要な意義を持っていたと思われる。行政には「場」を失わせないことは可能だが、「つくる」ことは非常に困難であろう。それに対してボラ

ンティアは、そうした役割を自ら作り出し、現に担ってきたのである。

　仮設住宅以後、ボランティアが取り組まなくてはならない課題は変化した。第一に、〈被害の重層化〉が進行したことである。震災から10年以上が経った今日、私たちは被害というものが震災だけによるものではなく、それに基づきつつ、時間の経過と共に〈重層化〉しうるものだということを認識しなくてはならない。「震災は終わっていない」とはよくいわれることであるが、単に「終わっていない」というよりも、一部の人々にとってはさらに進行している。そして〈被害の重層化〉を経験している「取り残されて」いった人々においては、生命にまでかかわる危機的状況が再来していた。そのため、「人としてのいのち」は、今日でも「生」という意味を含むが、同時にそれは「最後」まで生命を「生ききる」こととなっていった。

　第二に、ボランティアが仮設住宅という24時間体制でかかわることのできる場を失ったことが挙げられる。被害が〈重層化〉するなか、仮設住宅が存するうちはまだボランティアが有していた場までもが失われていったのである。

　そうしたなか、支援ネットのボランティアは、〈被害の重層化〉が進行するのを少しでも押しとどめるために、特にその人の「生」における固有な転換点において、上述した二つの役割を果たすことに集中してきた。〈被害の重層化〉は、固有な転換点において支援することによって、進行をとどめることも可能なのである。それは具体的には、被災者同士、および被災者とさまざまな支援者という二つの意味で、「つなげていく」ことで試みられていった。

　仮設住宅以後のボランティアが主に担った役割は、転換点に注目するという意味で変化しているが、基本的な性格としては仮設住宅当時と共通している。そして、「最後まで生ききる」のは瞬間を「生ききる」ことでもあると位置づけられているのも、生命の維持と「生」を支えることとが密接にかかわるという、ボランティアが仮設住宅での活動から学んだ認識と共通している。ここには、ボランティアの模索の過程が、同時に蓄積を生むものであることが示されている。ボランティアは被災者の状況や自らの置かれた状況に応じて、そのつど自らの活動を〈問い直し〉、それまでとは別

様の働きかけを創出してきた。本章は過程を重視してきたために、ボランティアが状況変化や自らの限界に直面し、そのつど模索してきたことを特に強調してきた。だが、模索は蓄積ともなりうる。単に模索が繰り返されただけでなく、それは一定の蓄積として、ボランティアが仮設以後という大きな変化に向き合うのを支えたのである。

　いい換えれば、仮設住宅でボランティアが自ら選び取り担った役割は、もちろん特殊な状況のなかでのものだったが、それは仮設住宅が撤去された後でも通用する、普遍性を有したものでもあったのだといえよう。本章が取り上げてきたのは、阪神・淡路大震災における支援ネットという一つの特殊なケースである。だが、これまでに示してきたような、ボランティアが担う役割や社会的「弱者」の「生」を支えるということの意味は、広く当てはまる普遍性を有していると思われる[26]。

12　おわりに

　最後に、本章での検討から明らかになったことを、ボランティアの〈問い直し〉と、被災者の「生」の固有性とのかかわりに絡めて、改めて考えてみたい。

　支援ネットの活動が明らかにするのは、相手の「生」の固有性を尊重した支援を行うことの意義と意味である。その人の「人」としての固有性を尊重してこそ、支援はその人の社会的「弱者」としての側面にも届くものとなる。断酒を拒むこと、生活保護を「もってのほか」と捉えることを尊重してこそ、断酒あるいは体調の改善や生活保護を受けるという可能性が生まれる。「人としてのいのちを重んじる」なかには、生命の維持から具体的な生活の支援まで含まれるようになっていったが、その「人」の固有性を尊重することによってこそ、生命の維持も具体的な生活の支援も可能になるのである。支援ネットが「その人らしさがあってはじめてやる」ということを「原点」としている理由はここにある。

　もちろん、制度的手段による押しつけや統制がまったく無意味だというわけではない。〈扉〉をこじ開け、断酒を強制することが必要なときもあるだろう。だがそうした働きかけは、なかなかその「人」に届くものとはな

らない。固有性の尊重という「原点」は、それでなくてはならないといい切れるわけではないが、これまでの制度的な支援の手段が見逃しがちだったものとして、今後より重視されていくべきものなのではないだろうか。

ただし、固有性はそのつど発見され尊重されるものであった。被災者の固有性は特定の状況で浮上するものであり、ボランティアにとって当初はむしろ壁として浮上することが多かった。安否確認をしても〈扉〉を開けなかったり、断酒を拒否したりと、その人を助けられない壁として立ち現れた。固有性は所与のものというより、特定の状況で支援の困難さとして立ち現れることが多かったのである。そのため、被災者の固有性をまさに固有性として捉えるためには、ボランティアが自身の目的や壁の持つ意味について〈問い直し〉、新たな働きかけを模索するという過程が必要であった。

そして固有性は、こうでなくてはならないということからそのつど自由になることで尊重されるものであった。断酒しなくてはならない、生活保護を受けなくてはならないということを前提としてしまえば、固有性は尊重できない。むしろ断酒するかもしれないししないかもしれない、生活保護を受けるかもしれないし受けないかもしれない、ということを前提とした働きかけによってこそ、尊重しうるものであった。

つまり、固有性を尊重するという「原点」は、ボランティアによる自身の目的や壁の意味の〈問い直し〉と、そこから別様の働きかけが生み出されるなかで、固有性を繰り返し発見し尊重することによって初めて、持続されるものだったのである。ボランティアによる〈問い直し〉があってこそ、固有性は繰り返し発見され尊重される。ボランティアは、〈問い直し〉を繰り返すことによって、「原点」を繰り返し発見し、自身の活動を「原点」に応じたものとして持続し続けた。そうすることで、自身を被災者に対する支援者＝ボランティアとして持続させたのである。

ただし、〈問い直し〉と固有性の発見・尊重との関係については、もう少し付け加えておかなくてはならない。まず、〈問い直し〉が常に繰り返されなくてはならないわけではなかった。被災者の固有性に直面したときに、それを一旦壁として捉えてしまうのではなく、まさに固有性として捉え、

そのつどそれに応じて別様な働きかけを生み出していくことが、より容易になることはあった。前節で蓄積がなされたことを指摘したが、少なくともボランティアは、被災者と深くかかわるようになるにつれ、固有性を壁としてではなく固有性として発見するのがより容易になっていったと思われる。

　また、それでも〈問い直し〉が必要になる局面が新たに生じることもあった。仮設住宅以後に向けて、〈被害の重層化〉と「自立」の破壊を目の当たりにしたボランティアは、改めて自身の活動の目的や手法を〈問い直さ〉ざるをえなかった。このとき〈問い直し〉が必要になったのは、ボランティアにとって被災者の固有性が壁として立ち現れたからというより、被災者の置かれた状況が大きく変化したからである。つまり、いかに蓄積がなされていても、〈問い直し〉が必要となる局面は、相手の「生」の過程に応じて繰り返し立ち現れうるのである。

　そして、〈問い直し〉は、これがあれば固有性が尊重できるといった十分条件として捉えることはできない。なぜなら、いつどのような形で〈問い直し〉の過程が必要になるかを、所与のものとして特定できないからである。どのような局面において自身を〈問い直す〉必要があるのか、これをあらかじめ確定することは原理的に不可能である。それを確定することは、固有性を一定の枠内で捉えてしまうことであり、真に相手の固有性を尊重することにはならなくなってしまう。たとえば別様の働きかけを生み出すことが重要だといっても、どのような働きかけが相手の固有性を尊重することにつながるかは、その相手の固有性に依拠しており、このような働きかけが重要だと規定してしまえば、結局は真に固有性を尊重することにはならなくなる。

　ではここで別の視点に立ち、〈問い直し〉を支えるものに目を向けよう。壁に直面して自らを〈問い直し〉、別様の働きかけを生み出すという一連の過程は、ボランティアが被災者に対して〈応答＝責任〉を担おうとしたためであったと捉えることも不可能ではない。だが、〈応答＝責任〉もまた、それがあれば〈問い直し〉の過程が可能になるといった、十分条件として捉えられるものではない。第一に、〈応答＝責任〉は固有性を尊重する支

がなされる過程のなかで、徐々に培われるものだからである。当初はむしろボランティア側の主体的な決断という側面が強かったであろうものが、ボランティアが被災者の固有性を尊重して支援し続けることで、被災者自身がボランティアに問いかけ求めるものとなっていったのである。第二に、〈応答＝責任〉の具体的な担われ方もまた、繰り返し別様な働きかけを生むことによって支えられているからである。本章での検討は、〈応答＝責任〉を担おうとすることは、必ずしも自身単独の〈責任〉として引き受けることを意味してはいないことも明らかにした。支援ネットのボランティアは、自身の時間的・物理的なさまざまな限界を踏まえ、住民の「生」を支える主体として既存の行政機関や医療機関・福祉機関、あるいは固有な人と結びついた〈強い〉支援者たる住民自身を発見し、そこへと託していった。そしてゆだねていくときには改めて固有性が浮上し、そのつど別様に働きかけることで、それを尊重することが不可欠であった。こうしたことからすると、〈応答＝責任〉そのものが〈問い直し〉によって培われ支えられるものであり、これもまた固有性を尊重するための十分条件として捉えられるものではない。

　むしろ、他者の固有な「生」を支えるという営みは、〈問い直し〉や〈応答＝責任〉の醸成などが相互に繰り返され促進されあうなかで、繰り返し成し遂げられていくようなものとして捉えるべきであろう。支援ネットのボランティアが歩んだ過程は、こうした他者の固有な「生」を支えるということの意義と意味について、私たちに教えてくれているのである。

　最後に、こうした固有性の尊重と、ボランティアであったこととの関係について触れておこう。本章で取り上げた支援ネットのボランティアたちが、このように自己を〈問い直し〉、それに基づいて別様な働きかけを創出してきたのは、繰り返し述べてきたように、制度的手段を持たないという事実に基づいていた。たとえば行政機関や医療機関・福祉機関などのような制度的手段を、ボランティアは持っていなかった。そのために、壁の意味を〈問い直し〉、それまでとは別様の働きかけを模索せざるをえなかった。その意味では、固有性に開かれたのは「ボランティアだからこそ」である。

　ただしそれは、「ボランティアであれば」可能だということを意味するわ

けではない。本章で強調してきたのは、危機的状況に際して制度的手段を持たないという自らの限界から、自身を〈問い直し〉ていく過程が大きな意味を持っていたということである。一般的な意味で「ボランティア」と呼ばれるような人々をただ確保し動員すればいいということではなく、ボランティアが自身を正にボランティア＝支援者として作り上げ、そうであり続けるという過程が重要なのではないか。

　また、「ボランティアでなければ」不可能だ、ということを意味するわけでもない。確かに、たとえば制度的手段を持たなかったことが、ボランティアたちが〈扉〉を住民自身に「開けてもらおう」とする試みを生んだ。だが、制度的手段を有しており〈扉〉をこじ開けることができたとしても、住民自身に「開けてもらおう」とすることはあり得るはずである。重要なのは外部状況における限界ではなく、その結果として彼らが自身を〈問い直し〉ていったという点である。ならば、他の領域においても、固有性に応じた支援を行うことは不可能ではないはずであろう。たとえば行政機関や医療機関・福祉機関などにおいても、それぞれの形で〈問い直し〉、そうし続ける力を蓄積することは不可能ではない。このこともまた、私たちが学ばなくてはならないことなのではないか。

　支援ネットは現に、10年以上に渡って被災者を支え続けたのである。このことが持つ意義は、決して小さくはないはずである。

注

1　「阪神高齢者・障害者支援ネットワーク」は、1995年6月3日に設立され、主に神戸市西区第7仮設住宅を中心に、被災者への支援活動を行ったボランティア団体である。仮設住宅解消以後も活動を継続、2004年にNPO法人格を取得、「特定非営利活動法人　阪神高齢者・障害者支援ネットワーク」と改称した。設立や活動開始の背景については、第1節で詳述する。

2　「災害弱者」について『平成3年版防災白書』では、「自分の身に危険が差し迫った場合、それを察知する能力がない、または困難」「自分の身に危険が差し迫った場合、それを察知しても適切な行動をとることができない、または困難」「危険を知らせる情報を受けとることができない、または困難」「危険を知らせる情報を受けとっても、それに対して適切な行動をとることができない、または困難」な人々として整理されている。これは「災害弱者」を被災時だけで理解

したものである。それに対して本章では、実際に震災ボランティアが用いている用法に従い、被災後の時間的経過を含めて「災害弱者」を捉えている。なお、被災後の時間的経過のなかでは、避難所では主に身体的な問題から高齢者や障害者が「災害弱者」と呼ばれたが、後述するように仮設住宅においては、復旧過程から「取り残される」という意味で、経済的に困難な状況にある人々も含めて用いられるようになった。

3 もちろん、自己や集団が再帰的 reflexive であるということそのものは、近代社会に広く見られるものである。ただしここでは、ボランティアが自らの存在意義を見失いかけたり、活動のあり方についてだけでなく自分自身についても再考させられたりするほどの壁に直面したときに限定して、〈問い直し〉という言葉を用いている。

4 といっても本来は、制度的手段を用いても相手を必ず助けられるとは限らない。その意味では、ボランティアがそのつど生み出す別様な contingent 支援のあり方だけが確実性を欠くというわけではない。ここで強調したいのは、確実性を欠くかどうかということではなく、たとえ明らかに確実性を欠いていたとしても、別様のあり方をそのつど生み出すことに大きな意義があったということである。

5 具体的には、1月26日から2月1日までに避難所の調査を行い、24箇所の大規模避難所で、緊急保護の必要な63名の高齢者と、43名の一部介助の必要な高齢者、合計106名を発見した。それと共に、避難所内での要介護老人の生活支援を行い、さらに二次避難所「サルビア」を開設、要介護老人の緊急一時保護を行った。また2月に入ってからは、自宅へ戻る人々が出てくるのに合わせて、他のボランティア団体の協力をえて、在宅要援護者の実態調査を行い、緊急保護が必要なケース290名を発見し、そのうち80人を民間施設に入所させた。これらの活動は基本的に対象を要介護老人に限定したものであったが、仮設住宅での活動を行う際には、支援対象として高齢者が念頭に置かれていたとはいえ、住民全体が対象とされた（三井、2004；16-44）。

6 たとえば神戸市では、第一次募集（1995年1月27日〜2月2日）において、優先順位によって区ごとに抽選を行ったが、その際の優先順位は、①高齢者（60歳以上）だけの世帯、障害者（障害者手帳1・2級、療育手帳A）のいる世帯、母子世帯（子どもが18歳未満）、②高齢者（65歳以上）、乳幼児（3歳以下）、妊婦のいる世帯、18歳未満の子供が3人以上いる世帯、③病弱者、負傷者、衰弱者のいる世帯、④そのほかの世帯、となっていた。申し込みが60,000件近かったため、結果的には第一順位の世帯のみで抽選となった。このような優先順位は第4次募集（1995年5月10日〜14日）まで続き（それまでの募集戸数の総数は26,339戸）、第5次募集以降から優先順位が廃止された。なお、このような一般応急仮設住宅の総数は、最終的には神戸市内で29,178戸、市外3,168戸（神

戸市振替分202戸を含む）であった。それ以外に、高齢者・障害者向け地域型仮設住宅も作られている（地域の公園21箇所に1,500室）。
7　黒田さんによる震災直後の活動や、仮設住宅での活動についての詳細な記述は、黒田（2006）を参照。
8　正確には、当初目的として掲げられていたのはこれだけではなく、寝たきり防止やコミュニティ作りも挙げられていた。ただし、「孤独死」が当時の新聞をにぎわせていたこともあり、その防止が特に強く意識されていたようである。
9　「訪問」といっても、ただドアをノックしたというだけではない。そこにどのような人が住んでいるのか、近所から情報を収集したり、新聞などの有無を調べたり、ガスのメーターをチェックしたり、さまざまに試みていた。
10　ここで言う〈扉〉は、まずは物理的な意味での扉であるが、同時に、被災者が相手の支援を受け容れるかどうかの象徴でもあり、その象徴的な意味を込めて用いている。
11　「孤独死」の多発する中壮年では、①一人暮らしの無職の男性、②慢性の疾患を持病としている、③年収100万円前後の低所得者、という共通項が見られることが多い（額田，1999；44）。ただし、「孤独死」はその定義や規定自体が非常に難しいところもあって（たとえばたまたま一人でいるときに病気の急変で亡くなった人を「孤独死」とは言えないだろうが、厳密に区別をするのは難しい）、これはあくまでも傾向にすぎない（額田，1999；48）。
12　1995年11月1日時点で、「ふれあい訪問」を行っていたのは158ケース、全体の1割が生活保護受給世帯であった。なお、訪問者は17名、全員が女性で、主婦が9名、学生が4名、勤労者が4名であった。その半数近くが近在に居住する人々である（『ひろば』第10号，4）。
13　ここで機能的に限定された責任というときには、T・パーソンズ Talcott Parsons による医療専門職論における機能的限定性を念頭に置いている。T・パーソンズは、医療専門職が人の生死に深くかかわるが故に、その責任が本来的には無限のものとなりかねないことを踏まえた上で、実際には医療専門職はその責任を機能的に限定されることによって、患者との相互行為を安定化させていると指摘した（Parsons, 1951=1974; 442-458）。
14　機能的に限定された責任を超えた責任については、E・レヴィナスの無限な「責任」という概念がよく挙げられるが（Levinas, 1961=1989; 241-242）、本章は彼の概念を念頭に置きつつも、独自に定義している。第一に、レヴィナスは「責任」を「無限」なものと捉えるが、ここで黒田さんが感じ取った責任は必ずしも「無限」と意識されていたわけではないだろうからである。ここでは〈責任〉を、機能的に限定された責任を超えたものとして捉えるが、それが「無限」であるとまでは規定しない。第二に、レヴィナスは主体がそれを感受するところまでは論じているが、現実にその主体がそれをどう実践するかまでは十分に論

じていないからである。本章では、あくまでも当人が主観的に感受した局面でのみ〈責任〉という言葉を用いており、それを具体的に担う過程はまた別のものとして捉える。実際後述するように、支援ネットワークのボランティアは〈責任〉を実際に担う主体を他に見出し、そこに積極的にゆだねていった。

15　といっても男性はもうすでに肝臓の疾患のために亡くなられている。だが、黒田さんとのかかわりを通して、亡くなる前には飲酒を辞め、生命も確実に延びた。そして、病院に見舞いに行った黒田さんに対して、「あの仮設でいいから、黒田さんに手を握られながら死にたい」ともらし、その後亡くなられた。「手を握られながら死にたい」といえる相手がいたということからすれば、この男性は確かに「孤独死」を免れたのだといえよう。

16　佐藤は、「被災地障害者センター」という、阪神・淡路大震災以後に神戸市を中心に活動しているボランティア団体を取り上げ、そのミッションを、確固とした組織目標というより、むしろ再帰的に意味が再確認・再解釈されるようなものだと捉えている（佐藤, 2002；103-109）。彼のいうミッションの再帰性は、ここでの「原点」が発見され続ける過程にも当てはまるであろう。

17　もちろん、たとえば患者や入所者等について、その人々が経済的な背景によって大きく規定されている存在でもあることは、社会医学を初め、近年の病人経験研究でも繰り返し指摘されてきたことである（Corbin & Strauss, 1988 他）。だが、支援ネットが活動したのが仮設住宅であり、ボランティアとして活動していたということの意味は大きい。先述した通り、ボランティアには住民その人に〈扉〉を開いてもらい招き入れられるなかでしか支援活動が出来ず、また招きいれられるだけの理由もあった。それ故、ボランティアたちは具体的な生活が持つ意味をありありと知っていったのである。

18　これは、支援のための制度的手段が有する性格を理解するということでもあった。生活保護制度などの制度的手段は、一定の諸条件にある人々に対して適用されるが、実際にはその人々の「生」のあり方はその人固有のものであり、何をどのように必要としているかは、その人によって異なる。このように、制度的手段が対象とする需要 demand と固有な「生」を生きる人々の必要 needs との間には常に一定の乖離が存在する（西尾, 1990；117-161）。ボランティアによるインフォーマルな働きかけは、こうした需要と必要との間にどうしても生じる乖離を埋める上で、非常に重要な意味を持ったのである。

19　もちろん、インフォーマルな関係性が支援として重要な意味を持つことは繰り返し指摘されている（山手, 1996；中谷, 2002；37-39）。だが、重要性が指摘されるのにとどまることが多く、固有な人と人との間の結びつきこそが重要だということなど、その内実について十分には議論されてこなかったように思われる。

20　黒田さんの挙げる例では、あまりにも個性的なために周囲の人々から「人間

的におかしい」とまでいわれ孤立していた住民がいた。そこへ他県から来た高校生のボランティアが足しげく通うようになったことから、その住民に変化が訪れ、今ではそのボランティアから来る手紙を心待ちにするようになったという。

21　その意味では、「自立」が訴えられるのは、被支援者の側の「甘え」を禁じるということでは必ずしもない。支援活動が「慈悲」から脱し、対象者の「自立」を目指すものとならなくてはならないことはしばしば指摘されているが、その際の根拠は被支援者の「甘え」を生む危険があるからだと位置づけられることが多い（今田, 2000；16）。それに対して、ここに示されているのは、「甘え」が生じるからという被支援者の側の問題というよりも、支援者側の限界を見据えるが故に「自立」という言葉が生じることである。

22　似田貝は、〈弱い存在者〉の救援や生活の再生には、支援者による援護やサポートが必要であり、〈弱い存在者〉の自立には、支援者との〈共同行為〉（共に一立ち上がる行為）が含まれると述べている（似田貝, 2004；106）。ただし、彼が念頭に置いている支援者は主にボランティアであるのに対して、ここで強調しているのは、「災害弱者」自身が支援者となるということである。

23　実際には、ボランティアの「自立」には、活動するための組織基盤を整えることなども含まれているが、本章では紙幅の都合からこうした論点については考察を加えられていない。この点については、本書の他の章を参照していただきたい。

24　特に仮設住宅という場においては、「取り残されていく」過程は視覚的・物理的に明らかだった。仮設住宅では棟番号が若い方から、優先的に入居した人々、つまり高齢者や障害者が多く居住していた。仮設住宅から移転していく人々が増え、空き家が増加していくなか、棟番号が若いところには多くの人々が居住し続けた。そのため、ボランティアたちにとっても、「取り残されていく」過程は生々しい経験であった。

25　野田は、被災地に流れた「時間」について考察を加えている。時間の流れは、地域や人によって、その速度や表情を変える。彼は「経済的に余力があり、社会的ネットワークのあった人たちは、被災者の時間ではなく、震災前からの能動的時間をある程度維持していました。しかし、ただ待つだけの人にとり、もはや時間には積極性が失われていました」と述べる。公営住宅にいつどのように入れるのかといったことが明らかであれば「能動的な時間が持て」るが、それが明確にならなかったために、「取り残された」人々には「一方的な受身の時間」が課せられたのだという（野田, 1997；218-219）。

26　似田貝は、「生」の固有性に徹底してこだわり続けたところに、支援ネットを含めた阪神・淡路大震災におけるボランティアの新しさを見出し、それを「ミクロ・ボランタリズム」と呼んでいる。彼のいう通り、こうした「生」の固有性

へのこだわりは、今後の日本社会に「市民社会」を生成させる上での重要なテーマの一つである（似田貝，2006：188）。

参考文献

朝日新聞社編，1996『阪神・淡路大震災誌——1995年兵庫県南部地震』朝日新聞社

Corbin, Juliet & Anselm L. Strauss 1988. *Unending Work and Care: Managing Chronic Illness at Home.* Jossey-Bass.

阪神・淡路大震災「仮設」支援NGO連絡会編，1998『「仮設」声の写真集——阪神大震災もう一つの記録』神戸新聞総合出版センター

阪神高齢者・障害者支援ネットワーク『ひろば』（ニュースレター）

阪神大震災を記録しつづける会編，1997『まだ遠い春——阪神大震災3年目の報告』神戸新聞総合出版センター

今田高俊，2000「支援型の社会システムへ」支援基礎論研究会編『支援学——管理社会をこえて』東方出版，pp. 9-28.

Kleinman, Arthur 1988. *The Illness Narratives: Suffering, Healing and the Human Condition.* Basic Books. ＝ 1996. 江口重幸・五木田紳・上野豪志訳『病いの語り——慢性の病いをめぐる臨床人類学』誠信書房

黒田裕子，2006「阪神大震災を通して自己の可能性を見つける——〈人と人とが向き合う中での私〉」似田貝香門編『ボランティアが社会を変える』関西看護出版，pp. 17-75.

Levinas, Emmanuel 1961. *Totalité et Infini.* Kluwer Academic Publishers. ＝ 1989. 合田正人訳『全体性と無限』国文社

三井さよ，2004『ケアの社会学——臨床現場との対話』勁草書房

ながた支援ネットワーク編，1995『ボランティアとよばれた198人——誰が神戸に行ったのか』中央法規出版

中谷陽明，2002「老いの諸側面」冷水豊編『老いと社会——制度・臨床への老年学的アプローチ』有斐閣アルマ，pp. 3-44.

西尾勝，1990『行政学の基礎概念』東京大学出版会

似田貝香門，1998「阪神・淡路大震災とボランティア——社会学の役割」池田謙一・広井脩・樫村志郎・似田貝香門『阪神・淡路大震災に学ぶ——情報・報道・ボランティア』白桃書房，pp. 119-145.

―――，2004「社会と多様性——阪神・淡路大震災の被災者の支援・ボランティア活動を例示として」『国際高等研究所講演記録』

―――，2006「〈ひとりの人として〉をめざす支援の実践知」似田貝香門編『ボランティアが社会を変える』関西看護出版，pp. 181-198.

額田勲, 1999『孤独死――被災地神戸で考える人間の復興』岩波書店
野田正彰, 1997「悲しむ力――大災害、人間の復興とは何か」笠原芳光・希村敏夫編『生者と死者のほとり――阪神大震災・記憶のための試み』人文書院, pp. 206-223.
Parsons, Talcott 1951. *Social System*. The Free Press. = 1974. 佐藤勉訳『社会体系論』青木書店
―――, 1964. *Social Structure and Personality*. The Free Press. = 1973. 武田良三訳『社会構造とパーソナリティ』新泉社
佐藤恵, 1999「ボランティアの自己アイデンティティ形成――阪神大震災における被災地ボランティアの事例から――」『グローバリゼーションと地域社会』(地域社会学会年報 vol.11) pp. 139-155.
―――, 2002「障害者支援ボランティアにおけるミッションの再帰性と『支え合い』の技法」『社会学評論』vol.53. no.2. pp.102-116.
Strauss, Anselm L., Shizuko Fagerhaugh, Barbara Suczek & Carolyn Wiener 1985. *The Social Organization and Medical Work*. Transaction Publishers.
山手茂, 1996『福祉社会形成とネットワーキング(社会学・社会福祉学論集②)』亜紀書房

5章　職能ボランティアの成立と可能性
——ながた支援ネットワーク

似田貝　香門

1　専門職がボランティア化する意義

1) はじめに

　私たちは、阪神・淡路大震災で展開されたボランティアの活動の思想と方法を学び、そこから、日本の市民社会にその行動原理たるボランタリズムの再構築が企てられるべきであろう。

　私たちがボランティアに持つイメージは、活動の無償性、自発性、アマチュア性、自己犠牲、パート・タイム性であった（草地賢一, 1995）。しかし今回の私たちの神戸で展開されたボランティア活動の経験から学んだボランティアの活動の思想と方法は、従来のボランティアに持つイメージを乗り越えざるをえないという結論である。課題は二つある。

　第一には、ボランティア活動が被災地域や被災者の状況変化に対応していかねばならぬ、ということである。

　第二には、ボランティア活動のなかに一般ボランティアの他に、この論文で提案する〈職能ボランティア〉の存在を、もっと本格的に議論すべきである、ということである。前者については既に論じたことがあるので、ここでは後者について私たちの震災後のボランティア調査から論じたい（似田貝香門他, 1998）。

　いわば非日常といえる震災のレスキュー段階では、支援者も、多くの被災者市民も、人々の苦しみや苦難、困難のなかに被災者の存在を見た。また苦しみを実感できた。それが故に、支援者（ボランティア）は、「てれくさくなく」（和田耕一さん；長田区「たかとり救援基地」）純粋に、「人の命は大切」

というモラルに導かれた支援行為を、十分に表現できたという。

この段階ではいかなる支援活動であろうとも、またいかなる試みであろうとも、被災者の「救命・救援」である限り、被災地域ではおおむねそれを寛容に受け入れていた。このような被災地域の寛容性が、震災後の多様で、自発的で、創造力のあるボランティアの被災者支援の様態によって、被災者の多様なニーズに対応すること可能であった。「被災地 NGO 協働センター」の村井雅清さんは、このような様相を「なんでもありや！」と表現した。大震災という、非日常的な異常な事態が、日常の秩序ではありえない支援や試みを可能にした状況であった。

しかし村井雅清さんは、「決して無秩序ではなかった」、「そこには、何かお互い暗黙のルール」があり、それは『命は大切にしよう、せっかく生き残ったんだ、気いつけてな！』」というお互いの気遣い」があったと、いう。レスキュー段階（非日常）[1]では、支援者も、多くの被災者市民も、人々の苦しみや苦難、困難のなかに被災者の存在を見たし、また実感できた。それが故に、支援者は、「てれくさくなく」（「たかとり救援基地」の和田耕一さんの表現）純粋に、思うとおり、支援行為を行った。そしてその活動のふるまい方は、多くの被災者や市民の十分に〈優しさ〉と見ていた。「なんでもありや！」はこうした時期の、支援者と市民との関係性によって可能化されたといえる[2]。

この「なんでもありや！」という支援活動の発想の背後には、活動が規則的な枠組みや、マニュアルから一切自由であろうとする意思がある。

ボランティアは、対象者と一つになった時に、〈ふれあい〉が生まれる、という[3]。このレベルで、「なんでもありや！」は成立する。被災者とふれあっている支援者には既存の〈規則〉はいらない。むしろ支援活動は、ボランティア活動をマニュアル化し、パターンにはめてしまう規則から自由でなければならない、という考え方である。いやむしろこの時期自由でなければならなかった。このような支援活動の自由さを可能にしたのは、「たった一人を大切に」、「最後の一人まで目線を向ける」という、〈生の固有性〉への視点のこだわりであった。

しかし、復旧―復興段階（96〜97年）になると、支援活動は職能者がその

中心となって、ボランティア活動の「約束事」、つまりなにがボランティア活動なのか、ボランティアはどうでなければならないのか、という〈規則〉がつくられ、それをもとに教育しようとする動きが(96年4月から)始まっている。

長田区「たかとり救援基地」和田さんは、ボランティア活動に「規則 rule はつくるべきでない。この救援基地には規則はない。規則があるたびに問題が起こる」といい、逆に「モラルは必要。しかしモラルには規則はいらない」という。とりわけ「被災者とふれあっている支援者に規則 rule はいらない。支援活動は非営利に徹するべきである」(1997/07/30)。

和田さんのいう「規則 rule」と「モラル」とはいかなる意味であろうか。和田さんにとって「規則 rule」とは、ボランティア活動をマニュアル化し、パターンにはめてしまう「営利」的活動を意味する (1997/07/30)。それは、被災者への支援ボランティア活動が、次第に支援活動が事業的・施設的・制度的に偏っていくことへの批判である。この営利の担い手は、専門的職業者、職能者である、という。

支援活動は、徹頭徹尾、非事業化、非施設化、非制度化を志向している。この視点は支援組織を「モラル」から捉えようとしている立場である[4]。

和田さんの「モラル」とは、最も弱い者にボランティア活動を合わせるべきだという。「一番力の弱い者にあわせ」なければ、ボランティアの「協働はできない」のだ、と主張する。「仮設の時代」でのボランティア活動は「一番弱い者のための復興を考えるべきである」。だからこそ和田さんにとって支援活動は、徹底的に〈脱機関化〉、〈脱施設化〉を志向すべきと考えられている。

ここに、ボランティア活動が〈規則化 regularization〉することへの原理的拒否の姿勢と、その根拠としてより具体的な被災者の最も弱い者に支援の焦点をあわせようとする強い姿勢が現れている。この姿勢は、「みんなのために」、「受難者のために」というこれまでの支援の普遍的公準を超越しているといえよう[5]。

前者の姿勢は、支援活動が〈規則化 regularization〉することによって、〈制度化された専門職〉の活動に包摂され、支援の当事者のニーズたる希望・声をすくいあげられないことを危惧する視点である。〈復旧―復興段階〉に

おける支援活動の困難という客観的状況のなかで、レスキュー段階以来の、自然発生的ボランティア組織の内部に支援活動をめぐる亀裂・〈裂け目〉が生じた。他方で、専門職によって「経営」される組織体の福祉関連施設、医療関連施設から、少なからずの専門職が被災者の支援活動を始める。

やがて見るように、この専門職がボランティア化することの意義と、〈モラル〉視点からの支援活動の施設化・制度化批判の論理とが、どのように交差するのであるか。理論的みれば、専門の知と技術がその行為する場で〈制度化された専門職〉、〈制度化された専門性 institutionalizátion〉されるメカニズムについて論ずる際、明らかになるであろう（本章2節）。

また後者の姿勢は、被災者の自立への支援のボランティア活動の論理が、「みんなのために」という〈生〉の共約可能性を根拠としているより、当事者の「自分らしく生きる」、という〈生の固有性〉に配慮した支援の論理といえよう。最も弱い者にボランティア活動を合わせるべきだ、あるいは「一番力の弱い者に合わせ」なければ、ボランティアの「協働はできない」（和田耕一；1997/07/03）という〈モラル〉は、やがてこの支援の論理が、各自の特異性 singularité に依拠する、自律的にして、他者との対話を媒介にして成り立つ、相互行為、という新たなボランタリズムの実践思想を生むことになる。

とまれここでの論点は、まずは、このような緊急的事態にのなかで、ボランティア活動としての支援活動うち、職能的ボランティアが生起してくる動態と、このように職能ボランティアと専門職活動といかなる相違点があるのかを明らかにすることである。

具体的には、ある福祉専門職が被災の状況認識の結果、〈制度・施設の諸ルールの中で遂行される専門職の業務〉では、主として老人の被災者の緊急事態や生活支援が不可能と判断し、むしろこの状況下にあっては、施設での活動ではなく、被災現場で（脱施設）、要介護老人へのボランティア活動のなかに、〈専門性〉活動対象を発見する、という活動を生み出した。ここに、脱〈制度・施設化〉による職能ボランティアが成立する。以下この点を論ずる。

2）専門職のボランティア活動の経過
(1) 活動経過

　まずは阪神・淡路大震災の復旧段階において、看護、医療、福祉の専門職がボランティア化した経過を見る。

　その典型例として長田区のケアセンターの専門職の活動をみることができる。そこでは、危険のまま放置されている要介護老人を積極的に発見し、それらの人々を法的な意味での「要介護老人」として既設の施設や独自に設立したいわば要介護老人の〈サバイバーズ・エリア〉としてのボランティア活動空間を創設していった。

　震災直後、長田区の「高齢者ケアセンターながた」では、けが人を含む200人程度の被災者を保護した。震災以前からこのセンターのディ・サービスやショート・ステイ、ホームヘルプサービスを利用していた在宅の要介護老人が次々に助けを求めて来たが、全ての人を保護することはでなかった。

　〈サバイバーズ・エリア〉とは、身体障害者や老人、差別されている人々等、見捨てられている人々を、救済するため、ボランティアが創設した一時の空間・施設である。神戸ではボランティアたちによって、「二次避難所」とか「緊急生活の場」と呼ばれていた。

　大賀重太郎（1996）さんは〈サバイバーズ・エリア〉について以下のように表現している。「緊急時に在宅や自立生活を障害者の命と生活を確保するのに大きな力になったのは、小規模作業所やグループホーム、デイケアセンターなど自主的な活動をしてきた地域拠点だった。メンバー、関係者、友人、知人を一軒一軒回って安否や行方を確認し、必要な物資を提供した。ライフラインが切れ、また介助体制がとれなくなって生活が困難になった仲間を地域拠点で引き受けて自ら生活を確保していった。地域拠点どうしが、被災地内でも、被災の中と外でも、被災地の外でも、支えあって救援活動が作られた。その地域拠点を日ごろから関係を持っていた住民が支え、市民運動が支え、その広がりと活動は障害者の地域拠点が住民みんなの救援地域拠点の姿と発展していくことになった。

　避難所での生活を継続できない障害者・ライフラインや介護の状態で在

宅生活ができない障害者の『緊急生活の場』(サバイバーズ・エリアと銘打った) を建設した。これも、行政が生活の困難な障害者は施設へのショート・ステイでしか対応しないため、地域にこだわる障害者たちと共に、自分たちの力だけで建設せざるをえなかった」。この障害者の〈サバイバーズ・エリア〉を拠点とする支援活動は、全国から駆けつけたボランティアにより、1995年3月～4月の間、860軒の障害者家庭を訪問し、安否の確認、救援物資の提供等の生活支援を行った。そして、神戸市と交渉し、都市公園を無料使用の許可をえ、被災障害者の「緊急生活」のために、プレハブ3棟を建設、これを仮設避難所とした。1995年8月最後の家族が自宅に戻るまで継続された。

(2) 震災直後の「法システム」としての福祉行政業務の停止──緊急時の高齢者福祉活動の状態

　震災直後は後で述べるように、福祉行政自体が事実上停止している状況であった。緊急保護を「法システム」の後ろだてに、かつ公的福祉機関としての福祉事務所の支援の下に、こうした福祉施設の専門職が積極的に、福祉業務としてシステム的に行うことは不可能であった。
　ここに施設の専門職が、その〈専門性〉として、要援護・要介護の老人の現状を危機的状況と認識し、文字どおり、自己の業務や勤務をこえた、脱〈施設的業務(活動)〉を行わざるをえないモメントが生まれた。
　このセンターでは、24時間体制で緊急保護を受けると共に、中継ステーションとして他施設に転送することで、できるだけ多くの要介護老人の保護を行った。
　災害現場で保護を必要とする被災老人の発見は、施設等の専門職の〈専門性〉による、ボランティア活動としてであった。しかし、それを措置するかどうかを決定するのは日常時にあっては、福祉事務所の専門職の業務である。施設専門職のボランティア活動は、保護判断と措置決定の機関─施設間の権限関係、また専門職の職務上の権限関係を超えていたといえる。
　老人福祉の専門職としてのニーズの発見の状況を、中辻直行さん(「高齢者ケアセンターながた」)は次のように状況を回顧している。重要な点なので若干長いがこのいきさつをみることにしたい (高齢者ケアセンターながた,

1996)。

　17日の避難所は、いずれも悲惨としか言い様のない状況で、学校の教室や体育館は勿論、通路や階段の踊り場にも被災者があふれ、寒さに震えていました。運動場でも着のみ着のままで焚火にあたりながら寒さに震えていました。特に高齢者は、逃げ遅れたのか避難所の通路や、出入口のコンクリートの上で寒さに震えていました。避難所の高齢者たちの多くは、ようやくグランドの隅に設置された臨時トイレに行くことが困難なため、水分を採らずに脱水症状を起こしていました。また、冷たくて固い弁当の握り飯は喉を通すことができず、無理に食べれば、激しい下痢に苦しめられました。そして、インフルエンザが猛威を奪い、救護班が薬を与えても、休む場所は、冷たい通路のコンクリートの上や階段の踊り場、体育館の床しかなかったのです。2、3枚の毛布を蓑虫のように体に巻き付け、震えながら激しく咳をしている高齢者の姿を今も忘れることかできません。
　このような状況の中で健康な高齢者までが、肺炎や心疾患、慢性疾患の悪化等、次々に避難所から救急車で消えて行きました。特に肺炎になる高齢者が非常に多く「避難所肺炎」と誰からともなく言われたほどです。
　避難所における健康悪化のため、亡くなった震災後関連死者の高齢者は、500人以上と推定されています。避難所の寒さと、水分および食事の不適切な摂取が原因だと考えられます。(略)(こうした状況にもかかわらず)福祉事務所の中から(職員が)消えて、一人も居なくなっていました。彼らは死者の対応に、全員が遺体安置所に詰めていました。防災マニュアルは災害時において、福祉事務所が担当地区の死者の対応を最優先に、しかも独自の責任で行うと定めています。福祉事務所職員は、余りの犠牲者の多さに遺体安置所で、文字通り倒れるまで働き、遺体の側で仮眠をとり、目が覚めればまた業務を行うという、壮絶な状況に追い込まれていたのです[6]。
　消防や警察は、全国からの応援体制が自動的にとられましたが、全国どこの自治体の防災マニュアルにも、災害時に福祉事務所やその他の福祉施設等を含む福祉機関への応援は想定すらされていませんでした[7]。

このように震災という緊急事態のもかかわらず、要援護、要介護を主とする福祉行政は事実上その機能を停止していた。つまり震災時あって、老人福祉領域のニーズは存在しない、ないし他より優先されるニーズは無い、と考えられていたのである。これに対し、医療分野では、緊急医療の必要性が認識され、行政的業務としてむしろ強化され、全国からの支援、およびその受け入れが可能性であったこととは、極めて対照的事態である。

そもそも福祉領域における専門職による業務は、法制度をバックに施設 institute という場で実施され、かつ施設 institute の一定の〈運用ルール〉のもとで行われる。日常の業務でさえ、「本来的には十分に遂行されているとはいえない」(中辻さん)。これが災害という緊急時にはこの不十分な業務領域を含めて、ほとんどの高齢者の要援護・要介護支援業務が停止してしまったのである。それは下記にみるような理由から、制度上の停止＝空白をまねいたからである。

福祉を担当する神戸市民生部局は、従来は日常の公共業務として、高齢者福祉、児童福祉、障害者福祉を行ってきた。しかし震災時には、民生部局は「災害救助法」によって、食料・物資の確保と配給業務に編成替えされ、諸措置の権限・実施主体である福祉事務所は、担当地域の災害犠牲者の処理、という業務の責任を負わされ、この時期の福祉の制度的措置・処置は脇に置かれた[8]。

つまりこうした緊急時には、行政は「今は市民全部が被災者だ」(神戸市民生局長)として、高齢者・児童・身体障害者を特別待遇しなかったのである。こうして民生局は事実上、福祉の業務を停止し、「災害対策本部」に吸収された。福祉の公共業務は「災害救助法」による民生部局の業務の編成替えにより、いわば「制度のもとで消えた」(中辻さん)。

レスキュー段階に、被災者支援の公的な福祉領域の〈ニーズとフィールド〉は、こうして専門的業務の司る公共当局によって、実効制度上からから消失させられた。災害時の法システムはこうして、元来、差異化を図る福祉行政を他方では無力化させ、「無差別」化した。当時、行政は、それを〈公平〉とか〈平等〉という。しかし、最も困難な時空間時点こそ、何が「公共性」か、何が社会的正義 Social justice の問いが現場から発せられ、そして現実

を鋭く穿つ。

(3) 施設専門職のボランティア化——緊急時の福祉領域のニーズの発見と職能ボランティアによる福祉行政の強行な再構築

　ここに施設の専門職が、その〈専門性〉から、要援護・要介護の老人の急増という現状を危機的状況と認識し、文字どおり、自己の業務や勤務をこえた、脱〈施設的業務（活動）〉を行わざるをえないモメントが生まれた。

　「要介護老人を緊急保護しないと多くの老人が死んでいく」。こういって1月19日夜、独断で厚生省に直訴したこの施設の責任者は、「もはやこうした緊急事態では福祉行政の権限関係や施設の諸ルールを超えたボランティアとして行いました」。「ボランティアという形なら何でもできます」。しかし「ボランティア活動といえども専門職としての専門性への責任は人一倍負います」と述懐する（中辻直行；1997/08/01）。そして要介護老人の緊急保護のための職務権限の変更を要請（1995/01/20）した。

　その結果、翌20日に厚生大臣「老計第7号通達」（通達）によって、事務手続を後処理にする要介護老人の緊急一時保護が可能となった。また緊急一時保護の職務権限は、日常時には都道府県知事にあるが、ボランティアの強い要望によって、厚生大臣よる直接指示とされた。そしてこの上記「通達」を根拠とする指示によって、老人担当の職員は福祉事務所にもどった。こうして職能ボランティア活動は、ほとんど崩壊しつつあった、老人福祉行政をいわば強行に再構築させたといえる。

　このセンターでは、24時間体制で緊急保護を受けると共に、中継ステーションとして他施設に転送することで、できるだけ多くの要介護老人の保護を行った。災害現場で、保護を必要とする被災老人の発見は、施設等の専門職の〈専門性〉による、ボランティア活動としてであった。しかし、それを措置するかどうかを決定するのは日常時にあっては、福祉事務所の専門職の業務である。施設専門職のボランティア活動は、保護判断と措置決定の機関——施設間の権限関係、また専門職の職務上の権限関係を超えた、といえる。

　この職能ボランティア活動は、1995年2月1日時点で、24カ所の大規模

避難所(避難者13,000人)、63名の緊急保護の必要な震災要介護高齢者と、43名の一部介助の必要な高齢者、合計106名を発見し、福祉事務所と連携して、緊急保護と同時に生活支援を行った。

(4) 職能ボランティアの脱施設——フィールド創設と支援活動

しかし要介護老人の緊急保護は容易には進まなかった。中辻さんは次のように状況を報告している。

> 独居老人や老人夫婦は、福祉事務所に保護を求めに行くことすらできず、避難所に取り残されていた。当時、長田区の避難所は、58カ所23,000人、うち屋外避難者5,000人と言われていましたが、発見した要援助老人への支援のため、それ以上調査を進めることがでませんでした。緊急一時保護は被災地全域で3月末までの間に高齢者約2,700名、障害者約200名、計2,900名以上に達しました。しかし、保護を必要とした全ての人を保護できたわけではなかった(「高齢者ケアセンターながた」、1996)。

その理由は、第一に、被災地の市街地には施設が非常に少なく、市の中心部以外の施設は極端に交通状況がよくなく、転送ができなかった。第二に、高齢者自身の施設入所を拒否したことによる。特に遠方の施設に行くことを、高齢者たちは命がけで拒否したという。独居老人の多くは、「遠くの施設はいやだ。ここで死にたい。死んだ方がましだ」と答えたという。医師から、「緊急に保護しないと死んでしまう」といわれたある老人夫婦の場合は、ボランティアの懸命の誘いにも、「別れたくない。自分だけ安全な所へ行けない」、と答えたという。そして数日後、高齢の夫は亡くなった。

ここに施設の専門職活動を、機関・施設の外に、特に避難所に対して介護援助を行う必要が生まれた。

このセンターの責任者中辻直行さんは、1995年1月31日、蓮池小学校避難所でボランティア活動をしていた、「はやしやま診療所」(梁勝則(リャン)所長)のグループと出会い、その日のうちに「長田地区高齢者・障害者支援ネットワークワーク(長田支援ネットワーク)」を結成した。

さらに、緊急一時保護を拒否する高齢者や「避難所肺炎」で倒れていく健康な高齢者を救援するため、高齢者専用〈サバイバーズ・エリア〉たる二次避難所「サルビア」を、2月5日に神戸市立長田在宅福祉センターに創った。「サルビア」は、ボランティアの医師、看護婦、介護職員、学生、会社員、調理師、主婦によって担われ、ほぼ2ヶ月間高齢者を支えた。ここに、施設の専門職活動を、機関・施設の外に、特に避難所に対して介護援助が生まれ、職能ボランティアを中心とした支援活動のフィールドが創設された。

このフィールドの支援ボランティア活動は、職能ボランティアと一般ボランティアの〈協働的活動〉であった。支援ボランティア活動は、こうした老人の要援護・要介護活動の他に、日本社会福祉士会の協力による避難所での相談事業や電話相談をはじめ、援助を必要とする老人に、保健所、福祉事務所、医療機関などの専門機関との調整を継続的に行った。

こうして、高齢者の死を回避するため要介護老人の「緊急保護」、という活動が出来うるだけ可能なようなフィールドとして、職務権限の伴わない、したがって自由意思の行為可能な福祉施設の専門職のボランティア化が出現した。

職能ボランティアを含まない一般ボランティアを中心としたボランティア組織を〈自然発生的ボランティア組織〉と呼ぶとすれば、職能ボランティアに主導され、一般ボランティアを含むボランティア組織を、ここでは〈専門職主導のボランティア組織〉と呼ぶことにしたい。ボランティア論における位置づけこれらの組織の類型的な差異とそこでの課題については別途に論ずることにする。

2 職能ボランティアの専門性の実践

1) 実践 praxis の空間としてのフィールド──〈隙間〉の創出

厚生省に「老計第7号通達」を出させ、要介護老人の施設入所と介護に関する事務手続を後処理にする緊急一時保護が可能となったのは、文字どおり、法制度上の施設運営規則や意思決定ルール、個別施設の運営諸ルールから自由になった専門職ボランティアの、ディ・サービスやショート・ス

テイの事務手続きを根拠に、緊急時の法の拡大解釈を、〈専門性〉を駆使することのよって要求しえた活動であった。

つまり、専門職ボランティアは、法システムや法運用等の法技術と業務の限界に周知していたが故に、緊急時には、かえって施設業務を自ら解き放ち、ボランティアの資格で法解釈の拡大を要求し、事態に対処したのである。こうして、専門職のボランティア化によって、震災直後の福祉領域のニーズの発見と福祉実践 praxis の強行な再構築が行われたといえよう。専門職のボランティア化によって、この段階では、かえって〈専門性〉の実践の可能性が出現したのである。

阪神・淡路大震災時の「緊急生活」の際という混乱期に、要介護を必要とする高齢者保護をめぐって、瞬時に、ボランティアによって実践的に試みられた、〈サバイバーズ・エリア〉という一時、局所的な「緊急保護」の支援の様相は、制度的サービスの不在、亀裂に発見された〈隙間〉の創成である。この〈隙間〉を発見し、この〈隙間〉を具体的テーマに即して、一時、局所的に支援活動で埋めるのは、制度的サービスや専門職活動でなく、尖端的ボランティアである。

このような代替的潜在的可能性をもつ実践は、緊急時の制度的時空間の不在あるいは亀裂という事態に、文字通りミクロな〈隙間〉を埋める形で現出する。しかし私たちの関心は、このミクロな〈隙間〉で現出した制度代替的実践は、やがてマクロには、したがって制度形成的視点からみれば、それは緊急時の潜在的制度のシャドウ・プランとして社会的に普及する可能性を実践的に究明する必要がある。さらに、そこから新たな「要介護老人」施設への収容の制度形成的形成、という過程を考える必要があろう。緊急時にできる実践による〈隙間〉の穴埋めは、新たな制度的世界の形成の時間への媒介時間的役割を果たす。

新たな制度的世界の形成の時間を媒介する支援のボランティア実践との間には常には、このような既存の制度とは区別されない曖昧な ambiguous 領域が存在する。このような過程状態を〈隙間〉を考え、危機において、制度が更新され変動する際の、ミクロからマクロへとうごめく内在的な生成過程の究明が私たちのテーマである。

〈サバイバーズ・エリア〉という一時の「緊急保護」の場の確保と、そこから「要介護老人」の〈施設 institute〉への保護収容、という実践的プロセスは、危機的状況下における制度上の空白（あるいは法制度が空白を形成）という〈隙間〉を顕在化させた。しかしこの〈隙間〉はその内容として、場に余技なくされた実践とはいえ、創造的実践という力を生み出している。それはマクロにみれば、既存制度の拡大適用を根拠とした、制度の境界 border の曖昧化・拡張化という動的過程でもある。

この〈隙間〉の動態 dynamism の条件は、1)既存制度サービスを「緊急状態」下において、2)専門職がボランティア化し、責任を負う、という決断によって、3) 制度運用者に対し、その運用解釈を、対象者の認定者および対象者一段の拡大を認めさせ、実践活動のフィールドを創設した、ことによるものである。

つまりこの条件は、別言すれば、緊急事態（状況）下での実践主体の出現と、そして実践根拠となる制度そのものを更新し、拡大する新しい実践の対話的相互行為である[9]。

2) 被災者との応答に対する〈約束・関与＝責任 engagement〉
——専門職の自省性 reflexivity

こうして、高齢者の死を回避するため要介護老人の「緊急保護」、という活動が出来うるだけ可能なような〈場〉として、職務権限の伴わない、したがって自由意思の行為可能な福祉施設の専門職のボランティア化が出現した（要介護老人の施設への「緊急保護」活動を行う「長田支援ネットワーク」）。

避難所等の被災現場で要援護・要介護老人を発見する、というボランティア行為は、当に専門職の〈専門性〉をフルに発揮した、ニーズそのものの発見であった。それは、自らの活動のかかわり合う対象者そのもの発見でもあった。職能ボランティアの〈専門性〉へのこだわりともいえる。また、こうした介護を必要とする老人の〈サバイバーズ・エリア〉ともいえる、ボランティア基地、第二次避難所（「サルビア」）の組織化と介護活動は、法制度・施設の諸ルールのなかで遂行される専門職の業務を、自由意思のもとに〈施設〉外部へ延長し、福祉活動の〈専門性〉の実践 praxis の空間としての〈場〉

の創出であった。職能ボランティアにとっての活動のフィールドは、このようにして出現したのである。

　そして、厚生省に「老計第7号通達」を出させ、要介護老人の施設入所と介護に関する事務手続を後処理にする緊急一時保護が可能となったのは、文字どおり、法制度上の施設運営規則や意思決定ルール、個別施設の運営諸ルールから自由になった職能ボランティアの、ディ・サービスやショート・ステイの事務手続きを根拠に、緊急時の法の拡大解釈を、〈専門性〉を駆使することによって要求しえた活動であった。

　つまり、職能ボランティアは、法システムや法運用等の法技術と業務の限界に周知していたが故に、緊急時には、かえって施設業務を自ら解き放ち、ボランティアの資格で法解釈の拡大を要求し、事態に対処しえたのである。

　こうして、専門職のボランティア化によって、震災直後の福祉領域のニーズの発見と福祉行政の強行な再構築が行われたといえよう。専門職のボランティア化によって、この段階でかえって本来的な〈専門性〉の実践 praxis の可能性が出現したのである。

3) 被災者との応答に対する〈責任看取〉(アンガジュマン)

　職能ボランティアの施設外での業務以上の〈専門性〉へのこだわりはいかにして生起したのであろうか。それは被災現場での被災者との出会いによって、「被災者に一体何ができるのか。いかなる責任をはたすことができるのか」。「被災者を引き受ける能力を私は持っているのか」。被災者のまえで職能ボランティアは自問自答する。彼らは、徹底的に、自己の知識・技術・技能の能力が問われ、試され、自己責任の範囲での自己決定を、文字どおり自由意思として行わざるをえないのである。それは明らかに業務としての専門行為とは異なっていることを自覚してくる。

　またボランティア活動の必要性、という状況認識を持続させるためのニーズ発見は、〈レスキュー段階〉よりも、それが一段落した〈復旧－復興段階〉で特に不可欠であった。避難所から多くの被災者が出始め、私的な被災生活を始めたとき、神戸では、この段階で多くのボランティア組織が

ほぼ撤収し解散していく時期となった。ボランティア活動の場がなくなったと判断されたからである。

　中辻さんたちを中心に多くの福祉専門研究者と6つのボランティア組織との共同作業としてこの時点で行った「被災者生活調査」(95年3月)は、避難所から出た老人がどのような被災生活をしているかを、安全の確認とニーズの発見を目的に行われたものであった。

　職能ボランティアのこうした活動は、「調査」によって、一般ボランティアや職能ボランティアに、現実には潜在的ニーズが存在し、したがってボランティア活動のフィールドが存在することを認識させることになった。多くのボランティアの撤退期にあって、新たなニーズの発見は、ボランティア活動の更新と最新によって、ボランティア組織そのものを再組織していくものであった。

　この調査の責任者は、「調査のための調査でなく、調査結果について責任を持つ調査」(中辻さん)という。それは、「調査」は職能ボランティアの有する専門的職能を自覚して行われたことを意味し、そこで発見されたニーズを実践しようとした。職能ボランティアの職能意識は、〈専門性〉とは同時に責任を負う、というものであった。

　対象者との〈応答〉によって、専門職として一体なにを引き受けられるかを、専門知・技能・技術のすべてにわたって判断し、自己決定する。これは施設における法システムのバックアップや施設のルールや職務権限を超えた、自立した専門職としての責任と能力を自己に課す、自己実現を発揮する活動である。「阪神高齢者・障害者支援ネットワーク」の黒田裕子さんは、「事例を大切に」という (1998/08/04)。専門職にありがちな、普遍化作業志向、抽象化、一様化するマニュアル化によって、「自分らしく生きる」という〈生の固有性〉の多様な現実 reality が排除されることを防止する手段として、「事例」という具体的な範例化の繰り返しを新たに加わる支援者に要請する。

　それは、危機的状況下におけるボランティアの状況認識を介して、その問題の解決が、倫理・道徳等の権利や義務等のレベルではなく、その問題から生じてくる諸責任がむしろ、状況という文脈のもとで理解され、なに

よりも、自己自身が被災者という他者の呼びかけに応答するものとして、自らの職能を社会に、公共に対して責任を分担するという、自らのプロフェッションへの〈気づき awareness〉といえよう[10]。

　この自覚は、被災者と〈出会う rencontre〉ことによって余儀なく形成される〈約束・関与＝責任 engagement〉を伴う応答という共同関係と不可分である[11]。

　ケアとは、「この世に実在しており、しかもそれとわかる苦悩」を見つけてそれを緩和し、当事者の自立の可能性を与える責任といえる。それは、人の「痛み」を人として受けとめ、それを〈約束・関与＝責任 engagement〉として引き受けることである。

　単に専門職として受けとめるのではなく、黒田裕子さんがいうように「人間の生活があり、生活する人間がいる」、「人として命を重んじる」、「最後まで生ききる」というような、生活者としての人としての受けとめ方が要請される。

　つまり、その人の積み重ねてきた人生、生活、苦しみ、願い等を支援者自らが、人としても受けとめることなしには、引き受けられないことを知ることである。その上で、その人の生き方に深く関心・関与することによって約束を果たすということだけでなく、同時に、自らもまた、その目的に向かって自己自身の生きるあり方を、自己を拘束する。したがって、自らを変えなければならぬ課題にも直面する。それが当事者との応答と責任ということであろう。

　本書でたびたび使用される概念、〈主体の複数性〉、あるいは〈受動的主体性〉とは、こうした約束をする主体の変様（プロセス）である[12]。

　先に論じた震災直後の福祉行政業務の事実上の停止や施設専門職のボランティア活動の少なさは、制度化された福祉業務・活動に対し批判的な課題を提起せざるをえない。今回の震災という緊急時に、福祉の専門職のうち、先に見たように、介護 care 領域の専門職がかろうじて現実的に対応できたから、福祉領域のニーズの発見と福祉の専門的実践の強行な再構築が可能であった。ケース・ワーカやヘーパー等の他の福祉専門職の対応は総じて反応が鈍く、対応が遅れた、といわれている。

そもそも福祉活動は、かつて社会事業と考えられ、炊き出しやセッツルメント運動にみられるように、最も貧しい階層、最も被害がひどい階層への活動が主たるものであった。

今回の震災では、一般ボランティアが【レスキュー段階】で炊き出し等の活動をしていても、ワーカー・ヘルパーの参加は少なく、「『炊き出し』は素人のする事。福祉の活動とは思わない」(中辻さん)、と認識されていたという。震災による被災市民の「生活崩壊」への支援こそが福祉の専門職の〈専門性〉の本来的実践の〈場〉、という思想は忘れられたのであろうか。

震災直後の要介護老人の救援・救済活動の混乱はこの問題を直截に示している。長田区のケアセンター「ながた」では、避難所の高齢者の支援や緊急保護を行うと同時に、1995年1月25日より、ディ・サービスの利用と介護ホームヘルパーの利用に対し安否確認を担当職員が行なった。幸い全員の生存確認ができた。

このセンターは、同時に在宅や避難所で彼らの生活および介護支援を行い、危険な状況にあった高齢者については「緊急保護」を行った。しかしその当時は「特別養護老人ホーム入居待機者およびディ・サービス利用待機者、過去のショート・ステイ利用者に対して、安否確認をする事はこのセンターの義務とは考えもしなかった」(中辻さん)という。しかし、「状況が安定化し落ち着くにつれ、このセンターが地域の在宅福祉の真の拠点であり、災害時おいて災害弱者である高齢者の防災拠点としての使命を自覚していたのであれば、彼らの安否確認や援助も当センターの責任ではなかったか」と考えるようになった。

「施設の利用決定権を措置制度の下では、福祉事務所が持っているため、待機者をただの書類としてしか感じてこなかったことに強い疑問を抱いています」とセンターの責任者は反省的に述懐している。

被災現場で要介護老人の「緊急保護」のボランティア活動を行っていた福祉職能ボランティアの中辻さんは、この活動を繰り返しているうちに、自己嫌悪におちいったという。それは、老人へのボランティア活動は、彼にとって、数多くの弱った老人のうち、専門職的判断を駆使して「要介護老人」を発見し、サバイバーズ・エリアへ入所させ介護することへの疑念

である。専門職にとって顧慮すべき老人は、「要介護老人」であったのである。その結果、多くの老人を見捨ててきた。それが職務と思っていたのである。自己嫌悪の原因は、専門的活動の狭い考え方と行為によって、かえって多くの人々を見捨てたことにある。

中辻さんの「老人」＝「要介護老人」という用語は、行政用語、専門用語にすぎないことに気づくのである。人々が自然に使う用語としての〈老人〉への振り戻しが始まった。こうした危機状況下にあって、専門用語に結びつく行為としての活動は限定的そして限界的であると反省せざるをえなくなる。自然言語としての〈老人〉が、文字通り普通の生活者としての、したがって人間的存在としての様態を意味している。老人に対する普通の人の扱いや配慮の仕方を、職能ボランティアは取り戻さねばならなくなる。

専門職の専門性は、こうして自己の狭い行為を反省し、限りなく、普通の人間的行為としての老人への顧慮へと統合されざるをえなくなった。それは同時に、職能ボランティア活動領域が、一般ボランティアの活動の領域へ積極的に交差せざるをえなくなってくるのである。中辻さんは、医師・看護師や一般ボランティアの協力の下、「第七仮設住宅」で多くの老人のケアをするボランティアを組織化した。

こうして、自己自身が被災者という単に自己の職能として対応するばかりでなく、人間として対応するというボランティア行為が自己の専門行為と対決しながら、反省的に生まれてくる。被災者たる他者の呼びかけに応答するものとし、自らの職能を社会に、公共に対して責任を分担するということは、同時に、人格の創造性に根ざした行為であることがここでは示されている。

被災者という他者を、危機的状況のなかで、新しい状態に創造していく、配慮的行為（ケア）という実践 praxis はこうして現出する。被災者の他者の可能性とは、他者を自己自身と同じように「自己自身」に立ち帰らすことである。配慮的行為とは、こうして、「希望」をもつ他者に、「積極的関与 committed involvement」（I・イリイチ）という、コミュニケーションのネットワークのなかで、自分の職能がどのような「責任」を負っているのか、だれが世話 care をすべきかに関心を寄せることにある。

重要な課題は、care せよとの（職務をなせという）職能の命令、つまり「この世に実在しており、しかもそれとわかる苦悩」を見つけてそれを緩和し、可能性を与える責任である。この責任への自覚こそが、人間としての〈専門性〉の実践 praxis の課題である。それは、人間としての成熟のレベルの問題である。

しかしそれは同時に、職能ボランティアをとりまく被災地での被災者との関係性が、有意義な場所である実践の〈場〉として認識され、活動される。そして、こうした関係の全体こそが、人間的な〈専門性〉の〈場〉＝世界を形成していく。あるいは少なくともこうした〈場〉を反省的に顕現させるのである。

職能ボランティアと被災者との関係性をめぐる〈専門性〉は、こうして自己反省的 reflexive に、職能ボランティアの自己という人格と一体化された職能に分節化し、自己の職能的アイデンティティを有機的に秩序だてる。

こうして、緊急事態での専門職のボランティア化による専門的実践 praxis の可能性が出現したことによって、《専門的活動の〈反省的な自覚〉》が生起した。ここでいう〈自己反省〉ないし〈反省的な自覚〉とは、自己の日常的行為そのものへの疑問・問題提起、そしてとどのつまり、馴れた自己の日常行為との対決を介して、自己の専門を専門職たらしめている〈専門性〉を再構築していく実践 praxis 行為を、意味している。

この〈自己反省〉に対決しているのは専門職が訓知訓化された業務の限界、すなわち〈制度化された専門職〉であろう。

そもそも、施設等における専門職とは、専門知と技能・技術を身につけ、それを職業として社会で〈私的に自立している者〉である。「法システム」としてその職務は正統化され、資格 career 保証のもとで活動している。中辻直行氏の表現に従えば、専門職は、対象者を制度上のカテゴリー階層として位置づけ、画一的に、「法システム」のうしろだてのもとに、制度的措置や処置を行う者である。

こうした専門的活動は、「法システム」や施設の諸運用ルールのもとで行われるが故に、日常的には馴れてくると、その行為は「規格化（規範化）」（フーコー）されざるをえない。

つまり、専門職の業務は、当の本人としては意欲ある自己の主体性に基づいて行われるが、しかしこの業務活動空間の〈場〉は、〈制度・施設の諸ルール〉下のなかで遂行される。その結果この業務は、さまざまな限界という壁にぶつからざるをえない。

つまり、施設 institute では専門的業務が平板に日常化され、「惰性態」pratique 化されていくのである。こうした意味でこの活動は〈施設化 institutionalization〉[13] と呼んでもよいであろう。ここではこうした「構造化された」事象を〈制度化された専門職〉、〈制度化された専門性〉と呼んでおく。〈制度・施設の中で展開される専門的業務〉という〈制度化された専門性〉は、受動的な活動となりがちである。それは施設の専門職にとって、施設運営の諸ルールによって、専門の職務たる自己のサービス活動が、枠づけられ、誘導されるからである。その意味でそれは活動的受動性といえる。運営規則によって専門職務が他律化されていく。

こうした枠づけられ、限界つけられた専門職の行為を解放し、可能な限りの〈専門性〉を確立して行くには、ボランティア活動という行為領域という〈場〉での諸々の企てが不可欠である。

ここで《生成されるテーマ（問題提起）》は、福祉や医療のテーマである〈看護〉・〈介護〉や〈自立〉は、〈制度化された専門性〉のもとでは、職務としては同一であるが、一方では福祉・医療の実践を、他方では〈看護〉・〈介護〉や〈自立〉の惰性的日常行為を産出する、という理論的－実践的問題である。これが〈制度化〉に内在する問題といってよいであろう。

それではボランティア行為領域という〈場〉の持つ意義はなんであろうか、が改めて問題提起される。

しかし、施設での専門職活動過程にあっても、専門職はその本来的な理念として「専門性」を試みる可能性は決して排除されたわけではない。この可能性は、制度や施設 institute の外部者としてのボランティアを以下のような〈反省的な企図〉で導入する際に、現勢化されうる。

それは、サービス施設にボランティアを無償労働として参加させるのではなく、諸サービス制度の欠陥や施設で供給される活動が、制度として不十分であることを専門職が反省的に十分に認識し、こうした制限され、限

定された活動を、理想・思想を根拠として補正し、施設の諸ルール補償するサービス活動をボランティアに期待する、という自覚的に企図される場合である。

したがって施設 institute にボランティアを導入する意義は、ボランティア活動が施設の専門職の活動の単なる補完としての、文字通りの無償労働としてではなく、制度や諸ルールによってかえって実現できない対象者へのサービスを、拡大し相補してゆく企図にある。

この相補的活動は、施設での制度や規則からの解放による、諸サービスがその対象者に最大限の「自立化」を与えるような企図と、その企図をもとに戻そうとする制度・施設の規則の再構築、という緊張した相互肯定的交差や相互否定的交差の局面として立ち現れる。

さらにこの局面は、制度や規則をめぐる専門職とボランティアの〈協働的活動〉と〈指導－被指導〉の関係の緊張関係をも構成する。

ボランティアとは、この意味で専門職集団が受動的活動化していく、したがって〈非専門化〉していくことを防ぐ反省的モメントを与える。ボランティアは、専門職の活動を枠づけ、限界づけすることから専門的活動性という実践を誘導する跳躍台となりうる。

したがってボランティアは、専門職が〈制度の中の専門職〉へと自己転落することを防ぐために自ら、自己の内部に導入する必要がある重要なきっかけといえよう。

　　　この論考は、「専門職ボランティアの可能性」(『看護教育』第40巻第4号, 1999年, 医学書院) に大幅な加除加筆を行ったものである。

注
1　震災後のボランティア活動の諸相を、Ⅰ緊急・救援→生活支援、Ⅱ復旧→復興、Ⅲ復興→社会再生、の時系列的展開に区分した点については本書、2章 似田貝香門「再び『共同行為』へ─阪神大震災の調査から」参照。
2　「何でもありや！」の実践知の意味については、本書、8章 似田貝香門「〈ひとりの人として〉をめざす支援の実践知」、7節「村井雅清さんの実践的な言葉」参照。
3　被災者と支援者の〈心のふれあい〉は、被災者が避難所から仮設住宅移った時、

「ケアがボランティア行為にとって最も重要」という認識実践のなかで生まれた。「ボランティアとは、一方的行為ではなく、相互的である」。したがって「ボランティアは、ケア行為等によって、対象者と1つになった時に、〈ふれあい〉が生まれる」(和田耕一；1997/07/30)。

4 この点については、本書、8章 似田貝香門「〈ひとりの人として〉をめざす支援の実践知」の9節「和田耕一さん(長田区「救援基地」);「ふれあい」と「モラル」、で詳論した。

5 このボランタリズムを本研究では、ミクロ・ボランタリズム micro-voluntarism と呼んでおく。それに対して従来のボランティアの内容は概ね、社会への奉仕、社会に向けての個人意思に基づく活動であった。これをマクロ・ボランタリズム macro-voluntarism と呼んでおく。ミクロ・ボランタリズムは、その人のため、その人の〈生の固有性〉の配慮にこだわる支援の原理である。この実践思想は、当事者の特異性 singularité に依拠して、他者との対話を媒介にして成り立つ、相互行為にまで高められるとき、〈自律的連帯〉に導かれる潜在的可能性を生むことになると思われる。

6 その業務は、遺体安置所の設営、検死、身元確認、埋葬許可書の発行、焼き場の手配、焼き場への遺体の輸送(滋賀県、和歌山県)等である。

7 全国の防災マニュアルが「高齢社会」を念頭に置いてこなかったことがこの震災で明らかにされた1つである。特に福祉行政とのかかわりが事実上皆無であった点について次のような中辻直行氏の鋭い批判がある。「消防や警察は、全国からの応援体制が自動的にとられましたが、全国どこの自治体の防災マニュアルにも、災害時に福祉事務所やその他の福祉施設等を含む福祉機関への応援は想定すらされていませんでした。同時に福祉施策を司る県・市の民生部局も、災害時においては救援物資等の配給機関となり、高齢者対策・障害者対策等の、福祉関係施策を行う機関は、事実上防災マニュアルが一瞬にして消滅させてしまいました。『高齢社会』において『災害弱者』の存在すら想定していない防災マニュアル、政府も全国のどの地方自治体も、高齢者が『災害弱者』であることを想定していない防災マニュアルは、まったくの欠陥マニュアルでした」(中辻直行, 1996)

8 こうした状況によって上位化された法の実施が他の法を、事実上、無力化させる事態は、最も厳しい状態下にある被災者を一層状況悪化させていく、いわば制度的空白現象である。制度間の上・下関係がある条件下で形成されると、最も〈可傷性 vulnérabilité〉の可能性のある領域に、一層の可傷性が複合化される。先にふれたように〈隙間〉における尖端的ボランティアの支援がこの空白を埋める。

9 こうした危機に不可避に現れる制度的空白と、それに対するボランタリスッチクな試みの場を〈隙間〉という表現で捉えたい。社会問題生起に対するマク

ロの制度不備による空白、ないしは制度の空白を、ミクロには、具体的、一時的、局所的な実践が出現する現象である。いわば、マクロの空白をミクロに媒介する現象である。

それが故にこの〈隙間〉では、ミクロには、制度と実践のカオスを伴った実践と制度の相互浸透という動態 dynamism が出現し、再びマクロに向かい、制度組織の再組織化という、可能性がうまれる。制度(組織)とカオスを伴った相互浸透のダイナミズムが、制度を更新ないしは新しい制度を形成する可能性である。この意味で、〈隙間〉は、現実態を可能態へ、可能態を現実性へと繋いでいく場である。〈隙間〉の動態は、ボランタリステックな社会変動と構造の変動の齟齬の問題として、またこの齟齬を吸収していく構造化のメカニズムを記述するのに重要な役割を果たす。こうして生み出された〈隙間〉のなかの制度の拡大された周辺部と、これを現実の支援の実践的活動は、現働化されている制度の力関係を越えて、困難にさらされて被災高齢者の〈生命=生活〉を緊急保護しづけようとするだけでなく、その困難に対する反作用と被災高齢者の〈生命=生活〉の自律の支援の発展の諸条件を求める、支援者の実践の形成をうながす。〈生命=生活〉に関する新しい価値化のシステム、生に対する新しい考え方等の新しい優しさといった規範を生み出そうとする。

そこから、媒介の時間と、制度的世界の形成の時間との間には常に、区別ないし曖昧性 ambiguity が存在する、このような過程状態を〈隙間〉を考え、制度が変動する際の (再制度化、という過程)、ミクロからマクロへとうごめく内在過程をテーマとして構想することが可能。これらのテーマを、〈越境的ダイナミズム〉という概念で論じたものとして、似田貝香門 (2005) 参照のこと。

10　「気づき」については、I・イリイチ参照。
11　この点についての詳論は、本書、8章 似田貝香門「〈ひとりの人として〉をめざす支援の実践知」参照。
12　ここで、記録文学のジャンルの石牟礼道子の『苦海浄土——わが水俣病』(1972, 講談社文庫) 方法は、当事者との応答と〈約束・関与=責任 engagement〉という視点からみれば、本文での黒田裕子さんらの、支援の実践者の実践方法と、きわめて等距離な位置にあるように、私には思える。煩雑になるが大切な視点なのでふれておく。『苦海浄土』の記録文学という方法は、単なる聞き書きの手法で書かれた作品でない。患者のいい表していない思いを言葉として書く、という方法をとっている。それは、石牟礼自身が「だって、あの人が心の中で言っていることを文字にすると、ああなるんだもの」と、『現代の記録』の編集者、渡辺京二に語っていることからわかる。その『現代の記録』(1963年) で、「地方を出て行く者と、居ながらにして出郷を遂げざるを得ないものとの等距離に身を置きあうことができれば、私たちは故郷を再び媒体にして、民衆の心情と共に、おぼろげな抽象世界である未来を、共有できそうにおもう。そ

の密度のなかに彼らの唄があり、私たちの詩(ポエム)もあろうというものだ。そこで私たちの作業を記録主義と呼ぶことにする」(『苦海浄土』p.304)、といっている。石牟礼道子は、水俣市立病院に坂上ユキを見舞ったとき、半開きの個室のドアから、死にかけている老漁師釜鶴松の姿を垣間見て、「彼はいかにもいとわしく恐ろしいものを見るように、見えない目でわたしを見た」と、深い印象を受けるくだりがある。そして、「この日はことにわたしは自分が人間であることの嫌悪感に、耐えがたかった。釜鶴松のかなしげな山羊のような、魚のような瞳と流木じみた姿態と、決して往生できない魂魄は、この日から全部わたしの中に移り住んだ」(p.126)。彼女が老漁師釜鶴松から乗り移られた表現である。この彼らに成り変わることができる、彼女の確信の根拠は、単に対象を何度も観察、分析したからではない。彼らとの共同的な感性の根っこがあるであろう。私たちは、本書で論じたように、イシュー(不幸な出来事、制度や秩序による制約)を介して、当事者や当事者に〈寄りそう co-presence〉、隣り合わせ、近傍にいる人々と、「変わり合い」、「支え合い」を生み出しながら、可能的世界を共有することを願っている。それは〈語る〉─〈聴く〉という関係性を、被災者との応答に対する〈約束・関与＝責任 engagement〉から、相互に「変わり合う」時に、成立するのであろう。私たちはこのような関係性を、〈共に─ある être-avec〉、〈共同出現〉と呼ぶことにしたい。

13 制度化 institutionalization とは、実定法や成文化されたように見える「制度」に対し、「制度化」で見えない隠れた編成がある。とりわけ、技術的・社会的・文化的な位相において、自律的な行為(集合行為)が他律化される編成のありかたのことを意味する。〈制度化された専門職〉、〈制度化された専門性〉を理論的におさえれば、専門の知と技術を行為する場が重要であることはいうまでもない。この場で専門的業務が、institutionalization される。I・イリイチはこうした事象を「制象化」institutionalization と呼ぶ。それは「制度の実践 praxis」(日常のあたりまえの行為 pratique が実践化されたもの)と呼んでいる。専門職の〈制度的編制 establishment〉をめぐる理論的把握は、現代社会におけるサービス行為をめぐる重要なテーマである。

参考文献

大賀重太郎, 1996「震災から1年たってもなんでこんなに涙もろくなんでこんなに腹立たしい」(KSKQ 障害者救援本部通信, No.16)

草地賢一, 1995「市民とボランティア」(酒井道雄編『阪神発 阪神・淡路大震災以降』岩波新書)

似田貝香門, 2005「越境と共存世界──新たなる社会の尖端的現象について」(似田貝香門・吉原直樹・矢澤澄子編『越境する都市とガバナンス』法政大学出版局)

似田貝香門，2006「解説〈ひとりの人として〉をめざす支援の実践知」(似田貝香門編『ボランティアの活動が社会を変える——支えあいの実践知』関西看護出版)

中辻直行，1996「高齢者ケアセンターながた」在宅サービス利用者・待機者の被災後の6ヶ月の状況」(高齢者ケアセンターながた編『阪神・淡路大震災 被災要介護高齢者調査結果報告書』

Ivan Illich 1978=1979 The Right to Useful Unemployment and its Professional Enemies, Marion Boyars（邦訳「創造的失業の権利」『エネルギーと公正』晶文社）

Ivan Illich 1976 Medical Nemesis, Pantheon.

6章 〈居住の論理〉に基づく
コミュニティ形成
──野田北部地区の復興まちづくり

清水　亮

1　問題意識──震災復興まちづくりとコミュニティ形成

　1995年1月17日に発災した阪神淡路大震災は周知の通り都市型の震災として未曾有の被害をもたらした。住宅被害は兵庫県内で248,412棟、438,930世帯におよんでおり（2004年12月28日現在兵庫県調べ）、この再建が復興まちづくりの大きな課題となった。

　このようなハードとしての住宅再建が求められる一方、復興過程ではソフトとしての地域住民の連帯が問題とされた。被害が集中した神戸市のインナーシティ地区では高齢化が進んでおり、避難所でも仮設住宅でも高齢者を巡る問題が多発した。それまでは下町の顔の見える近隣関係のなかで支え合って暮らしていた彼らは仮設住宅の入居時に地域的に分断され、見ず知らずの人々の間での生活を強いられた。これによる引きこもりや無気力化をいち早く問題視して解決に乗り出したのがボランティアたちであった。彼らは個別訪問により被災者ニーズを把握し、問題解決を図っていった。仮設住宅ではふれあいセンターの設置やふれあい喫茶の運営などコミュニティづくりを先導し、仮設解消後も災害復興住宅で孤立する被災者達を地域に結びつけていく活動に奔走した。

　震災によって改めて明らかになったのは、「コミュニティ」の重要性である。上述のように、地域社会にはもともと近隣との人間関係のなかで他者とふれあって生きている人々が存在していた。そうした人間関係としてのコミュニティが震災によって崩壊することで多くの問題が発生し、これを機にコミュニティの重要性が再認識されたのである。さらに、震災直後の

人命救助、消火活動、緊急体制の立ち上げでも従前のコミュニティの力がものをいったケースが見られた。このことも、コミュニティの存在意義を高めたといえるだろう。

　こうした事態に追随する形で、コミュニティの重要性やそのあり方の再考を強調する言説が登場した（たとえば横田, 1999、倉田, 1999；207、今野, 2001；5-16など枚挙に暇がない）。確かに近隣同士の互助は人々の生活を支える上で重要な要素であるし、とりわけ行政サービスが機能不全に陥る災害直後においては多くの期待がコミュニティに集まる。コミュニティが重要視されるのは半ば当然のことといえる。ここで求められているコミュニティは濃密な近隣関係をイメージさせるものが大半であり、1970年頃より都市社会学者が主導してきた理論的な「コミュニティ」概念とはかなり違っている。一方、実際の地域社会がこれまで辿ってきたコミュニティ解体の歴史を考えれば、濃密な近隣関係の復古は現実離れした理想論といわざるをえない。防災意識の重要性こそ認知されるようになってきたが、大都市の生活においては依然として多くの人々は隣近所の人とはせいぜい挨拶を交わす程度のつき合いが主である。「互助」とまでいえる濃密な近隣関係が拡大基調にあるとはとてもいえないし、本気でそれを望んでいる住民が多いとはいえない。必要とされるのは、現代の社会状況下でいかなるコミュニティ形成が可能であるのかという道筋を示すことであり、その条件を明らかにすることである。

　阪神淡路大震災の事例には、復興まちづくりの過程からコミュニティ活動の活性化を見てとることができるケースがいくつか挙げられる。そこでは壊滅的打撃を受けた地区の再建を目指す物的 physical な領域の課題を契機に、地区住民がさまざまな問題を話し合う協議の場が成立し、行政を巻き込む形でまちづくりが展開していった。本章ではこうした事例の一つである神戸市長田区野田北部地区に焦点を当て、復興まちづくりとコミュニティ再生がどのように交錯し、住民の〈主体化〉がどのように成立したのかを具体的に明らかにしていきたい。そこでは、①通常のまちづくりと復興まちづくりの相違および、復興まちづくりの初期条件、②居住者優先の思想（〈居住の論理〉）に基づいた復興まちづくりの展開過程、③〈居住の論理〉

に基づくコミュニティやまちづくりの理論的可能性について示すことが課題である。

　まず議論に先立ち、対象となる「まちづくり」についての暫定的な定義をしておきたい。本章における「まちづくり」とは、地域社会が抱えたなんらかの課題に対し、住民や行政等の関係諸主体のいずれかが主導して問題解決に当たろうとする行為とする。これには、建築物や道路、公園などの物的 physical な要素の建造等にかかわるもの（ハードなまちづくり）もあれば、住民活動の活性化へ向けたリーダー育成や住民組織の立ち上げ、集団間ネットワークの形成といった関係性構築を目指すもの（ソフトなまちづくり）もある。これに対し「復興まちづくり」は、その名の通り災害に起因する問題に対処するためのまちづくりである。震災は住宅を破壊し、人命を奪い、生活を崩壊させた。失われた人命をもとに戻すことはできないけれども、生き延びた被災者達の住宅を再建し、生活を取り戻すことが復興まちづくりの課題であり、目標である。ただし、ここでの「復興」は単にもとの状態に戻すだけの「復旧」とは違い、従前に抱えていた問題の解決をも内包した発展的要素を有している。

　「復旧」と「復興」との違いは曖昧にされることも多いが、立ち止まって考えておく必要がある。なぜならば、復旧のための制度はある程度の準備がされているが、復興のための制度は存在しないからである。問題を抱えていた地区が被災した場合、これを機に一挙に従前の問題も含めて解決を目指そうとするのは至極当然のことであるが、私的所有への不介入を大原則とするこの国の法体系においては制度による"焼け太り"は認められない。復旧からさらに一歩前へ進もうとしたとたんに制度は援助の手を引っ込めてしまう。それだけに復興を目指すまちづくりにおいては、住民の知恵と工夫が必要とされるのである。

　阪神大震災において神戸市長田区野田北部地区はそうした復興まちづくりの先頭を切った。地区は被災そのものも含めて何度も大きな危機に面し、そのつど問題を乗り越えていった。これらはおおよそ次のように整理できる。以下、順に論じていこう。

危機・課題	対応・戦略
(1)初期条件としてのインナーシティ問題	まちづくりの開始
(2)震災発生による住宅再建問題	従前居住者回帰の方針
(3)土地区画整理事業区域の指定	事業推進による早期の住民回帰
(4)区画整理事業区域外の再建	地区計画と細街路整備（空間的一体化）
(5)従前居住者の回帰困難	コムスティ構想（精神的一体化）
(6)復興事業の区切りと日常的まちづくり	コンパクトシティ構想・野田北ふるさとネット

2　復興まちづくりの初期条件
――〈居住の論理〉に基づく震災以前のまちづくり[1]

　神戸市長田区野田北部地区はJR神戸線鷹取駅の南東、国道2号線の北側に位置する住商混在の地区である。震災前の時点で世帯数は1,031世帯、人口は2,629人ほどで高齢化率は19.2％（1990年国勢調査）。海運町2～4丁目、本庄町2～4丁目、長楽町2～4丁目、浪松町2～4丁目、計12ヶ町によって構成されており、面積は13ha弱である。町丁別自治会は存在せず、「野田北部連合自治会」が全体を一括している（図6-1）。

　被災後、この地区では復興対策本部がいち早く設置され、レスキューが開始され、その後もガレキ撤去や家屋の修繕等の復旧作業への取り組みも

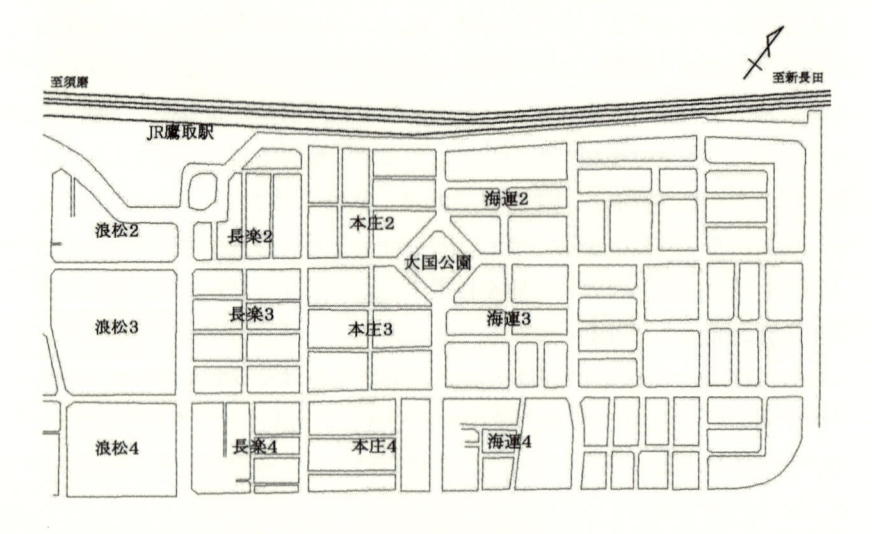

図6-1　野田北部地区

早かった。住宅再建へ向けて、土地区画整理事業を初めとした行政の都市計画事業への対応も素早く、復興段階も他地区に比べれば相対的に順調な展開を示したといえる。また、復興まちづくりが一段落し、日常へと回帰した後も積極的なまちづくり活動を展開させている。このように震災後に野田北部でまちづくりが進展した背景には、初期条件として震災以前のまちづくりの存在がある。まずはこの様子を確認しておこう。

　明治初期の野田村は50軒足らずの農村であったが、大正末期の耕地整理と溜池（双子池）埋立てによって現在の碁盤の目状の区画ができあがった。この時の埋立てによって生まれた財産は住民に分割せず、コミュニティの共有財産として学校や保育所、広場の整備などに充てられた。野田北部の最初のまちづくりとも言える事業である。残った土地には大国神社が建立された。これは後に震災時の延焼をくい止め、また人々の避難場所となり、そして震災後は炊き出しや慰霊祭の会場ともなった、地区の象徴ともいうべき現在の大国公園の土地である。

　昭和に入ると宅地化が進行するなかで戦争を迎え、一部は空襲で焼失の被害に遭う。戦災復興土地区画整理事業を経て一層の宅地化が加速し、人口が増加していった。けれども宅地の狭小化、建築物の老朽化が進んでいわゆるインナーシティ問題を抱えるようになり、1980年代に入ると地区の衰退が問題となるようになった。この時期、空き家（老朽木造住宅）、違法駐車・駐輪、高齢化、商店街衰退などの問題が徐々に進行しつつあり、1990年代に入ると子どもの姿が目立って減っていった。各学年5～6クラスあった小学校のクラスが震災以前には2クラス程度にまで減少しており（就学年齢層の激減）、「道端で遊ぶ子どもの声が聞こえなくなって寂しくなった」という。

　この地区にまちづくりの運動が起こってきたのは、そうした人口減少による地区衰退の危機感がつのってきた1990年代に入ってからのことである。この運動は大国公園の拡幅整備を市長に要望したことに端を発している。大国公園は1980年代頃より荒廃が進み、若者が集ってシンナーを吸うような場所と化していた。また、盆踊り大会等の地区内の祭りや催しを行う公園としてはやや手狭であった。そして、行政と連携してこの事業の推

進を図るにあたり、自治会とは独立した組織としてまちづくり協議会を発足させることとなった。1993年1月のことであった。

協議会としては地区の衰退という課題を前にして、まずは大国公園の整備と公園の南北にのびるコミュニティ道路の整備に着手した。震災の1ヶ月前の1994年12月には大国公園整備完成を記念した式典が行われている。構想としてはその先のステップとして地区の活性化に向けて、地主・家主と折衝しながら空き家問題に取り組んでいこうとしていたという。けれどもそうした矢先に震災が発生してしまったのである。

震災以前のまちづくりは、以上概観してきたように地区内に発生していた問題の直感的認識段階（公園の手狭感、シンナー青年等への危機感、子どもの減少による寂しさ等、地域衰退の認識）からこれらに対する問題の整理（住環境改善の必要性）、および具体的対処としての組織の結成（まちづくり協議会）、事業着手（大国公園拡張事業、コミュニティ道路の整備）といった内容である。この時の活動のなかで、若者層を中心とした人口回復を図る方向でまちづくりを進め地区の活性化を目指すという基本的な考え方ができあがっていた。そして、この時の協議会組織の結成は震災後の復興本部の迅速な立ち上げにつながり、若者や家族世帯減少の認識は後の復興戦略に影響をおよぼすこととなる。野田北部に限らず、一般に地域での従前の活動が盛んだった地区は震災後の立ち上がりが早かった傾向が指摘されている（松本、2005；80ほか）。また筆者らの調査グループは、1987年に地域政策研究会が行った「自治会調査」「市民調査」のデータと神戸市が震災後に行った「住民自治組織被害状況調査」とを照合してみたが、自治会活動やボランティア活動等が以前から相対的に盛んであった長田区や兵庫区は、真野地区などに典型的に見られるように復旧・復興への立ち上がりが総じて早かったことが確認されている。

野田北部の立ち上がりの早さは組織面では以上のような従前活動に依るが、内容面でも従前のまちづくりを延長することで復興イメージが描きやすかったことが早期復興着手に繋がったと見ることができよう。そして、その中心となったのが「居住者優先の思想」である。野田北部では震災以前のまちづくりの時点で土地所有者だけでなく、借地人・借家人もコミュ

ニティの対等な成員として考える思想を有している。協議会役員層から、「駅前を玄関、道路を廊下、公園をリビング、商店街を台所」に喩えるといった発想が提示されていたのだが、地区全体をいわば一つの家として考えるこの〈一体化〉の思想に従って、土地所有者であろうと借地人・借家人であろうと地区の住民として等しく考えられていた。地区内で生活を共にする人々をもってしてコミュニティの成員と考えるこの発想は、震災復興のまちづくりにおいてもずっと一貫し、この地区のまちづくりを特徴づける最大の要素となっている。ハードにかかわるまちづくりというと、とかく土地所有者が中心となりがちであるが、人口減少や高齢化といった地区衰退（インナーシティ問題）に対する危機意識は、その土地に住む人がいなければ問題解消に繋がらないという「居住者優先の思想」を生み出した。この「居住者優先の思想」を土地所有に基づく〈所有の論理〉と対比して〈居住の論理〉と命名しておこう。

この〈居住の論理〉に従って震災後の野田北部は復興まちづくりに取り組んでいくこととなる。それぞれの段階や状況ごとにこの論理がどのように発動されていくか、以下に復興まちづくりの様子を見ていこう。

3 「復興」の初動体制と〈居住の論理〉の確認[2]

1995年1月17日午前5時46分。淡路島北端を震源とした大規模な地震が阪神・淡路地域を襲った。この地震は野田北部にも甚大な被害をもたらした。とりわけ地区の東側にあたる海運町2,3丁目付近では東に隣接する旭若松地区と共に火災による延焼の被害が発生し、一面が焼け野原と化した。本庄町、長楽町についても全壊や半壊の建物被害が続出し、野田北部地区全体では実に家屋の全壊・全焼が70％余り、半壊・半焼が25％余りという悲惨な状況となった。人的被害も甚大で、地区全体で41名の死者を数える大惨事であった。

レスキュー段階の野田北部では、住民同士の救助活動が展開された。崩れた家屋の下敷きとなって埋まっていた人がたくさんいた。あちらこちらで「助けて、助けて」という呻き声が聞こえ、それを近所の人同士で連携して掘り返し、搬送した。「娘を助けてくれ」という声が崩れた家屋の下か

表6-1 町別犠牲者数

町名	男	女	計
浪松2	0	1	1
浪松3	0	0	0
浪松4	0	0	0
長楽2	0	0	0
長楽3	1	5	6
長楽4	0	0	0
本庄2	2	4	6
本庄3	3	4	7
本庄4	0	1	1
海運2	6	5	11
海運3	2	3	5
海運4	3	1	4
計	17	24	41

表6-2 年齢別犠牲者数

年齢	人数
9歳まで	4
10代	3
20代	1
30代	2
40代	4
50代	6
60代	4
70代	7
80歳以上	10
計	41

表6-3 建物被災状況

町名	全壊	半壊	健全／一部損壊	計
長楽2	53	26	2	81
長楽3	56	45	6	197
長楽4	32	31	17	80
本庄2	84	36	1	121
本庄3	82	31	4	117
本庄4	56	8	2	66
海運2	121	1	0	122
海運3	111	0	0	111
海運4	13	45	1	59
計	608	223	33	864

野田北部地区災害状況（野田北部まちづくり協議会編，1999；14-15）

ら聞こえてきて皆で慌てて瓦礫をどかしたが、発見時に娘の息はすでになかったという悲劇もあった。地区にある病院の入院患者は住民が手を貸して全員を無事避難させた。東隣の若松町は震災当日の午前中にすでに焼け落ちていた。徐々に西進してくる火の手に対し、なにわナンバーの消防車が駆けつけた。だが、水が出ずにホースを巻き直してそのまま去ってしまったそうである。家を失った人々がぞろぞろと列をなして線路沿いを西に向かって歩いて行く様子は、それは異様な光景だったという。

　震災発生以降の野田北部の対応は素早いものであった。発災直後からまちづくり協議会の若手役員を中心に人命救出等が迅速に行われた。当日の内に鷹取駅前にワゴン車を停め、「野田北部震災復興対策本部」というマジック書きのダンボール看板をとりつけて、復興対策本部を設置した。3日後、海運町4丁目の集会所に本部は移されるが、ここがその後のまちづくり協議会の活動拠点となっていく。彼らを中心にまずは救出活動と行方不明者探しが行われ、同時に救援物資の受け取りと配布の作業が進められた。1月19日からは被害状況調査に着手、22日からは以後3ヶ月続く夜警も開始された[3]。

一方でこうした作業のかたわら、2月10日には第1回の復興対策会議が開催され、コミュニティ再建へ向けての方策が練られ始めている。復興対策会議では「住み続けたい」とする大多数の住民の意向を実現すべく、「もといた住民が可能な限り戻ってこられるまちづくりを進める」という住民回帰の基本方針が確認されるが、このことが持つ意義は大きい。これは従前のまちづくり活動によって明らかにされていた活性化のための若者回帰といった次元を遙かに超えて、居住者そのものを引き戻さなければコミュニティ自体が存続できなくなるという危機感の表れである。そしてこの断崖絶壁に立たされても、なお引き続き復興まちづくりを〈居住の論理〉によって遂行していくという宣言にほかならない。野田北部が「復興」を遂げるには、まちの活性化と住宅再建という二つの課題を克服していかなければならないことが、この段階で見据えられたのであった。

　復興対策会議は、実務としては当面は住民の意識調査やまちづくりニュースの配布をしながら、二次被害防止のため焼失地区の倒壊家屋撤去に力を注ぐこととなり、早速2月中旬から開始された。会議はその後継続的に月に3〜4回のペースで開かれている。さらには土地区画整理事業、瓦礫の撤去・家屋の解体作業、商店街・仮設店舗、家並み形成・地区計画といったテーマについての話し合いや調整がそれぞれ同時並行で進められ、さまざまな課題に応じた各種勉強会も熱心に開かれた。

　このような緊急・復旧・復興の初動体制が整ったのは先述した「初期条件」の賜にほかならない。真野地区を初めとして深江地区や味泥地区など、従前のまちづくり活動が見られた地区では同様に初期の組織化が迅速である。対照的に、定型的な町内会・自治会活動しか存在しなかった地区では緊急の体制が整わず、ましてや物的 physical な要素を含むまちづくりは自治会の守備範囲を超えたものとしてほとんど動けないという実態が存在していた[4]。

　神戸市は「まちづくりニュース3号」(1995年2月23日発行) で市内6地区の復興計画案を発表し、そのなかで「震災復興土地区画整理事業」の区域を提示した。野田北部地区では海運町2丁目および3丁目がこの事業区域に指定された。この案は3月17日には都市計画決定され、事業が正式に推進

される運びとなった。これと並行して、「神戸市震災復興緊急整備条例」（2月16日施行）に基づいて3月には「重点復興地域」の指定が行われ、野田北部では海運町2～4丁目、本庄町2～4丁目、長楽町2～4丁目が指定を受けた。この結果、野田北部には土地区画整理事業対象地区（海運町2,3丁目）、区画整理事業対象地区を除く重点復興地域対象地区（海運町4丁目、本庄町2～4丁目、長楽町2～4丁目）、市の復興事業の対象地区に特定されていない地区（浪松町2～4丁目）という3つの異なった区域が生じることとなったのである。

同一コミュニティ内がこのように分断されたというのは野田北部のまちづくりに課された特殊条件である。だが、このような条件下においてもコミュニティを維持するために、野田北部では知恵と工夫を結集して区画整理事業指定地区と重点復興地域とに異なったまちづくりを展開していった。無論、手法は違っていてもその目指すところは従前居住者の回帰、すなわち〈居住の論理〉の貫徹であり、コミュニティとしての一体的復興である。以下、これらを論じていこう。

4 〈居住の論理〉の優先——土地区画整理事業区域内のまちづくり

　1995年3月17日に都市計画決定された土地区画整理事業は新長田駅周辺地区の復興事業の一環として指定されたものであるが、野田北部に含まれる海運町2,3丁目のほか、東に隣接する旭若松地区を合わせた計8ヶ町が鷹取東第一地区として事業区域に指定されている[5]。震災時の火災によって焼け落ちた地区が指定された形となっていた。

　この土地区画整理事業は市の施行であるが、事業区域の指定に関しては住民には事前の連絡は一切なく、市の広報によって一方的に示されたという。しかし住民は土地区画整理事業そのものに対する知識など持ち合わせているはずもなく、あわてて「減歩」「換地」「建蔽率」などの基本用語や建築基準法そのものの勉強を始めるところからのスタートであった。

　区画整理事業に先立ち、この当時の野田北部の復興まちづくりが直面していた課題は、瓦礫の撤去と被災建物の修繕である。前者は自衛隊が受け持つこととなり、3月18日から4月17日にかけて実施された。この時、後々

の混乱を避けるため、まちづくり協議会の要請で土地の境界線が不明確にならないようにと基礎部分や側溝などを残す形で整地が行われた。まちづくりが土地の権利関係でもめることが多いことを見越しての遅延予防策であった。同時に、これは地権者からも歓迎され、協議会への信頼に繋がっていく。後述する通り、地権者との関係（〈所有の論理〉への配慮）はまちづくりにおいて重要な要素の一つである。

　瓦礫撤去に並行してまちづくりの制度等についての勉強会、区画整理の権利者集会、専門家による個別意向相談、借地・借家権者への対応が進められていった。こうしたまちづくり協議会役員とこの地区のまちづくりコンサルタントを担当した地元建築家森崎輝行さんの努力の結果、海運町2, 3丁目に関しては5月25日には早くもまちづくり協議会が住民の主張を調整しながら換地のプランを練りあげるという実に画期的な試み（「想定換地」）が行われている。「想定換地」は他人の土地や家屋という私的所有物に対して何の権限も持ち得ない協議会がいわば勝手に線引きをし、提案してしまうものである。まちづくり一般において私的所有権にふれる部分については容易には言及できず、ともすればこれが原因で紛争することもある要素である。これに敢えて手をつけたことには二つの意味がある。一つは従来型の〈所有の論理〉に対して〈居住の論理〉を優先させるという基本姿勢の表現であり、もう一つはこれを行政の調整に先駆けて協議会が行うことで住民主導の立場を示したことである。自らの地区の重要事案に対し自らのコミュニティの思想に基づいて臨むそのあり方は、単なる「住民参加」の域を遙かに超えた「住民主導」であるといえる。

　1995年の夏頃までは事業はおおむね順調に進行していった。7月2日には事業に際しての市側との交渉の窓口となる「鷹取東復興まちづくり協議会」が対象8ヶ町を統括する形で発足し、事業の推進に基本的に合意する方向での話し合いが進められた。

　区画整理事業に対しては、野田北部まちづくり協議会としては一日も早くもといた住民が地元に帰れるようにするため、ある程度の減歩はやむをえないものとして当初から一貫して事業の推進を促す態度をとり続けた。そこでは、協議会会長浅山三郎さんによる「土地を取られるんではない、

土地を提供して環境（安全）と健康とを自分たちで買うんだ」という、私益をベースにした考え方で事業の推進が図られ、海運町2,3丁目の住民がまとめられていた。だが、震災で既に財産を失っている住民のなかには事業でさらに土地の提供（減歩）が求められる点に不満を訴える人も少なくなかった[6]。このため、旭若松地区側の住民から反発の声が高まり、「鷹取東復興まちづくり協議会」では住民要求（減歩率の上限9％・戦後復興事業地域の減歩緩和・受け皿住宅の建設など）をまとめた「付帯条件」を市側に申し入れることとなった（7月12日）。8月18日には市側からの回答を引き出し、9月13日には市との間に「確認書」を取り交わして、事業計画案に協議会としても正式に同意を示す運びとなった。縦覧を経て11月30日には事業計画がいよいよ本決まりとなった。ところがその後、9％としていた減歩率の問題を巡って市側の説明に曖昧な点があったと住民側が再度反発を示し、1996年2月には市が事業の一時凍結を行うという問題が発生した。

　減歩率を巡る紛争は区画整理事業にはつきものであるが、これはまさしく〈所有の論理〉に依る地権者の権利主張である。これに対して海運町（野田北部）が事業推進を主張したのは、既に述べたようにこの地区には土地所有者であろうと借地人・借家人であろうと地区の「住民」として等しく考える思想があり、従前居住者の回帰を第一に考えたからである。また、「一番弱い人のことを考える」という協議会役員の目線の置き方も重要な役割を果たしている。地権者にとっては確かに感情的には減歩は受け入れがたいものであるが、事業が遅れれば遅れるほど戻ってこられなくなる人が増えてしまうという危機感がある。相対的に資産の少ない借家人にとっては特に事業の遅滞は地元復帰に決定的な打撃となる。少しでも多くの人が戻ってこられる条件を早く作り上げることが協議会としての急務であり、それなくしては人口回復・活性化という震災以前からの問題解決もありえないというのが野田北部の認識なのである。

　鷹取東復興まちづくり協議会のように区画整理事業に向けて組織された協議会では、区画整理の性質上、地権者中心の議論（減歩問題）に偏りがちになる。土地所有者に比べて相対的に立場の弱い借地人や借家人の問題、とりわけ区画整理事業に法的な発言権が認められていない借家人の問題は

どうしても二の次になりやすい。つまり、土地に対する私的所有権を最大限保守・保全するということが最大の問題関心となる傾向が生じるのである。けれども野田北部では、従前のまちづくりの段階から借地人・借家人をもコミュニティの対等な成員として考える居住者優先の思想を持っている。純粋に土地資産のことだけを問題にするならば大地主は区画整理に反対の立場をとる傾向があるが、まちづくり協議会の役員は当初より借地人・借家人の存在を念頭に置いて大地主と良好な関係を取り結ぶように積極的に動いていたという(「地主さん、家主さんとはどんなことがあっても喧嘩しない」)。この地区では実際に大地主は比較的協力的であったそうだが、地主側としても人口減少による地域の衰退という現実を前にして借地人・借家人の存在を無視しえない状況にあったと考えられる。いずれにせよ、もとから住んでいた住民が一人でも多く地区に戻れるようにしようという強いコミュニティ志向こそが野田北部の復興まちづくりの根幹を成す最大の特徴であったといえよう。これは他地区とは明らかに違っている。

　事業の一時凍結に対しては〈居住の論理〉を優先させる事業推進派の海運町だけ先行実施する案も浮上したが、1996年3月中旬にようやく調整がつき、最終的には8ヶ町全体で事業を行うことになった。「この地区は一体である」というコンサルタントの強い意向がここには効いている。〈居住の論理〉は何よりもこの地区での「生活」を中心に据えている。隣接する地区がバラバラになっていくことは、事業後の地域生活を考えれば何としても避けねばならない。事業の遅延は従前居住者の回帰を減らすことを意味するから大いなる痛手ではあるが、〈一体化〉もまたコミュニティにとってはずせない条件であった。

　これ以降、6月23日の土地区画整理審議会委員選挙を経て、8月には事業区域内で初めて海運町3丁目で仮換地指定が開始された。これは神戸市内の他地区に先行した第一号の仮換地指定であった。さらに土地区画整理事業と並行して地区計画の策定が練られ、事業区域内全域に施行されることになった。内容としては、協調型住宅建設のための補助制度である神戸市の「インナー長屋制度」を利用した建蔽率の緩和などが図られている。1995年12月より説明会が開始され、1996年7月16日には素案の縦覧に漕

ぎ着け、1997年1月6日に正式に発令となっている。

　事業の進展に伴い、住宅そのものの再建も徐々に進み、1997年春以降は地区内の方々で槌音が響くこととなった。2001年2月21日には換地処分広告に辿り着いている。事業が遅れた東灘区森南地区と比較すると結果的に進行が2～4年近く早かった。これこそまさに、地権者よりも居住者を優先するために初手から事業推進を唱えてきた成果にほかならない。

5　地区の空間的〈一体化〉とコミュニティ規範による〈所有の論理〉の乗り越え

(1) 地区計画によるまちなみ形成

　火災の延焼を逃れたために土地区画整理事業に指定はされなかったものの、本庄町・長楽町でも倒壊した家屋は決して少なくない。この地区の最大の課題は区画整理事業が実施される海運町といかにして一体のまちを形成していくかである（〈一体化〉の思想）。一方は区画整理事業によって道幅の広い安全なまちの形成が担保されることになったが、事業区域を一本はずれた隣接地区の路地を入れば狭小宅地に細街路が続く、旧来通りの危険なまちが残ることになってしまう。同一コミュニティの中にこのようなアンバランスが出現すれば、まちなみの連続性が失われるだけでなく住民層にも大きな不連続が生じ、地区の一体性は崩壊の危機に瀕することになる。コミュニティの再生を図るためにはなんとしてもこのような事態は避けねばならない。まちづくり協議会は区画整理事業の遂行に追われるかたわらで、このような危機に面してまちづくりに取り組んでいた。

　本庄・長楽地区で最初に課題になったのはやはり瓦礫の撤去であり、被災建物の修繕である。被災建物の修繕については、地元業者不足による他府県業者の導入が避けられない状況下にあって、後のメンテナンスを確保するためのシステムが協議会とコンサルタントによって工夫された[7]。これにより福島県三春町の大工14人の支援を受けることが決まった。1995年の3月中旬という極めて早い時期から施工が始まり、最終的に14軒の修繕が行われた。このような修繕システムの構築もまた、野田北部の住民中心の発想によるものである。

一方、修繕程度では済まない多数の倒壊家屋については一筋縄ではいかなかった。細街路に囲まれた小規模宅地が密集していたこの地区の状況は法的規制の問題を発生させ、住宅再建を実に困難なものとしていた。幅員4m未満の細街路が多く、現行建築基準法に対する既存不適格の問題が生じていたのである。もともとが狭小宅地につき、遵法再建では十分な床面積が確保できない。この厳しい状況を前にして、野田北部まちづくり協議会では「街並み誘導型地区計画」の策定により問題に対処しようとした。「街並み誘導型地区計画」は、建築物の新築や改築などにあたって建物の配置・規模などのいくつかの項目について地区の実情に合わせたルールを定めることにより、建築基準法上の斜線規制や容積率を緩和するという手法である。この手法は1995年2月の都市再開発法等の改正によってできたばかりであり、野田北部が全国初の適用となった。

この地区計画導入には、床面積確保の意味のほかに「まちなみ」の視点が存在している。海運町の区画整理事業は、それ自体は面的整備に過ぎないが、将来的に家が建ち並んだ暁には良好なまちなみがほぼ約束されている。まさに「復旧」を超えた「復興」の条件が整えられている。一方、本庄町・長楽町で倒壊家屋の単体再建だけを考えたのでは、生活面では住環境の改善には繋がらない。既存不適格問題を考えると、このままでは住環境はかえって悪化してしまう。本庄町・長楽町の「復興」を目指すためにも、同一地区内のアンバランスを回避するためにも、区画整理事業区域に匹敵するまちなみの形成が不可欠となる。野田北部でのヒアリング調査ではしばしば「地区は全体で一つ」という言葉を聞くが、このようなコミュニティとしての一体性、連帯感を維持するためには、本庄町、長楽町でもまちなみ整備の方策が必要であった。それが街並み誘導型地区計画であり、細街路整備の事業だったのである。

住民はこの地区計画の策定にあたり、震災直後の早い段階から話し合いを進めており、まちづくりコンサルタントの指導のもとに市との交渉、具体的ルールづくり、住民間の合意形成に取り組んできた[8]。そして土地区画整理事業区域内の地区計画と同じ1997年1月6日に正式発令に漕ぎ着けている。

その後、まちづくり協議会としては細街路の整備に着手した。住宅再建時に「2項道路」の規程により道路中心線より片側2mずつセットバックするところをさらに0.5mずつセットバックして5m道路にするのが上述の街並み誘導型地区計画のルールであるが、さらにこの道路に「街並み環境整備事業」を利用することでまちの景観形成を図ろうとしたのである。この制度を併用することで細街路の美装化[9]を市の予算で行うことに成功し、さらに門扉・植栽の撤去・新設に対する補助金の獲得を達成した。整備された街路は、通りごとに「きんもくせい通り」「きんぽうじゅ通り」といった植物の名前が付けられ、通りの名を記したプレートが道路の中心に埋め込まれた。通りごとに色調に変化をつけて個性を出しながらも、地区全体としては統一感のある街路になるように計画が立てられ、無機質なアスファルト舗装とは全く異なる街の景観が形成されたのである[10]。1997年夏頃より住民合意が得られた路線から順に本格整備の手続に入り、2007年3月に対象28路線全線の整備を完了した。

細街路整備にはすでに述べた「まちなみ」形成の意図があるが、このために地区計画とは別にまちづくり協定（「野田北部地区まちなみ協定」）が設けられた（1997年7月2日）。そこでは「緑あふれ、うるおいとやすらぎのある下町」と「野田北部らしさ」が目標として掲げられている。この協定そのものは市の条例等の法規範には担保されない自主的なルールであり、道路構造・屋根形状・建築の形態や材質・門塀の設置形態や素材・植栽等々についての全体としての統一を目指したものとなっている。

以上のような地区計画の策定や細街路整備に見られるコミュニティレベルのルール策定には、〈所有の論理〉を乗り越えて〈居住の論理〉を優先させる新たなコミュニティ形成の方向性を読み取ることができる。節を改めて論じよう。

(2) 私的所有のコントロールとしての〈専有＝割当て Appropriation〉——現代版〈コモンズ〉の形成

野田北部では地区計画によって壁面後退やそこに私物を置かないというルールが作られたが、このルールに担保されて、後退した部分の土地（壁

面後退をしても登記上は私有地のまま)に対する共同的利用が可能になっている。この部分の土地の利用は所有者の意のままにはならず、他人の通行を許したり、地区の規定による緑化が施されたりして、コミュニティの皆に利用されることになる。けれどもこの土地を売ったり、譲渡したり、相続させたりすることは、これとは関係なく可能である。このように、土地の処分権は所有者にそのまま認め、利用の部分についてのみをコミュニティの社会規範によってコントロールするといったことが実際に行われている。

　他人が所有する土地の利用を所有権の壁を乗り越えてコントロールすることは、通常の日本の土地所有権の発想では実現困難である。一般にこれが可能となるのはコントロールの内容が「公共の福祉」に合致すると国家レベルで認定された場合のみであって[11]、制限の内容は法律に書き込まれることになる。すなわち原則は全国一律のルール下での制限である。ではなぜ野田北部ではコミュニティレベルでのコントロールが可能となっているのだろうか。

　地区計画自体は都市計画法で決められた制度であるため、正当な手続で策定されれば法的効力を有することになる。地区計画の策定には地区内の土地所有者や関係者の総意が必要とされており(都市計画法第16条2)、野田北部もこれに従ったに過ぎない。すなわち、既に制度側においてコミュニティレベルのルールを一部是認するしくみを準備しているのである。地区計画制度は1980年の創設以降、その内容の充実が図られてきており、コミュニティのまちづくりルールを国家が後押しする形となっている。地区計画制度が設立されたこと自体はまちづくりにおいて大きな意味を持っていた。それまでは都市計画は国家が独占していたが、この制度の創設によってコミュニティレベルの都市計画が可能となり、その事実上の権限が基礎的自治体に付与された。住民に最も近い行政体が地域のあるべき状態を誘導しうるようになったという点は従来の国家主導型の都市計画という頸木(くびき)から基礎的自治体が解放されたことを意味する。と同時に、地域住民にとっても同様の解放がもたらされたことを意味している。その気になりさえすれば上述のような総意を創り出すことで、自主的なルール作りが可能と

なったからである。

　しかし、野田北部で注目すべきなのは地区計画に加えて独自のルールを策定していることである。細街路整備に向けた「まちなみ協定」は法的に担保されていない固有のルールである。このような取り決めを理解するにはヴェーバー（Weber, M., 1922=1972; 70-75）の「専有」Appropriation の議論を援用することが有効である。

　「専有」は社会がその成員に対して独占的な利益獲得の機会を帰属させる社会関係である。これに従えば、土地の所有や利用による受益は個人に絶対的に帰属する権利として承認されるのではなく、他の社会構成員との間の「社会関係」のなかで承認されると考えることができる[12]。このように考えることで、土地や住宅という生活の根底としての物的 physical な要素をコミュニティ住民間の社会的 social な関係に連接していくことが理論上可能となる。

　植栽・門・塀等の形態や材質など、野田北部で作られたまちなみに関するルールは住民発意のルールであって、地区計画で決めた範疇を超える要素はすべて何の権限も持たない自主的な協定である。このルールに実効性を持たせる法的な担保は存在しないため、ひとたび法廷で争うようなことになれば所有権に対抗することはできない。それにもかかわらず住民はこのルールを作り、守ろうとしている。正に、土地に対する私的支配の一部をコミュニティの社会関係に譲渡している状態（まちなみの統一という共同利益をコミュニティ成員が獲得する状態）として理解できよう。ここではこれを〈専有＝割当て Appropriation〉と呼んでおこう。このようなコミュニティの社会関係に基づく Appropriation は、国家の法体系によって承認された「所有」（土地に対する絶対的支配）の権限とは基本的には別物としてコミュニティの内部に成立している。

　以上のようにして出来上がった共同利用に供される土地は、個人の土地でありながらコミュニティに実質的に開放されている。これは現代版の〈コモンズ〉の形成といえる。コミュニティは自らの内にルールを課すことによって共同の利益、共同の財産、すなわち現代版〈コモンズ〉を創出している。このような野田北部の一連の営為は、地域で生じた共通の問題を〈コ

モンズ〉の形成によって乗り越えようとするコミュニティの自律化への一歩と捉えることができるだろう。

(3) 社会規範の形成とコミュニティの成立

　土地利用を社会規範（コミュニティレベルのルール）によってコントロール下に置いたとしても、その社会規範が法規範によって裏打ちされていなければ実質的な強制力は持ち得ない。法の策定と強制執行の権限が国家に独占されているのが現代の日本社会である。よって野田北部のまちづくり協定も、それを無視するものが現れても強制力のあるサンクションは課し得ない。当然、ルールを策定しても実効性には疑問符が付けられることとなる。逆にいえば、このようなローカルルールを担保できないのが現在の法体系の制度的限界である。

　まちづくり協定の区域内の土地でこのルール違反が発生し、これに対するサンクションが加えられないとなれば、〈専有＝割当て Appropriation〉の発想に基づく共同利用と同時にルールそのもの、すなわち規範自体が崩壊することになる。この場合は共同利用によってコミュニティ成員が得られる利益も失われることになる。さらにいえば、〈専有＝割当て Appropriation〉の成立条件たる社会関係が崩壊することにもなる。このように、コミュニティ成員たる住民はルールの遵守によって利益の獲得が可能になる関係に置かれているのであり、すなわちルールの締結という契約的協同関係がコミュニティの紐帯となっているのである。言い換えれば、地区住民は契約的にルールを取り結ぶことによってコミュニティ成員となるわけである。これは住民のコミュニティ成員としての〈主体化〉という問題である。

　まちづくり協定という法に担保されない社会規範の場合、ルールの遵守と利益獲得との相即性は一層明らかである。たとえば街並みの統一を目的とした屋根の勾配に関する協定事項があったとして、これを無視して独自の屋根を造ろうとする地区内の住民がいたとしよう。この場合、協定に従わないこの住民に対してコミュニティはルールに従うよう説得を行う。当該住民がこれに応じない場合、コミュニティは統一した街並みを形成することができず、「良好な住環境」という共同的な利益は達成されないことに

なる。もしそうなれば、ルールが存在する意味がなくなってしまう。壁面後退などはもっと顕著であり、一軒でもルールにしたがわないケースが出れば、道路幅は広がらず、防災効果なども格段に落ちてしまうことになる。最終的にルールに従おうとしない住民に対しては、仕方なくコミュニティは独自のサンクションを加えようとすることになる。

　野田北部地区では、実際に上述のようなことが行われているという。一般に関西という土地柄は関東などに比べて違法建築の割合が高いと言われる。だが、野田北部ではまちづくり協議会の会長浅山さんはしばしば「正直者が馬鹿をみない」ようにすることの重要性を説いている。そして、自主的な建築物パトロールを頻繁に行い、行政の協力も得ながらルールの徹底化を図っている。こうした努力の結果、違反建築の発生率は他地区に比べて極端に少ないという。これは地区内における建築行為が建築基準法という法規範によって厳密にコントロールされているということを意味している。だが、行政の指導が不十分な部分や法的根拠のないまちづくり協定の部分については協議会役員による頻繁な啓蒙・説得・指導活動が行われており、それでも改善されない場合は最終的には地区内で該当者を"白眼視"するのだという。このことは、ルールの遵守が最終的になされないと、コミュニティは独自のサンクションを加えるということであり、逆にいえばこのサンクションを担保にルールの遵守を求めていることを示している。実際の所、震災後しばらくの期間パトロールを繰り返した結果、最初の頃はいくつかのルール違反が見られたもののその後違反はほぼ無くなったという。このように、〈専有＝割当て Appropriation〉という行為は地区の社会関係の上に成立しており、そうした地区内における社会規範の遵守とその継続によってはじめて成立する実践行為 pratique なのである。

　結局、まちづくり協定の実効力は、コミュニティ成員のルール遵守のみにかかっているということである。このように、まちづくり活動においては住民が「正直者」になる（＝ルールを遵守する）ことで初めて「馬鹿を見ない」（＝「良好な街並み環境」等の共同利益を手に入れる）ことが可能になり、これによって法体系の制度的限界（ローカルルールの不担保）を乗り越えているのである。このことが意味するのは、コミュニティは自らが決めたルール

に自ら従うという自主管理によって成立する自律的な集団だということであり、まちづくりとはそうした住民の〈主体性〉と共にこれを守り続ける持続的実践行為によって成立する活動なのである。

6　復興イベントによる精神的〈一体化〉——「コムスティ」構想

　以上見てきたように、野田北部ではまちづくり協議会を中心とした熱心な活動によって住宅再建に向けてのハード面での条件整備が着実に進められた。上に示したのは土地区画整理事業と地区計画の策定、細街路整備が中心であったが、これ以外にも住宅そのものの再建に向けて共同化、協調化の手法を具体的に提案したり、狭小宅地における再建のプランシミュレーションを実施したり、協議会の活動は多岐に渡る。

　けれども仮にハード面の条件が整ったとしても、もといた住民が必ずしも戻ってくるとは限らないのが現実である。もとの場所に住宅を再建するためには経済的条件・権利関係・投資効果等の諸条件が整う必要があるが、それに加えて従前居住地に戻りたいという積極的な精神的動機づけも必要である。このメンタルな部分に着目したのが「コムスティ・システム」の構想であった。

　「コムスティ」とは「コミュニティ」と「ホームスティ」を繋げて作られた造語であるが、地元に一時滞在することによってもとの居住地区へ戻りたいという感覚を誘発させる仕組みである。避難のために地区を離れてしまっている人にとって、新たな居住地での生活が長期化すればするほど、もとの居住地区との関係が薄れてしまうのは当然のことである。そこで「コムスティ」である。これは、イベントを行い、それを口実に地元を離れた人々を呼び寄せ、地域との結びつきを再認識させ、関係を持続させようという精神的〈一体化〉の発想である。イベントでは地域の復興計画や個人生活の再生プランの呈示が盛り込まれている。これにより、再びこの地に戻ってきたいと思わせようというわけである。より具体的には、転出者の一時滞在の受け入れ、住宅再建についての専門家の相談会、あるいは祭りといった地域独自の展開が可能であり、要するにいつでもその地区に「メンタルスティ」できるようにするためのシステムである。

1996年11月22〜24日、「コムスティ・システム」の第一弾として「世界鷹取祭」が野田北部で開催された。このイベントでは建築祭、まちなみ祭、文化祭、コミュニティ祭という4つのテーマが設けられた。建築祭では住宅再建や土地問題などで問題や不安を抱えている人々を対象とした専門家による「よろず相談会」が実施された。また、まちの将来像を示した模型展を行うことで視覚的な面からの安心感の醸成が目指された。まちなみ祭では「まちかど」に焦点が当てられ、「まちかどトーク」「まちかど写真展」が行われた。そのほかにも「せせらぎの川シンポジウム」や移動生垣の配置、高木の仮置きなど、地区独自のまちなみ形成に向けての企画が組まれた。文化祭においては震災の映像上映、コンサート、サーカス、大道芸といった催しが、またコミュニティ祭では商店街によるスタンプラリー、「だんじり練り歩き」等々が開催され、いずれも活況を呈したという。イベント期間中、全体で約4万人の観客を集めた。この間に実際に野田北部に一時的に戻ってきた人は11名いたという。彼らはホームスティ形式で地区内の一般家庭に宿泊していった。

　「世界鷹取祭」のほかにもいくつかのイベントが実施されている。1995年の初夏には「ガレキに花を咲かせましょう」という市街地緑化再生プロジェクトで海運町2, 3丁目の区画整理事業区域内に花の種が蒔かれた[13]。夏まつりやもちつき大会といった恒例のコミュニティ行事は震災のあった1995年であっても開催に漕ぎ着け、以後毎年継続されている。

　このような各種イベントもまた、コミュニティにとって大きな意味を有している。なぜならばコミュニティはそこに住む人がいて初めて成立するものだからである。鷹取東第一地区では、土地区画整理事業による面的整備に加えて上物整備としての地区計画を連動するというやり方によって、住宅再建に向けての可能性を大きく広げることに成功した。野田北部でも街並み誘導型地区計画を策定することでコミュニティ再建へ向けての大きな一歩を踏み出した。しかしながら、個々の住宅建築という段になると途端に問題は個人レベルに回帰してしまう。すなわち、あくまで住宅再建は個人の資金（自助努力）で行われるということである。野田北部でも、まちづくり事業の先行きがある程度見通せる段階に来てこの問題は現実のも

のとなってきた。もと住んでいた所に戻れる人とそうでない人との明暗がくっきりと出てくるのである。「コムスティ」という発想は、そうした厳しい状況下で精神的にくじけそうになる地元回帰の希望を地区における集合的記憶（アルヴァックス Halbwachs, M., 1950=1989）を介して少しでもつなぎ止めるための手段といえるだろう。そして、住民はこの共同の記憶によってコミュニティ成員であることを自覚し、アイデンティティを形成するのである。この意味においてコミュニティは「記憶の共同体」（ベラー Bellah, R.N., 1985=1991; 186）でもある。

　以上のような従前居住者の精神面にまで配慮したイベントの実施は、野田北部地区に共に住んだという連帯意識に依拠している。すなわち、野田北部がコミュニティの成員として中心に置いているのが「地権者」ではなく「居住者」であることがここからも確認できる。

　1999年3月21日、復興共同住宅「エヴァータウン海運」の完成を機にコミュニティ祭が実施された。復興まちづくりでリーダーシップを発揮してきたまちづくり協議会会長が復興宣言に相当する「コミュニティ宣言」を行い、震災版のまちづくりに一区切りをつけた[14]。復興まちづくりの中心は何といっても行政との連携で進めてきた区画整理事業と地区計画、細街路整備である。ひとまずここまでの展開を「事業型まちづくり」と呼ぶことにしよう。もちろん、野田北部のまちづくりは決してこれで終わりを迎えたわけではなかったし、そのことは以下に示すその後の展開からも明らかである。

7　事業型まちづくりから持続型まちづくりへの転換
　　──復興事業後のまちづくり展開

　野田北部では震災復興にあたり、非常にユニークなまちづくりが次々と企画・実践されてきたが、1999年3月の「コミュニティ宣言」以降もその活動は継続された。その中心となるのは神戸市が打ち出したコンパクトシティ構想の受け入れであり、野田北ふるさとネットの創設である。

　神戸市は、1999年には10ヶ年計画で進行していた復興計画の振り返りを行い、後半5ヶ年で行う施策を「神戸市復興計画推進プログラム」とい

う形でまとめた。これは5つの方針、3つの柱、16のプログラムによって構成されているが、コンパクトタウンづくりはこの方針の一つに挙げられ、主要なコンセプトの一つになっている。神戸市がコンパクトシティを構想し始めたのは1997年の市政方針に遡るが、この基本コンセプトは最小単位の"まち"の重視であり、それを基盤に据えた上での持続可能な都市形成である。災害等の反省から安全で安心なまちづくりを行い、市民がハード面でもソフト面でも安心して便利に暮らせる環境を都市に構築しようという構想が生まれた。ここにヨーロッパ発の環境問題やインナーシティ問題を意識した「コンパクトシティ」[15]の概念が結びついて、神戸版のコンパクトシティ構想が生まれたのである。

ところが、政令指定都市としての神戸市は規模も大きく、全体をコンパクトシティとするのはそぐわない状況であった。そこで、市民の生活圏のサイズに合ったコンパクトタウン[16]の連携として、コンパクトシティを位置づけるという形になった。まずは手始めに、市内10地区をモデルタウンと位置づけ、それぞれの地区ごとに個別の課題に沿った取り組みが展開さ

表6-4　ケーススタディ地区

地区名	面積(ha)	世帯数(世帯)	人口(人)	65歳以上人口(人)	高齢化率(%)	主な活動テーマ等
渦が森地区(東灘区)	133	4,324	11,471	2,111	18.4	若者の地域活動への参加、交通問題等
六甲アイランド地区(東灘区)	595	5,238	14,804	1,169	7.9	住民や組織などのコミュニティ、連携強化等
灘中央地区(灘区)	36	3,642	7,503	1,293	17.2	活力ある商業と心なごむ住環境の共生
旧西国街道地区(中央区)	72	6,058	10,589	2,181	20.6	旧西国街道をシンボルとしたまちづくり
兵庫南部地区(兵庫区)	403	11,224	24,067	5,482	22.8	水辺と歴史と産業に親しむ健康のまち
大沢地区(北区)	1,350	340	1,412	459	32.5	都市と農村との交流
野田北部地区(長田区)	13	777	1,908	399	20.9	住み良いふるさと・野田北づくり
智慧の道地区(須磨区)	40	1,496	3,477	654	18.8	歴史・地域資源の活用による地域の活性化
舞子生活文化圏(垂水区)	447	17,914	46,054	8,455	18.4	より住みよいまちづくりをみんなで進める
神出雌岡山南地区(西区)	922	892	3,479	962	27.7	雌岡山をシンボルとした里づくり

世帯数、人口等は、2000年国勢調査による(2000.10.1現在)
出典：http://www.city.kobe.jp/cityoffice/15/050/compact/people.htm（2007年10月8日アクセス）

れることとなった。野田北部は長田区のモデル地区としてこれに手を挙げたのである。

　区画整理や住宅再建、細街路整備といった震災復興に関するハード面での整備に見通しがついた野田北部にとって、事業を通しての行政とのかかわりは一旦解消されるはずであった。けれども、まちづくり事業を経験してきた野田北部は、行政とうまくつき合っていくことの重要性を強く認識している。行政との関係を継続させ、適宜支援を引き出す可能性を担保しておくことは、コミュニティの今後の維持・持続にとっては意味のあることである。そして、事業が一段落し、ハードとしての「まちなみ」という生活環境は獲得したものの、肝心の地域生活そのものが従前のそれを超えて発展していくという意味で「復興」を遂げるのは正にこれからが本番である。だからこそ、今度はソフト面でのまちづくりに焦点がシフトしていく必要がある。すなわち、出来上がったハードとしての街のなかで、住民がどんな暮らしを営むかという問題に行き当たるのである。コンパクトシティ構想の受け入れは、そうした日常的な地域生活を見据えた活動戦略の一つとして捉えることができる。

　具体的活動としては、まずは地区内で展開されている諸活動の相互交流を図るべく、既存の諸活動団体、ボランティアグループなどをネットワーク的に結びつける「野田北ふるさとネット」を2001年4月に発足させた。企画立案を行う「カンガエールサークル」や実際に活動する「ヤッテミールサークル」を設置したりして、コミュニティ活動を展開している。この内容としては、多様な諸活動を住民に紹介するための「わがまち野田北かわらばん」の発行、コンパクトタウンモデル地区に指定されている北区の大沢地区との地域交流、などが行われてきた。特に大沢地区との交流事業では、先方で行われる「どろんこバレー」への参加を行ったり、大沢地区の農園で農作業を行って収穫した野菜を野田北部で販売・配布したりと、実質を伴った交流が拡大・浸透してきている。

　さらにその後は地区内で見られるゴミやタバコのポイ捨て、ゴミの不法投棄、犬猫の糞害といった問題の解決に着手している。具体的には定期的に地区内でゴミのポイ捨てや不法投棄に関する住民パトロールを開始し、

また「野田北部美しいまち宣言」(2004年6月)を策定して地区内の環境美化、住民のモラル向上を推進している[17]。そしてこの宣言をもとにして2005年6月には神戸市との間に「パートナーシップ協定」が締結された。この協定は前年に神戸市が制定した「神戸市民による地域活動の推進に関する条例」に基づくものであり、地域によるまちづくり活動の主体的推進と行政によるこれの支援とを明確に役割づけたものとなっている。

このように、野田北部では一つの活動が一段落しても、また新たな問題を自ら発見し、その都度論理や戦略を考え主体的に解決を図っていく姿勢を保ち続けている。この意味でまちづくりは「持続的」である。これらの課題はすでに震災に固有なテーマから離れ、日常的な内容、すなわち地域生活をいかに持続させていくかに移行してきている。野田北部のまちづくりは「事業型」の復興まちづくりから「持続型」のまちづくりへとそのステージを変えてきていると言えるだろう。

8 インナーシティ問題と住宅再建の接合──「復興」のまちづくり戦略

野田北部地区の復興まちづくりは以上見てきた通りであるが、その展開過程をここで整理しておこう。野田北部の復興まちづくりにおいては、大きく分けて二つの願望が住民の間に存在していたということができる(図6-2)。一つは「①もといた場所に戻りたい」というものであり、もう一つは「②地区の活性化」である。いうまでもなく前者は震災固有の問題状況である。そして後者は震災以前の段階から存在していた高齢化や人口減少といったインナーシティ問題に関する問題状況である。この二つの生活願望が復興まちづくり活動のすべての出発点に位置づけられる。

この①の系の問題と②の系の問題が、まちづくり活動の過程のなかでそれぞれ問題の発見→問題の対象化→戦略課題の自己提示という段階毎に変化を遂げる。特に問題の対象化の段階において、①②の両系は「まちなみ」をキーワードに連接する。都市計画は、まちなみ整備と引き換えに容積率や建坪率などの緩和を行う。これによって住宅再建のための条件が通常の建築基準法上の規定以上に緩和される。一方、同じくまちなみ整備によっ

生活(復興)の願望	①もといた場所に戻りたい
↓	②地区の活性化(高齢化問題)
問題の発見	①'住宅再建と建築基準(従前床面積確保の困難性)
↓	②'人口回復(若年・中堅ファミリー層の定着)
問題の対象化	①"区画整理事業推進/共同化/協調化/地区計画の策定 ＝まちなみ整備のルール化→容積率・建坪率緩和
↓	②"住宅並びに住環境整備(街並み環境整備事業) 　①"＝②"(「まちなみ」を媒介に連接)
戦略課題の自己提示	●まちなみの一体的整備＝コミュニティ形成 ・まちづくりの事業化(街並誘導型地区計画の策定・街並み環境整備事業) ・事業推進へ向けての住民間の合意形成 ・精神面支援のコムスティ →協議会による徹底した「居住者優先」のまちづくり
⬇	
【問題提起】	①→・従前居住者の"戻り"は住商混在の地区(コミュニティ)の将来像の問題。人口回復の点のみならず、借家人・低所得者層といった階層をどこまでコミュニティ成員として受け入れるかという問題。 ・共同化/協調化/地区計画の策定などは、〈所有の論理〉を〈居住の論理〉で乗り越えて共益(現代版〈コモンズ〉)を生み出す手法。「まちなみ」という視点の導入により、私的に所有された土地・建物等を事実上共同利用する手法である。反転して、共同利用によって発生する共益の維持を根拠に協同の意思を形成・持続していくという意味で、コミュニティ形成の可能性を有している。 ②→若年層・中堅ファミリー層の都市定住 　住宅政策や都市計画が生み出したインナーシティ問題 ①②→コミュニティの再定義 　〈居住の論理〉に基づくコミュニティ形成 　　→都市において住むことの権利(「居住」＝人権)

図6-2　野田北部における復興まちづくり展開過程モデル

て、安心で安全な統一されたまちなみ(景観)という良好な住環境が成立する。これは若年・中堅ファミリー層の地区内居住を推進する重要なポイントである。こうしてまちなみ整備のための事業導入を図る方向性でまちづくりを進めていくわけである。

この結果、①の系からは誰が戻ってこられるようなまちづくりを進めるかという問題が発生する。これは、どこまでの層をコミュニティ成員とし

て想定するのかという問題である。この点において、野田北部がとった戦略、すなわち土地や住宅の所有関係にかかわらずその地区に居住している人をもってコミュニティの成員と考える発想は、人口減少を抱える大都市中心部のまちづくりを考えていく上でも極めて重要な視点を含んでいるといえよう。特に高齢化が進展している現状において、どこまで高齢者が戻れる状態を作り出せるかという点は、都市における高齢者層居住の問題を提示している。

　②の系からは若年・中堅ファミリー層の存在が地域形成にもたらす意味が問い直される。そしてこれらの層が都市定住の基本階層としていかなる可能性を持った存在であるのかという問題を提示している。結論を先取りしていえば、この層はコミュニティ存続の最も基本となる定住人口の再生産の鍵を握る層であるといえる。この層の流出は都市中心部の人口減少を招き、高齢化問題を発生させた原因である。地区の次世代の担い手を抱えるこの層の不在はコミュニティの維持という点において重大な危機を意味している。

　けれども、野田北部のまちづくり活動が行えるのは、①の系の問題にせよ②の系の問題にせよ、いずれにしてもコミュニティ再生のハード面での条件整備の段階までである。実際の建物を建てていく際にはもっと切実な現実的課題、端的にいえば個々の住宅再建は自助努力に依らなければならないという経済的問題が存在していることを指摘しておかねばならない。だからこそ、従前住民の回帰には自ずと限界がある。全員が揃って地区に戻れるということは残念ながらないのである。そこで、次段階ではコミュニティ成員のイメージの拡大が行われる。すなわち、地区の居住者像を従前居住者のみに絞るのではなく、地区にやってくる人々を広く受け入れていく姿勢(開放戦略)を見せるのである。協議会役員に対するヒアリング調査においても、既に復興事業の見通しが立ち始めてきた頃から、新たにこの地にやってきて居を構える人たちを寛容に受け入れていくという言葉が出始めていた[18]。

　野田北部では、土地区画整理事業が完了し、住宅再建も進んで少しずつ更地も減ってきている。震災から5年を迎えた頃には、戻れる人と戻れな

い人とはほぼはっきりしてきた。①の問題については、まちづくり協議会としてできることは概ねやり尽くしたといえるだろう。②の問題については、諸事業により街路はきれいに整備され、公園も新たに作られたりして、震災前の様子とは異なった整然とした景観がまちのあちらこちらに生まれてきた。新しく建った家にも若い人たちの入居が進み、夏まつりに浴衣を着た子ども達の姿が増えてきたことを役員たちは素直に喜んでいる。

　震災後、常にトップランナーとして走り続けてきた野田北部の復興まちづくりは、これまでの活動によって築き上げられてきたコミュニティをどのように維持し、発展させていくのかという段階に移行している。事業型まちづくりから、持続型まちづくりへとあり方を変貌したまちづくり協議会が新たにどのような具体的課題に取り組んでいくのかが注目されよう。

9　現代におけるコミュニティとまちづくりの展開可能性

(1) 「総合力」のまちづくりと協議会

　野田北部のまちづくりは協議会によって推進されてきた。この地区のコミュニティを考える際に、この協議会組織は一体どのような意味を有しているのであろうか。

　野田北部まちづくり協議会は、既に述べたように公園整備を契機に震災以前の1993年に自治会主導の形で設立されている。会長を初めとした自治会の役員や地域の各種団体役員（民生委員・市政懇談委員・婦人会役員・老人会役員・子供会役員）がまちづくり協議会の役員を兼任しているという状況であったが、一方でこうしたまちづくりの活動とは独立に商店街もその活性化を図るべく1992年頃から動き始めていた。翌1993年にはその最初の事業として鷹取商店街の照明灯の整備が行われている。この商店街の動きと自治会の動きとが一体化する形でまちづくり協議会の活動がスタートしていくわけである。

　このように、自治会とは別に協議会を新たに組織化したのは、自治会と商店街という性格の異なる組織に跨る問題を扱うということもあるが、もう一つ重要な意味がそこには存在している。自治会には一定の地域行事を

執り行う既成の役割が既に存在しており、コミュニティ成員間の個別利害にかかわる物的 physical な要素を扱わざるを得ない「まちづくり」の任を負うには相応しくないのである。確かに自治会は地区住民の原則全戸加入を前提にしているという意味で共通の問題を扱うには適しているし、対行政という点でも一定の「代表性」をすでに承認されている組織である。けれども「代表性」を具備しているからこそ、私権の争いには不介入が原則である。介入すれば、たちまち中立性が崩れ、公共性や公平性の観点からの非難の槍玉に挙げられることとなる。だからこそ、自治会が扱う領域は比較的合意形成が容易な領域に固定されやすい。

　ところが「まちづくり」はこのような私権の領域を避けて通ることができない。道路や公園の配置が沿道・周辺の住民生活に及ぼす影響は正負いずれも斑であるし、復興まちづくりのような区画整理や細街路整備ともなれば、住民それぞれの土地所有に対する制限の問題、すなわち私有財産を巡る利害調整こそが中心課題となる。これらを扱うのに、法体系に準拠した権利論ベースの発想で臨んでいては、成果はほぼ期待できないといってよい。

　その一方で復興まちづくりでは、「被災」という現実によって行政との「協働」に基づく「まちづくり」が否応なく突きつけられている。これを拒めば「まち」の復興に対しては行政からの支援は一切得られないこととなり、住宅再建は全面的に被災者個人の手にゆだねられることとなってしまう。富裕層のみが住む高級住宅地であるならばともかく、野田北部のように長屋が点在した下町的色彩の濃い地区にあっては、都市計画事業という行政からの支援を受けなければ個人の再建も「まち」の再建も絶望的なのは論を待たない。コミュニティは地区独自のあり方を示して持続しながらも、同時に制度に向けて開かれている必要がある。コミュニティの自律にはこのような両義性が存在している。

　かくして、ここに敢えて私権の領域に踏み込む困難を承知で「まちづくり」を担う協議会組織が求められることとなる。そしてこのような状況下ゆえ、協議会では財産権の保全に貫徹するような権利論の水準に依拠した方針は採用されない。ここでの方針は会長の浅山さんが何度も繰り返す「もといた人が戻ってこられるように」というものであり、住民の総意たるこ

の一点に徹底的にこだわり続ける。さらにこれを遂行するために協議会役員の焼山昇二さんは「一番弱者のことを考える」姿勢を貫こうとする。焼山さんは、「一番弱い高齢者や借家人に目線を合わせていけば、まちづくりはうまくいく」という。逆に立場が強い地権者のことを優先した途端、実際にまちに住む「住民」にしわ寄せがいき、立ちゆかなくなって地区を離れる(地元回帰ができなくなる)ことになる。これでは人口回復という地区の願いに逆行してしまう。すなわち、「市民」(=「財産権の行使者」)的立場ではなく、「住民」(=「居住者」あるいは「居住の権利要求者」)としての立場にいかに配慮したまちづくりを進めるかが協議会の課題となったのである。

　だからといって、個人の財産権を無視するわけにもいかない。これを無視してしまえば地権者の「合意」を取り付けることができなくなってしまうからである。都市計画事業が財産権の保全を担う行政の事業である以上、権利者の「合意」は絶対条件である。こうして、「もといた人が戻ってこれる」ために立場の弱い借家人に目線を合わせつつ、かつ権利者への配慮も怠らないという無理な条件のなかで、協議会活動が進められた。協議会の役員たちには何一つ権限もなければ強制力もない。「地主や家主とは喧嘩をしない」という協議会の方針の下、役員にできたのはひたすら話し合いの機会をもって「説得」することのみであった。役員の焼山さんはこれを「人心を開いて土地を拓く」と表現しているが、まさにこのような心を開いた「説得」しか地区の総意を合意に換える手立てがなかった。

　ここで登場してくるのが「健康と安全を買う」というレトリックである。協議会会長の浅山さんの話には「土地を提供することにより、自分たちのかけがえのない健康と安全を買う」という表現が何度も登場する。そこでは、区画整理で減歩される土地は無償でとられるのではなく、土地と引き替えに災害に耐える広い道路や住みやすい快適な住空間を確保するというメリットが強調されている。被災を経験した地区住民たちは、「健康」や「安全」の重要性を嫌というほど実感している。「健康」「安全」という住民の実感レベルの総意と、権利主体として財産保全を望む個の論理の間にあって、「土地を提供することで健康と安全を買う」というレトリックは、区画整理や地区計画の過程で矛盾をきたす両者の追求を「買う」という交換の用語

でかろうじて繋ぎ止めている。

　しかし、森反章夫 (2005；81-89) が指摘するように、これだけでは土地の提供に容易には納得できない。当初はレトリックでしかないこの言葉は、協議会の実践活動によって徐々にリアリティを増していく。瓦礫の撤去、建物修繕システムの実践、想定換地、地区計画構想、「コムスティ」に基づく世界鷹取祭、細街路整備等々、次々と「目に見える形で」積み上げられていく協議会の実践は、将来の「健康」や「安全」を担保するに十分な厚みをもっている。先見性をもった復興まちづくりへの積極的な取り組みは、住民の不安を取り除いて納得させる何よりの材料となる。野田北部は結果的に神戸市内で常に復興まちづくりのトップランナーであり続けた。そしてまた、このことが人心を開くことにも繋がったと見ることができよう。現にまちづくりが進むにつれて、レトリックを使わなくても住民は協議会の活動に徐々に理解を示すようになっていく。このように実践の積み重ねを住民が感じ取りながらおおまかに形作られていく「実感的な合意」[19]（野田北部まちづくり協議会編, 1999；40) は、「健康」や「安全」という「個」の利益に対する「実感」に支えられながら、これを区画整理や地区計画などの「全体」へと結びつけていく「個から全体へ」(森崎, 2000；93) (あるいは「私権の延長」) の発想に整合している。これこそが、野田北部まちづくり協議会とそのコンサルタントとの基本的スタンスである。

　それでもさらに実際の交渉場面においては、用いられる手法も説得の論理もケースごとに異なる。被災者のそれぞれの立場に合わせて、共同化、協調化、民間借上賃貸住宅制度、特定優良賃貸住宅制度、あるいは復興メッセを用いた戸建て再建など、ありとあらゆる手法を駆使しながら、再建への道が模索されている。そして、たとえば借家人に対しては地区内で受皿住宅を確保することで居住継続を可能にし、アパート経営者に対してはそのように入居者を確保することで共同住宅再建への同意をとりつけている。また、商店主に対しては一刻も早い営業再開や行政からの支援の取り付けを材料として協調化への同意に成功している。このようなさまざまな手法と論理の組合せが現実のまちづくりなのである。要するに野田北部の実践は、個々には被災住民一人一人に対応して地区内再居住の可能性を追

求するものであり、これらの活動は区画整理事業の推進、地区計画の策定、細街路整備、共同化・協調化住宅再建等々としてまとめられるものであったが、それらはすべて「もと居た場所に戻りたい」、「地区に住み続けたい」という〈居住の論理〉に結びついて「復興まちづくり」に編成されている。逆にいえば、このまちづくりは人々のあらゆる生活のあり様を睨みつつ土地と居住のあり方を再配分する組合せの理論であったのである。

　結局、まちづくり協議会は私的な利害関係の領域に足を踏み入れ、「個」と「全体」との利害調整にかかわりながら、さらに個人と行政との間を繋ぐ中間組織intermediateとして機能している。コミュニティの内側に向かっては利害調整を行うためのコミュニティのルール、規範を自律的に作り出していく。そして、〈コモンズ〉の生成を具現化する事業を誘導するために、時には外側に向かって行政と連接する。

　このような協議会活動が成立した背後に、役員の活躍が存在したことを条件として指摘しておかねばならない。過去に法律的な紛争にかかわった経験からたまたま法律に少しばかり詳しい役員が協議会にいた。このおかげで、野田北部は建築基準法、都市計画法等の諸法令への対応が比較的素早く、的確な判断に繋がっていった。もちろん法律の専門家というわけではないが、弁護士に話を繋ぐということもできた。彼の存在は住民に大いに安心感を生んだのである。またこのような存在は、住民の支援を行うプランナーやコンサルタントなどの専門家の活動をやりやすくする。個々の人々が集まりながら互いに自らの専門性や領域性を活かし、役割を十全に発揮することで全体として一つの方向へ向けてのまちづくりが進行していくような人々の集合のあり方を、コンサルタントの森崎輝行さんは「総合力」と呼んでいる。また同様のことを協議会役員の焼山さん、河合節二さんは「専門の分担」と呼んでいる。こうした、「総合力」や「専門の分担」といったことこそが、いわゆるまちづくりにおける住民の「協働」の内実にほかならない。

　しかし、協議会が行政と対等に渡り合うのは容易ではない。行政は独自の公共性の論理（前例主義、他地区との平等性など）に従って、専門的に事を進めていく。これに対応するためには媒介者としてのまちづくりコンサル

タントの活動も重要な位置を占めることとなる（補論）。

(2) 〈居住の論理〉に基づくコミュニティとまちづくり

　これまで見てきたように、野田北部の実践は一貫して〈居住の論理〉に依拠するものであった。現実のコミュニティは土地所有者と居住者とが混在して成立しているが、両者の間に時として生ずる相克を、〈所有の論理〉に対して〈居住の論理〉を優先させることで調整、解決してきたのである。従来のまちづくりが〈所有の論理〉の壁を越えられずに居住者を排除したり、または遅滞して成果を十分に出せずにいたりする傾向を有していることを考えると、〈居住の論理〉に基づくコミュニティはこの問題を突破する可能性を持っているといってよい。野田北部のまちづくりがこれを証明している。

　このような〈居住の論理〉は、さらに〈居住の権利〉要求に結びついてくる。震災以降、神戸では「居住の権利」がしばしば議論の俎上に上った。それは我々の日常生活では当然視されがちな「住む」ための基盤が地震によって失われ、もとの場所に住むことが叶わない人々が出現したことによって初めて住むことの重要性が認識されたからである。そして、避難所や仮設住宅、あるいは復興住宅での生活が一部の人々にとっては苛酷なものであることが認識されて、「住宅に住む」だけでなく「コミュニティに住む」ことの必要性が意識されたからである。〈居住〉は住宅という器だけで成立するものではない。住宅の確保は当然として、さらにその上に生活を成立せしめる諸条件と抱き合わせることで、初めて地域生活としての〈居住〉が成り立つのである。

　考えてみれば、人がこのように地域に暮らすというのは当たり前のことであり、これを基本的権利であると主張することはごく自然のことである。神戸の被災者達が要求したこの権利は、〈居住〉が普段はあまりにも当たり前に成立しているからこそ日常ではかえって意識されづらいだけのことである。震災直後の神戸は、〈居住〉の最も基本要素であるところの住宅すら失われた状態であった。仮住まいの避難所や仮設住宅は、住宅としての基本性能に問題があり、この住環境改善は何度も被災地のテーマとされた。

また、テント村の住民は、居住地選択の自由も奪われ、最低限の住環境すら確保できないなかでの生活を余儀なくされたのであった。人が生活していく上で真っ当な住宅を得ることは、〈居住権〉の第一歩である。その上で、さらに生活に付随するさまざまな施設、サービス、関係性（道路・公園・商店・病院・福祉サービス・人とのふれあい……）が周囲に付置されて、人はその地に〈居住〉できるようになるのである。

　だが現行の制度では、被災者の避難生活すら環境が不十分であり、こうした制度の隙間をボランティアたちがかろうじて埋めているのが実態である。そして最大の難関は、住宅を私有財産と捉える発想に従って災害時の住宅再建に公的補償を行わないとする制度の現状である。いかに被災者の暮らしが困窮を極めても、この自助努力の原則に対抗しうる制度上の論理は用意されていないのである。

　野田北部のまちづくりは、放置しておけばこのように住宅再建を自助努力に任せてしまう現行制度のなかで、再び〈居住〉を取り戻す可能性を少しでも拡大しようとした試みにほかならない。コミュニティはそもそも〈居住者〉が暮らすことで成立している。だからこそそこに住む人をもってコミュニティの成員とし、住民たちの生活を第一に考える発想（〈居住の論理〉）が生じることは当然の成り行きなのである。

　居住の権利が基本的権利の一部として正当に認められるようになることは重要である。権利に昇華することによって初めて、居住権に根拠づけられた〈居住の論理〉は、〈所有の論理〉に対抗しうるようになる。そして、コミュニティという最も住民生活に近いところで自らの〈居住〉のあり方を考え、決定することが出来るようになるのである。

　今後、まちづくりはますます〈所有の論理〉から〈居住の論理〉へとその中心を移行させていく可能性が強まっている。1980年に都市計画法に新設された地区計画制度は、その後制度の拡大・充実を続けて今日に至っている。既に述べたように地区計画の登場は都市計画分野において画期的な出来事であった。なぜならば、「敷地」という個別単体を単位とした都市計画の延長でまちづくりが出来上がるというそれまでの考え方を切断し、「地区＝コミュニティ」という集合体を単位とした「まちづくり」を生み出した

からである。

　従来の都市計画は国家主導で「都市」の形成を目標としたものであり、〈所有の論理〉に基づいて道路や公園等の諸公共施設を整備していくことを最大の関心としていた[20]。そして、この都市計画の延長線上で「まち」が造られてきた。だが、「都市」の形成とその持続がそもそもの目標なのだから、個別の住民生活の問題までは関心が及ばないし、基本的に地区ごとの条件の違いなどには配慮が行き届かなくなる。これに対し、地区計画が目指したのは「地区」を単位としてそこでの住民生活の充実に向けたハードの整備であった。簡単にいえば、その地区に住み続けられるための条件整備である。「地区」が成立・持続するためには、そこに住み続ける人が居るということが絶対条件となる。そのためには個々の住民の「生活」が地区で成立しなければならない。出発点が地区での生活であるため、ここでは〈居住の論理〉が計画を貫く思想となる。「所有」から入っていく都市計画とは最初の時点から考え方が違ってくる。

　現代社会においてはこのような〈居住〉に対する権利要求がますます強まっており、近年における「まちづくり」への関心はその表れと解することが出来る。「まちづくり」とは地域で生活し住み続けること(〈居住〉)を阻害する諸要因(インナーシティ問題・開発・環境破壊等)を取り除くことにほかならず、それだけに本章で論じてきた〈居住の論理〉は今後のまちづくりにおいて重要な要素といえるのである。

　野田北部の実践が示した〈居住の論理〉に基づくコミュニティ形成は、まちづくりや地域形成にとって以上のような大きな可能性を見せてくれている。我々は、この事例が持つ意義の検証を引き続き行うと同時に、まちづくりが今後どのようにこの論理を貫きながら継続・展開されるのかを見守っていく必要があるだろう。なぜならば、コミュニティルールの策定とその遵守といった自律的な実践 pratique こそが野田北部のコミュニティを成立・維持せしめる鍵だったからであり、こうした営為に基づくコミュニティの行く末は、全国各地で取り組まれているまちづくりの新たな展開可能性とその成否とを占う要素だからである。

本研究の成果の一部は文部科学省科学研究費補助金特別研究員奨励費（課題番号：96J03874）、並びに同補助金若手研究（B）（課題番号：13710104）に依っている。

注

1 野田北部地区の歴史については野田北部まちづくり協議会編（1999）、小原（2002）、および野田北部まちづくり協議会へのヒアリング調査を参考にした。
2 震災以降のまちづくりについては基本的には野田北部まちづくり協議会へのヒアリング調査に依っているが、その他補足的に以下の文献を利用した。震災復興市民検証研究会編著（2001；152-156）、真野（2004）、森崎（1996）（1998）、真野・佐藤（1999）、岩崎（1997）（1999）、徳田（1996）。また、筆者はかつて本事例についてまちづくりの進展要因の分析を行っている（清水，1998）。
3 被災地各所では震災直後から被災家屋に空き巣の被害が続出した。建物に被害が生じているために戸締まりが十分にはできないまま住民は避難所に居ることが多く、一方で避難所暮らしのために家財道具の持ち出しも殆どできない状態であった。またこのような住民不在時に放火が発生すると大きな被害に繋がるため、自己防衛の意味で自主的に夜警団が結成されたという。野田北部では震災以前から防犯組織が立ち上がっており、こうした意識の高さが影響して、震災後の自警団では声をかけずとも自然と人が集まってきた。
4 筆者らの研究グループが1995年に調査を行った長田区内の尻池北部地区では、被災という非日常的状況下において自治会は組織的活動ができず、一部の有志による避難所ボランティアが行われた程度であったという。
5 鷹取第一地区は海運町2, 3丁目に加え、旭若松地区の日吉5, 6丁目、若松10, 11丁目、大橋10丁目、野田4丁目の計8ヶ町。8.5ha、土地権利者979名＋家屋所有者1,430名。
6 戦災復興土地区画整理事業の時にすでに一定の減歩を行っていたという事情もあった。
7 申込者（被災者）・まちづくり協議会（地元復興委員会）・他府県業者・地場業者の4者が関与することで、価格の適正化、事後メンテナンスの確保を行う仕組み。
8 野田北部まちづくり協議会（1999；78）の記録によると、最初に復興委員会で地区計画の勉強会が行われたのが1995年2月17日であり、5月からは勉強会の対象が野田北部住民に拡大されて本格化し、11月頃より協議の段階に入っている。
9 側溝の整備、美装化舗装（インターロッキングブロック、玉砂利洗い出し等）、道路中心プレートの設置、ハンプ舗装。
10 計画段階で、街路ごとに異なった樹種の植栽を施したり、2軒で1本の樹木を所有・育成させる等のアイデアが出されたりした。2004年の時点では完成さ

れた街路にもまだ植栽等は計画的に行われてはいないが、まちづくり協議会会長へのヒアリング調査(2004年8月)の中では、時間をかけて徐々に進めるべく、今後の課題として挙げられていた。

11 「法律によって土地所有権に公共的制限を課そうとする場合にはその公共的制限がなければ公共の福祉が損なわれるということを論証できなければならない。」(稲本，1992；255)

12 大川(2000)も所有を「関係の中の権利・関係への権利」という形で社会的な関係の問題として捉えている。

13 野田北部では土地区画整理事業の区域内において、区画整理予定線をひまわりで縁取るべく道路部分に線状に種が蒔かれ、夏には見事に花が咲いた。これも仮設住宅から地元に戻ってくる住民を元気づけるという趣旨の下に実施されていた。このプロジェクトに関する詳細は天川(1999)にまとめられている。

14 この時点での"復興"宣言に対しては協議会でも躊躇があったという。それは、復興を宣言すれば支援が打ち切られる恐れがあること、そしてまだ復興したとはいえない住民もいるなかで復興を語ることへのためらいがあったことが原因であった。そのため、用意された宣言の草稿からは「復興」の文字は削除されていたという。だが、錯誤により当日は修正前の「復興」の文字入りの原稿になってしまったという逸話がある。

15 「コンパクトシティ」全般については海道(2001)に詳しい。

16 神戸市がイメージしているコンパクトタウンの具体的内容は以下の通り(神戸市復興・活性化推進懇話会，1999『「コンパクトシティ」構想調査報告書』p. 16)。①身近な生活の場において、日常の生活の大半の用が足せる。②住民自身がその地域の自然や歴史、文化などの多様な魅力を発掘し、いわゆる「わがまち」という意識を持ち、また地域に愛着を感じる。③地域が抱えるさまざまな問題の解決に向けて、地域の持つ魅力や資源を活かして、住民が主体的にまちづくり活動に参加する。

17 この「美しいまち」へ向けての取り組みは、指定管理者制度を用いた駅前駐輪場の管理(2005年8月～)、迷惑駐輪の定点調査、駅前の花壇の手入れや付近の清掃、ゴミ分別の出前トーク、5ケ国語表記のゴミ分別看板の設置といった具体的活動を伴っている。

18 新規来住者はもちろんのこと来訪者までを歓迎する姿勢が会長を中心としたまちづくり協議会に浸透しており、ヒアリングの際にも「来る者は拒まず」という表現が繰り返された。

19 この「実感的な合意」とは、オフィシャルな場面での多数決に基づくような合意、あるいは人々の共感に訴えて取り付ける合意(共感的合意)とは異なるものである。これはたとえば飲み会のような非公式の場、日頃のまちづくり活動の際のちょっとした日常的コミュニケーションの場などにおいて、予め感覚

的で曖昧な共通理解を作り上げておきながら、公式の合意形成の場に臨むというやり方である。1対1の社会関係を積み重ねていくその手法は、会議などの場で討論の実践によって図られる合意とはかなり様相を異にしている。

20　都市計画の制度が〈所有の論理〉に依っているとは以下の通りである。都市計画は都市の範域を定め、そのなかで土地の配分と取得、利用を確定していく作業である。まずは都市の土地を「計画」として公有地と私有地に振り分ける。私有地を公有地化する場合は、買収や減歩などの方法をとる(所有の変更)。公有地は計画に従ってそれぞれ道路、公園、公共施設等への利用に用いられるし、私有地は利用のあり方をいくつかのカテゴリーに分類して利用の誘導を図る(用途地域指定)。都市計画はこのようにそれぞれの土地の所有と利用の状況を制御し、インフラ整備を進めていく。そしてこれを着実に遂行していけば、最終的にまちづくりになると考えられてきたのである。

参考文献

天川佳美；1999『ガレキに花を咲かせましょう』(市民まちづくりブックレット No.4)，阪神淡路大震災市民まちづくり支援ネットワーク

稲本洋之助，1992「現代日本社会の土地問題」東京大学社会科学研究所編『現代日本の社会6 問題の諸相』東京大学出版会

岩崎信彦，1997「長田区鷹取東 (第一) 地区における区画整理事業の歩み」神戸大学〈震災研究会〉編『神戸の復興を求めて』神戸新聞総合出版センター

岩崎信彦，1999「復興「まち壊し」土地区画整理事業は今回で終わりに ——「減歩ゼロ」を基点に自己決定による復興まちづくりを ——」神戸大学〈震災研究会〉編『大震災5年の歳月』神戸新聞総合出版センター

海道清信，2001『コンパクトシティ ——持続可能な社会の都市像を求めて ——』学芸出版社

今野裕昭，2001『インナーシティのコミュニティ形成 ——神戸市真野住民のまちづくり ——』東信堂

倉田和四生，1999『防災福祉コミュニティー ——地域福祉と自主防災の統合』ミネルヴァ書房

真野洋介，2004「神戸市野田北部地区のまちづくり」日本建築学会編『まちづくりの方法』丸善

真野洋介・佐藤滋，1999「野田北部地区のまちづくり」日本都市計画学会防災・復興問題研究特別委員会『安全と再生の都市づくり ——阪神・淡路大震災を超えて ——』学芸出版社

松本誠，2005「検証・復興の10年」柳田邦男編『阪神・淡路大震災10年 ——新しい市民社会のために ——』岩波書店

Halbwachs, M., 1950, *La Memorte Collective* ＝小関藤一郎訳，1989『集合的記憶』行路

社
森崎輝行,1996「土地区画整理事業まとまる」『造景』No.1,建築資料研究社
森崎輝行,1998「まちづくりにおける復興計画とその実践——野田北部地区」『造景』No.15,建築資料研究社
森崎輝行,2000「都市計画・まちづくり・住宅再建のための新たな法制度・支援政策」神戸都市問題研究所編『都市政策』第99号,勁草書房
森反章夫,2005「街づくりとローカル・ガバナンス」地域社会学会編『〈ローカル〉の再審』(地域社会学会年報17),ハーベスト社
Weber, M., 1922, "Soziologische Grundebegriffe", Wirtschaft und Gesellschaft＝清水幾太郎訳,1972『社会学の根本概念』岩波書店
野田北部まちづくり協議会編,1999『野田北部の記憶(震災後3年のあゆみ)』野田北部まちづくり協議会
小原啓司,2002『神戸のまちづくりと明治の区画整理』丸善神戸出版サービスセンター
大川正彦,2000「所有の政治学——所有的個人主義批判——」大庭健・鷲田清一編『所有のエチカ』ナカニシヤ出版
Bellah, R.N., 1985, *Habits of the Heart* ＝島薗進・中村圭志訳『心の習慣』みすず書房
震災復興市民検証研究会編著,2001『市民社会をつくる——震後KOBE発アクションプラン』市民社会推進機構
清水亮,1998「震災復興のまちづくりと土地利用」地域社会学会編『シティズンシップと再生する地域社会』(地域社会学会年報10)ハーベスト社
徳田剛,1996「区画整理事業「第一号地区」への住民の歩み——阪神大震災下の鷹取東地区——」『社会学雑誌』13号,神戸大学社会学研究会
横田尚俊,1999「阪神・淡路大震災とコミュニティの〈再認識〉岩崎信彦他編『復興・防災まちづくりの社会学』(阪神・淡路大震災の社会学3)昭和堂

補論　まちづくりコンサルタントの活動とその職能

　野田北部地区のまちづくりコンサルタントを務めたのは建築家の森崎輝行さんである。森崎さんは地区の近くに事務所を構えており、地区の特性については以前から熟知していた。彼が野田北部に直接かかわるようになったのは震災以前からであった。公園整備を機に始まった自治会のまちづくり活動と、商店街の照明灯整備に端を発した商店街活性化活動とが重なるようにしてスタートを切った野田北部まちづくり協議会において、森崎さんはコミュニティ道路や公園整備のプラン作成という形でコンサルタントの役割を務めていたのである。

　震災発生後、この事前活動からの流れで森崎さんはそのまま野田北部のコンサルタントを引き受けた。彼の活動は多岐に渡るが、自身のまとめとして、(1)被災建物の調査・判定・助言、(2)被災建物修繕システムの実践、(3)仮設店舗の建設、(4)制度勉強会の開催、(5)再建相談会、(6)まちづくりルールの検討、の6点の活動が示されている(野田北部まちづくり協議会編, 1999 ; 52)。

　こうした諸活動に取り組むなかで、専門家としてのスタンスは常に住民個人の救済を中心に据えた利益誘導であった。被災して住宅を失った住民たちにとって、第一の優先事項は自らの生活の再建であり、こられなくしては地区の復興や社会再生などはあり得ない。したがって、個々の住民に対しては個人の利益の獲得が始発点となり、ここから社会的な利益に結びつくような形での提案がなされた。森崎さんはこれを「私権の延長」「個から全体へ」と表現している。さらに個人の利益、社会の利益を「目に見える形」に成果として実現していくことの重要性を訴え、まちづくり協議会を指導していった。

　このような森崎さんの活動の背景にあるのは建築家としての職能であるという。森崎さんの整理によると、建築家の職能は、(1)個人の利益の保全・育成、(2)社会の利益の誘導、(3)個人と社会の矛盾の相克、(4)次代への継承、

の4点に集約されるという[1]。これらのいずれかに特化することなくすべてをバランスさせることが、建築家の仕事に求められるという。

　もう一つここで考えておくべき問題があろう。野田北部における森崎さんの活動を振り返ってみると、住民と行政との間に立って、両者を「媒介」する役割を果たしているということに気づかされる。

　住民主体のまちづくりの主役は住民そのものであり、まちづくり協議会のような住民組織であるが、もう一つの登場人物は行政である。ハードにかかわるまちづくりが多額の資金を要する以上、公共事業との連接や補助金の助成がなければ計画は実現困難になってしまう。行政はまちづくりには不可欠な存在である。しかし、行政は行政としての公共性の論理に従って地域社会に働きかけを行う。そこでは専門的用語体系が用いられ計画策定が進行していく。ところが住民は自らの生活に根ざした発想で、日常的に用いている言葉（自然言語）を使って活動を行おうとし、行政に対して意思表明を行う。たとえば行政では「都市計画」という言葉を使うが、住民は平仮名の「まちづくり」という言葉で似た内容を表現する。これらの間の意思疎通を図るためには両方の言葉や論理を理解できる「通訳」に仲立ちをしてもらう必要がある。これがまちづくりコンサルタントである。

　野田北部まちづくり協議会会長の浅山三郎さんは、「住民に説明する話し方といわゆる行政から来た文書とは（表現を）変えていかないと、行政向けの資料では住民さんは全然わかってくれないですよ。その辺の難しさはコンサルタントに任せないと仕方がない。」と述べている。

　コンサルタントは単に住民の依頼に基づいたプランの作成にとどまらず、住民の願いや希望を実現可能性と照らし合わせて行政に橋渡しする役割を担っている。いい換えれば、住民から発せられた自然言語による情報を行政が受けとめられる都市計画の用語系に翻訳し、逆に行政から発せられた都市計画・行政用語を住民が理解できる自然言語に翻訳し、双方のコミュニケーションを成立させる手助けをしているである。

　たとえば、住民が「安全で安心なまち」と表現したとすれば、コンサルタントはこの意味を住民の日頃の暮らしのなかから汲み取り、防災、防犯、福祉などにどのように配慮したまちづくりを進めていくかを検討する。そ

して、公園の配置や具体的な道路幅、車道歩道間の段差の形状、街路樹の植栽の具合等々の詳細を都市計画の設計図に盛り込むべく働きかけを行っていくのである。

　したがって、まちづくりコンサルタントは都市計画分野の高度な専門的知識に精通しているだけではだめで、同時に「生活者としての日常的生活感覚」、「人間としての感性」を持ち合わせていなければならない。専門家としての職能を発揮しようとすればするほど、住民の欲求を正面から受け止められるだけの感性が求められるのである。

　以上のようなまちづくりコンサルタントの役割は、これまで決定や行動を促す「ファシリテーター facilitator」とか、実現に向けて行動を後押しして支える「イネイブラー enabler」という語で語られてきた。だが、役割を十分に発揮するためには地区の固有性の把握も大きな条件となる。歴史、文化、住民特性、人間関係等々、地区内の多くのことに精通していることにより問題の的確な把握、対処プランの考案が可能となる。

　こうした地元密着型のコンサルタントのあり方は「コミュニティ・アーキテクト」の発想である。コミュニティー・アーキテクトにおいては、まさに地区に根ざしてその場の環境にあったデザインやプランを提示していくことが責務とされており、欧米でもこうした建築家は各地で活躍している（ウェイツ，ネヴィット，Wates, N., Knevitt, C., 1987＝1992）。けれども日本のまちづくりの現場においてはコミュニティ・アーキテクトの存在はまだ僅かである。従来のまちづくりは行政主導で進められることが多く、住民がなかなか関心を寄せずにトップダウン型の開発・再開発となる傾向が強かった。こうした傾向は、まちづくり事業の施主が名実共に行政に独占される結果を生み、必然的にコンサルタントやプランナーに対し「行政のため」に仕事をするという意識を生み出してきた。ここには地元意識は希薄である。

　森崎さんの建築家職能は、地元住民と行政との間を媒介する立場である。この観点からすると、まさに地域性を重視しようとするコミュニティ・アーキテクトそのものといってよい。地区の問題を何とかしようとする協議会や地区住民と、地域全体を視野に入れた上で当該地区を位置づけようとす

る行政との間に入り、基本的には住民の利益誘導を第一に置きながらも両者の相克を調停し、双方の利益となるようなプランを導出していく。こうしたまちづくりコンサルタントは、いわゆる「住民参加型まちづくり」を円滑に進めていくにあたっては極めて重要な存在なのである。

　したがって、このようなコンサルタントに求められるのは〈場〉を読みとる力である。人々が生活するのは物理的には単なる空間であり、建築そのものはそうした空間に技術的に構造物を造る行為である。けれども、たとえば「景観」が形成されるのは、建築物の外観や周囲との関係性、時間の積み重ねなどを踏まえた「意味」がそこに生成するからであり、建築家やプランナーはこの「意味」の演出家にほかならない。さらにはこうした「景観」が長い時間を経て、多くの人に広く周知されることで初めて一つの「風景」として認知されるに至る。建築は、空間的にも時間的にも関係性や連続性のなかでこのような「意味」を生成する行為として捉えることができる。空間は「意味」を伴うことでユニークで代替不能な〈場〉となっていく。こうした〈場〉を生み出していく建築やまちづくりという行為を先導・支援する存在だからこそ、コンサルタントは地域に密着してこれまでに生成されている〈場〉を読み解き、あらたな〈場〉の構築を図っていかなければならないのである。

　このようなまちづくりコンサルタントの活動は、従来の専門家に求められてきた科学的知識や技術に基づく専門性の域を既に超えてしまっている。ショーン（Schon, D. A., 1983=2001）はこれを「技術的合理性」technical rationality から「行為の中の省察」reflection-in-action へという変化として捉えている。彼に依れば、専門家の実践は「技術的合理性」の観点からすれば問題の「解決」solving の過程であるが、ここには問題の「設定」setting は存在していない。手段の選択、達成目的の確定、意思決定といった「設定」にかかわる過程は「技術的合理性」からは抜け落ちてしまっている。ところが現実世界の実践では、問題は実践者に対して所与のものとして出されているわけではない。問題はまず最初に発見され、構成されない限りは解決のステップには辿り着かないのである。

　建築や都市計画の専門性は、確かに所与の問題に対して最適解を導こ

うとする際には有効に機能するものである。これらは問題解決に対して一定の合理的な解を提供する。だからこそ、この専門性はまちづくりでも当然必要とされる。しかしながら、こうした問題解決プロセスに先立ち、問題設定、すなわち当該地区にどのような問題状況が発生しているのかを把握し（問題発見）、それをどのような形で定式化するのか（問題の構制）ということが決まらなければ何も事は始まらない。そして、各地区における問題のあり方がそれぞれ個性的で多様なバリエーションを有しているがゆえに、それらを一つ一つきちんと把握して解決可能な形に構成していくためには、まずは地区に入り込んでクライアントとの密なるコミュニケーションを結びながらその欲求・要望を正確に掴み取らなければならない。だからこそ、まちづくりコンサルタントがコミュニティ・アーキテクトとして活動し、〈場〉の読みとりを実践しようとするのであれば、ショーン（Schon, 1983=2001）のいう「行為の中の省察」[2]が技法として求められることになるのである。

　このような専門性、職能を有したまちづくりコンサルタントは、日本においては残念ながらあまり多くない。住民主体の参加型まちづくりは1980年代以降に一定の広がりを見せ、いくつかのモデルケースが報告されるようになってきてはいるが、現実のまちづくりの多くは行政主導のトップダウン型のもので占められている状況である。まちづくりの先進地域といわれる神戸市であっても、震災以前は「真野モデル」が全体には十分に浸透しなかったし、震災後に数多（あまた）作られたまちづくり協議会も実際には事業遂行のための住民窓口機関として行政の要望により設置されたものが多かった。住民主導のボトムアップ型まちづくりが定着しない限り、上述のようなまちづくりコンサルタントの活躍の場は限られたものになる。そうなれば仕事としても成立しないし、必然的にコミュニティ・アーキテクト（コミュニティ・プランナー）が育っていかない悪循環が生じる。

　行政が行うまちづくり（都市計画）はどうしても事業型であり、結果が求められるものである。だが、森崎さんは「まちづくりはプロセス」であるという。確かにまちづくりの過程に事業は付き物であり、事業には結果が伴う。結果が出れば事業は終わりであり、行政はその時点で地区から引き

上げる。一方、住民は事業が終了してもその地区に住んでいるのであり、むしろ事業に関与している期間の方が短い。まちづくりは住民にとって生活改善の活動であり、それ自体が本来的に生活の一部分である。だからこそ、住民にとってはまちづくりは結果を出すことが第一目的ではなく、生活改善を図っていこうとするそのプロセスにこそ意味があるのである。まちづくりコンサルタントは、そのような地区住民の活動に対して事業としてのみかかわるのでは、地区との関係は点としての繋がりとなってしまう。求められているのは、不断の住民のまちづくりのかたわらに居合わせて通常は見守り、そこに事業が発生する際にその専門性を駆使して媒介者としての活動を実践するというかかわり方であろう。住民参加型まちづくりが唱えられて久しいが、名実共にそれが実践されるためにはこれまで述べてきたようなまちづくりコンサルタントの制度的確立や育成などが必要となるであろう。

注

1 簡単に内容を示すと、(1)建築家は施主との関係に置いて建築行為にかかわる仕事をする職業である。個人（施主）の利益 private interest を第一に考えるのは当然の行為である。(2)一方、建築物は社会的な意味も有している。建築物は周囲の建築物や道路等との関係において景観や街並みを形成するものだからである。よって、周囲との調和を考え、社会にとっての利益 common interest を導き出すことも建築家の仕事の範疇である。(3)ところが、個人の利益と社会の利益とは一致するとは限らず、矛盾が生じることもあり得る。このとき、発生する矛盾を自らの技術や工夫のなかで解消していく姿勢が必要であり、建築家には個人の利益と社会の利益とを媒介、調整する役割が求められている。(4)この媒介的役割は時間軸のなかでも発揮されることが期待されており、建築物が利用されるスパンを考えると世代を超えた利用への配慮、すなわち次代への継承を念頭に置いた設計が求められる。

2 ショーン（Schon, 1983=2001）によると、専門家の職業生活は暗黙の「行為の中の知」knowing-in-action に依拠している。実践的認識の場面では、必ずしも合理的に分別されたり完全に記述したりできない知（いわゆる「暗黙知」）もまた認識の対象として存在している。専門家はこうした知を完全に言語化できないまでも、これについて思考し、学び、理解しようと努める。そして、これまでの見方ややり方を見直し、適切な対処の仕方を考えようとする。このような一連の考察は「行為の中の省察」と呼ばれる。

参考文献

野田北部まちづくり協議会編, 1999『野田北部の記憶 (震災後3年のあゆみ)』野田北部まちづくり協議会

Schon, D.A., 1983, *The Reflective Practitoner*＝佐藤学・秋田喜代美訳, 2001『専門家の知恵——反省的実践家は行為しながら考える』ゆみる出版

Wates, N., Knevitt, C., 1987, *Community Architecture*＝塩崎賢明訳, 1992『コミュニティ・アーキテクチュア』法律文化社

7章　自立支援のリアリティ
―― 被災地障害者センターの実践から

佐藤　恵

1　はじめに

　本章は、被災地障害者センター（神戸市長田区、以下ではセンターと略記）の障害者支援活動を事例研究し、生活再建・自立に向けた被災障害者の生活目標・生活様式に係る自己決定と、それに対するボランティア／NPOの支援について、行為者相互の「解釈の過程」（Blumer, H., 1969=1991; 2）への照準のもとで相互行為論的に探究を行うことを目的とする[1]。

　被災障害者を支援する自然発生的なボランティア・グループとして阪神大震災直後の1995年2月2日に発足したセンターは、全国からのボランティアを動員して、神戸市内850軒の障害者家庭の訪問による安否確認、物資提供、生活支援を行い、また、プレハブ3棟のサバイバーズ・エリアの設置、小規模作業所の復興、情報発信などにも取り組み、障害者に対する救援活動を展開した。このうち、サバイバーズ・エリアとは、1995年3〜4月、被災障害者の緊急生活のためにセンターが公園内に設置した、プレハブの仮設避難所のことである。これは、親戚・友人・知人宅に避難していたがいづらくなった、避難所での生活が続けられない、県外の病院や施設から出たいという障害者のニーズに応えたもので、1995年8月に最後の一家族がもといた土地に戻るまで続いた。

　救援期から復旧・復興期に移行するにつれ、被災に着目した緊急時の救援ボランティア活動から、被災に限定されない日常的・恒常的な「障害者市民活動」へと、ミッションが再解釈されていく。1997年から事業化し（移送サービス、小規模作業所等地域拠点体力アッププロジェクト、ヒューマンセミナー[2]）、

1999年にはNPO法人格を取得(1999年10月1日認証)、2000年から高齢障害者を対象とした介護保険事業、および障害者ホームヘルプ事業を手がける。2001年より、2003年度開始の支援費制度に向けて、障害者のセルフ・マネージメント手法の研究・開発事業を3年計画で立ち上げ、また同じく2001年から、兵庫県内の小規模作業所やデイサービス、グループホームなどをネットワークで結び、障害者の地域生活を支援する「中間支援組織」の事業も開始した。現在の主な活動は、介護保険事業、障害者ホームヘルプ事業、ガイドヘルプ事業、さらに小規模作業所などの体力アップ事業、地域ボランティア活動、情報発信などである。2004年度決算で、事業活動収入は計206,894,023円と2億円規模に達しており、兵庫県下の市民活動団体中、第2位である(特定非営利活動法人　被災地障害者センター　第6回定期総会議案書 2005/05/21)。

センターは発足当初から、「障害者問題へのこだわり」という「原点」＝ミッションに立脚し、そうしたミッションを絶えず再確認・再解釈しながら、現在に至るまで、「顔の見える関係」で障害当事者の自己決定・自立を支援し、「いっしょに支え合う活動」(被災地障害者センター編、1998；7)を作り出そうと取り組んでいる。センターによる自立支援の「支え合い」活動に焦点を合わせ、以下では議論を展開していく。

まずは2節・3節において、被災障害者のヴァルネラビリティ（可傷性）／能動性という多様性について検討した上で、障害者は「支援されるだけの存在」、「無力で自立不能な存在」なのではなく、自己決定に基づき自ら自立に向けた取り組みを行う能動的主体であるということを、震災の場面を先鋭的事例として取り上げ、考察する。続く4節では、伝統的な自助的自立観に対して、自己決定を核とするオルターナティブな自立観が立てられてきていることを確認し、5節・6節・7節で、障害者の自己決定・自立を支援するにあたって、「分からなさへの定位」と本章が呼ぶところの技法に基づき「支え合い」の取り組みを行うセンターの実践に接近する。ここでいう技法とは、マニュアル化されたテクニックのようなものではない。そうではなく、M.ド・セルトーの言葉を借りるなら、障害当事者とその支援者が生き延び「なんとかやっていく」ために、「『日常的な』技（アール）を実

践してゆくこと」(Certeau, M. de, 1980=1987; 88-89) といった意味である。その上で8節においては、障害当事者―支援者の二者関係だけでなく、異質な支援者間の補完性・相互依存性、さらには障害当事者―支援者を取り巻く「市民の共感」まで含めた、三者関係としての支援が展望されることとなる。

2 被災障害者のヴァルネラビリティの先鋭化
── 被災障害者の多様性

　被災障害者は、「震災弱者」化を余儀なくされるというヴァルネラブルな(傷つきやすい)側面を持つと同時に、救援・復興の主体として能動性を発揮する存在でもあった。震災は、ヴァルネラビリティと能動性と、障害者の二つの側面が共に先鋭化する場面であったといえよう。特に能動性の発揮についてはしばしば見落とされがちであるが、それが見落とされると、障害者は「支援されるだけの存在」、「無力で自立不能な存在」と見なされることとなってしまう。ヴァルネラビリティと能動性という、被災障害者の多様性について考察を行い、なかんずくその能動性発揮の側面について注目するところに本章の軸足を置く。まず本節では、被災障害者のヴァルネラビリティについて検討を加えることとする。

　センターは被災障害者支援のボランティア・グループとして活動を始めたわけであるが、障害者には、高齢者と並んで、震災被害が集中的に現れた。

　第一に、情報へのアクセスが閉ざされやすかったことがある。聴覚障害者の場合では、震災直後の1995年1月17日から20日にかけて4日間にわたって、NHKが定時の手話ニュースを中断しており、緊急情報源が失われた状態となった (『朝日新聞』1995/02/09)。また、物資配給の呼びかけが聞こえないなどということもある。視覚障害者の場合では、避難所の壁新聞が読めないため、情報をえるためにラジオの必要性が高まった (『朝日新聞』1995/02/04)。

　第二に、避難所・仮設住宅などの物的環境面のバリアが立ちはだかった。センタースタッフ・福原史朗さん(故人)はいう。

　　「(障害者は)避難所ではやっぱり生活できなかったんですね。なんでか

というと、避難所は学校がほとんどで、学校の中には洋式トイレさえない、車椅子で入れるトイレはないし、エレベーターもないし、段差はいっぱいあるし、体育館のなかでいっぱいの人数がいるところで、障害者のなかにはやっぱりカテーテルとかおむつとかしている障害者もいて、そういうのもできないし、人がいっぱいいるということでなじめずに大声を出したり、自分をたたいたり、手を出したりしてしまう障害者もいる。そして、普段つき合いのない人たちは理解できず、受け入れられず、障害者はいられないようになった。とにかくいろいろな問題が直後山積みでどうしようもなかった」（福原さん，1995/08/26）。

「仮設住宅に入っている障害者は、やっぱり多いようであんまり多くないんですよね。なんでかというと、入れないわけですよね。仮設住宅、山の、北区行けば、ぽつぽつ空いてますよね。あれは、高齢者と同じように、やっぱり生活の便が悪いということもあるし、ユニットバスにはとても入れないとか、段差はあるし、地域全然ないし、どうするんやという話になるし、だからもう、見ちゃって諦めるんですよね、申し込む前に。そういう人もいて、仮設住宅にはあんまり（障害者は）多くないと思います」（福原さん，1995/08/26）。

第三に、介助の不足である。西宮市のケースでは、1995年8月の窓口相談件数は約3900件で、1994年同時期の倍以上にのぼり、「介護に対する需要の増加を裏付ける結果となった」（『毎日新聞』1995/10/05）。

「障害者にとって、しんどさというのは、もちろん震災前からあったわけですけれども、頼むところを知らないというのがあるし、頼む人がいないし、で、うちが家庭訪問に行きまして、何かしますよ、何でもしますよといって、何でも応えたから、ずっと続くことが残っていったんですね。……本当に、日常的な生活の介助、介助者がいないということで」（福原さん，1995/08/26）。

障害者への被害集中に関しては、たとえば以上のような困難がただちに指摘できるが、これらは震災以前からの日常的な生活上の困難でもある。非日常的状況において、そうした困難が顕在化し、そこに障害者の「震災弱者」化が進行していった。上で見た、震災前年比で介助へのニーズが倍増したという西宮市のケースや、あるいは「しんどさというのは、もちろん震災前からあった」という福原さんの言葉などは、日常的な困難の顕在化を端的に示すものといえる。
　以上のように被災障害者は、被災市民のうちでも、最もヴァルネラブルな（傷つきやすい）存在であったが、その「震災弱者」化をさらに促進したのが、ノーマライゼーションの理念に違背する形で先鋭化した、放置／管理の作用である（佐藤，2006）。
　放置については、被災市民を画一的に取り扱う「一律『平等』主義」の行政的論理の問題である。「一律『平等』主義」の一例を挙げると、堀田力が報告する次のようなケースがその典型である。「ビタミン錠剤50袋を届けにきたボランティアに、自治体の担当者が『同じものが15,000個ないと受け取れない』と告げたというのです。一部の人にだけ配ることになり、不公平が生じるというのでしょう」（『朝日新聞』1995/02/10）。このような論理が作動する時、障害者にとっては、すべての人に行き渡る分が確保されない限り、必要な配慮・支援を受けられず、独力で生活する「自助的自立」（古川，1999）を強いられる事態が立ち現れることとなる。被災地からは、このような事態を踏まえ、次のような声があがっている。「復興計画において、項目が固定されたり、期限が決められたりしていると、必ずそのメニューの恩恵を受けられない少数者が発生する。被災者のニーズに合わせて復興のメニューを増やしたり、スピードに緩急をつける工夫が必要だ。そのためにはまず、多様なニーズの存在を知り、また新たなニーズを掘り起こさなければならない。均一、公平、平等を第一とせざるをえない行政に頼っていては、この作業は不可能だ。個別の課題を抱えている市民が自ら取り組むことが最も望ましい結果を生む。一人ひとりの市民は、もともと個別の存在で、少数者であるからだ。震災直後に集まった百数十万人ものボランティアが、個別の市民に対応する作業を担うことが出来ていれば、復興

の様子はずいぶん違ったものになっていたであろう」(市民とNGOの「防災」国際フォーラム実行委員会編, 1998；45-46)。

さらに、「震災弱者」支援の現場から、このような報告もある。「被災地で『デイサービス』の呼びかけをした時、子どもや高齢者・障害者を中心にと言うと『何でやねん。差別や』と怒っていた人もいました」(兵庫県南部地震障害者救援本部編, 1997；93)。このように、「震災弱者」への配慮を阻む「一律『平等』主義」は、行政的論理としてのみならず、被災市民の論理としても機能した。

また管理については、放置され独力での生活が困難な場合は施設入所による生活管理というように、放置と連動する形で現象し、施設における画一的な生活管理によって、障害者の自己決定の自由が制限される結果をもたらした。福原さんは次のようにいう。

「行政に対して、仮設の避難所というのを要求したんです。福祉センターとかそういうところで障害者が避難できるような場所を提供してくれと。……(けれども)行政としては、やっぱり障害者には施設があるではないかということを前面に押し出してくるんです。今回、厚生省の方が、民間アパートの借り上げとか、ホテルを借り上げて、やってもいいよということを、神戸市なり兵庫県なりにいっていたんだけれども、それもやっぱり、いやそういうことではなくて、障害者には施設があるではないかというような強硬な姿勢を出して、結局それも拒否して、我々の避難所を特別作ることはできないということでだめだといわれて、でもだめだといわれても困っている状況があるので、とにかく全国の仲間たちに、プレハブを何軒かくださいという話をして、3軒集めることができたんです」(福原さん, 1995/08/26)。

「避難所を特別作ることは出来ない」という箇所に、上で言及した「一律『平等』主義」の論理の作動を読み取れるだろう。そして、その論理と連動して打ち出される、「障害者には施設があるではないかというような強硬な姿勢」を、センター事務局長の大賀重太郎さん[3]は、「20年前の『施設・

病院収容主義』への歴史のさかのぼり」、「『地域での自立』の否定」、「保護主義」と表現している（大賀, 1995；10-11）[4]。大谷強によると、「厚生省が初期の段階で行った調査によれば、障害者については2月1日現在、兵庫県、神戸市を合わせて身体障害者66人、知的障害者76人が施設に緊急入所させられた。……神戸市では2月21日のピーク時には167人の障害者が短期入所させられ、3月21日には避難所での生活が困難な障害者とその家族23組が『しあわせの村』に入所させられた」（大谷, 1996；551）。

そして施設に収容された障害者については、元の地域に戻って生活再建に取り組むための受け入れ態勢が整いにくい状況にあった。「多くの障害者や高齢者たちは短期間（原則は1週間、特例で最長3ヵ月）だからといって緊急に施設に入所させた。……一時的な入所とはいっても実際にはいったん施設に入れられると、ひとり暮らしになった人、身寄りや介護者がいなくなった人、住居を失った人などがショートステイの期間を過ぎても地域に戻れなくなっている」（大谷, 1999；20-21）。この点について、福原さんは、受け入れを阻む周囲の排除的対応の存在を指摘する。

「障害者の現実なんですけれども、とにかく震災直後に施設に入ってしまった障害者がいますけれども、ショートステイという形でとりあえず3ヵ月くらいという期間で入ったはずなんですが、未だに出てこれてないという現状があります。まあそれは確かに、避難所では生活できなかった現状というのがあると思うんだけれども、今度、仮設住宅が当たったからこれで家族と一緒に住めるねと思っていたんだけれども、仮設住宅狭いですよね、それで壁なんかも薄いので、たとえば自閉症の人なんかで、夜、時々大きな声をあげたりとかしてしまうと、隣からすごい苦情が出る。で、一回、施設から帰ってきたんだけれども、もう一度、施設に戻らざるをえないというようなことが結構起きています。それで、なかなか地域に戻ってくるのは難しいかなというところです」（福原さん, 1996/04/01）。

これに加えて、避難所等で周囲の他者から障害者が排除的な対応を受け、抑圧を被ったことも、障害者の「震災弱者」化を強化することとなった。

以下の引用文中の「周りの目」、「無言の圧力」という箇所に、そうした対応の一端を見て取ることができよう。

「たとえば自閉症の人なんかは、避難所に行っても多動で、周りの目が気になるのと、周りが無言の圧力をかけるとかで、親御さんが気にするというのがあって、ほんとに畳3畳分くらいの更衣室で家族5人でぎゅうぎゅうになって入って生活をされて、それが6月くらいまでそういう生活をされたりしてました」(福原さん, 1995/08/26)。

その後、この自閉症の青年は、仮設住宅が当たらないまま施設に入ることになったという。

復旧－復興期に入ると、今度は、自力で生活再建が可能な者とそうでない障害者や高齢者との間に、復旧・復興の社会的な格差が生まれた。

「だんだんとお金のある人から家が建ち始めていますよね、自分の持っていた土地に。ただ、実際、働けない障害者や高齢者とかいうのは、お金持っていませんから、家が建たないんですよね。本当に、お金を持っている人がだんだん仮設を出て行っているという現状がすでにありますから、今から何年か経った時に、仮設に一体誰が残るのかなということを考えた時に、高齢者とか障害者とか働けない身体の弱い人とかが、結局最終的に取り残されてしまうのではないかという問題があります。そうなった時に、孤独死とかは今以上に増えるだろうなというのが現在危惧しているところなんです」(福原さん, 1996/04/01)。

実際、福原さんの危機感は現実のものとなっていった。たとえば、神戸市の保健婦が実施した仮設住宅の健康調査で、1997年9月末現在、約130人の痴ほう症[5]、さらには約160人の寝たきり、約340人の心身障害など、合わせて約630人の要援護者が神戸市内の仮設住宅で生活していることが分かった(『神戸新聞』1997/12/10)。このデータは、神戸市議会決算特別委員会で明らかにされたもので、仮設住宅で生活する「震災弱者」とされる

人々についての公の初めての数字である。しかし、この数字について、仮設住民のケアをする阪神高齢者・障害者支援ネットワークの黒田裕子さん（本書似田貝論文・三井論文を参照）は、「ある仮設では独居老人の13人に1人が痴ほう性で、調査の数が少ないように感じる。特別養護老人ホームはもちろん中間施設にも入居待ちで入れないのが実情」とコメントしている（『神戸新聞』1997/12/10）。また、630人という数字も、保健婦の健康調査から出されたものであり、障害者担当ケースワーカーや福祉事務所窓口が把握しているものではない。この報道に対して、センターは、「地域の障害者が『復興』から取り残され、放置されていると私たちは訴えてきた。この報道はまたもその実態を明らかにしている」（被災地障害者センター編『障害者による復活・救援活動』No.19, 1998/01/10）と述べている。震災直後の段階では、ある被災地ボランティアの言葉を借りるなら「みんな一緒にホームレス」といった、一時的な連帯期があったけれども、日常性が回復するにつれて、次第に、自立までに距離のある「震災弱者」は取り残されていくこととなった。復興施策のなかでも、「財政悪化」を理由に、障害者は取り残されがちである。「障害者は社会的に取り残され、ともすれば見放されている」（被災地障害者センター編, 1998；1）。

　こうして、自然災害としての地震を契機として、放置／管理、排除的対応、復旧－復興格差という、社会的被害が生み出されていき、障害者のヴァルネラビリティ先鋭化の問題が浮かび上がったのである。最もヴァルネラブルな存在がさらに社会的被害を受けるという被災地神戸の事例は、ノーマライゼーションや共生の予定調和的理念に一足飛びに議論を流し込む、論点先取的な最近の論調の限界を示している。理念とは違背する形で、障害を持つ人々に対する抑圧は相互行為場面でしばしば現象し、そうした抑圧を受けた人々は、独力では容易でない生活再建・自立に向けた取り組みを、ボランティア／NPOといった支援者との関係において行っていく必要性に迫られることとなる。その意味では、まさにノーマライゼーションや共生が理念レベルで提唱される今日、抑圧的状況に置かれた人々の自立と支援の問題を改めて相互行為レベルでテーマ化する試みに本章の社会学的意義があるといえよう。

本章が相互行為レベルに照準するのは、理念レベルにとどまる最近の議論の限界をふまえた上で、マクロな構造論では十分に認識できない、個別具体的な被災障害者の自立とその支援のリアリティに出来うる限り接近するためでもある。H・ブルーマー Blumer, H. の言葉を借りるなら、「構造ないし組織体としての人間社会という認識が、現代社会学の、いわば骨の髄にまで染み込んでいる」(Blumer, H., 1969=1991; 96) なかで、相互行為論は、「この認識に対してはっきり対立するものであ」り、「人間社会を、確立した構造とは考えず、人々が自分たちの生活条件に対処していくことであると考える。社会的行為を、社会的構造からの放出物とは考えず、人間という行為者によるひとつの形成過程だと考える」(Blumer, H., 1969=1991; 96)。ここで言われている「対処」や「形成」の現れとして、本章では、被災障害者の自立と、ボランティア／NPOによる支援をミクロの視点から把握していくこととする。

3 被災障害者のヴァルネラビリティから能動性への転回

以上のような点で、被災障害者について、ヴァルネラビリティの先鋭化の問題を、まず重要な考察対象として位置づけることは大きな意味を持つ。ただし、だからといって、被災障害者を、そのヴァルネラビリティにおいてのみ捉え、無力な存在と見なすならば、それは一面的にすぎる。こうした一面性への警鐘は、障害者に関する議論に特化されてはいないものの、震災後かなり早い段階で、野田正彰さんによって打ち鳴らされていた。野田さんは、「無力な被災者像をつくるな」と題した論文で、記者たちが「何が今一番ほしいですか」とのみ聞き続け、「温かい食べ物」、「毛布」などと欠乏を訴える被災者像を作り出していったと指摘する。「こんな一律の質問では答えきれないと絶句する被災者は絵にならない」からカットされ、「大きな声で物を要求する人の姿は絵になる」。こうして、「救援者が被災者を集合体としてとらえ、意図せずして被災者の役割に押し込めていく」ことによって、「無力な存在と救援者が見なせば見なすほど、被災者は無力なマスになる」(『朝日新聞』1995/02/07)。

P・L・バーガー Berger, P.L. は「社会に絶対的な権力というものが存在

しないように、絶対的な無力も存在しないように思われる」(Berger, P.L., 1963=1989; 189) と述べているが、確かに障害者は非日常時にしばしば「震災弱者」化したものの、同時に、障害者が支援する側に回り、その能動性を発揮しえた場面があったことも見逃せない。ヴァルネラブルな側面を持っていることと無力であることとは別であり、本章で障害者の「震災弱者」化という時、そこには「支援されるだけの存在」、「無力で自立不能な存在」という含意はない。野田の指摘に従うなら、匿名の「集合体」として捉えること、そして「無力な存在」と一面的に見なすことを避けなければならない。そのためには、個別具体的な「かけがえのない『この人』」(佐藤, 2006) がその能動性を発揮する機会を捉え、観察することが求められよう。福原さんが挙げる次のような事例から、個別具体的な被災障害者(「名前を聞くと……分かる」)による能動性発揮(「元気」、「アピール」)について、読み取ることができるだろう。

「地域拠点の話なんですけれども、地震直後に、安否確認から物資の補給からすべて自分の知っている範囲の障害者のことをやってくれて、なおかつ、本当に地域拠点、作業所なんかが炊き出しを何度も学校なんかでしたんですね。商店街の人たちが落ち込む中、作業所の人たちが中心になって、商店街で炊き出しをやろう、ただでパンを配ろう、コーヒーを配ろうという話で、たとえば昔お世話になった学校が避難所になっているので、そこに自分たちの焼いたパンをとにかくただで焼いて持って行こうということで持って行ったりしたんです。まあそういう元気な立ち上がりをしてね、それがきっかけでそのパン屋さんの名前を聞くと、今まではほとんどの人が知らなかったのが、分かるようになってきて。

―― 前からその作業所はパン屋をやっていたわけですか。

ええ、そうなんです。以前よりもそれでつながりを深めて、今、売り上げが上がって大忙しなんですよ。そういうふうに、小学校で餅つき大会をする作業所とか、僕らもやっぱりお世話になるばかりではなくて、地域の

中でちゃんと生きているんだよということを見事にアピールできたかなと思うんですよ」(福原さん、1995/08/26)。

このような能動性の発揮をめぐり、大賀さんは、「障害者は『救援される』『保護される』存在ではない。障害者が地域で積極的に復活・救援活動をする主人公」(大賀, 1995；8) だと述べている。では、そうした能動性発揮を支えたものは何であろうか。

センターの福永年久代表は、脳性麻痺のため車いすを使用しているが、地震後、自宅から救出され、以降、障害者仲間の自宅や避難所をボランティアたちと訪問し、安否確認やニーズ把握に努めた。こうした能動性の基盤となったものを、福永代表は、自立生活のための生活支援ネットワークであったと見る。福永代表によると、「自立障害者にとっては、普段の生活があらゆる人々のかかわりがなければ維持できない毎日である。介護という名でいろいろな人々が家に訪れ、ネットワーク作りを日々行っていたから地震直後、他の住民はただ怯えて、物資も援助の人手もすぐには手には入らない状況があったなか……自立生活者のネットワークを使い、物資や人材確保ができた」(福永, 1995；32)。このことを大賀さんは「全国のネットワークがうなった」(大賀, 1995；12) と表現する。大谷によれば、「自力で苦労して生活支援のネットワークを作ってきていた障害者のほうが、ほとんど努力する必要なく日常生活を送っていた非障害者よりも、むしろ非常事態に対するノウハウをより多くもっており、適切に対応していた。いつも障害者は非常事態におかれていたためであるかも知れない。障害者の自立生活の経験は人をいざという時に強くすることが改めて示された」(大谷, 1999；18)。

ここから窺えるのは、ヴァルネラブルであるからこそ、社会的支援を獲得しながら生きるネットワークが日常時から必要となり、そしてそうしたネットワークが非日常時における障害者の能動性発揮を準備したということである。安田雪の言葉を借りると、「ネットワーキングのプロセスにおいては、弱い者、他者の力や助けを必要とする者ほど、他者から力を引き出す可能性が高い」(安田, 1997；39) という「ヴァルネラビリティの強さ」である。

逆に、「仲間や知人のいない知的障害や精神障害をもつ人などはより孤立させられる傾向になってしまった」(大谷, 1999 ; 13)。

こうして、ネットワークを通して物資・人材など必要な支援を獲得した障害者は能動性を発揮し、被災市民を支援する側に回り、対等な出会いが取り結ばれたのである。この、対等な出会いという点では、次の事例が典型的である。ある被災障害者が、「いつも助けられてばかりの私、できる範囲で役に立ちたい！ 炊き出しをしたい！」という障害者仲間の声で、尼崎の避難所における炊き出しを行った。その際、「私（障害者）つくる人、あなた（被災者）食べる人では面白くない」ということで、障害者の提案で被災者と交流を始めたという（浜根, 1995 ; 17-19)。ここでは、能動性の発揮によって、「いつも助けられてばかりの私」(「支援されるだけの存在」、「無力で自立不能な存在」）という否定的自己定義から、「支援することもできる私」という肯定的自己定義に移行しているが、「支援されるだけの存在」が「支援するだけの存在」に地位逆転したのではなく、「私（障害者）つくる人、あなた（被災者）食べる人では面白くない」として交流が行われていることが要点である。この事例が示しているのは、障害者市民と一般市民の間での地位逆転というよりも、むしろ、どちらかが「支援するだけ」でどちらかが「支援されるだけ」であるという、二項対立そのものの解消に基づく対等な関係性構築の可能性であると考えられる。

このように被災障害者は、ヴァルネラビリティと能動性とを併せ持つ、多様な存在であった。障害者は、日常的状況においては、そのヴァルネラビリティにおいて一面的に意味づけられ、「支援されるだけの存在」という障害者観のもとで能動性が無視されることが少なくないが、震災という非日常時には、障害者の発揮する能動性が、ヴァルネラビリティと共に先鋭化することとなった。そして、とりわけその能動性発揮の側面こそが、「障害者問題へのこだわり」という、センターにとっての活動の「原点」ともなったのである。この点についての大賀さんの言葉を引いて、本節のまとめとする。

「震災の時に、うちとこの福永代表がね、『こんな時やからこそ、助けら

れる存在ではなくて助けるの側に回るんだ』と言って叫びまくってね、NHK にばんばん登場してね、檄を飛ばしてね。何だかんだ言っても、そこが僕ら原点やと思うんですよね。あの呆然とした時に、突き動かされてしもたみたいなのがね。その言葉を受けて、(被災障害者を支援する)『ゆめ風基金』の事務局長さん、(すなわち) 牧口一二さんが (言ったことは)、震災で社会的機能がストップした時に、みんな障害者になってしまった、思うように動かれへん、人の助けを待たないと命も長らえられへんという中で、障害者は元気やった。いつも苦労しとるから。人に助けてもらいながら生きるすべも知っとるし、少々どんなことがあったって、日頃から苦労しているそのまんまの姿がさらけ出されただけやという意味では、非常時やけども、ノーマライゼーションというんですか、一緒に生きていくというところで、障害者が気持ち的にも、それから作業所が地域の救援拠点になったみたいに、社会的な主人公になりえたという、その原点をどない残していけるかというのが、やっぱりうちとこのずっと続く課題だと思ってるんですね……そこのところはずっと忘れずにおこうよと、障害者問題でやっていこうよと」(大賀さん, 1999/07/22)。

4 自立と支援

2節で、震災時の障害者が、放置のもとで自助的自立を強いられたことを指摘した。自助的自立は、具体的には経済的自立・身辺自立を指すが、これらを自立と見るのは伝統的な自立観、すなわち「健全者の自立観」(牧口, 1993 ; 224) である。このような自立観の背景にあるのは、他者の支援を受けること＝依存に否定的価値を付与する「依存のスティグマ」視であり、それは、独力での生活の容易でない障害者を、「無力で自立不能な存在」として「二級市民」扱いすることにつながる。これは、K・バーク Burke, K. が「自己投影のからくり」すなわち「悪の切り離しによって身の浄化を得るからくり」と呼ぶところの機制である (Burke, K., 1941=1974; 212)。「もし自分の弱点を自分の外にある存在にその元凶として托せるならば、内なる敵と闘わずに外の敵と闘っていればよい。自分の内部の矛盾が大きければ大きいほどより多くの悪を『敵』の背に托すことができるのである」(Burke, K.,

1941=1974; 212)。「健全者」は、他者の支援を受けること＝依存を「自分の弱点」と捉え、それを「外の敵」＝障害者に投影することで「身の浄化を得る」。このようにして「無力で自立不能な存在」を社会的に作り出し、排除することで、自助的自立の幻想は維持されてきたと考えられる。

　しかしながら、古川孝順によると、「近代市民社会を構成する人びとはいつでも自助的自立の状態にあるわけではない」、「人びとはその生涯を通じて幼弱、傷病、障害、高齢その他のリスクによって自助的自立を脅かされ、第三者や社会制度に依存せざるをえない」(古川，1999；12)。前節末の大賀さんの言葉のなかで紹介されていた「みんな障害者になってしまった」という言葉を思い起こすなら、震災時、一般市民も障害者市民と同様に、社会的支援の必要性を自覚する局面を迎えたということであり、震災は自助的自立観の幻想を相対化する契機となったといえるだろう。しかも、震災という非日常的状況は、「健全者の自立観」が相対化される先鋭的な契機のあくまで一つなのであって、実際は日常時からそうした契機は常に既に存在している。

　たとえばT・パーソンズは、アメリカ社会における健康と病気の規定を論じるなかで次のようにいう。「治療は、依存よりは独立への動機づけを強めることであり、……病人の業績達成のための能力にとって、克服されねばならない第一の脅威は依存なのだということである」(Parsons, T., 1964=1985; 375-376)、「自己の役割を果たせず、他人に依存しつづけるということは、死んだも同然ということなのである」(Parsons, T., 1964=1985; 383)。パーソンズのこの言葉は、病気という日常的なリスクは、それによって他者の支援を受けること＝依存の状態に人を移行させることとなるもので、自助的自立観が相対化される契機となりうること、しかしそうした依存の状態は、現在の社会では強く忌避されスティグマ視されることをいい表している。

　こうして、自助的自立観の相対化は、障害者市民か一般市民か、あるいは非日常的状況か日常的状況かを問わず、依存を脱スティグマ化し、依存／自立の二項対立的図式ではなく、「依存と自立の連続性」(古川，1999；12)において人々の生活を把握することをもたらす。「依存と自立の連続性」は、

本章の言葉を用いて表現するなら、「ヴァルネラビリティと能動性の連続性」ということでもある。そのような連続性に立ったオルターナティブな自立観においては、人は他者（支援者）という媒介を介してしか自立することはできないという視点が打ち出されている。ここでいうオルターナティブとは、「別様の」という意味であり、他者（支援者）という媒介を介した、現行とは別様の関係性を必要とし、そうした関係性に立脚しないと成立しない自立という意味であって、関係性概念と不可分である。これに対して、伝統的な自助的自立観は、このような他者の存在を隠蔽し、ヴァルネラビリティの不在を仮構してきたといえるだろう。

オルターナティブな自立観では、ヴァルネラビリティを補完するものとして、必要な支援を獲得しながら、「どこで、だれと、どのように生活するか」という生活目標・生活様式を自己決定し生活を組み立てていく能動性の発揮が自立として理解される。大賀さんは、障害者福祉の分野に支援費制度が導入される2003年を迎えるにあたり、自己決定の保障の必要性に関して次のように述べていた。「社会福祉法が成立して、2003年には全面実施される。『措置から利用へ』と言われているが、競争と自己責任という今の市民社会の原理が全面的に迫ってくることでもあるだろう。積極的に見れば市民社会への参加の機会がつくられることでもある。別の世界での別の施策ではなく、市民と同様の場所で同様の権利を主張できる機会が生まれる。機会を生かすためには自己決定が保障されねばならない。情報が保障され、納得できるまでわかりやすく説明を受ける権利が保障され、サービスを選ぶだけの社会資源が準備され、不利益を告発して救済される権利が保障されねばならない。障害者市民の権利意識はそのことを堂々と主張している。そうすると、問題は市民社会全体にあるのかもしれない。市民社会に障害者の権利を承知し共に実現する活動がない。あるいは市民の意識に自己決定の権利が根づいていないのなら、市民社会全体の変革が課題になるからである」（大賀，2000；76）。

オルターナティブな自立観において核となる自己決定とその支援をめぐり、これまでセンターの取り組みから筆者が学んできたこと（佐藤，1998, 1999, 2001, 2002, 2003, 2004, 2006, 2007, 近刊）の一端は、以下のようなこ

とである。すなわち、自己決定の支援とは、「どこで、だれと、どのように生活するか」という障害当事者の生活目標・生活様式に関する選択・決定をサポートすることであるが、それは、当事者の自己決定が周囲の他者(支援者)の自己決定との相互関係において成り立つという、自己決定の相互性に基づき行われることである。そして、支援者側があるべき生活目標・生活様式の型を用意し、それに照らして障害当事者の自己決定を「わがまま」、「甘え」などと否定的に価値づけ切り捨てるのではなく、また逆に、支援者が当事者の手足として一方的にいいなりになるのでもなく、互いの差異を認め合いながら、対等な関係性を構築していく過程を、「支え合い」と呼ぶ。「支え合い」の過程において、支援者が当事者の自己決定をサポートすることは、他者と出会うことで「自分探し」を行い「自分を問い直す」ことを通して、「自分が変わる」契機を獲得することでもある。こうして、当事者の生き方に関する自己決定を支援者が支援するのみならず、支援者自身も当事者とかかわるなかで、「自分を問い直す」契機、「自分が変わる」契機を獲得し、自らの生き方を自己決定していくこととなる。

　以上のことを改めて確認した上で、本章でさらに検討を加えたいのは、センターによる「支え合い」の取り組みにおいては、ただちに「分かり合う」ことを求めず、「分からなさ」と向き合う支援技法が各局面で見られるということである。「支え合い」というと、その前提に「分かり合う」ことがある、あるいは「分かり合う」ことを目的としそれに向かわなければならないなどといった一般的イメージがあるかもしれない。けれども、湯浅博雄によれば、「合意や一致はそのつど結果的に生じる一つの成果なのであって、けっして共同性の絶対的な前提となっているわけではなく、またそこに至るべき目的(究極)なのでもない」(湯浅, 1992 ; 75)。つまり、「分かり合う」から関係性を結ぶ、あるいは関係性を結んだから「分かり合う」ことが出来るはずだとする姿勢ではなく、むしろ、最首悟の言葉を引くなら「わからなさへの定位」(最首, 1998 ; 78)、あるいは奥村隆の言葉では「『わかりあえない』まま『いっしょにいる』ための技法」(奥村, 1998 ; 252)ということになるだろう。

　以下では、「分からなさへの定位」という表現を仮に採用する。「定位」

とは、あるテーマに視点を定めることが重要な意味を持つという、パースペクティブとしての定位を指す。本章の場合、そのテーマとは、異質な他者やその自己決定、それに対する支援をめぐるさまざまな「分からなさ」である。

共同性に関する従来の議論では、同質的・均質的な「分かり合う」主体同士の共同性を前提とする傾向が強かった。それに対して本章の考察は、障害者の自己決定・自立と支援者による支援に関する検討を通し、異質な主体同士の、必ずしも「分かり合う」関係に収斂するとは限らない共同性をその都度成り立たせる相互行為のあり方について、基礎的な分析を試みる。そのように、異質な他者との関係の取り結びという課題を考察するに際しては、「分からなさ」というテーマに定位することが必要となるのである。

次節以降、「分からなさへの定位」と本章が呼ぶセンターの支援技法について、事例をもとに探究していく。

5 「分からなさ」を「聴く」ことと決定の留保
――「分からなさへの定位」

まずは、障害当事者と支援者との出会いの場面に注目したい。具体的には、震災直後の家庭訪問による安否確認の場面を取り上げる。それは、全国から駆けつけたボランティアを動員し、850軒の障害者家庭を訪れる形で行われた支援である。

>　「2月から私たちの活動を開始したんですけれども、まず何をするかということで、在宅の家庭訪問から始めようということで、避難所に行っているのかいないのかも分からない人もいるし、行政の名簿なんかではなくて、僕らは自分の関係性の中から今までずっとつながりを作ってきたので、本当に関係のあるところから家庭訪問を始めたのです」(福原さん, 1995/08/26)。

行政による安否確認はほとんどなされず、そうしたなかでセンターは自前の活動として、つながり・関係性をもとに家庭訪問を開始したのである。

そしてこの活動が、それまで障害者と接した経験のないボランティアと、障害者との、震災をきっかけとした出会いをもたらした。

　「（家庭訪問における障害者との）出会いでショックを受けたボランティアさんがいっぱいいましたね、今まで会ったことのない人やからね」（福原さん，1995/08/26）。

　福原さんの言葉にあるように、障害者との出会いは、ボランティアに「ショック」をもたらしうる。その「ショック」とは、B・ジョンソン Johnson, B. の表現を借用するなら、「他者の驚き＝不意撃ち（サプライズ）」(Johnson, B., 1987=1990; 34) であり、コミュニケーションの不可能性の感覚、つまりは異質な他者に対する「分からなさ」である。

　福原さんは、家庭訪問の際、被害の「やりきれなさ」を「分かり合う」ことが容易でなかったこと、それでもなお、少しでも「分かり合う」ために話を「聴く」構えをとったことを、次のように記している。「家庭訪問を続けるなかで、一人一人の障害者家庭の今までの歴史と置かれてきた状況を少しだけれども垣間見させて頂くことができた。本当にいろんな葛藤がありながらぼちぼちと長い時間をかけて地域をつくってきた。これがわずか20秒足らずで崩壊してしまったやりきれなさを、とてもボクたちに共有できるほど生半可なものではないのだけれども、少しでも分かりあえるためにゆっくりと話を聞かせてもらい、できる要望にはすべて応えていけるようにボランティアがフル回転した。最初の1カ月はとにかく『今日の生活をどう生き抜くか』という苛酷な課題が被災者にもボランティアにも重くのしかかっていた」（福原，1995；126）。

　被害とは喪失体験ととらえることができるが、喪失したものにはそれぞれ、当事者によって「かけがえのない」個別的価値が付与されており、それを失った「やりきれなさ」を他者が代替的に引き受けることは不可能である。福原さんのいう「共有できるほど生半可なものではない」という言葉にそれは表されており、そこでは、喪失体験を抱える異質な他者の不意撃ちが、支援者にとっての「分からなさ」として現出している。

ここで、福原さんが話を「聴く」構えをとっていたことに注目したい。それは、「分からなさ」を持つ他者を前にして、「分からない」から「聴かない」で関係性を「切る」というのではなく、あるいは、「分かる」から「聴く」というのでもなく、むしろ、「分からなさ」と向き合い、関係性を「切らない」なかで、話を「聴く」という営みである。
　「聴く」ことは、「できる要望には……」とあるように、当事者のニーズを掘り起こす効果をまずは持つ。けれども、それだけではない。支援者にとっての「聴く」ことは、それまでのリアリティ定義から離脱し、「自分が変わる」契機となる働きをも持ちうる。

　　「なぜ（ボランティアを）するのかっていう話になった時に、やっぱり人なんですよね。出会いとか交流とか、そういうのじゃないですかね。それがあるからおもしろいんですよね。新しい出会いとかね、楽しいんですよね、すごく。今まで自分がそうじゃなかった人生を、自分とは違う人生を見ることができるっていうことが、僕らの気づきっていうか。たとえばおじいさんとおばあさんと出会うことによって、その人たちが生きてきた歴史絵巻をずーっと聴かされるわけですよね。そこで、ああなるほど、こういう生き方もあるんだっていうふうな気づきが、僕にとっては大きかったし。何ともない日常の中で、自分が気づかなかったことにはっと気づくんですよ、障害者と接してたら。……初歩的な気づきがあって、いろいろ変わっていくんですよね、自分の価値観みたいなところが」（福原さん, 1999/04/17）。

　「歴史絵巻」を「聴く」ことを通して、「気づき」――「自分が変わる」契機となった、新たなリアリティ定義の獲得と考えておく――の経験が得られていく。福原さんはここで、「自分が変わる」契機としての「気づき」を、「聴く」ことによって得る可能性について示唆している。他者性の不意撃ちに対しては、自己を「閉じる」反応もありえようが、逆に、センターのボランティアは、「聴く」ことを通じて、自らを「開く」、すなわち「気づき」を通して自己を変容させていく。そのことが、少しでも「分かり合う」方

向へ共約点を探っていくことを可能とする。

「聴く」という営みは、このように、支援者にとって「自分が変わる」契機になりうると共に、障害当事者に対するサポートともなりうる[6]。鷲田清一によれば、「自分のことばを受けとめてもらえる経験、自分のことばを聴きとってもらえる経験が、受苦者にとってはとても大きな力になる」(鷲田,1999;55)。別稿では、避難所での「周りの白い目」によって「人間不信」となり、笑えなくなっていた障害者が、個別訪問によってセンターのボランティアたちと関係を持ち始め、「センターの人は頼みやすく、相談しやすい」と感じられるような相互行為を通じて、「自分も見捨てられていない」と思うようになり、徐々に笑えるようになったというケースを取り上げた(佐藤,1998,1999)。このケースが教えてくれるのは、頼みごとや相談といった「語る」—「聴く」の経験を通じて、障害当事者が、自己に向けられた配慮・関心を感じ取り、自己を存在的に肯定することが出来るようになるということである。支援者が、当事者の「やりきれなさ」に対する「分からなさ」を抱え、それでもなおそうした「分からなさ」と向き合いながら話を「聴く」ことが、当事者にとって存在承認のサポートとなりうるのである。

上で、「分からなさへの定位」としての「聴く」ことは、ニーズを掘り起こす効果をまずは持つと述べた。ここで注目すべきなのは、4節でも述べたように、「聴く」ことによって掘り起こされたニーズをめぐって、センターの支援者は、可能な限りそれに即した支援を行おうとしながらも、当事者の言いなりになっていかなる自己決定にも支援をするというわけではなく、また逆に、当事者の自己決定を「わがまま」、「甘え」として否定的に価値づけるのでもないということである。。

センターの支援活動においては、障害当事者の自己決定を尊重し、極力、ニーズに即した支援を行いつつも、当事者の自己決定が支援者にとってただちには了解・納得できず、そのように行動することが困難な場合、「できない時にはできないとしか言えない」という立場をとる。その場合、支援者は当事者の自己決定の内容を、認識レベルでは自己にとって「分からない」ことと解釈し、留保状態に置いておきながら、実践レベルでは最低限の支援行為を行い続け、当事者と関係を「切らない」で「つき合う」(佐藤,

2001)。このように、自己決定の了解場面においても、「分からなさ」との向き合いは行われるのである。

　事例を挙げると、センターの生活支援コーディネートのケースの一つであるが、ほぼ全介助が必要で、介助がほとんど同居人一人にかかっており、介助者がほしいという要望がセンターに寄せられた。しかし、「何事にも慎重で、警戒心の強い二人との信頼関係を築くのが難しかった。職員の訪問を少し多くしたこと、何人かのボランティアの紹介がうまくいったことで、少し距離が縮んだように思う。これからもかたくなにならず、本人の意向をいったんは受け止める努力が必要と思う。お互いに協力して、いっしょに生活を組み立てていくスタイルをつくっていくための、今は前段階にあると思う。まずは関係をつくることから」、「『素晴らしいヘルパー』を望むとすれば、そのニーズに応えられる人がいれば可能だが、そうでない人とも関係づくりをしてほしい旨を伝える。しかし、コーディネーターとして何を大切にすべきかの再検討も必要だろう」、「まだまだ考え方にズレはあるが、二人がセンターに対して少しずつ気持ちを開いてきてくれているので、話しやすくなっている。焦らず落ち着いて続けて行きたい」と、センターのコーディネート記録にある（被災地障害者センター編、1998；45-48）。障害者側の「素晴らしいヘルパー」の要求という自己決定を、支援者側はただちに了解・納得しているわけではなく、「本人の意向をいったんは受け止め」ながらも、まだ「支え合い」の「前段階」であるとの判断に立ち、留保状態に置いている。その上で、「まずは関係をつくることから」というように、関係を「切らない」で「つき合う」構えをとり、「焦らず落ち着いて続けて行きたい」と、最低限の支援行為を行い続ける立場が表明されている。

　以上のように、自己決定の内容に係るレベルでの「分からなさへの定位」は、当事者の自己決定が支援者にとって了解・納得が出来ない内容であり、その決定の実現に向けて支援者が行動するのが容易でない場合に、それでもなお、「わがまま」、「甘え」ではなく「分からない」こととして解釈し、「分からなさ」に向き合いつつ支援関係を継続する技法である。

6　オルターナティブな自立観——自己責任論を超えて

　前節では、出会いの場面および自己決定の了解場面に注目した上で、「聴く」こと、そして留保状態に置くことに特に照準して、「分からなさへの定位」についての理解を深めた。

　それを受けて、本節では、自己決定へのサポート場面に注目し、とりわけ、近年叫ばれる「自立＝自己選択・自己決定＝自己責任」図式にとどまらず、一方的な自己責任論を超えた支援を行うセンターの取り組みについて考えたい。4節で引いた大賀さんの言葉のなかに、「競争と自己責任という今の市民社会の原理が全面的に迫ってくる」という一節があったことを想起したい。当事者の選択・決定の実現に向けてサポートを行うにあたり、自己責任化の論理のみでは、当事者の「思い」——「どこで、だれと、どのように生活するか」をめぐる、当事者にとっての望ましさ——につながる支援は難しい。以下、自己決定と自己責任との関係を取り上げながら、「分からなさへの定位」についてさらに追究していく。

　近年、障害者支援の分野に限らず、さまざまな分野で、自己責任論が喧伝されるようになってきた。一つの典型例として、「21世紀日本の構想」懇談会の最終報告書を手がかりとしよう[7]。そこでは、「自立＝自己選択・自己決定＝自己責任」という図式がこう語られる。「グローバル化や情報化の潮流の中で多様性が基本となる21世紀には、日本人が個を確立し、しっかりとした個性を持っていることが大前提となる。このとき、ここで求められている個は、まず何よりも、自由に、自己責任で行動し、自立して自らを支える個である。自分の責任でリスクを負って、自分の目指すものに先駆的に挑戦する『たくましく、しなやかな個』である」（「21世紀日本の構想」懇談会，2000；第1章p7）、「過去、日本は同質性を前提として社会の仕組みをつくってきた。しかし、多様化の時代には、違いを認め合い、それを積極的に組み込む社会の仕組みが不可欠である。つまり、選択の幅をひろげることである。社会にさまざまな選択肢が用意され、多様な国民にさまざまな選択の機会が保証されていることである。多様性を尊ぶことは、個人の自由を尊ぶことである。自由であるためには、責任が求められる。ここ

では『自由と責任の均衡』という民主主義社会の基本原則がさらに貫かれることになるだろう」(「21世紀日本の構想」懇談会, 2000；第1章 p10)。

「自立＝自己選択・自己決定＝自己責任」の図式は、金子勝の言葉を借りるなら、「強い個人の仮定」(金子, 1999；153)に立脚した、「個人に重い負荷を課す議論」(金子, 1999；154)であり、「問題解決の糸口は、すべて主体のあり方に解消され、しばしば自らの政策構想能力の欠如の隠れ蓑となる」(金子, 1999；154)。金子を参照しつつ、さらに苅谷剛彦はいう。「『強い個人の仮定』は、だれもが強い個人になれることを前提としている。そして、強い個人であればこそ、『自己責任』を担いうると想定される。こうして、循環論法的に、つぎのような結論が導かれる。すなわち、『強い個人の仮定』を基盤に構想される自己責任社会では、強くなれないのは、個人の責任である、と。つまり、『強い個人の仮定』は、個人の行為の結果を自己責任に帰することをあらかじめ前提として織り込み済みなのである」(苅谷, 2001；176-177)。

障害者支援の文脈で、大賀さんは、介護保険制度を例にとりつつ[8]、「自立＝自己選択・自己決定＝自己責任」という図式だけでは自立は困難である[9]ということについて、次のように指摘する。

「介護保険制度では、『自己決定＝自己責任』というふうにストレートに表現しているわけですよ。ケアマネージャーが、『生活プログラムを作りました。それを本人が認めました』と言う。つまり、自己決定したというわけです。そして『自分が決めたサービスやから文句言うな。半年後にまた組み直す時に言うて下さい』という構図で今行っているわけですよ。ケアマネージャーが、現実問題として、情報量から決定権からものすごく力を持ってしまっている。本人にちゃんと情報提供されているのか。たとえば、デイ・サービス利用しましょうかという場合、デイ・サービスについて説明ちゃんとやってんのんかと言いたい。分かんないわけですよね。デイ・サービスに決めたとしても、どこのデイ・サービスに行くか。『ここのデイ・サービスは、こういうサービスしてますよ』、『ここはどうですよ』というのを、ちゃんと情報提供してるか。あるいは、その人の持ってる

思いにつながってるかどうか。でも、生活プログラムができて、ハンコ押せば、それはもう決定ですよね、形としては。自分で決めた自己決定なんですよね。……自己決定を押しつけている。結果的に押しつけてるんですよ。そういう意味での不利益を被る人がいっぱい出てくるわけですよ。そういう意味では、『自立＝自己決定＝自己責任』という構図だけでは自立はできない。制度上の理屈は合ったとしても、実体的な生活上の自立とか、あるいは自分で生活を作っていくための自立がないわけです」（大賀さん，1999/07/22）。

自助的自立観に対するオルターナティブな自立観では、自己決定性と他者からの支援とが共に重要な要素として考えられていたわけであるが、「強い個人の仮定」は、このうち自己決定性のみを組み込み、「だれもが強い個人になれることを前提と」することで、他者からの支援を理論構成上、捨象したものと見なすことができよう。こうして「強い個人の仮定」は、支援を捨象し、ヴァルネラビリティの不在を仮構する点で、自助的自立観への遡行といえる。2節の最後で、ヴァルネラビリティと能動性とを併せ持つ、多様な存在であるはずの障害者は、そのヴァルネラビリティにおいて一面的に意味づけられることが少なくないと述べたが、「自立＝自己選択・自己決定＝自己責任」図式のもとではそれとちょうど逆の形で、障害者はその能動性において一面的に意味づけられ、多様性が縮減されることとなる。能動性のみが一面的に強調されることで、社会的支援の必要性が無視され、その意味で、この図式は放置のバリエーションと把握することが出来る。

それに対して、「自立＝自己選択・自己決定＝自己責任」図式にとどまらず、「自分で生活を作っていくための自立」を志向する場合、少なくとも三つの点で社会的支援が必要になるだろう。第一に、選択・決定を障害当事者が独力で行い、支援者は当事者の自己決定の実行局面においてのみサポートを行うというのではなく、決定局面においても、当事者の生活目標・生活様式の選択・決定を支える支援者のサポート（上の大賀さんの言葉では「説明」・「情報提供」、次の大賀さんの言葉では「思うまでのサポート」・「考えるまでのサポート」）が重要な位置を占めるということである（佐藤，2004）。

「施設からね、(障害者を)連れ出してくるのが(センターの活動の)目的と違いますしね。施設から連れ出してきて、地域のグループホームで生活すれば、それが活動の目標だなんて、それは違うわけで。それは単なる一つの形であってね。本人がどういう生活を自分で作りたいかと思うまでのサポートもあるし、考えるまでのサポートもあるし。僕らのスローガンの『顔の見える関係』は、そこでごまかさないために使ってるとこありますよね。一人一人の生活が軸であって、別のものを目的として持ってこないという」(大賀さん、1999/07/22)。

そうしたサポートがなされず、説明も情報提供も不在のなかでは、決定局面で当事者は独力で選択・決定を行う単独主体であることを余儀なくされ、放置されることとなる。大賀さんのいう「自己決定の押しつけ」とはこうした事態を指すものと考えられよう。

第二に、選択・決定の結果が、当事者の「思い」につながっていない場合でも、「自立＝自己選択・自己決定＝自己責任」図式のもとでは、そうした結果を招いたのは当事者の自己責任ということで処理され、再選択・再決定のサポートをするということには結び付いていかない。当事者の再選択・再決定へのふるまいが、「わがまま」として切り捨てられることにもなりうるだろう。それに対して、「自立＝自己選択・自己決定＝自己責任」図式を超えた支援を考えるならば、再選択・再決定のサポートまで射程に収めた支援が求められることとなろう。

「(説明・情報提供のないままデイ・サービスを選択させられた障害当事者が)文句言うて、『もう行くの、いやや』言うたら、ケアマネージャーの間でマークが付きますからね。『あの人、わがままや』言うて。だんだん、そこの人にケアマネージャーも行かなくなる。事業者も、文句ばっかり言うからしんどい、だってそこに時間、割いてても点数上がらへんから、金入らへんねん。……誰も情報提供もしなければ相談ものらないわけですよ。それも介護保険の制度では、本人が決めたことになるんですよ。『自分ですき

に嫌われた』になるわけですからね、制度上は」(大賀さん，1999/07/22)。

　大賀さんがここで示唆するのは、当事者が従前のデイ・サービス選択に対して、「もう行くの、いやや」と利用中止あるいは他デイ・サービスの再選択を望んだ場合、それを「わがまま」と否定的に価値づけることなく、他デイ・サービスに関する説明・情報提供・相談を行い、その再選択をサポートするという支援のあり方といえるだろう。「点数」や「金」を基準とする商業ベースの事業者であるならば、どれほどの採算性・効率性が見込まれるのか、明確には分からない支援であるから、「情報提供もしなければ相談ものらない」で、当事者を「切る」こととなるだろう[10]。そのような事業者とは対照的に、センターは、「商業ベースにいかないで権利擁護を行う」というスタンスを打ち出しており、そのスタンスは、採算性・効率性の見通しについて「分からなさ」を含み込んだ支援を裏打ちするものである。

　そして第三に、仮にある選択・決定の結果として何らかのトラブルが発生したとして、それを決定の結果責任として一方的に自己責任化するような放置的対応をせず、そのトラブルの「解決的要素」がいかなるものであるのかについて「分からなさ」を抱えたまま、それでもその調達に向けたサポートを試みるということである。立岩真也は、「自己決定が尊重されるべきことと、その結果の全てをその当人が負わねばならないこととはすぐにはつながらない」(立岩, 2000 ; 29)と指摘するが、自己決定の尊重と、結果責任の一方的な自己責任化による放置とを直結させないことこそ、肝要である。節を改め、この第三の点、すなわちトラブル処理の支援に関して考察を掘り下げよう。そこでのキーワードとしては、「分からなさへの定位」に加え、「隙間の発見」および「混在」が挙げられることとなる。

7　問題解決に向けた「隙間の発見」

　トラブルをめぐるR・M・エマーソン Emerson, R.M. とS・L・メシンガー Messinger, S.L. の議論にしたがえば、トラブルとは「何かがおかしく、解決されねばならないという認識から起こる」ものであり、「定義的要素と解決的要素を含む」(Emerson, R.M. & Messinger, S.L., 1977; 121)。ここで、トラブル

の「解決的要素」について考えると、樫村志郎のいうように——樫村はトラブルを「もめごと」と表現しているが——、トラブルの「終息」はトラブルの原因の「消失、除去」とは異なる。「もめごとの『終息』は、もめごとの原因の『消失』ではない。多くのもめごとの原因、つまり権利侵害、利害対立、疎外、剥奪、闘争などは『消失』してしまうことはない。しかし、相対的に多くの人によって注目され、関与される社会的相互作用の過程としてのもめごとには『終息』が存在することが多い」(樫村, 1997；144)。そこで本章では、トラブルの「終息」と、トラブルの原因の「消失、除去」とを合わせて、トラブルの「解決的要素」と捉えた上で、事例に基づき、特にトラブルの「終息」に注目する。

あるトラブルの事例を挙げる。センターのボランティアAさんが、ある車いすの高齢者Bさんのところに介助に入っていたが、Bさんの知り合いで近所のアパートに一人暮らしをしている高齢者Cさんが、認知症の症状が出ており、トイレにビニール袋や残飯を流して詰まらせ、壊してしまった。AさんはBさんの依頼でCさんの様子を見に行ったが、当座、Cさんにセンターの事務所に一泊してもらうことを提案した。センタースタッフは、窓口のKさんが出張中で、他のスタッフも動きがとれない状態であったが、やっとスタッフ・溝渕裕子さんの都合がつき、その晩Cさんに付き添った。翌日、溝渕さんがアパートの大家さんを訪ねると、トイレの修理は構造的に無理であると業者に言われたとの由で、しかも大家さんのところにも寝たきりの高齢者がおり、「『ふたりも高齢者を抱えているようなもので、もう限界。どうにかなりませんか』と、言葉を詰まらせながら言った」(被災地障害者センター編『障害者による復活・救援活動』No.42, 2000/05/21)。Cさんには帰れる場所がなくなってしまった。センターから区役所のケースワーカーに連絡し、短期入所の受け入れ先として近くの老人ホームを見つけてもらい、溝渕さんも同行して、Cさんはホームに行くこととなった。溝渕さん、大賀さんからのヒアリングの時点では、Cさんはその後さらに病院に移り、次に入れる老人ホームを探しているところであった。

自己責任の論理が放置的に作用すると、Cさんがアパートのトイレを壊してしまったこと、大家さんに「限界」といわしめ、結局そのアパートに

住み続けられなくなったことなど、一連のトラブルが自己責任化されることになるだろう。あるいは、本来の介助先であるBさん以外に、Cさんにも配慮をしたボランティアAさんも、自己責任の論理のもとでは、独力でトラブル処理をせよということになるかもしれない。

しかし、Aさんは、トラブルをCさんの自己責任と見なして放置することはせず、また、センタースタッフたちも、Cさんに配慮をするという選択をしたAさんを、自己責任の名のもとに放置することはなかった。そして、トラブルの「解決的要素」が必ずしも事前に明らかに分かってはおらず、このようなトラブルにはこう対応すべしとあらかじめ固定的に規定しておくことができないなかで、それでも当事者の自己責任として放置せず支援を行うのが、センターのスタンスである。

「（Aさんとしては）そらどうしようもないですよね、判断停止になってしもて、で、窓口のKさんの方に電話したと。Kさんも聴いても分からへんよね、これまで全然ぶつかってないケース、全く新しいケースやから。……で、どうするかってなって……我々は弁護士でもないから、権利代行してもの言われへんわけで。『どない考えるんや』言いながら、わっさかわっさかやるわけですよね」（大賀さん，2000/03/16）。

この事例においては、「分からなさへの定位」を基盤とした上で、さらに「隙間の発見」および「混在」と呼ばれる支援技法がとられている。まず、前者の「隙間の発見」に焦点を合わせてみよう。事例に基づき、「隙間の発見」のインプリケーションを見定めるなら、それは次の二点にわたる含意を有する技法ということになる。一つには、AさんにとってBさんの介助を行うのが目的であり、Cさんへの配慮は本来の目的に入っていなかったにもかかわらず、目の前で困っているCさんを放置できなかったということに見られるように、目的に向かって「システマチックに集中」することを回避し、制度、ルール、マニュアルによる規制を必然視しない（佐藤，2002，2004）ような、弾力的な支援のあり方である。そこで見出されるのは、いわば、「弾力性の隙間」である。

「(AさんのCさんへの配慮は)仕事の論理でいったり、目標に向けて集中してる論理でいったら、いらん行為ですよね……でもその人にとってはすごい体験やし、障害者にかかわることの意味を知ったと思うし……社会活動の中で生かしてくれればすごい力になるやろうし。その人はそういう経験をしてるからうちとことつながりが切れへんのですね……それがうちとこの強さになって、広がっていく。……目的に向かって、これやから言うて全部をシステマチックに集中しちゃうと、どうも我々は弱くなるなと」(大賀さん，2000/03/16)。

　そして二つには、同じくこの事例から見て取れることであるが、インフォーマルな試行的実践によって一時的・局所的な「解決的要素」を調達し、フォーマルなサービスにつないでいくような支援のあり方である。そこで見出されるのは、「試行性の隙間」とでもいいうるものである。

　「フォーマル、いわば今のしくみの中でやることをやるんではなくて、かなりきわどいインフォーマルをしながら、とにかく筋道をつける。解決では全然ないですよね。(それでも、)考え方の方向づけができる。……うちとこの仕事としての結果から言うたら、ええか悪いか全然分からへんけども、でもあんだけの緊急で、しんどい中身の中で、方向が作れて、その方向で行政がきちっと動いてくれた。……ある方向は作れたんじゃないかなという感じで」(大賀さん，2000/03/16)。

　大賀さんは「解決では全然ない」と述べているが、その場合の「解決」とは、「解決的要素」のうち、原因の「消失、除去」に当たるだろう。それに対して、この事例において調達された「解決的要素」は、むしろトラブルの「終息」である。必ずしも原因の「消失、除去」は得られず、「解決では全然ない」かもしれないが、それでもなお、インフォーマルな試行的実践を通して、筋道をつけ、考え方の方向づけを行って、フォーマルなサービスにつないでいくのが、「隙間の発見」の第二の含意である。そのような「隙間の発見」

によってこそ、フォーマルなサービスも十全に機能しうることとなる。なお、「解決的要素」があらかじめ明らかには分からないという点に関して付言すると、この事例のような緊急のトラブル状況においては、通常よりも「解決的要素」の「分からなさ」はいっそう高まるものと思われ、だからこそ、その夜に泊まる場所として事務所を提供するなどといったことをはじめとして、センターによるインフォーマルな方向づけが、フォーマルなサービスにつないでいく上で一定の方向を作る効果を持ったわけである。

8 三者関係としての支援へ──異質な支援者間の補完性・相互依存性

　前節で引いた事例からさらに学ぶことができるのは、「分からなさへの定位」を基盤とした「隙間の発見」を可能にするための条件として、異質な支援者間の補完性・相互依存性が挙げられるということである。

　　「あれが（スタッフの）Kさんだけやったらね、たぶん方向づけ難しいと思うんですね。（溝渕さんは）ああいう対応は抜群にうまいんですよね、事務作業苦手やけどね（笑）。いらんこと言わんでええか（笑）。事務作業苦手やけども、そういうつき合いってうまいんですよね。たぶんあのCさんにしてみれば、溝渕さんがいたから（短期入所先に行くという）そういう気分になったっていうのは確かにあると思うんですよ。うちとこのメンバー、一人一人はもう穴だらけで、一人一人の解決能力ではとんでもない話になるんやけども、こんだけ個性の違うやつがいて、それぞれの対応の中で、何とか方向づけができているいうのが実態やと思うんです。ボランティアにしてみても、Kさんやから一緒にやるというやついますよね、溝渕さんやから一緒にやるというやついますよね。……ある種、いろんなバラエティがあるんですよ。……微妙なバランスで成り立ってるんですよね。……一人一人はひどいけども、何か、何となくまとまってるところがいいんじゃないかっていう気がしますよね」（大賀さん，2000/03/16）。

　異質な支援者間（「バラエティ」）のヨコの連携のもとで、補完性・相互依存性（「バランス」、「何となくまとまってるところ」）によって支援を成立させて

いく技法は、センターの表現では、「混在」ということになる。「混在」は、「隙間の発見」と並び、センターの支援活動のさまざまな場面で使われる言葉であるが、別稿では、制度の枠内の事業者としての役割と、制度の枠外のボランティアとしての役割という、複数の多元的現実を同時に生きる技法を、「混在」の一つのあり方として分析した（佐藤, 2002）。その場合の「混在」は、場面ごとに、当座、焦点化されている役割と、背景に退いている役割とが同時に多元的に存在しており、その多元性はいわば「深さの混在」といえよう。それに対して、本節で取り上げている、異質な支援者間の補完性・相互依存性は、支援者同士のヨコの連携を基盤としたもので、いわば「広がりの混在」とでも呼びうるものである。「広がりの混在」によって、異質な支援者同士がそれぞれの解決能力を補完し合い、「何とか方向づけができて」いくこととなるのである。

　ここで、「広がりの混在」を射程に収めるなら、従来のボランティア・イメージが問い直されることとなる。従来のボランティア・イメージとは、支援者は独力で支援を行いうる能動的な存在であり、そのような支援者と当事者との二者関係においてボランティア行為が行われるというこれまでの一般的な支援観である。

　ボランティアについては、草地賢一や似田貝香門が指摘するように、多くの場合、無償性、アマチュア性、パート・タイム性、自己犠牲などといった「入口」の点だけから理解されてきた（草地, 1995；180, 似田貝, 1996；58）。あるいは、田中尚輝によれば、「旧来の一般的なボランティアは、"施設奉仕型ボランティア"や"単発型・イベント型ボランティア"が中心であった。また、募金のように個人の善意だけですぐに実行に移すことができ、チームを組まなくても可能であるような活動が多かった」（田中, 1994；132]）。こうした「施設奉仕型ボランティア」や「単発型・イベント型ボランティア」もまた、ボランティアの「入口」として把握できよう。これら「入口」段階のボランティアに共通するのは、田中も述べるように「チームを組まなくても可能であるような活動が多」く、大賀さんのいうような独力支援の限界性（「一人一人の解決能力ではとんでもない話になる」）が基本的には表面化せず、個人が独力でできる範囲内に活動が限定されていることであ

る。そのようなボランティアを想定した議論は、「支援の独我論」と呼びうるだろう。

あるいは、仮に独力でできる範囲を超えていたとしても、独力支援の限界性に直面しながらそれを直視せず、「『自分は有能な援助者である』という有能感」(尾崎, 1997 ; 16) にしがみつくならば、それは障害当事者の自己決定・自立に対する支援とはなりえないであろう。尾崎新によれば、「『全能感幻想』に固着した援助は、クライエント自身による問題解決や自己決定を援助するものではない。むしろ、援助者自身の不安と無力感の解消をはかるものである。あるいは、援助者が自己満足感の獲得を目指すものである。したがって、このときの援助は『クライエントが活用する援助』ではなく、援助者の『全能感幻想』を補強するための『過干渉』や『大きなお世話』に変質する」(尾崎, 1997 ; 17)。このような「全能感幻想」への固着もまた、「支援の独我論」を構成する一形態である。

センターの障害者支援は、施設のボランティアや単発のボランティアとは異なり、地域で継続的に障害者の自立生活を支える活動であり、そうした活動は、個人が独力でできる活動の範囲を大きく超えている。センターの支援実践においては、「一人一人の解決能力ではとんでもない話になる」と大賀さんもいうように、独力支援の限界性に直面しながらも、直面した限界性を隠蔽せず――「己の限界性みたいなものを認めるのには力いるんですよね」(大賀さん, 2002/03/23) と大賀さんも述べるほど、たやすい営みではないのだが――、「全能感幻想」への固着が回避されている。そこでは、「支援の独我論」が相対化され、異質な支援者間の補完性・相互依存性による支援というオルターナティブな支援観がクローズアップされることとなる。図式的に表現すれば、「障害当事者―支援者―支援者」という三者関係として、支援を把握することができる[11]。4節で障害者の自立について述べたこととパラレルであるが、他者 (他支援者) という媒介を介してしか、支援はしばしば十全に行いえないという、「広がりの混在」が示すリアリティに対して、この他者の存在を隠蔽してきたのが「支援の独我論」であると言うことができるだろう。

こうして、支援者が独力支援の限界性、換言すれば自らのヴァルネラビ

リティに直面し、かつ、そうしたヴァルネラビリティを隠蔽せずに直視するというモメントにおいて、「支援の独我論」が相対化され、「広がりの混在」の可能性が拓かれることとなる。この意味で、被災障害者のみならず、支援者もまた、ヴァルネラビリティと能動性を併せ持つ、多様な存在であるといえよう。

　ただし、「支援の独我論」の相対化が、閉鎖的な支援者集団の形成に向かう可能性もないわけではない。そこで、センターの支援活動においては、異質な支援者間の補完性・相互依存性のみならず、障害当事者－支援者を取り巻く「市民の共感」の獲得も重要な位置を占めている。「支え合い」の取り組みを継続していくに当たってセンターは、従来型の運動体としてというより、むしろ市民活動型の事業者として――ただし、事業に純化するのではなく、上述のように事業者役割とボランティア役割との「深さの混在」において――支援活動を行う。そこでは、従来型の運動体に見られがちな閉鎖化の傾向とは対照的に、活動のオープン性が「市民の共感」づくりとして重視される。「グループ内で充足した活動ではなく、市民に開かれた活動を展開することが必要だと考えます。……これからも、市民（当事者市民を含んでいる）にわかってもらえ、評価を受けることができる、また開かれた共感の作れる事業を作り出したいと考えます」(被災地障害者センター編, 1998；7)。

　従来型の運動体においては、「市民の共感」を広範に得ていくことに軸足は置かれにくかった。花崎皋平は、運動体の抱えがちな問題を次のように指摘している。「つよい求心力をもつ運動を構築するには大きなエネルギーがいるものですから、どうしても関係の内側にこもりがちになります。個人と個人、男と女の関係を調整したり、対立をのりこえたりするには、そのこと自体にかなりエネルギーを集中しなければならないからです。しかし、そればかりにかまけていると他から閉じた集団になってしまいます。そうすると一人よがりや自足性がうまれて、自分たちをつき放して見られなくなります」(花崎, 1989；236)。このような閉鎖化の傾向に対して、花崎は、「自分をつき放して見る、相対化する、という作業」(花崎, 1989；236)、「他者の観点を身につける」(花崎, 1989；214)という作業が必要になると述べる。

「市民の共感」の獲得は、こうした作業の遂行をまずは意味するといえるのではないだろうか。次の大賀さんの言葉にある「検証」や「お互いに変わっていく」、あるいは「相互の浸透」という部分に、それが表現されていると思われる。

　「職員みんな、ボランティアみんなが同質になってしまえば、どうしても閉じこもるんですね。異質な人に来てもらって検証しながら、でも異質な人にもかなり問題があり、それを昔のような説得じゃあなくって、場面場面の中で共感を作っていって、お互いに変わっていくというしか手法はないけども、それをやるんですね。それをやらないと、通常の市民に出会って話ができないんですよ。……説き伏せるじゃなくってね……こちらと市民の相互の浸透のさせ方しか、やっぱりないと思うんですよね。……でないと、市民の共感は作れない」(大賀さん, 2002/08/20)。

　その上で、センターにとって「市民の共感」を獲得することは、障害者と接点を持つ市民を増やすことでもあり、「あらゆるチャンネルを使って」障害者と市民をつなぐことによってこそ、障害者への生活支援が実効的なものになるという認識に立っている。そこでは、支援を可能にする関係性として、「障害当事者―支援者―市民」という三者関係が想定されることとなるのである。

　「市民の共感ということでいつも言ってるのは、我々、当事者じゃないですからね、で、グループとして活動さしてもらってるという意味での大きな目標というのは……『社会を変える』言うても、政治やとか行政に期待しても、ほぼ絶望的な状況ですよね、被災地なんて、とっぱなから絶望的でしたよね。……政治、今の行政に期待できない。そういう意味では、市民社会の中にエネルギーを求めざるをえないと思うんですよね。当事者が元気になること、もう一つは、その当事者が元気になるのを支える市民層がエネルギーを持つことというふうに考えれば、とにかく今、障害者と接点を持つ市民が、どんなかっこうであれ、増えるしかないんですよ。知

られてないんだもん、24時間介助が必要な障害者の生活って、何％の人が知ってるんだろう、みたいな。とにかく、かかわる人、それから実態を知ってもらえる人を増やすというのが、僕は、第一目標やと思うんですよね。……まず、僕は、できるだけ多くの人と接点を作るのがグループとしての最大の役割なんじゃないかと思ってるんです。方法論は、あらゆるチャンネルを使ってやる」(大賀さん，1999/07/22)。

　ただし、「市民の共感」の獲得に関しては、センターの活動の自己検証においても、なお「市民への共感づくりはまだ弱い」(被災地障害者センター編，1998；131)ととらえられているように、そう容易なことではなく、ある時点で完了するような取り組みではない。「『共感づくり』という点では、まだまだ土台が薄いので、市民との接点が弱いことを強く意識されなければならないでしょう。私たちは多くのことを30年来の障害者運動から学んできました。そして今、障害者を取り巻く状況は激変してきています。そのなかで、私たちは、障害者の社会的存在と、権利の実現について、幅広い市民に共感がもてるよう、自らの活動をもう一度検証していく必要があると思います」(被災地障害者センター編，1998；131)。「市民の共感」づくりは、実践—検証という不断の過程のさなかにある取り組みであるといえよう。
　いずれにせよ、「支援の独我論」の相対化は、障害当事者—支援者の二者関係のみならず、支援者間の補完性・相互依存性、そして障害当事者—支援者を取り巻く「市民の共感」も含めた、三者関係としての支援の追求につながっていくのである。

9　おわりに

　本章は、障害者の自己決定・自立と、ボランティア／NPOによる支援について検討を加え、センターの活動の事例研究に基づき、「支え合い」の相互行為過程を探究してきた。センターの支援実践における「支え合い」は、以下に引く大賀さんの言葉(「人を支えたのは人や」、「顔の見える共感」)にも見られるように、震災10年に向けたセンターの「総括の原点」にもなっているものである。

「震災10年に向けた総括の原点というのは、震災直後の一番しんどい時に、人を支えたのは人やという、あるいは生活そのものがなかったから、非日常だったからかもしれんけども、顔の見える共感があった。あの一番しんどい時に。それを、震災10年経って、どない被災地発の人のあり方にしていくのか」（大賀さん，2002/08/20）。

「被災地発の人のあり方」は、少なくとも、単なる「復旧」にとどまるものではない。2節でも検討を加えたように、被災障害者にとっての困難は、震災前からあった日常的な生活上の困難であり、震災前の状態に戻る「復旧」にとどまるならば、そうした困難が反復されることになってしまう。福原さんは以下のように述べている。

「今、障害者が何て言っているかというと、やっぱり復興の件に関して、地震前と同じまちができたんでは、私たちは納得せいへんと。これを機会にというのもおかしな話だけれども、こんなにボランティアが集まってきてくれたんだから、こんなに全部なくなってしまったなら、やっぱり自分たちも本当に生活できるようなまちをつくるまで、復興ということに僕らは納得せいへんということを言ってますから。本当に、そういう声がある限り、やっぱりやっていかないかんと思ってますし」（Fさん，1995/8/26）。

本章の考察から、「被災地発の人のあり方」の展望として、暫定的に指摘しうることの一つは、これまで自明視されてきた自助的自立の型に当てはまらない、オルターナティブな自立と、そうした自立を可能にする、オルターナティブな支援観に立脚した「支え合い」の諸技法の意義である。「復旧」にとどまらない、「復興」に向けた「もうひとつの自立」[12]とその支援技法について、現場の実践事例に学びながら考察を行ってきたのが、「自立支援のリアリティ」をタイトルとする本章の試みであった。震災10年を一つの区切りとしつつも、センターの障害者支援はなお継続中である。その取り組みからのさらなる学びについては、継続課題としたい。

注

1 本章で引用したヒアリング・データは、似田貝香門・東京大学大学院人文社会系研究科教授を研究代表者とする、神戸市での震災復興に関する共同調査で得られたデータである。この調査は1995年7月以降、現在まで継続中で、年に数回、神戸市を訪問し、ヒアリングを重ねる形で行われている。調査グループのなかで筆者は、被災障害者の生活再建・自立と、それを支援するボランティア／NPOの活動に関するヒアリングを担当している。筆者による研究成果が、佐藤 (1998, 1999, 2001, 2002, 2003, 2004, 2006, 2007, 近刊) である。また、調査グループのメンバーによる研究成果として、似田貝 (1998)、三井 (2004)、西山 (2005) などがある。今回データを引用した各ヒアリングは、神戸市内のセンター事務所において行われた。私たちの調査のためにご協力下さった方々に、深く感謝申し上げたい。なお、ヒアリングの引用文中に丸括弧がある場合、それは筆者による補足である。

2 ヒューマンセミナーは、障害者を講師とした連続講座の形をとり、一般市民と障害者市民との出会いの場づくりに重点を置いている。

3 大賀さんは2003年にはセンター専務理事となっている。なお、大賀さんによる論考としては、大賀 (1995, 2000, 2006) などを参照。

4 大賀さんも「歴史のさかのぼり」と述べているように、「施設・病院収容主義」は震災時に始まるものではない。「ずうっと以前、車いすから連想するものは病院や施設だった。二十数年前から車いすを足にする障害者たちがさかんに街に繰り出した。そのころ車いすで街を歩いていると、とつぜんパトカーがやってきて一方的に保護されて、病院に送り込まれてしまうという珍事があちこちで起こった」(牧口, 1998 ; 15)。震災という非日常時には、そうした「施設・病院収容主義」が逆行的に先鋭化したのである。

5 「痴ほう症」との表現は『神戸新聞』原文通り。現在では「認知症」と呼ばれる。

6 A・メルッチのいう「聴くことの二重性」(Melucci, A., 2000=2001; 7) に相当するといえよう。「自らの声を聴くことと他者の声を聴くこととは、じつはいっしょにあるもの、ともに行き、出会うものだといえます。この二つの聴くことがなぜ互いに補い合うものであるのかといえば、我々が自分の声を聴くというときには、すでに自らの内なる二重性について識るということが含意されているからです。我々のだれもが自らの内にもうひとりの自分自身を抱いています。自分の識らない、異物や異端であるような、看過していたり、放置していたところの自分のかけらです。自らの内奥、見知らぬ自分、内なる異質性へとむかうということは、二重性、欠如、他者を識るということに他なりません。それゆえ他者の声を聴くことの力があるということは、同時にもうひとりの自分の声を聴くことができるということであり、逆に、我々の内なる声を聴くことが

できるということは、他者の声を聴きつつ、我々自身のことを聴くことを学んでいるのです」(Melucci, A., 2000=2001; 7)。

「聴く」ことが、支援者にとって「自分が変わる」契機となり、同時に、障害当事者へのサポートにもなりうる場合、それは、障害者と支援者との間に、「語る」―「聴く（聴いて応答する）」という関係が成立していることを意味する。そうした関係の成立を念頭に置く時には、自然言語としての「聞く」よりも、むしろ「聴く」という用語の方が適当であろう。再びメルッチを引くなら、「聴いて応答する」力を、彼は responsibility と呼んでいる。「responsibility という言葉のリテラルな意味は、『応答する respond 力がある』ということです。それゆえ、responsibility は、聴くことと直接的につながっています。本当の意味での responsible とは、聴くことができるということになります」(Melucci, A., 2000=2001; 9)。

なお、障害者支援ボランティア／NPO にとっての「聴く」ことに関しては、佐藤 (2007) でより掘り下げた議論を行っている。

7　小渕恵三首相（当時）のもとに設けられた「21世紀日本の構想」懇談会は、1999年3月30日に発足し、翌2000年1月18日に最終報告書（「21世紀日本の構想」懇談会, 2000）を提出した。

8　センターは「障害者問題へのこだわり」を「原点」＝ミッションとしており、介護保険事業に関しても、高齢者一般に向けたサービスを想定しているのではなく、センターが「顔の見える関係」で支援している障害者が高齢になり、介護保険の対象となった際に、その自己決定を支えるサービスを提供することを意図している。

9　ここで議論の対象としているのは、結果責任の一方的な自己責任化の問題であって、その問題を指摘することは、障害者を責任能力のない存在と見なすことを意味しない。自助的自立観に対置されるオルターナティブな自立観においては、障害当事者が責任能力のない存在と見なされがちであった歴史を踏まえ、当事者が責任主体として選択・決定を行うことに力点が置かれている。定藤丈弘によれば、「それは、障害者がたとえ日常生活で介助者のケアを必要とするとしても、自らの人生や生活のあり方を自らの責任において決定し、また自らが望む生活目標や生活様式を選択して生きる行為を自立とする考え方であ」る（定藤, 1993; 8）。いい換えれば、オルターナティブな自立観は、「"リスクを侵す行為"を自立要件にふくめている……失敗のリスクを恐れていては、重度の障害者が自らの意志と責任において自らの人生を切り開いていくことはできないからである。……身辺自立が困難な重度障害者は、安全管理能力を欠くから、もしもの事故や危険の発生を防止するという観点から、社会参加をふくむ生活のあらゆる場面で厳しい制約を受けてきた。その意味ではリスクに挑む決意とその行為の社会的是認がなされることなくして自立生活は成り立ちえない

のである」(定藤, 1993 ; 19)。

　また、被災地における取り組みとして、「自己決定・自己責任の原理」に立脚した「新しい市民社会の実現」を目標とするアクションプランが立ち上げられているが (震災復興市民検証研究会編著, 2001 ; 249)、この「自己決定・自己責任の原理」も、結果責任の一方的な自己責任化を意味しない。そうではなくむしろ、次の引用に見られるように、「行政任せにしないで」、被災市民が責任主体として選択・決定を行うことによって、「新しい市民社会の実現」を見据えた取り組みを行っていく立場が表明されているのである。「ここであえてつけ加えたいのは『自己決定・自己責任』の原理が『優勝劣敗の原理』と同意義であるかのように誤解される点についてである。私たちが考える『自己決定・自己責任の原理』は社会的な弱者や敗北者を社会から排除するシステムではない。社会的、経済的な失敗が発生したからといって、背景と理由を問わずにそのすべてを個人の責任として切り捨てる、あるいは弱い人を努力が足りないと断罪するような考え方に立つものでもない。いま、経済的な発展だけに重点を置いた社会運営でなく、多様な価値観を認めようとする空気が生まれつつある。……こうした環境は、市民が自らの力を発揮して、新しい価値をつくっていく社会を生み出す。このような背景を持つ『自己決定・自己責任』であり、社会の変革に市民が積極的に参加し、行政任せにしないで、だれもが新しい市民社会に参画することを期待した考え方である」(震災復興市民検証研究会編著, 2001 ; 249-250)。

　こうして、自己決定支援は、一方的な自己責任化と一方的な責任無能力化との双方を回避しつつ、いわばその中間点に立って、責任主体としての当事者の選択・決定をサポートすることとなるだろう。

10　商業ベースの事業者の例として、ある民間介護サービス事業者 (株式会社) の社長の、介護保険制度導入前における次のような発言が挙げられる。「100人のマーケットがあったら、そのなかで1億円もっている人もいれば1銭ももっていない人もいます。この人たちを皆一緒にするわけにもいかないので、半分位のところで切って、有資産階級を私たちのようなところ、それ以外を社会福祉法人がすることになるかと思います」(平松, 1999 ; 224)。採算性・効率性の観点から、当事者を「切って」いくわけである。この発言中の他の箇所では、自立について、経済的自立を中心とした自助的自立観に立脚しつつ、次のようなことがいわれている。「介護保険のテーマは自立と選択です。この自立を経済的な側面から見ますと、自分の資産を少し使いなさいということです。基本部分は国が出すけれど、たとえば散歩に連れていって欲しい、いいものを食べたい、などの基本以上のサービスは上乗せサービスですよ、その自費の部分は民間介護保険でやりなさい、というのが基本方針です」(平松, 1999 ; 218)。

11　「障害当事者―支援者―支援者」という三者関係において、第二項・第三項の

「支援者」とは、個人レベルと組織レベルの双方を含む。組織レベルである場合、単独の支援グループだけでは問題の解決が困難であるという限界性の自覚に基づくネットワーキングを意味することとなる（佐藤，2004）。

12　震災復興における「もうひとつの」というオルターナティブ性については、次のような被災地からの声がある。「震災復興を進めるなかで、多くの被災者と支援者はいつとはなく『もうひとつの』という言葉をまるで呪文のように唱えるようになった。それは国や自治体の復興事業が、つねに単線構造の復興計画で、選択の余地を残していないものであったためだ。たとえば住宅復興については『避難所→（郊外の）仮設住宅→復興住宅』というプログラムを設定し、その設定どおりに事業を進めた。……まさにここで『避難所→仮設住宅→復興住宅』の一本道だけではない複数のプログラムを用意することによって、『もうひとつの復興』、つまり多様な復興の道筋を提示し、それぞれの生活状況と願いにあわせた復興の方策を選択することができたのではなかっただろうか。この『もうひとつの』という発想は決して住宅再建やまちの復興だけに限られないというのが……私たちの提案である」（震災復興市民検証研究会編著，2001；193-194）。

参考文献

Berger, P.L., 1963 *Invitation to Sociology: A Humanistic Perspective*, Doubleday & Company. ＝ 1989 水野節夫・村山研一訳『社会学への招待』思索社

Blumer, H., 1969 *Symbolic Interactionism: Perspective and Method*, Prentice-Hall.＝ 1991 後藤将之訳『シンボリック相互作用論——パースペクティブと方法』勁草書房

Burke, K., 1941 *The Philosophy of Literary Form: Studies in Symbolic Action*, University of California Press. ＝ 1974 森常治訳『文学形式の哲学——象徴的行動の研究』国文社

Certeau, M. de, 1980 *L'Invention du quotidien, 1, Arts de faire*, Union Générale d'Editions. ＝ 1987 山田登世子訳『日常的実践のポイエティーク』国文社

Emerson, R.M. & Messinger, S.L., 1977 "The Micro-Politics of Trouble," *Social Problems*, 25（2）pp.121-134

福原史朗，1995「元気な力でこれからを（ちょっとしんどいのも）神戸から各地へ」現代書館『季刊 福祉労働』68, pp. 125-132

福永年久，1995「西宮・神戸では、障害者・老人はもう住めない」現代書館『季刊 福祉労働』69, pp. 26-32

古川孝順，1999「社会福祉基礎構造改革と援助パラダイム」古川孝順編『社会福祉21世紀のパラダイムⅡ——方法と技術』誠信書房，pp. 1-35

浜根かずこ，1995「『いつも助けられてばかりの私、役に立ちたい！ 炊き出しをしたい！』の声と」障害者総合情報ネットワーク『ジョイフル・ビギン』4,

pp. 17-19
花崎皋平，1989『民衆主体への転生の思想——弱さをもって強さに挑む』七つ森書館
平松一夫，1999『介護保険と福祉施設サービスの戦略』医歯薬出版
被災地障害者センター編，1998『拓人～きり拓くひとびと——被災地障害者センター「活動の報告・検証・提言集」』関西障害者定期刊行物協会
兵庫県南部地震障害者救援本部編，1997『活動の記録』関西障害者定期刊行物協会
Johnson, B., 1987 *A World of Difference,* The Johns Hopkins University Press. = 1990 大橋洋一・青山恵子・利根川真紀訳『差異の世界』紀伊國屋書店
金子勝，1999『反グローバリズム——市場改革の戦略的思考』岩波書店
苅谷剛彦，2001『階層化日本と教育危機——不平等再生産から意欲格差社会へ』有信堂高文社
樫村志郎，1997『「もめごと」の法社会学』弘文堂
草地賢一，1995「市民とボランティア」酒井道雄編『神戸発阪神大震災以後』岩波書店（岩波新書），pp. 165-188
牧口一二，1993「障害者の自立と就労」定藤丈弘・岡本栄一・北野誠一編『自立生活の思想と展望——福祉のまちづくりと新しい地域福祉の創造をめざして』ミネルヴァ書房，pp. 213-229
牧口一二，1998『ちがうことこそええこっちゃ』NHK出版
Melucci, A., 2000 "Sociology of Listening, Listening to Sociology" = 2001 新原道信訳「聴くことの社会学」地域社会学会『市民と地域——自己決定・協働、その主体』(地域社会学会年報13)，pp. 1-14
三井さよ，2004『ケアの社会学——臨床現場との対話』勁草書房
「21世紀日本の構想」懇談会，2000「日本のフロンティアは日本の中にある——自立と協治で築く新世紀」(http://www.kantei.go.jp/jp/21century/houkokusyo/Os.html 2005/7/12アクセス)
西山志保，2005『ボランティア活動の論理——阪神・淡路大震災からサブシステンス社会へ』東信堂
似田貝香門，1996「再び『共同行為』へ——阪神大震災の調査から」環境社会学会『環境社会学研究』2(2)，pp. 50-61
似田貝香門，1998「阪神・淡路大震災とボランティア——社会学の役割」池田謙一・樫村志郎・廣井脩・似田貝香門『阪神・淡路大震災に学ぶ——情報・報道・ボランティア』白桃書房，pp. 119-145
大賀重太郎，1995「なんでこんなに涙もろく、なんでこんなに腹立たしい！」障害者総合情報ネットワーク『ジョイフル・ビギン』4，pp. 5-16
大賀重太郎，2000「震災からみたバリアフリー」教育と医学の会『教育と医学』

48(12), 慶應義塾大学出版会, pp. 72-76
大賀重太郎, 2006「障害者自立支援の実践論に向かって」似田貝香門編『ボランティアが社会を変える――支え合いの実践知』関西看護出版, pp. 79-111
奥村隆, 1998『他者といる技法――コミュニケーションの社会学』日本評論社
大谷強, 1996「障害者」朝日新聞社編『阪神・淡路大震災誌――1995年兵庫県南部地震』朝日新聞社, pp. 548-553
大谷強, 1999『増補改訂版 自治と当事者主体の社会サービス――「福祉」の時代の終わり、マイノリティの権利の時代の始まり』現代書館
尾崎新, 1997『対人援助の技法――「曖昧さ」から「柔軟さ・自在さ」へ』誠信書房
Parsons, T., 1964 *Social Structure and Personality,* Free Press. = 1985 武田良三監訳『社会構造とパーソナリティ』新泉社
定藤丈弘, 1993「障害者福祉の基本的思想としての自立生活理念」定藤丈弘・岡本栄一・北野誠一編『自立生活の思想と展望――福祉のまちづくりと新しい地域福祉の創造をめざして』ミネルヴァ書房, pp. 2-21
最首悟, 1998『星子が居る――言葉なく語りかける重複障害の娘との20年』世織書房
佐藤恵, 1998「社会的相互作用過程における脱自己レイベリング」関東社会学会『年報社会学論集』11, pp. 1-12
佐藤恵, 1999「ボランティアの自己アイデンティティ形成――阪神大震災における被災地ボランティアの事例から」地域社会学会『グローバリゼーションと地域社会』(地域社会学会年報11), pp. 139-155
佐藤恵, 2001「障害者の〈自立〉とその支援」地域社会学会『市民と地域――自己決定・協働、その主体』(地域社会学会年報13), pp. 115-132
佐藤恵, 2002「障害者支援ボランティアにおけるミッションの再帰性と『支え合い』の技法」日本社会学会『社会学評論』210, pp. 102-116
佐藤恵, 2003「障害者支援ボランティアにおける対行政関係」地域社会学会『「公共性」の転換と地域社会』(地域社会学会年報15), pp. 108-129
佐藤恵, 2004「障害者の自己決定とボランティア／NPOによる支援」福祉社会学会『福祉社会学研究』1, pp. 189-208
佐藤恵, 2006「地域形成主体としての『弱者』」岩崎信彦・似田貝香門・古城利明・矢澤澄子監修『地域社会学講座 第2巻 グローバリゼーション／ポスト・モダンと地域社会』東信堂, pp. 178-192
佐藤恵, 2007「障害者支援ボランティア／NPOにとっての『聴く』こと」地域社会学会『階層格差の地域展開』(地域社会学会年報19), pp. 131-147
佐藤恵, 近刊『自立と支援の社会学――阪神大震災とボランティア』東信堂
市民とNGOの「防災」国際フォーラム実行委員会編, 1998『阪神大震災 市民が

つくる復興計画――私たちにできること』神戸新聞総合出版センター
震災復興市民検証研究会編著，2001『市民社会をつくる――震後 KOBE 発アクションプラン――市民活動群像と行動計画』市民社会推進機構
田中尚輝，1994『高齢化時代のボランティア』岩波書店
立岩真也，2000『弱くある自由へ――自己決定・介護・生死の技術』青土社
鷲田清一，1999『「聴く」ことの力――臨床哲学試論』TBS ブリタニカ
安田雪，1997『ネットワーク分析――何が行為を決定するか』新曜社
湯浅博雄，1992『他者と共同体』未来社

8章 〈ひとりの人として〉を目指す支援の実践知

似田貝 香門

1 神戸の被災者支援の総括の原点

「震災10年に向けた総括の原点というのは、震災直後の一番しんどい時に、人を支えたのは人やという、あるいは生活そのものがなかったから、非日常だったからかもしれんけども、顔の見える共感があった。あの一番しんどい時に。それを、震災10年経って、どない被災地発の人のあり方にしていくのか」(2002/08/20)。

震災から7年目に、大賀重太郎さんが私たち調査団に述べた言葉である。10年目にはまだ2年半ほどあるにもかかわらず、である。

「人を支えたのは人や」、「顔の見える共感」という表現こそ、後に見るごとく、『ボランティアが社会を変える』(似田貝香門編)の執筆者黒田裕子さん[1]、大賀重太郎さん[2]、そして村井雅清さん[3]たちの、最も重要な被災者の自立支援活動の基本原理である。震災以来12年、長らく対話をしてきた私たちからみれば、この表現はいま生まれつつある、ひとの苦しみや受難に対する、自立の支援活動の行動思想の、中間的総括の原点であり、その実践知の〈経験的定義〉でもあると思う。

そして「どない被災地発の人のあり方にしていくか」という言葉は、遙か彼方を卓望する願いにも通ずる。それは、日本社会の支援の実践の可能性を見すえ、おぼろげながらでも、〈自立への支援〉という行為によって生み出される、これからの〈人のあり方〉をはるかに描こうとする、生みの苦しみの表現でもある。

確かにこの10年間、さまざまな災害が、日本を初め世界をみまった。本

書に紹介されている支援者のみばかりでなく、震災以降、少なからずの方々が、神戸という被災地にこだわり、支援の活動を持続させてきた。そしてこの活動を他の被災地に拡げ、そこでまたその活動に多くの人々が共振、共鳴されていった。

　黒田裕子さんの中越震災の支援活動、村井雅清さんの台湾、トルコ、イラン、アフガニスタン、新潟県中越地震、そしてスマトラ沖の地震ではスリランカなどへの熱心な支援活動が、それらの例といえる[4]。

　このような神戸から活動を発信させると活動のあり方は、これまでのように、活動・運動の普遍化を目指すあり方でない。あくまでも、被災地神戸の発信し得る、個別具体的な支援の経験をもって、他の地域の被災者や障害者の自立の支援の活動を掘り起こし、それが逆に、相互に刺激しあうことによって、そこから当の神戸の活動そのものの持続的活動が生み出されてきた。そしてこの動きこそ、あたかも地下茎のように、どこからでも広がっていく日本の新しい市民活動の潮流を生み出しつつある。

2　草地賢一さん、黒田裕子さん、大賀重太郎さん、村井雅清さんとの出会い

　1995年1月から3月、137万人もの多くのボランティアが、「とりもとりあえず」阪神・淡路にあつまり、多くの被災者の救命・救援の活動が行われた。大規模に出現した、こうした生命＝生活の苦難・受難への救援・支援の行動が、現代日本社会に与えた実践思想的インパクトは極めて大きかった。

　しかし、救命・救援のレスキュー段階をすぎた復旧─復興期にはいると、ボランティア活動は潮が引いたようにいなくなっていった。

　この書にもしばしば登場する草地賢一さん（当時「地元NGO連絡会議」代表）は、1995年8月、私たちとの話し合いで次のようなことを述べた。

　「レスキュー（救出・救命）段階では、思想や方法が何であろうともレスキューが最重点である」。しかし「その後、この震災で、貧しい人がますます貧しくなっていく」。にもかかわらず「公共当局の行政や政治が行われていない」と。そして原因として、第一に行政の「マニュアルがないという状態」や、「意

思決定の稟議的方法では、例外事項機能不全状態で、いつまでも初動的状況」であること、さらに第二として、このような「緊急事態においてシビル・ソサイアティが実現できないとは、学者や学会、官界がこうした問題を建て前論で考えてきた問題点である」と鋭く指摘した。それは怒りでもあった。

　草地さんは、日本にはボランティア活動はあっても、それは「入門段階」だ、という。復旧—復興段階にこそ一番問題が起きるという。事実、そこからいわゆる生活再建や自立困難な「震災弱者」がこの時点から生み出されていったことは、早い段階で、すぐにでも多くの人に認識されていた。ここに日本社会が弱者の自立に対する支援の活動の大きな課題点が残されていた。

　この事態のなかから、「日本におけるボランティアの弱さを認識し、あなた方の専門である社会学こそが、ボランティアの組織論を本格的に取り組むべきである」、と草地さんは強く要望した。

　私たちもまたその約束を果たすべく、日本の社会の新しい支援の実践—理論、あるいは支援の思想の萌芽を求め、神戸において、あの緊急的な救命活動から、その後、今日まで被災者の自立のため支援をし続けてきた多くのボランティアのリーダーたちや、この震災を契機に、支援に腐心しはじめた宗教家、建築、まちづくりプランナー、医療や福祉の関係者等の多くの職能者たちと対話を続けてきた。このなかで震災当初からここまでとぎれることなく対話が続けられてきた方々がこの3人である。

　2004年、村井雅清さんから私たちに、「黒田裕子さんの活動をぜひ本にしたい」というかなり強い要望があった。自分が黒田裕子さんについて書くから、専門家である皆さんの方でそれをまとめてほしい、というものであった。こうした要望が私たちに寄せられたこと自体大変うれしいことであったが、他方で、個別の研究は報告されても、共同の研究報告書をまだ仕上げていない私たちにとってはきつい、要望でもあった。

　支援実践者たちが、その時々の活動のなかで支援の困難や、望むべき活動のあり方に関して、深く感じ取り、そこから実践に裏打ちされた、反省や中間的な総括や思いは、支援の活動の自律的表現としての大切な「言葉」となってあらわれている。

しかし時の流れや忘却される震災の記憶、余りにも遅い私たちの研究は、この「言葉」の意味を消失させ、無力化させてしまう。大いなる反省が私たちに迫られた。

そこで、むしろこの3人の方に、この10年間の活動を自由に書いてもらい、それを私たちが編集することを考えた。その結果、3人の賛意を得て、先の似田貝編(2006)の本が出来あがった。かつて私が社会調査について「共同行為」という課題を問題提起したことがあるが、その書はその試みの一つである。

人の活動の自律的表現としての大切な「言葉」は、確かに時の流れのなかで無力化される。阪神・淡路大震災以降生み出されつつある、支援の実践やその行動思想は、忘却という社会の流れに抗するものとして、それが新しい市民社会を形成する萌芽の1つとして、どうしても「記録」される必要があると思う。今度は私たちが「記録」をつくらねばならない。

生まれつつある〈支援活動の思想〉は、支援活動から遠ざかる社会の時の流れに抗して、経験化し、定義化される必要がある。それが3人を支援する私たちの強い意志ある。事実、私たちはこの3人を初め多くの支援実践者から学んできた。多くの方々が本書を読み、このような実践者がこの困難多き社会に存在すること、そしてこの3人のような実践者が、私たちの身近な場所に、私たちの傍らに、困難な問題の周辺に存在するだろう。そのような人々は日本社会には多くいるに違いない。

3 支援活動の基本思想；「自分らしく生きる」—〈生の固有性〉へのこだわり

黒田さんはいう。「震災によって種々な苦痛を抱き、その苦痛と向き合っている人間が、今ここにいる。そして、生活をしている。このことがよりよいケアの第一歩であったからである。それによって、一人の人としての命を重んじることが出来るからであった」[5]。「歳をとり、障害をもったあとも、その人が自分を生かして、自分の人生胸をはって、歩んでいけるようにしたい。そのためには、十分で、しかも、その人らしさを妨げない支援とはどんなものか探し続けています。」（大賀重太郎・溝渕裕子たちの「拓人こうべ」の表現）。

8章 〈ひとりの人として〉を目指す支援の実践知 253

「生活、暮らし（の自立を支援しようとすると）個を考えざるをない」(村井雅清；2002/03/22（似田貝挿入))。

何よりも確実な苦しみがあり、受難があった。

「ひとりの人として救う」(黒田)、「自分らしく生きる」、「障害者問題へのこだわりという『原点』」(大賀)、「たったひとりを大切に」、「最後の一人まで」(村井)、黒田裕子、大賀重太郎、村井雅清の3人の支援活動に強力に伝わってくるのは、強烈な、生命こそ人間を人間たらしめるもの、という個々の被災者のもつ1回きりの命への支援、あるいは個々の人の歩んできた生への支援へのこだわりである。

このようなこだわりを、阪神・淡路大震災の被災者への自立の支援の視点としての〈生の固有性〉、と呼んでおきたい。新しい支援活動の基本思想と考えてもよい。

私の研究の個人史からいえば、〈生の固有性〉というテーマは、40年も前、K・マルクス Karl Marx の『経済学・哲学手稿』で疎外論を勉強していたとき、「個体的生命」と「個性の独自性」の積極的な positive 現実化、という課題との意外な再会でもあった。そのテーマは、これらを「真の活動的な所有」を「我がものとし獲得していく」人間の自己確証過程として捉えようとした人間―社会論でもあった[6]。このようなテーマに、被災地の調査という現場で、現実的に邂逅したのである。それは、被災者の一回きりの生命、すなわち個体としての、「自分としての生き方」という「生の〈固有性〉」を大切にする支援活動との〈出会い rencontre、rencounter〉によってである。

被災者の生命＝生活の回復という「希望」は、個々の被災者が、生活しその年輪を加えてきた自己の生の他ならなさ、すなわち〈生の固有性〉そのものである。

3人の支援活動は、こうした個々の人の現実に生きてきた状況から出発する。その人をその人なりに見ることに、支援の基本がある。この考え方は、従来のように「みんなのために」という発想が中心ではなく、また個人を社会がみんなと同じに扱おうとする支援行為に基本があるのではない。むしろ「その人のために」、「ただ1人のために」[7]、ということこそがサポートの基本思想となっている。

人の生命活動への支援は、これまではなにより平等な、普遍的な、行為が不可欠であった。レスキュー段階で、多くのボランティアが全国から広範囲、「とるものもとりあえず」かけつけ、救命・救援活動が行われたのは、正にこの支援思想に基づくものである。この思想は、だれでもが、だれに対しても、いつでも、どこでも、という支援の人のあり方として普遍的である。

　無論、黒田さん、大賀さん、村井さんの3人も多くの仲間の方たちと、このレスキュー段階に、文字どおり寝食を忘れて懸命な支援活動を行い、そのコアとなる支援の組織化に没頭したことはいうまでもない[8]。

　しかし問題は、草地さんが指摘したように、生活再建や自立困難な「震災弱者」が生み出されていった復旧―復興段階以降の、支援のあり方である。ボランティアがほとんど引き上げ、支援への活動自体への周辺の寛容性がひどく落ち込みつつあったなかで、「その人のために」、「ただ1人のために」、という支援活動の特異な「こだわり」は、もっぱらこのような状況に〈耐える〉ことを余儀なくされていった[9]。

　彼らの支援行為への「こだわり」とは、2つの意味を持っている。

　第一に、何より当の被災者の生き方のそのものの固有性への「こだわり」である。

　この支援行為が前もって何らかの価値規範や命令体系として倫理を自己参照、自己準拠にしているわけではない。後にふれられるように、支援者が被災者（対象者）の〈呼びかけの声〉を〈聴く〉ことによって、あたかも五寸釘を打ち込まれたように、対象者とのかかわりの応答性を維持しようとするとする自己拘束（〈約束・関与＝責任 engagement〉）の様相に「こだわり」を見て取れるだろう。彼らのいう「こだわり」とは、〈約束・関与＝責任 engagement〉を意味する。

　第二に、この支援活動が「その人のために」、「ただ1人のために」という、人と、被災地という場所性から、自由になることへの予感から、被災地での被災者の自立支援という〈具体的、一時的、局所的〉の「支え合い」、「助け合い」を、「風化させることなく」活動を継続したいという強い意思でもある。

人の被災、受難は「どこにでも」、「いつでも」、「身近に」生起する。この意味で被災は、人や場所や時間に関係なく、普遍的に起こりうる、不条理性である。だから「いつまでも神戸という冠を付けるのでなく」支援活動を持続し、その活動を、人々にとって「あたりまえ」となるように「普遍化したい」、と「こだわる」ことにこそ「被災地責任」があるという(村井雅清; 2000/06/29、2003/03/06)。

　このような実践思想が生み出されてくることを、やがて村井雅清さんは「場は力。場所は力」(2005/08/18)という。人と場所から生み出されてくる固有の、独自の実践思想は、〈そのつど〉生起する出来事を介して、時間と空間において普遍に貫こうとする太い糸になるのだ、という熱い想いが示されている。

　〈具体的、一時的、局所的〉に形成されている支援活動の継続化をもとめて、今の支援に「こだわ（る）」。そして〈具体的、一時的、局所的〉でなく、特定の場所(神戸)でなく、特定の人々でなく、「だれにでも」、「どこにでも」、「いつでも」、「身近に」生起する空間的・時間的普遍性を想起し、このような〈生の固有性〉への支援という特異な〈支えあい〉〈助け合い〉に「こだわる」のである。この活動の持続性、継続性を被災地神戸から示すことによって、〈支えあい〉〈助け合い〉という集合行為は、「人間にとってずーと潜在的にあるもの」(村井雅清; 2000/06/29)というように、人々の共通の意識を喚起させようとしている。いわば、潜勢的な人間の根源的な価値を、「市民社会」に顕勢化するための問題提起ともいえる。

　〈生の固有性〉に「こだわる」支援活動の特異性 singularité は、個々の人間の存在の生存様式としての固有性に配慮することにある。この配慮やこだわりは、個（個別）と集団（普遍）の本源的自立化作用を促す〈新たなる基礎な行為〉、ということができる。ここから、「自立とは『支え会いである』」という支援の基本な実践思想を生み出している。

　個（個別）と集団（普遍）の本源的自立化作用は極めて両義的であり、この２つの関係の項の緊張関係が、立ち上がってくるテーマ、課題毎に、特異性 singularité と持続性と普遍性についての、彼ら自身の活動と運動の検証テーマとならざるをえなくなる。このような経路を辿りながら、〈生の固

有性〉にこだわる活動は自己成長してきた。

　「活動をなかなか理解してくれない」、と異口同音に支援実践者はいう。多くの人は、「ボランティア活動は、みんなのためにあるのでしょう」、という。無論そのことに間違いはない。しかし今は、生活再建や自立困難な「震災弱者」の支援こそが問題なのだ。この「みんなのために」というこれまでの普遍思想になかなか抗しえないもどかしさのなかで、それでも、今日までほぼ十数年も耐えてきた活動である。

4　新しいボランティア行為

　こうした「こだわり」は、明らかにこれまでの支援活動・運動の考え方とはいささか異なっている。

　彼らのボランティアの活動、支援の活動は、常に被災者の〈現実の生きた状況〉から出発してきた。

　〈現実の生きた状況〉からの出発とは、被災者の置かれた状況の変化、およびその時々に生起する、個々の被災者の固有の問題そのものを、直接支援するという考え方である。そのため〈生の固有性〉にかかわる新しい課題、テーマが次々と立ち現れ、それへの対処を余儀なくされる。もはや普遍的思想などといっていられない具体的な事態が矢継ぎ早に彼らを襲った。

　彼らの活動が今日まで12年以上にわたり持続しえたのは、それはなによりも、被災者の「希望」が、〈生の固有性〉の回復にこそある、という彼らの信念の堅固さにある。「その人のために」、「ただ1人のために」という支援の視点にこだわったからである。そしていまや彼らの支援思想は立派に経験的にその有効性を発揮しつつある。彼らが支援活動をしつづけ、あらゆる困難にもめげず耐えてきたことそれ自体、被災者にとって「希望」だったし、今でも「希望」なのである。

　被災者の自立のため、その人の〈生の固有性〉にこだわるという支援の考え方は、その人その人の、人間としての存在のあり方、生存のあり方としての固有性を尊重し、配慮することを通じて、社会に個と集団の基本的な自立化をうながすきっかけの可能性を実践的に目指している。

　これまでのボランティアの思想、支援の思想が、「みんなのため」、「社

会のため」に視点を向けていたとすると、彼らの支援の視点は、「その人のため」、その人の〈生の固有性〉へのこだわりに向かっている。

「みんなのため」、「社会のため」に向かう支援思想がこれまでのボランティアの行為とするならば（これをマクロ・ボランタリズムと呼ぼう）、新しい支援のあり方は、ミクロなボランティアの行為と呼ぶべき実践思想である（ミクロ・ボランタリズム）。

この10年の間、多くのボランタリズム論やNPO論は、いつのまにか現実の支援や具体的諸問題レベルから離れ、社会のなかでの役割を論ずる方向に大きく論調が傾斜していった。いわば、ボランタリズムのマクロ化である。

しかし彼らのようなミクロなボランティア行為が現れつつあるということは、日本社会の現実にとって大切な意義がある。

現在の日本社会は、病院・老人施設・学校・職場・近隣・家族生活という社会レベルのあらゆる領域、場面で個別の社会問題が現れ、そしてこれらの問題は、未解決なものとして強固に存在している。それが故に、多くの人々の自立の困難、不安という「痛み」、「苦しみ」が、あらゆる社会領域で持続し続けている。

しかし彼らのような支援活動の基本的な実践思想の現れは、こうした社会問題への取り組みの社会的実践の回復が、まさに当のミクロな社会レベル領域や場所で生まれていることを意味している。いわばミクロな政治力学の場の存在の可能性を表現しているといえる。ミクロ・ボランタリズムは、こうした意味で新しい社会的文脈を創造しつつある。このような場で、人々の〈生〉の回復の実践行為が試みられつつある、といってよい。

被災者の〈生の固有性〉の支援、というかたちで現れるミクロ・ボランタリズムは、一人ひとりの人間の、〈生の固有性〉の問題を、私的領域の問題としてとどめ、あるいは切り捨てることはしない。可能な限り、具体的な個人を、「顔の見える」関係としての集団の支援活動を介して、社会へつなごうとする支援行為である。それは社会の領域に、具体的な自立の困難、不安という「痛み」、「苦しみ」を抱えた諸個人の問題を、新たに提起し、それを多くの人によって討議実践されるべき公共性の問題として、あるいは新たに形成されるべき社会正義の問題として組み込むべき、「市民社会」

にとっての新たに〈生成されたテーマ〉でもある。

　彼らの言葉や行為表現自体が、被災者の自立支援を可能にするため、それを阻止している要因を克服対象として認識し、それを変える方法へと切り返す、という〈生〉の生成世界を形成しようとする社会実践である。

　黒田さんは「人と人が向き合う」、大賀さんは「顔の見える関係」、といい、村井さんは「自立とは支え合い」、梁勝則（リャン・スンチ）さんは「お互いがお互いを支え合う」という[10]。

　言葉や表現は異なるが、人々の〈生の固有性〉への支援には、当事者をふくむ支援者との「顔がみえる」関係という、いわば小さな具体的集団の形成が不可欠となっている。〈生の固有性〉への支援とはこのような実践的集団性の形をとるのであろう。

　社会領域に問題を組み込んでいく活動単位は、このように小さな範囲である。彼らのようなこのような動きが、もしあらゆる社会問題のかたわらに生まれたならば、それは地下茎のようにどこからでも、そしてどこへでも広がっていく新しい活動の動き（潮流）を生み出していくにちがいない。

　黒田さんは全国からの支援によって組織された「KOBE基金」を核として、被災者支援団体の支援実践を、また中越震災、能登半島地震、中越沖地震への支援を介して幾多にも支援の根拠地をつくり、大賀さんは市民の「共感」を呼び込む活動の形成の実践の有り様に長らく腐心してきたし、村井さんは「まけないぞう」の運動を全国のあちこちで、また世界に向けて「被災地KOBE」から発信する支援のネットと根拠地形成を、サハリン大地震、トルコ北西部地震、台湾地震、イラン大地震、アフガン大地震、ジャワ沖大地震と矢継ぎ早に、実践してきた。

　この実践は、一方ではミクロ・ボランタリズムから、あちこちに根拠地を形成しそこからまた地下茎が伸びることを願う、という多様性の活動組織（＝生命系の水平的活動体）[11]、他方では、多くの市民をかたわらに組み込んでいき、次第にその支援のための支援の輪を共振させていく。そしてこの実践は、「市民社会」のマクロ・ボランタリズムへと結びつけていこうとする尖端的動きでもある。それはミクロ・ボランタリズムからマクロ・ボランタリズムへと、単に垂直的に架橋していく動きではない。おそらく、

ミクロとマクロが、同じ支援の活動体にあって横断的に複合化[12]されて行くような実践論である。

　ミクロな政治的実践、あるいはミクロ社会的な実践、そこからの新しい連帯、新しく優しい組織体が形成される必要があるのであろう。このように、〈生の固有性〉への配慮支援の実践は、当該のそれぞれの部分的な、したがって〈具体的・一時的・局所的〉の実在的根拠地での、人の個人と集団的生存様式の再形成への実践化とその特異性 singularité の潜在的な方向 sense を見出す努力、といえる。

　私たちはもっとこれらの支援の実践論の可能性について知ることが必要である。

5　黒田裕子さんの実践的な言葉

1)「瞬間を大事にする」・「瞬間瞬間の必要性に目を向ける」

　黒田さんの実践はなによりも、臨床的であり現場的である。被災者が今被（こうむ）っている現実そのものを直視する。被災者の今のニーズを捉える。そこから支援を出発させる。〈現実の生きた状況〉への支援者の対応は、〈そのつど〉という瞬間を逃すべきで無い、と考えている。その対応が完全なものでないとしても、なによりも支援行為そのものは、そのつどの一時（いっとき）が大切、という。

　支援は、個別具体的問題として現れる。またそれらの問題はほとんどが複合化している。しかし、生命に直結する、生活問題は、緊急的であり、なにをおいても〈具体的、一時的、局所的〉に対処しなければならない。「瞬間瞬間の必要性に目を向ける」ことが支援行為とって不可欠である。

　だからといって、複雑な問題を回避するわけではない。黒田さんは、「人間の生活があり、生活する人間がいる」、「今を生きる」そして「最後まで生きる」と表現している[13]。人の生命＝生活への支援は、一時性から、持続的に〈生〉を営むことを支援することをテーマとしている。

　ところで、「瞬間瞬間の必要性に目を向ける」という、この一瞬の微妙な動きを捉える固有な感覚は、どのように把握されるのであろうか。これは、〈生の固有性〉にこだわる支援の際の、極めて大切な実践の課題のひとつ、タイミングの問題である。黒田さんの実践は、なによりまず、被災者との

対話（声ー聴く）関係が成立していることに注目したい。

このような関係の成立の上で、次に、その人の固有の「必要性」が判明した瞬間の、実践のタイミングの問題として捉えられる。黒田さんが捉えているタイミングは、専門的職能集団が従来から捉えてきた、いわば対象化可能な客観的な時間ではない。正に「出来事」としての時間性である。さらに付け加えれば、臨床的・現場的に成立させる被災者―支援者の〈間主観的現実 reality〉とでも呼ぶべき時間性である。

この意味で、「必要性」とは、被災者―支援者が、同じ場所（空間）と同じ時間とに〈居合わせ〉、かつそこに、やがて〈共にーある être-avec〉[14]という関係性が成立して、初めて、相互に了解される内容である。このような関係性を、黒田さんは、「そのつどの一時(いっとき)が大切」、という。こうして、「必要性」は、〈そのつど〉、被災者の〈声〉と〈出会い〉、接近し、常に「共に」の〈出会い〉という一撃のもとに at the glance 了解されることが期待される。

黒田さんの「瞬間を大事にする」・「瞬間瞬間の必要性に目を向ける」という表現は、同じ場所、同じ時間に、被災者―支援者の「共に」という〈出会い〉の様相を示していることに他ならない。

また、この対話という関係性の成立によって捉えられるニーズ（「必要性」）は、単に支援者の支援対象の発見の位相に止まるものではない。「その人がもっているニーズを尊重しながら、（そして）その人らしさを尊重しながら、その人のニーズを満たす」(2004/08/24、括弧は似田貝挿入)。

それは、関係性を相互に成立させる支援者の人としての自己形成、つまり、ニーズを当該の被災者の固有の「人間としての生活」としての生き方、すなわち〈生の固有性〉として受けとめることができる人としての自己形成することなしには了解しえない。「五感をフルに働かす」、「感性を磨く」ことの必要性を黒田さんは説く (1998/08/04)。

「瞬間を大切にする」とは、支援者のタイミングだけを表現するのではない。支援者自身が、被災者の問いかけ、そして求める〈声〉を、その人固有のニーズとして聴きとめられる、人としての成長なしには、この対話的コミュニケーションは成立しない。〈声〉の受けとめ（聴きわけ）にはこうして、時間の相互的な reality の成立、現場、臨床の場のなかでの声（場所）と

主体の形成、とが相まって可能となる。それは、〈共に－ある être-avec〉という関係のなかで初めて成り立つ。

「共に」とは、被災者の〈声〉を〈聴く〉ことであり、被災者と支援者が当該の課題（ニーズ）について、同じ時、同じ場所で、相互に近傍に寄せる様相である。ニーズ了解とは、こうして、自明性としての自他関係を近傍に寄せる、という方法で他者を経験することに他ならない。

黒田さんはいう。「ボランティアとは、人と出会って」、「人としての成熟すること、知的に成熟すること」(1998/08/04)[15]。

また、一般にいう「被災者」という人々は、支援者とっては決して不明確な、匿名的な人々ではない。支援者にとっては、かかわりを持つ当初は不明確であったとしても、かかわった瞬間から、その人は、生きる希望や願いを持つ、特異な「声の下書き」(J・L・ナンシー)の持ち主である。

黒田さんは、被災者の身なり、態度や行動のふるまい、そして顔の表情や声のトーンや張りの強弱等、あらゆる特徴を、「瞬時にして」見聴きしようとしてきたという。この瞬間に、人々という匿名性、不明確性、あるいは「被災者」という公共領域の匿名性から、聴かねばなら当の人物へと移行し、〈約束・関与＝責任 engagement〉する関係の生成が始まる。この関係の生成というタイミングが〈出会い rencontre、rencounter〉と呼ばれるものである。それが〈近傍に寄る〉他者経験である[16]。

2)「聴く姿勢」

黒田さんは、被災者へのケアを、「人間と生活（これが原型）」のなかで捉えようとする。そして、暮らしと家族生活、地域生活を通して対応すべきという。ケアは被災者の生命を生活として捉え、さらにこのフレームを、個人、家族、地域という自足的生活圏の環の中で捉えようとする。ケアとは、その人の生活様式の中で、生活再生の「基盤を整える」ことだ、と強調する (1999/03/25)。

ところで、その人に必要とされるケアの内容は、どのようにして捉えられるのであろうか。黒田さんは、その人との「かかわりの中で」、「語ることより聴くこと」、そして「心を開くこと」が大切という (2002/03/22)。黒

田さんは、ケアという行為の中心を、「聴くこと」、「見ること」として捉る。「相手の気持ちに入って」、「一人の人間としてのボランティア」として、また「その人らしさを尊重」することによって、ケアが成り立つ(1999/03/25)。

　被災者が生きる気力を失う場合、怪我などの治療を受けることすらままならないことが多い。その場合、黒田さんは、「聴く」ことにより、その人らしさの生き方、その人を尊重したケアのきっかけを探し求める。本人が日常に戻る気力を取り戻す生活の内容を見出したとき、その内容に立ちいって「暮らしを整える」(2007/08/08) という。このように「聴く」姿勢をとることによって、その人の「暮らしを整え」、その人の自分の内に内在している力を想起させることによって、自存力 conatus を高めさせている[17]。

　つまり、被災者とのコミュニケーション的に結びついた人間として把握することが、ケアが成り立つ重要な要素なのである。

　黒田さんはいう。「言葉は人の何を表しているのか」(2002/03/22)。ここには、被災者(声)と支援者(聴く)の間に、被災者の希望・願いを、すべては包摂されないと知りつつ、にもかかわらず、可能な限りニーズという諸概念のなかに受けとめ、〈聴きわける〉という、独自の臨床的・現場的なコミュニケーションが介在している。

　この対話的コミュニケーションの独自性は、出来事としての臨床現場(場所)と支援者としての主体の形成(人としての成熟)が、対話という相互の関係性を介して、同時相即・並進的に成立させていることにある。

　黒田さんのような、いわば職能的ボランティア[18]と被災者との対話は、通常、自然言語と言説的秩序体系(概念等)によって行われる。相互の対話の場では、その人の〈生の固有性〉としてのニーズの表明は、自然言語を中心として、身振りと表情を通して行われる。時には、他者には表現されないことすらある。そして自然言語は、明晰な言説的な概念と異なり、その時の状況や文脈に依存的なかたちで表現される。

　そもそも、生活をめぐる自然言語を介してのコミュニケーションはどのような性格を持つのであろうか。生活の言葉は厳格な言説形式を持たないし、制度化もされていない。いわば生活の自然言語は、多くの場合、散漫 diffuse [19]に止まっている。言葉は多様な様相で表現される。

村井雅清さんは、「たった一人」、「最後の一人」への責任の取り方を、それは自己の可能性を問うことだといい切る。どのような責任の取り方があるか。「自分をさらす。ここから自分をたてる」。「『たった一人のために』、自分がどこまでできるか、それは具体性の中に身を置く」ことだ、という(2006/08/26)。

したがって、極めて不安定なコミュニケーションのもとで、支援者が自然言語の内容を、言説的秩序体系（概念）として受け止めざるをえない。自然言語の内容は、当然、言説的秩序体系（概念）では捉えきれない、あるいははみ出してしまうものである。ここに、対話そのものが不確実なコミュニケーション、歪んだ意思疎通が含まれることを避けることは出来ない。

(1) 媒介の論理

このような相互対話は、不確実なコミュニケーションを孕まざるをえないので、不確実な判断を、あるいは不正確な判断をしがちである。支援者、とりわけ職能的支援者の場合、ニーズを概念（言説的秩序体系）として受けとめようとするのに対し、被災者の希望、願い（声）は、自然言語である。概念（言語的秩序体系）は、自らの対象を秩序の枠内（限界）で、しかしそれに沿って正確に枠付けしようとするのに対し、自然言語が発せられる場は、状況的、文脈的了解という不確実性を含む聞き取りが行われる。いわば、相互的な、対話的なコミュニケーションには、こうして不確定性が入り込む余地を排除しきれない。

しかし、生活の言葉は被災者の生活領域にその基盤を持つ以上、その言葉を理解し、当該の問題を発見し、解決の試みを行わねばならない。したがって、被災者の声と支援者（聴き手）の間に、言説的秩序体系（概念等）の理解可能性と、そこへの相互対話の持つ不安定性の組み入れ、あるいは意味作用の場の不確定性の組み入れ、の同時性をうまく生かすようなコミュニケーションの論理が必要とならざるをえない。そのため、通常のコミュニケーションとは異なる論理の媒介が必要となる。

このような支援の実践の場では、どのような論理が、コミュニケーションの不確定性を組み入れ可能になるのであろうか。そこでは〈話す〉—〈聴

く〉という相互的な行為と、この行為によって相互に「変わり合う」（大賀重太郎）という主体の変様が不可欠となる。話し手と聴き手とが、当該の課題（ニーズ了解）をめぐって、それぞれ自らを形成し、自らを再定義しながら、脱自化していく、不可逆的な時間の持続を保証するような、自己変化過程を重視するコミュニケーションが必要とされている。

(2)〈約束・関与＝責任 engagement〉

しかしもっとこの内容を深めると次のようになるであろう。他者の語り、というように他者の行為を客体として受けとめるのではなく、それを、〈語る－聴く〉という応答性、すなわち相互行為性があって、初めて他者を自己として受けとめられる、ということが大切である。

〈聴く〉という行為は、なによりもまず、支援者が被災者に近寄り、接近することを自らに科する。つまり〈約束・関与＝責任 engagement〉、あるいは誓う、という自己拘束である。〈聴く〉側の受動性こそがテーマなのである。

〈そのつど〉発せられる、具体的被災者の〈生の固有性〉たる希望の実現（可能性）は、あるいはニーズは、将来的な時空間の位相では不確実であり、予測不可能である。このような不確定性のなかで、支援者が具体的被災者にかかわる方は、唯一、文字どおり「希望を持ちましょう」という、〈約束・関与＝責任 engagement〉で対応するしかない。

黒田さんたちの〈聴く〉という行為をもっと理解するため、この行為と不可分の行為である、〈約束・関与＝責任 engagement〉というふるまいを、黒田さんたちの実践に沿った形で、暫定的な定義をしておこう。

支援者の〈約束・関与＝責任 engagement〉とは、支援者（私）が、この世に実在している、しかもそれとわかる苦悩を見つけ、その苦悩を負った他者の苦悩を緩和するという目的に向かって、それらを成就するための、具体的な支援実践に関与・参加することにおいて、私の自己自身の生きるあり方を、当事者と約束すると同時に、自己をも拘束するふるまい、のことである。

大賀重太郎さんはこのような応答責任の事態を、「掘り起こしてしまったニーズ」（1998/08/04）と呼び、あたかも五寸釘に打たれたように、そのニー

ズ実現へと自らを自縛する。それが「顔の見える関係」を基本にし、NPOの事業のなかにあってもボランティアの意義を「魂」の部分としている「被災地障害者センター」の存在理由でもある (2003/03/06)。

　他者と〈出会う rencontre、rencounter〉ことによって、支援という目的志向性のある具体的な企てを行う場合、私の生き方として、自己を拘束することによって、他者の〈呼びかけの声〉に応ずる、それが〈約束・関与＝責任 engagement〉である[20]。このふるまいは、具体的被災者の〈呼びかけの声〉の内容に、支援者の行為を〈結びつける〉。支援という行為は、自己を自足させる（満足―自己実現させる）のでなく、その代わり、私と他者を、ある〈結びつけ〔つなぎ〕conjoncture〉のうちに巻き込むのである。いい換えれば、それが支援者の、他者についての経験であり、自己を他者へと向かわせている行為である[21]。

　ところで、〈呼びかける声〉に応答し、支援者が責任を負えば負うほど、支援の実践対象の未知の領域はより大きなものに化していく。

　このように、責任を負うことは、ことによっては、その当該の事柄のすべてが解決可能とは限らず、むしろ、未完遂の形での解決を余儀なくされることすらある。また、事柄の解決の留保、停留とか、それへの意思決定そのものの未決定、という道を余儀なくされることすらある。このことを支援者はいやというほど経験してきた。それが故に、支援者もまた〈可傷性 vulnerabilite〉を被らざるをえなくなる。このような状態にある主体の様相を、私たちは〈受動的主体性〉と呼んできた。

　この主体性は、近代的主体像たる能動的主体＝〈強い存在〉が、困難な問題に直面すると、〈克服 Überwindung〉というモメントを主体論のなかに織り込むのに対し、受動的主体＝〈弱い存在〉は、これに対して〈耐える Verwindung〉を主題とせざるをえない。この〈耐える〉行為は、被った事柄（受難）の解決の道が、未知なるが故に、新たな可能性を気長に待つ、持続性という行為選択を余儀なく行うことを免れない。そして、当事者と支援者が、共に、当該の課題を受けとめる。これが〈共に－ある être-avec〉という様相であり、さらに一歩進んで、テーマや課題を持続させ、問題提起する共同関係を、〈共同出現〉と私たちは呼びたい。これが、〈弱い存在〉の

主体性の様相である。
　〈主体の複数性〉とは、このような約束をする主体の様相である。やがて、この経験された他者と出会った支援者は、「〈共に－ある être-avec〉」関係として、さらに〈共同出現〉たる一者へと変わりうる。

(3)〈出会う rencontre、rencounter〉

　支援者が具体的諸個人の〈生の固有性〉と〈出会う〉、とはいかなる出来事なのだろうか。
　支援者は、被災一般者に出会うのではない。具体的な個人としての被災者とその人の「主観的現実 reality」に遭遇するのである。具体的な被災者の〈呼びかけの声〉に応答することから始まるのである。応答するとは、被災者の〈呼びかけの声〉を〈聴く〉ことである。呼びかける〈声〉に遭遇し、それを〈聴く〉という関係性が成立して初めて応答関係が成り立つのである。他者からの呼びかけに応答するという行為は、このように必然ではなく、極めて偶然な〈出会い〉である。
　このような呼びかけの〈声〉を〈聴く〉という行為は、なによりも、具体的被災者の〈呼びかける声〉が、従来はテーマ化されがたい、なかなか主題化されがたい支援内容に、〈そのつど〉、あるいは余儀なく出くわす（〈出会う rencontre、rencounter〉）ことに他ならない。まさしく、〈聴く〉という行為は、自己と異なる、他者と出会っている。あるいは他者を経験することを余儀なくされている。「聴く力」は、人を、自分を、出来事を「見る力」である（黒田裕子；2002/03/22）。
　こうして、支援者の〈聴く〉という行為は、具体的被災者という他者の〈生の固有性〉という、〈そのつど〉、したがって偶然的に、通常はテーマとなりがたい出来事に遭遇することに他ならない[22]。「たかとり救援基地」の和田耕一さんは、このような他者の経験を「見えなかったものが見えるようになったのはボランティアのおかげ」と表現する（1997/07/30）。他者と〈出会う〉ことにより、可視化する力を獲得する人々がここにいる。

(4)「変わり合い」（相互の自立）と共同の可能性（〈共同出現〉）

支援者は、被災者の語る（〈呼びかける声〉）行為を、受けとめることによって、初めて、支援者としての自立するのである。〈聴く〉という行為は、それ（他者）を受けとめることによって初めて支援者は支援者として自立の力を得る。その時、支援者は「一人の人間としてのボランティア」として形成される (1999/03/25)。

それと同時に、〈語る〉被災者も自立する。「話を聞いてくれますか。これまで話をできなかった人が、話をすることができるようになる。これを『自立』と評価」するという (2002/03/22)。

〈語る－聴く〉という応答性、すなわち相互行為としての言葉行為 parole は、この行為を出来事（社会事象）のひとつと考えることによって、社会に関する開かれた表現として、両者が〈共に〉自立する関係であることを教えてくれている。これが出来ないと、「人間関係が破綻した場合、対応ができない」（大賀重太郎；2001/03/16）事態となる。

相互の対話の持つ不確定性の〈組み込み〉の論理は、こうして〈聴く〉ということにコミュニケーションの重点を置くことにより、話し手と聴き手とがそれぞれ自らを形成し、自らを再定義しながら、脱自化（自己の複数化）していく、不可逆的な時間の持続を保証する、自己変化過程を重視する論理である。

〈相互行為〉とは、こうして相互に自己成長的になる過程を指している。「相互に相手の立場を認める」、「ボランティア活動は、気づきであり学びである」という村井雅清さんの活動の要約も、この主体変様の結果の別な表現である（村井雅清；1998/08/03）。

支援者の支援の可能性とは、〈聴く〉ことを介した、他者との結びつきの共同の可能性である、といっても過言でない。「変わり合い」とは、こうした〈語る－聴く〉の応答性による、相互行為から生まれる、〈共に－ある être-avec〉という関係性であり、「支え合い」とは、当該の実践課題に対しても実践行為たる〈共同出現〉という共同の関係性を生み出している。

先にふれた、当該の課題（ニーズ了解）とは、〈語る〉－〈聴く〉という対話によって生成されたテーマである。そこに、共同の関係性が生み出されている。

(5) 〈共に―ある être-avec〉、〈共同出現〉の実例

　知的障害者の自立をめぐる「自己決定」の運動論的視点は、この後論じる大賀重太郎さんの「セルフ・マネージメント」の項でふれるように、当事者と専門家・ボランティア・家族の支援のあり方は大変難しく、困難を極め、時には対立と緊張関係すらもたらしてきた。

　大賀重太郎さんは、「障害者ホームヘルプ事業の支援費制度の導入があるが介護保険のケア・マネージメントをする人がいない」という。そればかりでない。「ボランティアが事業に繰り込まれ、ボランティアがボランティアでなくなっている」、また「制度外でボランティアがボランティアになっている事業部分が大きくなりつつある」し、「ヘルパー派遣にボランティアが入り込んできている」という (2003/08/20)。

　だから、専門家やボランティア、支援者が〈聴く〉という行為やその関係形成なしに制度の実施が行われると、これまでのように、「支援者の都合で当事者をコントロールしてしまう」。そして、結局「行政の代弁者になってしまう」(2003/08/20)。そのため、当事者と支援者との「支え合い」の関係性をどのように作り上げるか、が問題となる。

　大賀さんたちの「拓人こうべ」(旧名称「被災地障害者センター」)の「事業所たくと」では、先の困難を克服するため、障害当事者や障害を持つ高齢者が、「次の生活を考える時」に、進む道が施設のみではなく、「自らが選んだ道に進むことができるように日常的から非日常を考え、そして選択できる道を作る」、そのように事業所の職員と登録ヘルパーが働き・考え・作るヘルパー活動」を目指している[23]。

　たとえば、介護保険訪問介護については、歳をとり、障害をもったあとも、「その人が自分を生かし」、「自分の人生（について）胸をはって、歩んでいける」ようにし、そのために「十分で、しかも、その人らしさを妨げない支援とはどんなものか探し続け」るという。

　「支援費」については、「一人ひとりの気持ちを大切」にし、「すべての人が本来持っている『生きていく力』を妨げることのない支援」を目指し、「何よりも、生命を預かっているという事」を肝に銘じ、当事者の「安全な介

護を受ける権利を保障」が目指される。

　精神障害者については、「ホームヘルプ　住みなれた地域でその人らしい生活を続けるため」、「生活面に深くかかわるホームヘルプの役割」また「当事者を支える社会資源の一つの柱として、ケースワーカーや医療関係者に、積極的に情報発信し」、「当事者の権利を守り、安全な生活が継続できるよう支援」が目指される。

　「支え合い」はこのように、支援者が当事者と共に、その当事者の「自分らしさを生きる」(自立) を目指して、〈共に－ある être-avec〉、〈共同出現〉の関係形成を目指している。

　「支え合い」はこうして、前項「瞬間瞬間」で既にふれたように、自明性としての自他関係を、〈聴く〉という仕方で、近傍に寄せ、他者を経験する方法ともなっている。〈聴く〉という行為は、近傍による方法とも呼べよう。

　このように、〈語る－聴く〉という対話状態の相互関係性から自己と他者が「共に」生成し、〈共同出現〉してくる主体の様相を、私たちは〈主体の複数性〉と呼びたい。

　支援の場においては、支援者が他者を選ぶのでなく、他者とそこで〈出会う〉のだということ、そしてこの偶然性のなかに生成する共同性というものを、視野の中心においていることを、私たちに教えている。

3) 「つなげていく」、「つなぐ」──主体の変様

　黒田裕子さんたちの支援行為は、当事者を「全人的に捉え、今、ここで何が必要とされているか、だからどうしたらいいのか」を考え、「次へとつなぎあわせていけるケアが大切」という。あるいは「一人一人のニーズをつなぎ合わせる」という (1998/08/04)。そして必要に応じて、医療関係者、福祉関係者、保健師、地域ボランティア、警察署、消防署と連携し、ネットワークを構築していった[24]。

　村井雅清さんもまた、「ネットワークする」という言葉を使いながら、「一人を大切に」という〈生の固有性〉にこだわる支援活動は、「隙間だらけである」が故に、支援の現場は「不安定」であり、支援できないことが多く、境界領域での支援活動は、「テーマが変わると別のネットワークの繰り返

し」を行う (2002/08/21) という。こうした支援の現場での「落とし穴 (隙間)」には、ネットワークで「つなぐ」(村井雅清) 必要がある、という (2004/08/24)。

「つなぐ」という表現は、被災者の抱える諸問題を解決するため、さまざまな他のサービス機関や団体、人等にネットワーク化していく支援行為の主要な役割を示している。複合化された問題ほど、このような「つなげる」行為が不可欠であるという。「つなぐ」という支援行為は結果として2つの役割を果たしている。

第一には、ニーズを可能にする社会的資源を適切に発見し、配分する行為である。支援実践者の行為は、問題を認識し解決のため、社会的資源を解決課題の素材として的確に調整し、配分する行為である。

第二には、被災者を「最後まで見捨てない」ため、ニーズをさまざまな領域・機関に「つなぐ」、という媒体者としての行為である。支援者は徹底的に自らを媒体的主体として位置づける。黒田さんはこのような主体を、「組織人であるが、組織人でない」(2004/08/24) という。

しかしもっと重要な点は「つなぐ」ために、自分が変わらなければならないことである。当該の問題を認識し、解決に向かって諸問題を調整し、統合する行為は誰にでもすぐには出来ることではない。黒田さんは震災直後まで看護職であった。多くの被災者の抱える問題を受けとめるには、自分が看護職であることにこだわったので前へ進めなかった、と黒田さんはいう。

支援活動を重ねるたびに、自分の看護職という職能の見直しが必要になってきたのである。「瞬間を大切にする」の項でもふれたが、時の変化と共に、被災者の自立の環境は、常にめまぐるしく変化してきている。支援実践者はこうした状況認識と、そのつど被災者の自立にかかわる問題視点を変化させねばならない。

避難所から仮設住宅へ、さらに復興住宅へと、そのたびに現れるテーマや課題をどのように認識しどのような方向に持って行くか、という時々の状況がある。この状況認識の錬磨と対応の判断の的確さを望むには、看護職という意識をあえて捨て、職能者として向かい合うのではなく、「人間対人間のかかわりのなかで」、「相手と本気で向き合う」ことでしか、「その

人その人にあわせたケア」はできないという。

現代社会の対人サービスは内容別にセパレートされた職制のもとにある。職制のもとでのサービスは、個別化されており、なによりもどの職制も、当事者の問題を統一的に理解し、それを必要なサービスの資源元に配分するという役割を果たしていない。ソーシャル・ワーカーのような職制はあるが、これとてもまだまだ十分でない。とりわけ震災時には問題が多かった。

(1) 主体の変様

〈生の固有性〉にこだわる支援が、「一人一人のニーズをつなぎ合わせる」（黒田裕子；1998/08/04）というその実効性を広げるには、以下のようなプロセスを経る。

まず、臨床的・現場的には、被災者－支援者間に、〈主観的現実 reality〉としてのニーズが了解される（いわば間主観的現実 reality）。ついで、これを他の支援者や、社会へ、制度へと広げていくには、多くの人がそのニーズをそれなりに逼迫性、切迫性、緊急性等の要件から見て妥当であり、現実性がある、と考えられる必要がある。この現実性をここでは、〈客観的現実 actuality〉と呼んでおく。ニーズの〈主観的現実 reality〉から〈客観的現実 actuality〉へ生成には、時の政治的・社会的制約状況から、かなり時間がかかることすらある。そして時には、生成していかず、未解決、未完、未決定になることすらある。

このような移転プロセスの実践として、以下、「つなげていく」（黒田裕子）、「隙間と混在」（大賀重太郎）という実践知が生み出された。

「つなぐ」という行為は、「一人一人のニーズをつなぎ合わせる」という、調整行為なるが故に、専門職が自らの職制を見直すことのみならず、他の多くの職制のそれぞれの分野を「つなぐ」。そして、被災者の周りに社会的小集団を一時、意識的に形成することである。「その人らしさを尊重してケアをする」には、「つなぐ」という実践が不可欠であり、そのために自分を変えざるをえない、という考え方が示されている。

つまり、〈生の固有性〉へ「こだわる」こうした支援思想は、近代的自我を暗黙の前提としている主体像とは別様であることがわかる。ここで表現

されているボランティア活動は、よくいわれるような「自己実現」、「自己充足」というような、結局、近代的な自己同一化に還元される主体像とは異なっている。

また、あらゆる活動が結局、自己を補完して自足させる方向に、あるいは自己に回帰しうるような活動思想とも異なっている。むしろ自己自足させる代わりに、自己を、当事者のニーズの実現への共同実践者として、ニーズにかかわる未実現の潜在的可能対象へと〈結びつけ〔つなぎ〕conjoncture〉る。そのため、自らを変えるという、主体変様という過程を余儀なくなくさせている。それは、主体としての自己の複数化の企てである。村井雅清さんは、このような企てを、「ボランティア活動は、気づきであり学びである」という (1998/08/03)。

こうして、「つなぐ」という実践は、〈生の固有性〉に立脚した支援活動とその組織が、〈そのつど〉のぞまれる人のニーズを、〈一時的・不断的・持続的〉に、自己活動をその課題に継続させ、完遂させるため、常に潜在的可能の対象〔新しい行為〕[25]へと、自己を〈結びつける〉。いわば、「つなぐ」という実践は、支援者を新しいことに巻き込み、つなぎ合わせる。と同時に、自己をもその新しさへの実践者として変化させずにはおかない。

今一度いうならば、「つなぐ」(〈結びつけ〉) るとは、試みられ、企図された支援のための諸実践、思考等が、〈隙間〉を埋めるため、ある定型的サービス等を、いろいろなある制度機構、秩序に、ニーズの実現という観点からは、正しく〈越境的に〉[26]、かつ正統に、依存させる形で配置させようとする行為である。そして、支援者が新たなる行為、新しい出来事への巻きこまれ (〈結びつける〉) ということは、同時に、自己の複数化という〈主体の変様の兆し〉の様相と同時並進的、同時相即的である[27]。

6　大賀重太郎さんの実践的な言葉

1)「隙間と混在」

大賀重太郎さんたちは、1995年1月の震災直後、「生きていほしい。いま本当に助け合いましょう」と、障害者自身による救援活動の拠点として、

43の障害者支援団体がネットワークし、安否確認の情報発信、物資提供・生活支援の活動を開始した。それが「被災地障害者センター」(1995年2月設立)である[28]。

被災地での障害者の生活支援は、自分たちの活動単位だけでは「解決できない」。大賀重太郎さんたちの「拓人こうべ」では、サービスの担い手になるため、生活支援の連合（ネットワーク）を組む。兵庫県全県的支部網をつくるより、活動単位unitが「自ら制度をつくり」、「自らが担い手」になり「利用者」に向かって「次の生活を創ろう」という（2002/03/23）。

大賀さんはいう。これは既成の運動体の政治実践のように「スローガンを集めて集団をつくって、政治的な影響力を持って、行政をやっつけ、要求を制度化し、『責任を持って行政をやらんかい』というてる世界と違う」（2002/3/23）。「自ら制度をつくる」とは、「隙間」を創ることであり、この「隙間」を創ったものが担い手となることだ、という。

「利用者」に向かって、とは支援者による単に生活支援の実現を指すのではない。その実現に先立って、あるいは同時相即的・並進的に、まず支援者たる私が、「こういう人もいるのだ」と「相手のありさまを認め」、それが同時に「自分探し」であるようなプロセスを経る必要がある、というのである。

つまり、「自らが担い手となる」には、支援者自身が、当事者その人の「自分らしくいきる」という願いや希望を、少なからず了解することが可能となるような、自己変様の不可欠性を経験的に述べるのである[29]。

被災地の障害者の自立を支えるため、公的サービスは無論として、サービスの「制度からはずれた部分」もあわせて支援活動に取り込むという考え方が、〈隙間と混在〉の基本的な考え方である。「制度からはずれた部分」をあえて意識的に取り込むという実践が、「隙間」をつくるという表現になっている。

被災地の障害者の自立の支援、それは個々の障害者の「自分らしくいきる」という〈生の固有性〉への配慮と、その配慮行為が「顔の見える関係」として行うが故に、制度のサービスからはみ出る内容に、支援の関心と配慮が焦点化される。人の自立への支援内容が先ずあって、それを実現する

ため、諸サービス実践が考えられている。

そこから、これまでのように、障害者の自立への対応が、「措置」という行政や、行政のケースワーカーが握って仕事をしていることに対し、支援者が「措置とは異なる方法として」自分たちが制度を使っていく「担い手」となり、「利用者」が「次の生活を創（れる）」(2002/03/23)、「隙間の発見」たる「対抗できる計画」(2001/03/16) を実践課題とする。

支えることは、意識的に「隙間」をつくることだという、こうした支援実践は、これまでと異なる新しい運動体の方向に向かっている、と大賀さんは考えている。こうした考えは、後に詳論するが、市民社会をも巻き込むことにより、新たな社会実践として取り組む方向に向かっている。いわば、「隙間」にあることを自覚した、当事者と支援者の、自立に向かっての〈可視化する力〉とでも呼ぶべき実践である。「長田区たかとり救援基地」の和田耕一さんは、「最も弱い者にボランティアの活動を合わせると、見えなかったものが見えるようになった。それはボランティアのおかげ」(1997/07/30) というのも同じような意味合いであろう。

なぜあえて取り込むのか。大賀さんたちの活動が、被災者支援の「障害者問題へのこだわりという『原点』」を持ち、しかもその支援活動はあくまでも「顔の見える関係」のなかで行われるからである。

このような、制度的には不在のサービスを、あえて意識的に支援活動に取り込む、ということは、実践的には以下のような空間を創造する試みである。

障害者のニーズという私的領域と、支援者がそれを支援活動として集団化するという社会領域の「混在」化、そしてそれをテコに、支援者によって実践化された社会領域と公的制度の境界を曖昧化させ、「混在」化させるという実践空間の表現である。黒田さんの「組織人であるが、組織人ではない」という表現も、実践者に視点をおいているという違いはあるが、ややこれに似かよっている。

こうした異なる活動の意図的混在化をはかることによって、一方では、余儀なくされた支援者を取り込み、他方ではむしろ従来の公的な制度的サービスの境界線の限界を穿つ。大賀さんは、自分たちの活動は、「しな

やかさ」と「したたかさ」である、と表現する(2004/08/27)。あくまでも自立支援にこだわる持続性は、正に活動の柔軟性を持ち合わせていなければならない。

　より実践的には、隙間という領域のなかで、そこに制度化された実践、可能性としての実践等の多様な実践が共存し、そしてそれらが混在し、やがては次第に、相互関係として融合することを期待される実践空間でもある。

　行政は福祉サービスの受け皿を、かつての障害者運動体にではなく、事業体に求め、運動と分離させてきている。大賀さんたちのセンターは、それらを分離したようなかたちにし、しかし「一方で運動、一方で事業」と両義的にあえてしたまま「事業体にのめり込む」という混在的な方法をとっている。それは制度的サービスと非制度的サービス（その時々の余儀なくされた必要なサービス）が、実践的には後者の必要性に応じてその時その時に瞬間的生み出され、相互浸透する、いわば実践の創造産出的な思想に基づく方法である。

　支援行為には、新たなニーズ（出来事）への対処や解決がさまざまな制約下で達成しえないことが往々にして生まれる。それが〈隙間〉である。それでも対処・解決への支援行為は断念されることなく、それはいわば留保されたニーズとして、あるいは〈未決定〉のニーズとして、繋留（けいりゅう）される。新たなニーズがさまざまな制約のため解決できない場合、当事者―支援者間の相互了解のもとで、異なる活動で埋め合わせ、あるいは、ニーズの代替になるような制度上のサービスを利用し、残りを自前の支援者活動で埋め合わせをすることがある。これが〈混在〉である。

　要するに、支援活動は達成を阻害している諸条件が開放されるまで、あるいは緩やかになるまで、当事者との了解の下で、一旦、その目標は留保され、繋留させ、それでも当事者とのかかわりを、〈隙間と混在〉という考え方で持続的に繋いできている。そしてその間、異なる目標、代替的目標が追求される。要するに、活動・運動は、現実の諸条件・制約に、耐えながら、希望を待ち続け、被災者の自立の支援を持続しようとしている。後に説明する「関係を切らない」という考え方と、〈隙間と混在〉とはメダルの表と裏の関係である。こうして神戸の支援組織は実に12年持続してきたのである。

〈隙間と混在〉とは、このように、極めて多くの制約状況のもとにある当事者の〈生の固有性〉への支援活動が、生みだした実践知といえよう。〈隙間と混在〉という実践の考え方は、当該の問題解決の〈具体的、一時的、局所的〉な漸進的実践試みの様相といえよう。また〈隙間と混在〉という考え方は、〈未決定〉状態の実践対象を、未決定（未実現のニーズ）にもかかわらず、当事者支援を長期的持続させ、またなによりも、当事者―支援者の関係性を持続する実践知であるといえよう。

　この事象は、主体論という位相からから見ると、ニーズへの対応という課題が多くの制約によってなかなか完遂できないという意味で、当事者も支援者も、受動的主体として現れざるをえないことを示している。人は、日常性や希望の実現が、制約によってなかなか実現できないという現実なるが故に、かえって、留保し、待望し、そして、耐え、忍耐する、という受動的行為を余儀なく受け入れざるをえない。そして、この過程のなかで、新たな可能性を待ち続けるのである。あるいは自らが、尖端的な新たな可能性を創出するチャンスを待つのである。

　支援者が〈約束・関与＝責任 engagement〉を負えば負うほど、当該の課題、主題、テーマの未知の領域はより大きなものになっていく。逆にいえば、支援者の〈隙間〉への遭遇は高くなる。このような〈主体の受動性〉というテーマは、〈隙間と混在〉という実践知と重なり、相補的な関係にあるといえよう[30]。

　私なりの表現をすれば、〈隙間と混在〉とは、ある種の〈変化の兆候〉が、社会問題のその領域に、運動主体と制度体との〈隙間〉がぽっかりと口を開けたなかに現出している状態を表示している。〈隙間〉はカオス chaos のように見えるが、しかし、他方で、制度と独立に、あるいは制度を代補するような多様な実践が生み出されている。いわば、カオスと制度（秩序）の相互浸透という実践が、ミクロな尖端的・局所的、ときに、一時性という性格を持つ〈変化の兆候〉として浮かび上がってくるような様相として、現れる潜在性 virtualité を持ち合わせているのではないのか。

　この〈隙間〉に現出された〈変化の兆候〉[31]は、無論、既存の固い安定的な構造（制度・秩序）に対しては、不安定で、不均衡、不確実な作用しか果

たさない。しかし、〈隙間と混在〉と表現された〈変化の兆候〉の諸実践は、新たなる人間の共同存在を生み出す、創造産出の潜在性 virtualité として、理論的にも実証的にも今後私たちは、つとめて関心を持つ必要がある。社会学は、このような様相を、実証研究はもとより、理論的にも捉えるのを最も苦手としてきた[32]。

こうした、被災障害者の支援行為が完遂せず、つまり、支援の未完了、未完遂、あるいは実践のそのものの「未決定」、という状態にもかかわらず、当事者との「関係を切らず」、支援活動・運動は持続出来てきている。こうした活動性・組織性に、私たちはもっと関心を持つ必要がある。活動の留保、繋留、中断、未決定のもつ運動論的な意味、組織論的な意味、社会学的な共同性形成のあり方、を確実なテーマとすべきであろう。

2）「セルフ・マネージメント」（自己決定から「セルフ・マネージメント」へ）

大賀重太郎さんたちのNPO法人になった「被災地障害者センター」(1999年法人格取得)[33]では「介護保険制度」(2000年4月実施)から3年後の、障害者ホームヘルプ事業等がNPO法人など民間団体で実施されるようになった「支援費制度」施行[34]を視野に置きながら、また、神戸市が行おうとしていた知的障害者のガイドヘルプ事業（外出介護員)[35]を受託するため、「自分らしく生きたい発見プロジェクト」(2001年9月)を始めた[36]。

2003年の法の改正による「措置から利用へ」と変化に対し、「誰が（障害者の）生活設計プランを決定するか」。自分たちセンターが「実績を重ね、ケース・マネージメントから計画まで持つようにしたい」という想いから、このプロジェクト研究は始まっている (2001/03/16、（ ）似田貝挿入)。

「行政の事業委託を受けると、あるいは行政から押しつけられる」と、自らの活動そのものが「制度をおしつけられる」。このような支援活動は、「支援者の都合で当事者をコントロールしてしまう」。そして、結局「行政の代弁者になってしまう」。曰く、「周りからおしつけられる」、「しばられ感」、「〜はできない、といわれた」、「制度の押しつけ」等々、の如くである。

このようにならないようするため、「自分たちが制度を使って」、「当事

者との合意」は無論のこと、なにより「当事者の立場に立って（制度の）利用をする」という（2003/08/20）。

　「自分らしく生きる」という考え方は、当事者のかけがえのない〈生の固有性〉の根幹を示している。これを具体的にはどのように活かすか。「自分らしく生きる」とは、人としての基本的権利である。この確保がなにより必要である。この権利を実施するため、自分のものとするため、これまではこの権利の行使や実効可能性を表す概念として、運動体の「青い芝の会」の問題提起以来、「自己決定」と呼んできた[37]。「自分らしく生きたい発見プロジェクト」研究は、障害者の権利擁護、障害者の日常生活の細かさ等の開発を考えたものだが、最も大切なことは、障害者の自立のための生活のあり方、選択の「自己決定」の考え方を、「セルフ・マネージメント」という用語に切り替え、その具体化を開発してきたことにある。

　「自己決定」という考え方は、社会福祉の援助モデルを「医療（治療）モデル」から「自立生活モデル」へパラダイム転換を要請した身体障害者の自立生活運動のなかから生まれてきたものである。いわば、専門家から、対象者への一方的措置は、対象者の市民的権利に反するということを明言したものである。こうして70年代以降、社会福祉において「自己決定」という考え方は、「自立」の構成用件として一つの重要なテーマであった。

　とはいえ、知的障害者の場合、身体障害者の自立生活運動、自立生活支援で見られるように、専門家・保護者・家族を単純に「当事者」から切り離すことはできない。ここに知的障害者の「自己決定」の難しさがあった。そのため提案されたのが、「セルフ・マネージメント」なる用語である。

　それは、「日々の生活を安心して暮らせるように、また、どこで何をするか、だれと過ごすか等、の日々の行動の選択としての生活を自分で組み立てる」という考え方である。「自己決定という言葉が、人生の決断のような、大げさな、抽象的イメージを持つのに対し、セルフ・マネージメントという言葉」は、具体的な日々の暮らしの「生活の内容にシフト」している（2003/08/20）[38]。

　「このような感覚を当事者に持ってもらうことが必要だ」と大賀さんはいう。だから、障害者が「自分自身でセルフ・マネージメントできるように」

することの大切さを訴え、「セルフ・マネージメント」そのものがその人が「生きること」だ、という。

　そして、これまでの自立運動の中核的視点にあった「自己決定」という考え方の持つ、専門家・保護者・家族と「当事者」との自立支援をめぐる対立、緊張関係は、このような「セルフ・マネージメント」という視点に変われば、「人権侵害といわれない」、また「敵対的関係でなく、相互に鍛え合う」相互の関係形成になっていく可能性に変化していく種を蒔くことになる（2003/08/20）だろう。「本人・家族・施設ケースワーカー・関係者・ヘルパー等、それぞれの資格・役割に応じて、『ケース会議』で討議し、可能性を出し合って、どこまでやれるかを考え、そこから本人の生活設計を考える」（2001/03/16）。

　ここに、当事者とその自立を支援する関係者の、〈共に－ある être-avec〉とか〈共同出現〉の新しい共同の関係性が実践的に生み出されようとしている[39]。そこには、70年代の当事者本人の自立運動のコアであった「自己決定」から、当事者と支援者との行動の関係形成の実践として、「セルフ・マネージメント」へという流れを築きつつある。

　こうして、「セルフ・マネージメント」なる用語が、障害者の自立（当事者の主体性）をめぐって、第一に〈共に－ある être-avec〉、〈共同出現〉という関係の形成という実践的社会形成の視点と、第二に、障害者がそれぞれの〈生〉の選択の仕方が可能である、という生活者の主体性の視点を産み出している。

　そして、これらの実践的視点は、当事者の多様な生き方の可能性をこのように確保することによって、かえって、ここから多様な生き方を可能とするマクロ視点ともいえる、新しい「市民社会」の構築、というパーステクティヴを描こうとしている。実践思想としての、障害者の自立のミクロな視点たる「セルフ・マネージメント」概念は、マクロな新たなる「市民社会」の形成視点へつながっていくという、ミクロ－マクロの連接可能な視点を生み出すことになろう。

3)「関係を切らない」・「切るんやないよ」

　これは、支援実践者が、被災地障害者の希望を、未経験的で、実現そのものが困難なニーズだからといって、障害者―支援者の「関係を切らない」という考え方である。

　対応としては、ひとまず可能な解決から手をつけ、難しい問題は、話し合いの上、「休ませてくれ」というかたちで留保される。あるいは「誰かにフォローしておいてもらう」。

　「こちらから切るというのは、その人の生活・人格の否定」になるという。支援の留保、支援の実行の中断、支援の意思決定を未決定にしている、ということは、当事者を無視、排除することでなく、問題を当事者の私的生活の領域に押し込め、社会領域に支援者として取り込まないことでも、当該の問題を放棄することでもない。同じようなことは、黒田裕子さんも指摘する。「できないことはできない。もう少し時間を下さい」。そして「関係を切らならず、心を開くことが必要」(2002/03/22)。

　むしろこのようなときこそ、自分に何ができるかを考える、いわば未決定のなかでの準備的実践を内包している。出来事一つ一つに、「相手のあり様」を「自分探し」と重ねて、相手を「認めよう」とすることが肝心と大賀さんは考えている。支援者が〈約束・関与＝責任 engagement〉を負えば負うほど、当該問題解決の方法等への未知の領域はより大きなものになっていく。

　それは未だ経験したことのない、文字通り見知らぬ他者と〈出会う rencontre、rencounter〉こと、といえよう。〈出会う〉ということは、他者を認識するのでなく、他者体験の事実から出発しているということである。いわば、この「関係を切らない」という過程で、支援者自身が、自己を複数化する努力をしている試みである。

　そしてそれは、多様なるものの存在への自己開示の道でもある（「十人十色」参照）。

　ところで、このような実践のあり方は、何がゆえに生み出されてきたのであろうか。

　先の、「隙間と混在」の考え方とメダルの裏と表の関係にある。いわば、

「隙間と混在」という考え方は、実践の対象と内容である〈変化の兆候〉を、「関係を切らない」といい考え方は、実践途上の被支援者―支援者間の〈主体の変様の兆し〉を表現している。

　それは、被災地障害者の希望を支援者がなかなか実践し得ない、別な言い方をすれば、希望実現を完遂することができない際に、それでも支援を持続させていこうとする、いわば未決定、未解決、停留の状態での活動組織論として、生み出されつつある。依然として問題が未解決で、未決で、停留されたままになっている問題を、放棄せず、あきらめず、見捨てず、耐忍的、持続的な構えで、次の可能的チャンスを待つ、という活動組織の新たな姿ともいえる。被災地障害者の希望を支援者がなかなか受けとめられない場合や、受けとめても、なかなか実践しえない時、それでも「関係を切らない」という、被支援者―支援者の関係性とまったく重なる実践の構えである。

　社会問題や、問題が生起した当初の、ボランティア（支援者）の支援が〈具体的、一時的、局所的〉であり、それなりの課題として受けとめるが、しかし、問題解決そのものが完遂されたわけでなく、未決定、未解決、停留、という状態が引き続き、それが故に、この状態を受けとめつつ、次への解決への途を模索する様相を、実践の運動論、組織論（〈変化の兆候〉）として、あるいは支援の主体論（〈主体の変様の兆し〉）の問題として、どのように構築していくか。長らく、運動論ではこの種の問題にぶつかり、砕かれてきたが故に、正面から取り扱われなかったテーマである。本来の運動論の主題である。

　大賀重太郎さんたちの活動はその意味で、「しなやか」であると共に、「したたかさ」を持ち合わせている[40]。「隙間と混在」、「関係を切らない」とは、こうした、長く続く、未決定、未解決、停留の状態での支援活動の、受動的主体性を表現している。

4）「アメーバーのごとく多様な戦略」

　ボランティアの支援活動は、既存の組織のように意思決定―命令のピラミッドのような形をしていない。支援の対象者や支援の内容を知らないボ

ランティアを受け入れる。それがボランティア支援活動の生命線である。したがって、既存の運動のことはもとより、現在のボランティア活動を知らずに参加してくる人々に開放的であるには、固定的な組織の形では対応できない、と大賀さんはいう(2007/08/07)。そして自分たちの活動を「アメーバーのごとく多様な戦略」(2002/08/20)と呼んでいる。

　この戦略の意味は、支援活動の政治的・社会的状況、あるいはここの制約条件に応じて、必要な時に大きくなり、条件が悪い時は小さくなる、という「本来の生命の種」のような柔軟な形を目指している(2007/08/07)。

　この大賀さんの喩えは、小さなアメーバー状の原形質の塊が多核あり、必要に応じて菅ネットワークを巧みに作り上げる変形体といでもいうべき、あるいわば生命系の、とりわけ粘菌(変形菌)の組織変形体のようである。

　ボランティアと既存の運動体の系譜を持つネットワークとの共存、出自の異なる多系な「強さの環がいくつもあるネットワーク団体」が必要に応じて、形を変え、結びつき(〈結びつけ〔つなぎ〕conjoncture〉)、支援の成果を出しながら、活動を維持している。

　図表1「『自立支援の実践知』の生成と展開」(序iv頁)での言葉(実践語)の「蓄積、累積される」という、経験知の〈展開〉の視点から見れば、相互に関連する言葉群は、「出会い」「つなぐ」「隙間と混在」「しなやか・したたか」である。

　こうした絶えざる自己再形成を繰り返す、ある種の自己組織形の生命系の組織変形体のような活動の存在は、単に過去の固定化してしまった運動体の批判形としてあるばかりでなく、「掘り起こしてしまったニーズ」や「自分らしく生きる」ことに「こだわった」(〈約束・関与＝責任 engagement〉)、〈生の固有性〉を支援の基本的な実践思想とする新たな組織体といえよう。これもまた一つの〈実践知〉である。

7　村井雅清さんの実践的な言葉

1)「わずらわしさ」

　「被災地障害者センター」(現「拓人こうべ」)の福原史朗(2001年死去)さんは、

1995年の震災直後、次のように述懐している。彼らは、家庭訪問を続けるなかで、一人一人の障害者家庭の今までの歴史と置かれてきた状況を、「少しだけれども垣間見させて頂くことができた」。この状況と、これまで障害者支援を「本当にいろんな葛藤がありながらぼちぼちと長い時間をかけて地域をつくってきた」。「それがわずか20秒足らずで崩壊してしまったやりきれなさを、とてもボクたちに共有できるほど生半可なものではない」。しかし「少しでも分かりあえるためにゆっくりと話を聞かせてもらい、できる要望にはすべて応えていけるようにボランティアがフル回転した」（福原, 1995/01/26）。

ところが大賀重太郎さんは、この家庭訪問における障害者との「出会いでショックを受けたボランティアさんがいっぱいいましたね、今まで会ったことのない人やからね」（1995/8/26）という。

この「やりきれなさ」と、経験したことのない人に〈出会う rencontre, rencounter〉という出来事との間をどのように埋めたのであろうか。

村井雅清さんもまた、同じような出来事に遭遇した。このような出来事と〈出会い rencontre, rencounter〉は、「私にとっての『わずらわし（い）』」、と村井さんはいう。この「わずらわしさ」は、自分の存在にとって「不安定である」、ともいう。わずらわしさを抱え込むということは、自分が「この『わずらわしさ』と向き合うことにある」。そうすると、「私が分裂してしまう」。しかし、「私にとっての『わずらわしさ』」は他の人のとっても同じく「わずらわしさ」である。

ここから村井さんは、「わずらわしさ」を「私に向き合（させること）とは、人間に向き合うこと」と、考える。そして、「人間は（そもそも）『わずらわしさ』をもって生きているのだ」と、敷衍する（2004/08/24）。

このように敷衍された「わずらわしさ」に対し、「私にとって何ができるのか」。「わずらわしさ」の生起の〈そのつど〉、「人間とは『わずらわしさ』」と向き合って生きていかざるをえない、という「わずらわしさ」との共存を想起する。「わずらわしさ」とはこの意味で、人間が制約のなかで生きていかざるをいえない、という主体としての受動性なのである。

この受動性が主体化するとき、「私が分裂してしまう」が「それでよい」、

と村井さんはいう。ここでは「わずらわしさ」は、自己を分裂させてしまうが、同時に、およそ人とはこのような「わずらわしさ」を抱え込む普遍的存在と位相を変えることにとって、脱自のきっかけをつかもうとしている。なんのためにか。「わずらわしさ」との共存のためである。「わずらわしさ」を自ら引き受けるとは、当該の対象に対して応答し、〈約束・関与＝責任 engagement〉を取ることである。

このように、「わずらわしさ」との共存とは、自己が抱え込んだ「わずらわしさ」という具体的諸個人たる人について、ミクロ的関係視点から、「人間としての『わずらわしさ』」というマクロな人間感を、〈そのつど〉再確認することで、受動性から〈受動的主体性〉への転位するきっかけを与えている、と考えられている。

村井さんはいう。「自分と向き合って、自分をボランティア化した」(2004/03/06)。このミクロ−マクロの視点のパースペクティブとして、やがて「市民社会」が卓望されることになる（「市民社会」参照）。

2)「何でもありや！」

村井さんのこの表現は、「震災後の多様で、自発的で、創造力のあるボランティアのあり様が、被災者の多様なニーズに対応できた」という文脈が中心である。村井さんはこの表現を震災5年後から使用したという。しかし逆にいえば、その時点および現時点では、支援活動の苦しみをも表現している。

この表現が、災害のいかなるときに最も有効に、効果的に、かつ生き生きしていたか。大震災という、非日常的な異常な事態が、日常の秩序では「ありえないこと」[41]が可能にした、という状況認識は、はまったくその通りであろう。

いかなる支援活動であろうとも、いかなる試みであろうとも、被災者の「救命・救援」である限り、被災地域ではおおむねそれを、寛容に受け入れていた、という時期がある。震災直後の支援からから仮設住宅への支援へと移るこの期間が、最も「何でもありや！」が実践可能であった、と思う。

「決して無秩序ではなかった」、「そこには、何かお互い暗黙のルール」が

あり、それは「『命は大切にしよう、せっかく生き残ったんだ、気いつけていな！』というお互いの気遣い」だと、村井さんはいう。

　レスキュー段階（非日常）では、支援者も、多くの被災者市民も、人々の苦しみや苦難、困難のなかに被災者の存在を見たし、また実感できた。それが故に、支援者は「てれくさくなく」（「たかとり救援基地」の和田耕三さんの表現）純粋に、思う通り、支援行為を行った。そしてその活動のふるまい方は、多くの被災者や市民の十分な〈優しさ〉と見ていた。「何でもありや！」はこうした時期の、支援者と市民との関係性によって可能化されたといえる。

　ボランティアが対象者と１つになった時に、〈ふれあい〉が生まれる、という。このレベルで、「何でもありや！」は成立する。被災者とふれあっている支援者には既存の規則（ルール）はいらない。むしろ支援活動は、ボランティア活動をマニュアル化し、パターンにはめてしまう規則から自由でなければならない、という考え方である。「制度からはずれた部分」をあえて意識的に取り込むという認識から、活動にあえて「隙間」をつくった大賀さんたちの「隙間と混在」より、もっと自由である。いやむしろこの時期自由でなければならなかった。

　何度もふれたが、支援活動を支えていたのは、「たった一人を大切に」、「最後の一人まで目線を向ける」という、〈生の固有性〉への視点の「こだわり」であった。

3）「十人十色」

　村井雅清さんはふと「あのときはよかった」と、言葉を漏らしたことがある。「あのとき」とは、震災直後の〈レスキュー段階〉[42]のことを指す。なぜよかったのかといえば、「ボランティアは十人十色だった」（2002/03/22）という。だから、「一人一人（が）ボランティア」（2002/03/22）だ、ということの意味が支援活動には大切だったと、村井さんは述懐する。これらの言葉は、多くの支援者がいろいろな経験と資格をもって活動していた、ということを鮮明に表現している。

　「震災後の多様で、自発的で、創造力のあるボランティアのあり様が、被災者の多様なニーズに対応できた」と村井さんは、当時を総括する[43]。

「ボランティアとはこうである」という倫理・道徳的定義や、「ボランティアはこうでなければならない」、という同型の単独者的な定義は、あらゆる支援要請が起きる現場にはほど遠い。

支援者はじつは実際には十人十色。支援者としていろいろな人が来て活動した、ということは、これらの支援者が被災者をいろいろな目線で感じ取り、活動内容を〈そのつど〉判断し、それに対応していた。この事実がなにより重要である。

同じ人が、さまざまな問題を抱えた被災者を、同じような目線で見ても、その人の抱えた問題を見て取ることが出来ないことがある。ということは、さまざまな被災者の苦しみの〈呼びかける声〉に、支援者が応答出来ないことも多い。

アルコホーリックの人に対する対応が出来る人と出来ない人がいる。しかし出来ない人がいても、対応出来るボランティアが仲間にいる。大賀さんがいう「うちのところのメンバー、一人一人はもう穴だらけで、一人一人の解決能力ではとんでもない話になるんやけども、こんだけ個性の違うやつがいて、それぞれの対応の中で、何とか方向づけができている、いうのが実態やと思うんです」[44]と同じ意味である。

多くの場合、手に負えないとか、無理だと思ったら、その〈声〉に応答出来ず、あるいは応答せず、その人との関係を無視するか、切ってしまう。最悪の場合、排除し、差別してしまうことがある。しかし、同じボランティア仲間の人がその〈声〉に対応出来る、ということを知ったならば、その人はその被災者との関係を切らなくてすむ。私は出来ないけれど、他の仲間なら出来る。これは支援活動にとって非常に重要なことだ。「個としての限界があるから発信できるし、自分と向き合う」と村井さんはいう（2002/08/21）。

このように、被災者の〈呼びかける声〉への応答可能な仲間がいるおかげで、私は被災者の〈呼びかける声〉に対し、無関心でいることや、排除するということから免れられる。したがって〈呼びかける声〉への支援活動は切断されることなく持続される。「関係を切らない」実践知の源泉は、こうした支援者集団の多様な目線にある。

そのつど、〈呼びかける声〉があり、それを聴取する者が現われる、という可能性[45]は、支援者が多様な目線を持つ集団として存在しているところに生まれる。被災者の「自分らしく生きたい」と望む〈生の個別性〉は、多様に存在する。人の生は多様である。生の多様性として受け取る支援者側もまた多様であることが不可欠となる。

しかしいろいろな要望が目の前に現れたときに、それを全部受け入れることは不可能である。どこかで〈限界〉がある。こうした限界は、〈個の有限性〉と呼ぶ事態である。一人では自分をいくら変え、自己複数化しても単独者としては限界がある。つまり有限性という、個の人間としての限界である。自己の限界を受け入れることが他者のふるまいを認めることになり、それが「多様性」を認識することになる。

〈個の有限性〉と多様性との関係は、以下のように考えることが出来るであろう。人が、他者との人間の根源的な「共同性」を想起するとき、別な言葉でいえば、〈個の有限性〉なるが故に、人が「共同性」に向かったとき、その「共同性」は自己の欠如と他者の欠如とが相互に「支え合う」関係として補完化し、重層化した〈恊働〉の関係である、といえよう。そこでの他者は、自分とは異なる特異性 singularité を有する他者である。この他者の助け（代替）を不可欠とする。これが多様性の組み込んでいる〈恊働〉の性格である。支援者の集団（活動単位としてのユニット）はこのような性格を持つ[46]。

異なるふるまい方をする仲間内をまず見る。それは認めやすい。こうした仲間内のうちに自らは受け入れがたい当事者を受け入れる支援者がいることによって、なによりも自分は当事者との関係を切断すること無く、保留しておくことが可能になる。

このような関係の状態は、〈共に－ある être-avec〉という共同のなかの一者として、支援者個人の活動（行為）が生成されていることに他ならない。そして、この生成と同時に、〈多様性〉が胎動され、育まれる。

「たった一人を大切に」という支援思想は、その根っこで、〈個の有限性〉と深くかかわっている。〈呼びかける声〉が発せられる現場の相互の対話の場では、その人の〈生の固有性〉としてのニーズの表明は、一つの出来事である。

出来事の生起が起きるごとに、〈そのつど〉、〈具体的、一時的、局所的〉に特異性が産出される。この生起した特異性は、すべての人間にとって「共通」に了解するものではない。したがって、大概、少数者として現出emergencyする。しかしこの特異性を受容しようとする共同性がミクロな関係形成と共に育まれる。したがってこの共同性は、個人をコアとする網状の動態的共同性と呼ばれるべき性格を帯びている。〈個の有限性〉は、この網状の動態的結合関係（＝〈共に－ある être-avec〉）を介して、〈多様性〉が原初的 primitive に育まれる。

　「たった一人を大切に」（村井雅清）という言葉と支援実践のうちに、潜在的に、既に人間の存在の多様性的可能性が孕まれている、ことを知ることが出来よう。

　しかし、支援者の多様性への関心や、多様であることへのこだわりは、単に〈呼びかける声〉への応答に対処するだけでない。そもそも、支援者が関与し、支援する人々の存在そのものが、社会的には少数者 minority であることに深く根ざしている。

　村井さんは、自分たちの支援は「少数者にこだわる」といい、「少数者に目を据える」、「少数者に目配りをする」、「少数者なるが故に多様性の尊重」を自分たちが率先して行う必要性を主張する（2002/03/22）。

　他にも、草地賢一さんは「人権とは少数者を守ることからはじまる」といい、長田たかとり救援基地の和田耕一さんは、「最も弱い者にボランティアの活動を合わせる」ことが支援者の支援の目線の中心であることを強調する（1997/07/30）。

　決して多数者が少数者のことをおもんばかって、多様性の尊重、というのではない。無論この場合、人の生の多様性なるものが、支援者にとって、未だ経験したことのない日常の生き方や、希望であるとは限らない。むしろ、普通、人が日常的に実現している生活のあり様ですら、実現出来ていないことに、驚くことが多い。それが、少数者の希望を、人の存在とは多様なもの、と強く認識せざるをえない瞬間である。少数者の希望を実現していくには、社会が多様でなければならないと、発信せざるをえないのである。

こうして、多様性の必要性の認識は、少数者の存在に出合った支援者から生まれてくる。少数者の存在が、多様性を必要とするのである。社会の多数派が多様性を生み出すのではない。

　支援者は、少数者の存在を、社会の多くの人との共存へと導くために、自らの支援活動が、少数者とのかかわりであることを、視線を深めると共に、それが故に、視線を反転させ、市民に向かって活動を開くのである。大賀重太郎さんは、多くの被災障害者の〈呼びかける声〉を「切るんやないよ」、繰り返し、繰り返し、職員や登録ボランティアに、トレーニングするという。支援者は、少数者の〈呼びかける声〉そのものに、多様を肌身で感じるべきと考える。そして、今度はこのような視線を反転させ、「市民に共感を得るため」、自らの活動が「多様である」ことを「市民に向かって開く」という (2002/08/20)。〈共に－ある être-avec〉という関係の持続とは、対話することにある。大賀重太郎さんのいう「(相談者を) 切るんやないよ」とは、さまざまな人との「顔の見える関係」の持続 (維持) であり、それを可能にするのは対話である。

　こうして、市民を〈われわれ〉という〈市民の複数性〉へと導く。あるいは〈われわれ〉という目線を共振させ、共鳴させるテーマこそが、新しい「市民社会」の創造への〈問題提起 problématique〉となることを知る。

　少数者からの多様性への目線の生起、それは、新しい「市民社会」の構成原理たる、平等へ向かっての実践思想の萌芽である。この目線を受けとめようとする人々は、〈共に－ある être-avec〉→〈共同出現〉という〈そのつど〉・〈具体的、一時的、局所的〉の「現れ」と「存在」の動態的共同性を、繰り返しながら、次第に、マクロレベルの共同の集団行動、ある共通の目的に向かって行動を起こしつつある力学的状況の集団のなかに見出される、行動の主〔宰〕権の相互的平等性を感じざるをえなくなるであろう。

　村井雅清さんは、「まだ成り立っていない」現実から、「暮らしの中で、少数者の中で、どのように成り立たせるか」が、「市民社会」の課題であると指摘する。しかし、このような社会を現実の「社会の中につくっていかねばならない」と強く主張する (2007/08/07)。

　多様性は「既成の構造」として眺望出来るとは限らない。多様性は、少

数者の実現されていない、いわば未発の生き方から、産出されてくることを、鋭く示唆している[47]。

「十人十色」とは、支援活動の多様性と、この多様性そのものを経験するきっかけとしての〈個の有限性〉が、相互的にかかわることによって、多様性を育み、やがては「共生」というテーマにつながる重要な実践知である。

4)「バラバラで、（なお）一緒！」

この言葉は、1998年、村井雅清さんが、東本願寺の垂れ幕に「ばらばらで、一緒」と書かれてあるのを見て、考えたという。自らの支援の活動からの実感として、普通、各活動ニットは「バラバラ」だが、「何かの時」、「なお、一緒」になればよい、と考えているのだという（2007/03/17）。

「（なお）一緒」とは、「一緒」というのは目標が一緒、というのではない。「条件によっては、事柄によっては、場合によっては」（2004/03/06）、「苦しくなったとき」（2007/03/17）という制約条件、特異的条件のある水準で、〈具体的、一時的、局所的〉な〈出会い—組み合わせ〉という集中的ネットワークを組む、という意味である。

「被災地NGO恊働センター」を構成する、支援活動の各ユニットが、それぞれの多様な出来事に対し、複雑な制約条件の下で、多様な活動を行っている。各ユニットが自立して、なんとか支援活動が可能な限り、「急いでは、無理に一緒にならない」という。その意味では、相互に「違っていてよい」（2004/03/06）という。「異なるものは、異なるままに」（2007/03/17）ともいう。拙速に同格にならないのである。

この意味で、なによりも「バラバラで、（なお）一緒」とは、「異なるものは異なるままに」、互いに補いあい助けあって、共存する、多様性の活動組織を包み込む実践原理といえる。村井雅清さんは、「排除の論理ではなく包摂の論理」、という言葉もよく使う[48]。この論理は、多様性を破棄することなく、少数の活動体が相互に自立しながら、しかし将来的に事によっては活動の集中を予感しながら、当座は持続していこうとする考え方である。いわば、「バラバラで、（なお）一緒」、と同根の別な表現であるといえよう。

各ユニットが条件によってはネットワークを組む、という「なお」とい

う条件は、各ユニットが、必要によって連合し、組み合わされるきっかけは、単に因果による、必然性だけではなく、各ユニット間の縁という偶然性にも左右されるという。いわば、「(なお)一緒」とは、尖端的活動・運動が、複雑な制約条件という環境のもとに置かれているなかで、必然性と偶然性の両面がクロスしあう、活動・組織の防衛ー拡大のフレキシブルなふるまい方をする、〈生の固有性〉の支援をめぐる実践組織の特異な原理であるといえよう。

とりわけ、支援活動の苦しい時、活動を持続し、次なるチャンスが来るまで耐久し、希望を待望し続ける〈受動的主体性〉の組織論ともいえよう。

「異なるものは、異なるままに」という用語は、本来、真言密教マンダラにその源がある。ところで、このマンダラを解釈した南方熊楠の解釈(いわゆる「南方マンダラ」[49])が、村井雅清さんの思いと同じであるかどうかは別として、注目したいのは、「異なるものは、異なるままに」と視点が、「萃点」(すいてん)(簡単にいえばさまざまなモノが集まる一点)を前提にしていることである。

この視点から、村井さんの考えを逆照射すれば、彼の実践組織論をバックグランドに、まだ見ぬ、そして未確認ではあるが、必要とされるときに、支援活動のネットワークの結節点としての、中心原理や中心的組織が現れるかもしれない、という一種の組織救済思想のような予感があるようでもある。

しかし今は、なんとか「バラバラ」(自律的な)でよい、あるいは「バラバラ」でがんばるより仕方がない、と判断している、と思える。苦しい状況、好転しない状況のとき、ある種のこうした救済的ななにか力がどこからか涌いてくるのではないか、と思うことが、かえって、堅固な待望への、耐久的な持続性という自存力 conatus を生み出しているともいえよう。苦しいときに、一方で、何かに救いわれたいと思いつつ、しかし今は自分が全力でがんばるより仕方がない、という実践の踏ん張りの精神である。

5)「耐える」

村井雅清さんたちの「被災地NGO恊働センター」は、NPOではない。「多くの人はNPOの社会の中での活動に期待した」にもかかわらず、あくまで

もNGOを貫き通している。

多くの支援組織がNPO化した。NPOの導入者や理論家は、「組織の持続が大切という。しかしそれは強迫観念」と村井さんはいう。NPOのある理論家に「かすみをくって行くわけに行かないだろう」といわれたが、「かすみは食っていない。無論十分とはいえないがそれなりに食ってきた」。現に「アフガニスタンへの支援活動は既に5年間続けているではないか」。相手は、この事実を認めざるをえなかったという。

また基本的には、それは、「市民運動が何故、登録、届出、認可されなければならないのか」(2007/08/07)、という思いが強いからである。

1995年、阪神・淡路大震災直後、多数のボランティア団体と支援者が被災地に結集した。しかし、同年の3月下旬には「もはやフィールドはない。あとは被災者が自立すればよい」とのことで、ほとんどのボランティアは、この地を去った。レスキュー段階でのボランティアが去ったあと、復旧段階で、本格的に「震災弱者」が取り残された。わずかに、被災地域の人々が、被災者自身がボランティアとなって、これを埋めようとした。

私たちが、12年あまりにもわたって対話をし続けた本書に登場する団体は、まさにそのような団体であった。これらの団体は、今日に至るまで何度の活動持続にかかわる組織的危機を経験している。大雑把にいえば、震災に対する全国の関心が低くなる1998年〜1999年頃が、組織的危機の最初の現れであり、次に、一連の「介護保険法」(2000年度施行)、「改正介護保険法」(2006年度施行)、「障害者自立支援法」(2006年)などの立法・行政対応のインパクトによる組織的危機である。

最初の危機は、いわば自然発生的なボランティア活動の危機とそれを乗り越えるため、事業活動への関心を持ち始める「移行期」に現れた。

和田耕一さんは「閉じられた基地」(1997/07/30)といういい方で危機を表現し、大賀重太郎さんたちの被災地障害者センター」(現「拓人こうべ」)は、「ボランティアは危機的。ボランティアはゼロ」。「事業的展開は厳しい。再来年の3月で底をつく。障害者の問題でマーケットはできない。個人の持っている金はない。基本は年金。有料化は事業として難しい」。「焦ったらまける。市民の共感を得ながらやりぬこう」(1998/08/04)。

村井さんたちの「被災地NGO恊働センター」もたびたび活動持続の危機を迎えてきた。「活動は20数団体と、細くなってきた。資金も少ない」(1998/08/03)。「『恊働センター』は息絶え絶え。今後どうするか。市民同士がどのようにつながっていくのか」。

　「事業体としての危機。1本のタオル運動(後の「まけないゾウ」)の毎月5,000ケース。売り上げベースから落ちてきた」。「寄付金基金等も、1996年には1,000万円。1997年〜1998年は、仏教会600万円寄附。その後寄付金はなくなってきた。自分で何かしなければならない」。しかし「つながってつながっていくのは、人間としての共感」。「だから何とかやりぬこう」(村井雅清；2002/08/21)。

　「(震災から) 10年目に思う。(仕事や自立について) もう一つの生き方、ボイランタリックな生き方があっていいでないか」。「ボランタリックな生き方で飯が食えるようにしたい」(2006/08/26；( ) は引用者挿入)。

　「2〜3年前(2005年頃)、この被災地NGO恊働センターの今後どうするか考えた」。「それでもつづけようということになった」。その理由として村井さんは、以下のことを指摘する。

　「原点に戻って、『たった一人、最後の一人を大切に』」(2006/08/26)。「(このセンターが創設された1995年1月の) ミッションを大切にする。センターを構成している諸団体が (いまだに) それぞれが必要であるならばやればいいでないか」。「ミッションを続ける。(その結果) つぶれてもよい。耐える。覚悟する」(2007/08/07；( ) は引用者挿入)。

　「耐える」なかでの「持続」、それは単に、組織や活動を持続させることとは異なる。「耐える」という行為は、被った事柄(受難)の解決の道が、未知なるが故に、あくまでも使命mission準拠して、気長に〈待つ〉という持続的行為である。大賀さんたちの「障害者問題へのこだわり」という「原点」に立ち戻って、活動を持続する、というのも同じである。

　ミッションに「こだわって」、あるいは「原点」たちも戻って、「覚悟」し、可能性が拓けるのを、気長に待つという「耐える」という行為は、〈受動的主体性〉という主体論のなかに〈耐える verwindung〉という行為契機を〈実践知〉のなかに、不可避なものとして主題化している。

8 神田裕さんの「他者との交わり」(「たかとり救援基地」、カソリックたかとり教会司祭)——支援基地と根拠地としての空間

神戸長田区鷹取の被災者支援組織「たかとり救援基地」は、聖堂と集会所を失い、わずか司祭館だけ焼け残った「カソリックたかとり教会」の教会敷地内に、活動の根拠地を置いていた。

支援組織の空間が、いかなる意味で、教会の敷地という宗教組織空間に、活動の根拠地を見出したのか。支援論やボランティア論には、こうした〈根拠地としての空間〉の議論はほとんど皆無である。このようなことが気になっていたこともあり、この「たかとり救援基地」の事実上の責任者でもあり、また「カソリックたかとり教会」の司祭である神田裕さんに話を聞いたことがある。

なぜ、カソリックたかとり教会はボランティア救援基地となったか。宗教施設(空間)とは、緊急時には地域社会にとってなにか。教会は、信者の集まる場であり、世俗とは異なる聖域としての宗教空間である。したがって、従来の教会論であれば、建物としての教会の再建が最優先される。

震災当日の早朝、自然に焼け跡の教会の広場に、人が集まってきた。そこから、自然発生的に、被災者の支援活動が始まった。「教会は物質的な建物にあるのでなく、瓦礫の中でも存在する」と神田さんはいう。カソリック大坂大司教区は震災後の基本方針を1996年2月「新生計画」として問題提起した(新生計画実施要領作成委員会, 1996「『新生』の明日を求めて」カソリック大坂大司教区)。特に「被災地、しかもそのなかで『谷間』におかれた人たちの心を生きる教会をめざす」、とある。カソリックたかとり教会は、これを根拠に、自然発生的に集まった支援者の活動の場を提供した。ここから、宣教・福音活動の場としての教会の再定義がなされる。教会は、本来、人が集まる場であり、そこで、人の出会いがあり、それぞれの市民活動のエネルギーの生み出される場である。神田さんはこれを、宗教的意味合いを込めながらも「集まる」と表現する。その場所にこそ「ボランティアを形にしていく」源があると考えられている(1998/08/03)。

震災後も、信者は家にいるだけで、聖日にミサに来るだけ。ここに社会正義、社会構造への問題意識を取り上げなくなった教会の姿を、反省的取り組みがなされる必要がある、という。「たかとり救援基地」に、地域から、全国から多くの人が集まったという事実は、支援のボランティア活動へ教会空間を開放することによって、「かえって福音・宣教ができた」。また、ボランティア活動によって、地域社会奉仕活動としての、教会の信徒集団の年齢別・性別という「旧体制」が解体された、という（神田裕；1998/08/03）。

いわば、私事化した信仰集団としての教会の内部組織が、非信者たる支援者という他者の、被災者（受難者）救済・支援の活動存在によって、信仰が内なるものから、他者との関係へ、今、必要とされる市民社会の公共的争点 issue とのかかわり、ということに「交わりの証」を実践する教会、信者が求められる。現代社会のなかで、本来の教会の姿と使命 mission についての問いかけが、いみじくも、大震災という受難を介して、取り組まれることになったといえよう。

「ボランティア活動によって地域に交わる、地域社会の中での教会が見えてきた」、と神田司祭はいう（神田裕；1998/08/03）。こうして、「たかとり救援基地」という他者（集団）は、教会自身にとっても、いわば相互に「自力をつくる場」（1998/08/03）、自力再生の力をつける場（空間）となったのである。

9　和田耕一さんの「ふれあい」と「モラル」（長田区「たかとり救援基地」）

長田区の「たかとり救援基地」の和田耕一さんは、ボランティア活動に「規則はつくるべきでない」という。「この救援基地には規則はない」。「被災者とふれあっている支援者に規則はいらない」。ボランティアの支援活動は「非営利に徹するべきである」。しかし「モラルは必要」（和田耕一；1996/04/03）。

和田さんのいう「モラル」と「規則」とはいかなる意味か。

「規則（ルール）」とは、ボランティアの支援活動をマニュアル化し、活動を標準化されたパターンにはめてしまうことをいう。このような標準を「営

利」的パターンと呼び批判する。和田さんのいう「営利」とは、ボランティアの支援活動が事業的・施設的・制度的に偏っていくことへの批判、を意味する。概ね「レスキュー段階」が終了したと世間一般に思われ、「復旧―復興」段階に支援の対象関心が移りつつあるとき、和田さんは声をあげる。「ボランティア活動は、一番弱い者のための復興を考えるべきである」(和田耕一；1997/07/30)と。

　復旧―復興は、事業として、計画的、中長期的に行われなくてはいけない。その意味では、対処、計画、財源的裏付け、および支援の人的サービスは、安定的でシステマティックな供給が不可欠である。多くの人への生活再建の支援は、専門的な力は必要である。この意味で、復旧―復興は正に「規則」が不可欠である。

　和田さんはこの支援視点移行一般を批判しているわけではない。この「復旧―復興段階」に、「震災弱者」が生み出されていることへの配慮が不可欠、と考えているからである。「一番力の弱い者に合わせなければ協働はできない」。「最も弱い者にボランティア活動を合わせるべきだ」(和田耕一；1997/07/30)。復旧―復興から置き忘れられている人々にこそ、ボランティアは目線を向けるべきだ、と主張するのである。

　この時期は、制度や市場等の社会の支援をうけて自立再生可能な人々と、それらの制度体支援の境界 border の埒外に置かれた人々との構造的落差が再生産されてくる時期である。ときを同じくして、ボランティア支援の実践やそれをめぐる実践理論的関心も大きく、分裂し、亀裂が生じた。

　この時期の支援のふるまい方の考え方として、構造的問題として「震災弱者」を受けとめることこそ、ボランティア支援実践の中心があると考える支援者と、多くの人の生活再生、地域再生へ問題関心を移し、これを安定的、持続的に行おうと考える支援者、とに大きく分けられる。

　後者は、NPO組織への関心と指向を目指す場合が多い。またそこには、多くの専門集団の参加が意欲的に参加することを可能としてきた。典型的には、地域再生のまちづくりNPOが生まれる。

　前者は、純粋に最も弱い人々にのみ、支援の〈約束・関与＝責任 engagement〉を持ち続けようとする。

なぜ、前者の考え方が成り立つのか。それは、新しい後者の支援の動き、組織化がかえって、一層、支援の埒外の弱者を作り出すからである。

この時期、ボランティア支援は、次なる支援のあり方の産みの苦しみを味わったのである。どちらが正しいということではない。どちらも大切である。マクロに見れば、客観的には被災地の生活再生は、これら両者の相互被覆的かかわりが大切であることはいうまでもない。後者は不安定な支援活動を、安定的・持続的な方向へ組織を変動させ、前者は、安定性を望まないわけではないが、それでも、支援すべき被災者の存在と関係への〈約束・関与＝責任 engagement〉を果たすことにこそ、ボランティアの意義がある（和田さんのいう「モラル」）ことを認め、結果としての不安定であろうがなにはともあれ、支援・活動組織を維持しようとする。

しかし、1995年自然発生的に生み出されたボランティア組織は、この時期1995年時1月～3月に比して、ほとんど支援者のいないという状況で、にもかかわらず、支援を行うという志を持続させるには、どちらかを余儀なく選択せざるをえない[50]。

無論、両方とも大切と考え、しかし現実には、前者と後者のどちらに支援の考え方、活動の組織化の軸足を置くか悩んだ支援グループもある。私たちとの長期にわたる対話をしてきていただいた、大賀重太郎さんたちの「被災地障害者センター」（現「拓人こうべ」）、黒田裕子さんたちの「阪神高齢者・障害者支援ネットワーク」、村井雅清さんたちの「阪神地元NGO救援連絡会議」（現「被災地NGO恊働センター」）は、長期的な組織的討論を経て、軸足を前者に持ちつつ、しかし自らの支援組織を〈分割＝分有 partage〉するごとく、後者のふるまいを受け入れている。前者、後者いずれせよ、阪神・淡路大震災後の支援活動は、日本の社会に、新しい活動組織体を、またその創設思想を産み出した。

和田さんにとって、ボランティア活動の「モラル」とはいかなる意味であろうか。和田さんは、「モラル」の自己準拠として2つの位相を語る。

まずは、支援を必要としている「最も弱い者への配慮」である。この支援の必要性を了解するため、被災者との「ふれあい」が大切という。

「ボランティアは、対象者と1つになった時に、ふれあいが生まれる」。「ふ

れあい」は、被災者と〈出会う rencontre、rencounter〉ことであり、持続された信頼の関係を意味する。そして「被災者とふれあっている支援者に規則はいらない」、あるいは、ボランティア活動に「規則はつくるべきでない」。支援活動は「非営利に徹するべきである」という（和田耕一；1996/04/03）。そこには、「モラル」具体的被災者の個人への苦しみ pathos への緩和という応答が、〈約束・関与＝責任 engagement〉が、なにより優先されている。

次に「モラル」は、支援行為の妥当性や、可能性の審級として使われている。それは、「最も弱い者への配慮」等の支援内容（対象）に対し、〈そのつど〉、〈具体的、一時的、局所的〉に、なにが公益か、なにが公共か、なにがその人にとって必要なことなのか、について支援可能性の状況判断、「認識の行為 acts of cognition」（P・フレイレ 1970＝1975）を行う水準である[51]。状況ごとに、支援可能な最上限の行為水準の設定し、決断によって「前に一歩飛び出す」[52]。

和田さんによれば、この位相の審級根拠は、結局、「（最終的には）被災者のことを一番に考える」ほかないという。

この考え方は、支援の可能性の審級が、こうした被災者の〈生の固有性〉という、いわば絶対的な他者の経験に根拠づけられている。被災者の自立への希望、願い、ニーズは、こうして受け入れられる。「何が公益か、何が公共か」の状況判断（審級）、すなわち希望の中断・〈未決定・未完遂・停留〉は、支援者の〈決断〉＝受け入れによって、一旦けりをつけられる。

そして引き受ける支援者あるいはグループは、「今あることに全力を尽くす」。ここには、引き受けた被災者や支援内容への責任敢取 engagement が十分に見て取れる。

支援者の「何が公益か、何が公共か」という難問である「問い」は、〈決断〉によって、一旦決着をつけられる。しかし支援者にとって、この「問い」は、あらゆる場所と時間において、繰り返し生起する。それが故に、この「問い」は、希望の生起→「問い」→中断・〈未決定・未完遂・停留〉→〈決断〉＝「問い」と中断の一旦の停止→新たなる希望の生起→「問い」→〈約束・関与＝責任 engagement〉、と絶えることはない。それは、あたかも閉回路 loop のように続く。支援の実践は、この「問い」と〈決断〉の繰り返しの持続性にある。

10　おわりに——「市民社会」；公共性・場所性・多様性

　人の不幸、自立困難な人の存在は、〈具体的、一時的、局所的〉でなく、特定の場所(神戸)でなく、特定の人々でなく、「誰にでも」、「どこにでも」、「いつでも」、「身近に」生起する空間的・時間的な出来事である。阪神・淡路大震災に、とりもとりあえず、駆けつけた人々はこのような思いで、ボランティア活動を行った。神戸の支援者たちは、結局、〈支えあい〉〈助け合い〉という集合行為は、「人間にとってずーっと潜在的にあるもの」(村井雅清；2000/06/29) ということを、改めて再認識した。

　支援者の被災者の自立、つまり「自分らしく生きる」という〈生の固有性〉への支援への「こだわり」は、この支援という集合行為を、なによりも、可能な限り持続することにあった。この支援活動の持続性に「こだわる」ことこそが、神戸から、自立への相互的なかかわり、つまり〈支えあい〉〈助け合い〉の潜勢的な人間の根源的な価値を、「市民社会」の中味として再形成するための発信の行為、問題提起だったともいえる。

　ボランティア活動と「市民社会」との関係については、本書の序章「再び『「共同行為」』へ——阪神大震災の調査から」でもふれたが、当時の地元NGO連絡会議代表の草地賢一さん(故人)は、「緊急事態においてシビル・ソサイエティ (市民社会) が実現できないとは、学者や学会、官界がこうした問題を建て前論で考えてきた問題点である」(1995/06/13) と、学会や行政を喝破した。私たちもまたこの指摘を受け、「震災後の被災者の生活再生は不可避に『市民社会』の立て直しrestructuringを必要としている」と考えた。そこから、私たちの調査も始まっている。

　また、「長田たかとり救援基地」の和田耕一さんは、「未だに日本のボランティア活動は、非日常(rescue 段階)にしか十分意味をもたない」と指摘し、「本格的ボランティア論は、市民社会 (日常性) のなかで構築していかねばならない」という (1998/08/03)。新しい公共性と市民社会を日常化しようとする思いが、これまで論じてきたように、少数者、受難者への支援という、従来、見逃されてきたフィールド (場所) から、迫り上がってきたことが、日本社会の大きな変化への兆候をもたらすことへの意義は大きいだろう。

1)〈「存在」―「現れ」〉の公共空間——ミクロ・マクロのパースペクティブとしての「市民社会」

支援者たちの希望たる「市民社会」論はいくつかの位相にわたって論じられている。これを整理しよう。

まずは、人間存在の根源的な位相として論じられ、それがミクロ―マクロを連接するパースペクティブとして表明される「市民社会」論として低音基調をなす。

ボランティアの支援の現場では、〈そのつど〉、〈具体的、一時的、局所的〉に「何が公益か、何が公共か」が問われる。それはあくまでも「その人にとって必要なことか」どうかを、同時的に判断水準するためである。

〈生の固有性〉への支援とは、このように、「その人をその人なりに」見ることや配慮が不可欠である。したがって、従来のように、のっけから「みんなのために」というように、社会が個人をみんなと同じに扱おうという行為に支援の中心があるのではなく、まずは「その人のために」、「ただ1人のために」、ということがサポートの基本思想となっている。

こうした、一回性によって特色づけられる個人の〈生〉の「他ならなさ uniqueness」への配慮、自己と他者とが「まみえる」共通の世界への、「存在」―「現れ」の非分離的な共同関係を、H・アーレントは「現れの空間 the space of appearance」と呼び、これを「公共空間」としての問題提起をした。〈生の固有性〉の支援をめぐる共同性(〈共に―ある être-avec〉)は、人の「存在」―「現れ」の位相の存在論的〈公共性〉というテーマを孕むものであることが大きな課題となってきた。この位相から見れば、支援者の〈そのつど〉の「自分らしく生きる」ための支援の〈公共世界〉とは、相互に配慮しあう〈共同出現〉〔分割・共有 partage〕という絆の思想といえよう。そこでの人間存在のキーワードは〈多様性〉である(「十人十色」の項参照)。

実践現場で〈呼びかける声〉に、〈そのつど〉、〈具体的、一時的、局所的〉に応答した支援者の判断水準である「人ってこんなもんでしょう」とは、もっと人間として生きようとする試みに他ならない。それは、人という「共通」の無限連鎖まで高められた、〈共に―ある être-avec〉の位相といえる。

それが故に、「市民社会」は「自分らしく生きる」ことに、こうした〈公共世界〉という第三者を伴っている。この第三者は、自己と他者とが「まみえる」共通の世界、すなわち、「存在」―「現れ」の非分離的共同関係としての「正義・公正」の別称であるといえよう。

「人のあり様」(中辻直行；1997/07/18)、「人のあり方」(大賀重太郎)、「人ってこんなもんでしょう」(和田耕一) などの、人についての「共通」のあり方の出発点は、常に、〈そのつど〉、〈具体的、一時的、局所的〉、すなわち、その場所のその瞬間に、人と〈共に―ある être-avec〉があり、それが〈共同出現〉を生み出されている。

「人のあり様」、「人ってこんなもんでしょ」と支援者がいうとき、支援者は自己が「人」(他者)と向き合うだけでなく、「人」(他者)と「〈共に―ある être-avec〉」ことを表明している。そして、それに基づく支援行為は、文字通り、他者と〈共に―ある être-avec〉自己を主体化しているといえよう。

〈共同出現〉〔分割・共有 partage〕とは、こうして、人としての「共通」という、より高次の位相に現れる、〈居合わせる co-presence〉、かたわらにいる、隣り合わせの関係性である[53]。

自己が抱え込んだ、「わずらわしさ」という具体的諸個人たる人について、自他の関係として、ミクロ的関係視点から始まり、やがて、「人間としての『わずらわしさ』」というマクロな人間感に至る道程を、支援者は〈そのつど〉の「わずらわしさ」のたびに再確認する行為を繰り返す。そして、このようなミクローマクロの視点のパースペクティブとして、暫定的に、「自分らしく生きる」ための、〈支えあい〉〈助け合い〉という集合行為は、「人間にとってずーっと潜在的にあるもの」と結論づけられる。ここに形成されるのは、「市民市民がどのようにつながっていくのか。……つながっていくのは、人間としての共感」(2002/08/21)という、人間の「共通」のふるまい方の新しい社会規範としての「市民社会」論である。

西田幾多郎の「一般者の自己限定」という有名な言い回しからいえば、具体的な被災者に呼びかけられた〈わたし〉は、もはや自分を一般者とは見なさず、具体的な被災者の支援を行う〈わたし〉、という具合に自らを特殊化する。そのような「具体的一般者」に〈出会う rencontre、rencounter〉たびに、

支援者として自己の定義を行う[54]。

　支援者の遭遇する被災者の〈呼びかける声〉によって、〈そのつど〉行われる支援者の「自己限定（定義）」は、こうして、他者との〈出会い〉による経験の圧縮、といえる。経験は、一人の個人を限定（定義）するのでなく、二人の人としての、さらには「市民社会」（第三者）としての関係を定義する。

　「わずらわしさ」（村井雅清）との〈出会い〉とは、この意味で、支援者としての〈わたし〉を豊にする場所である。ところが、被災者、障害者、全国、世界のいたるところにいる受難者、受苦者と「具体的一般者」は無限の層の重なりからなる、ことを知る。無限に広がる「具体的一般者」。実践する支援者は、やがて支援行為それ自体は、神戸という特定の場所に固定されない、可変性を持つに至る。それが「市民社会」なのである。

2）社会の仕組み作り——市民活動の場としての「市民社会」

　大賀重太郎さんは、「社会は障害者問題を不可分に抱え込んでいる構造になっている」という。だから、「市民社会そのものの変革が必要」と考えている（1998/08/04）。つまり、市民社会にあるさまざまな活動すべてが、障害者問題にかかわってきている、という構造の認識が不可欠だというのである。「私たちはそのような生活支援をめざしたい」という。

　このため、「事業とボランティアの調整にもう一度挑戦」し、実績を重ね、ケース・マネージメントから計画まで持つようにしたい、と考えるようになる。

　「それぞれの〈生〉の選択の仕方」が可能な、したがって多様な自立の「セルフ・マネージメント」と多様な生き方ができる基盤形成のため、「対抗できる計画」（隙間の発見）し、そのため自分たちが、「制度を担い、制度を育てる立場」に立とうとする（2003/03/06）。

　「個々の事業のネットワークができれば10倍、20倍となる。市民社会にアピールし、制度を担い、制度を育てる立場で提言できる。そう考えれば、障害者の新しい市民社会つくりを期待できる」（2003/03/06）。

　これまでの障害者自立運動論は、行政の「制度の外側から、運動によって、制度化をもちこんできた」。

このような運動論では、「将来を見ていくのは厳しい」。「いまは制度を使って『実績を積み重ね』、事業の開発を全面に出していく必要がある」。いわば「運動」から「事業」へ、という視点の転換が要請されている。
　しかし、「震災ボランティアから出発した組織は、みな事業に純化しませんよね。原点が違うもん。魂が違うから。みな生きざまをかえたんやから。そのなかでの継続、事業いうのやから、いままで想定された事業形態と明らかに違うやり方をというものを発見していかな仕方ない」（大賀重太郎；2000/08/08）。このボランタリーなところが「被災地障害者センター」（現「拓人こうべ」）の魂の部分である。したがって、「制度、助成とかかわるとき、（市民に）説明しなければならない」。そこで大賀さんは、市民に「分かり易く説明をし」、「市民に共感をえる」(1998/08/04) ため、自分たちの活動を「市民に開いていく」必要ある、ことに最も気を遣う (2002/03/23)。
　「拓人こうべ」は市民に「研究・開発・提案」をし、他のNPOに「共同での事業開発、共同の資源調達」で「一緒にやろう」と呼びかけ、NPOのネットワーク型の市民事業ネットワーク「生きがい生活サポートセンター」（委託神戸市）等の事業を行っている。ここから、「市民活動のスタイル」を形成し、障害者自立の世話役、進行役、世話人などのファシリテーターを確保することによって、「市民の自己組織化」をはかろうとしている (2002/03/23)。こうした実践は、ネットワークとしての〈われわれの〉という〈共同出現〉であり、〈われわれの横糸〉としてのネットワークの活動である。それが、多様な生き方が可能な「市民社会」つくりなのである。
　村井雅清さんは、「支えあい」、「助け合い」という集合行為の〈持続化〉＝〈事業化〉を「もう一つの働き方」の可能的世界として、社会の仕組み作りの「市民社会」を構想する。「もう一つ」とは、人間が自立し生存していくための経済 (moral economy of survival) の創設を志向する。人々の生活の自立が「（市場）経済的領域に埋め込まれていた」状態からの「離床 dis-embedding」（I・イリイチ）に弱い者の自立の道を拓こうとする。
　被災地の人々の、自立困難な人々の、「自立」の条件が、それらの人々の「自立」を困難にしている。そこでは「政治と制度が対応していない」。だから〈支えあい〉〈助け合い〉という「当たり前の」人間の根源的な集合行為による「も

う一つの」「自立の見直し」が必要となる。

そのため村井さんは、「恊働」という言葉を準備する[55]。この言葉をキーとして、「もう一つの働き方」、「しごとつくり（仕事開発）」、「もうひとつの市場 alter trade」を卓望する。これが村井雅清さんの、もう一つ別様の活動の仕組み、自立への多様な生き方の骨子である。

草地賢一さんは、阪神・淡路大震災後の、ボランティア活動は、「市民の草の根民主主義の息吹」の「未曾有の盛り上がり」を感じ、まちづくりボランティアの台頭など、建築系がボランティア等の動きから、「文字通りボランタリスチックな地域形成 community development」が全国的に展開しつつあることを認め、またそれに期待した。「神戸から地域へ」という、特定の場所で生まれた「支援の実践知」は、特定の時間―空間に固定されない、可変性を持つに至ることに希望を託した。そこでもキーワードは、「多様な市民社会の像」である (1999/03/25)。

支援者の考える「公共性」とは、身体に始まるミクロな問題から、マクロな社会へ向けて次第に共振されていく。そして制度体の改変をも指向する可動的な、ダイナミズムを目指す。また「市民社会」は、「自分らしく生きる」ことを希望する人々を支援する、〈そのつど〉、〈具体的、一時的、局所的〉に形成される、活動の多様性の産出の可能な場所として、再構築しようとする。

3) 新しい支援の行為の特異性 (singularité) ――まとめに代えて

(1) 〈近傍からの接近〉、〈近傍に寄る〉

本書は、「一人のために」、「自分らしく生きる」という〈生の固有性〉にこだわった支援行為へのアプローチとして、当事者―支援者の〈語る〉―〈聴く〉を介して交互に関係を形成されていく、「変わり合い」という主体変様の様相とそこから展開される支援活動の動態に焦点を据えた。

被災者の「自分らしく生きる」という自立への希望を、それぞれの人の〈生の固有性〉と受けとめ、その自立への支援に責任を持とうとする新しい支援の行為の特異性 singularité は、以下の通りである。

支援行為は、その行為を行うことによって、近代的主体の言説のよ

に、自己に回帰するという自己実現が目的ではない。むしろ、実現されることを期待されている、当該のニーズ、実践的課題へ、当事者－支援者という相異なる主体が、共同的に関係形成を同時並進的に形成しつつ接近 approaching するという、行為の「分割＝共同 partage」(Jean-Luc Nancy) たる〈共同出現〉の関係性を生み出している。この接近を、私たちは〈近傍からの接近〉あるいは〈近傍に寄る〉と呼ぶことにした。

この接近 approaching という方法の特徴は、なにより、当事者の「自分らしく生きる」希望や願いの〈声〉を発話表現するという行為、また支援者の方での、その内容を理解し、了解するため、〈聴く〉行為、という相互行為を介し、自明性としての自他関係を相互に近傍に寄せる、というものである。その結果、複数の主体が当該の問題に、共時的に相互接触[56]するという関係性を作り上げている。それは〈共に－ある être-avec〉という形で、当該の問題・課題が生起する〈そのつど〉に、〈具体的、一時的、局所的〉に共同の関係性の生成を、同時相即的・並進的に伴う。

被災者が支援者に〈「語る」〉ことは、被災者が支援者の〈近傍に寄る〉という接近 approaching である。同時に、支援者が被災者の話を〈「聴く」〉ことは、被災者への〈近傍に寄る〉という接近である。こうした〈「語る」－「聴く」〉という対話は、異なる人間間が、相互に他者として「隔たり」がありながら、相互に接近するという接触の同時性が、必要に応じて、〈そのつど〉、〈具体的、一時的、局所的〉に生成されている。これが〈共に－ある être-avec〉という共同の関係性である[57]。

支援者それを、「顔の見える関係」(大賀重太郎)・「ふれあう」(和田耕一)・「相手と本気で向き合う」(黒田裕子) と呼んでいる。神戸の支援者は、このような「変わり合い」の結果として生み出される共同性を、「自立とは『支え合い』」と経験的に定義している。これは正に阪神・淡路大震災の支援活動によって生み出された、「支援の実践知」である。そしてこの実践知は、〈われわれ〉という、〈人の複数性〉の新たなる人の共同のあり方という実践思想でもある。

この交互の「変わり合い」という相互行為によって形成される共同関係の接近方法を、私たちは〈共に－ある être-avec〉と呼び、解決すべき課題・

テーマに共に対峙し、それへの実践のふるまいの共同性を〈共同出現〉と名付けた。

　神戸の支援者たちが、当事者の抱える問題を、当事者と「共に」に自ら明らかにする、という方法をとるに至ったのは、「自分らしく生きる」被災者への支援のために、当事者とその問題状況そのものへの近傍に接近することを余儀なくされたからである。

　〈居合わせる co-presence〉、傍らにいる、隣り合わせ、とは単に物理的空間としての接近を意味するのではない。当事者の抱えている「苦しみ pathos」への、いわば、支援者としての〈存在－現われ〉の位相としての近傍である。「問題」への〈近傍からの接近〉とは、このような、複数の主体間の自他関係の引き寄せ方である。それが、経験としての他者（当事者）との〈出会い rencontre、rencounter〉である[58]。

　神戸の支援者たちが、〈生の固有性〉という支援の視点に「こだわり」、そこから、当事者とのかかわりや、〈そのつど〉の支援の実践を介して、この視点が、個々の人間の生存様式としての固有性への配慮から、新たな共同関係を伴った自立への視点へと、展開していった経緯を、私たちもようやく分かりかけてきたといえる。「自立・自律とは『支え会いである』という「支援の実践知」はこのようにして生み出されてきたといえる。自立への支援は、当事者―支援者の相互行為（「支え合い」）である。〈生の固有性〉という視点は、こうして、個と集団の本源的自立化作用を促す〈新たなる行為〉を、苦しみ pathos へのかかわり合いの実践のなかから生み出しているともいえる。こうして、ここに到達するための支援者の主体変様とその実践活動が、私たちの研究の、そして本書の中心テーマとなった。

(2) 〈「語る」－「聴く」〉という相互的関係

　私たちは、支援者が支援実践のなかで手にしてきた、当事者や問題への特異な接近方法を学ぶことなしには、このような新しい支援行為の意義を理解、了解することはできなかったであろう。

　そこで私たちは、〈聴く〉ことを中心にして、被災地での出来事が生起する人としての〈苦しみ〉の事象とその複合性・複雑性を、被災者の苦しみを

〈声〉として発話し、それを受けとめる支援者の〈声〉を、〈聴く〉ことによって、その内容を「現実realty」として受けとめ、それをどのように私たちにとって受けとめるか、を問うた。このような方法によって、「苦しみpathos」に〈居合わせるco-presence〉ことに努力している支援者の実践の端緒を、彼ら自身の表現する実践用語（言葉）になかに見出し、その実践の彼方に定めようとしている、新たな人間の共同の別様のあり方を発見しようと思った。

　具体的には、支援者の話のなかから、重要と思われる実践用語（言葉）を選び出し、1）その重要度の確認、2）その用語の意味内容、についての理解を、繰り返し、繰り返し、対話的にすすめてきた。したがって、社会調査でいうところの「ヒアリングhearing」ではなく、当該の言葉の意味するものについての、事実上の討議による、支援者の言葉の実存的定義から経験的定義への移行を、両者が見出すまで、繰り返され、反復されたコミュニケーション的行為であったと思う。

　〈聴く〉ということを中心に、苦しみpathosの事象を、言葉の支援者の尖端的事象の問題領域として捉えようとするこうした接近方法は、ミクロの視点からでしか見えない問題群を、把握していく一つの方法である。

　〈近傍からの接近〉という方法は、具体的な諸個人としての人が被ってしまった出来事を、自明性としての自他関係を、〈語る〉－〈聴く〉という相互的な対話を介して、相互に、当該の問題を近傍に寄せる方法である。その方法によって、あたかも解像度が高まったように、当該の問題を掴むことが出来るだろう。私たちももっと考えていかねばならないが、社会問題の現場でミクロ・ソシオロジーmicro-sociologyが成立するとすれば、このような方法であろう。

(3) 〈実践知〉とは何か

　「『自立支援の実践知』の生成と展開」の図表および解説でもわかるように（「序」参照）、〈実践知〉とは、当事者の自立支援をめぐる希望・願いという出来事を、支援者が跡切れることなく、既に〈そのつど〉獲得した経験知群のなかから、必要なものを〈結びつけ〔つなぎ〕conjoncture〉、組み合わせることによって生み出されたものである。

このように〈実践知〉は、いくつかの異なる経験知より構成される。この構成は、支援をしなければならない出来事が起きる〈そのつど〉に、支援の行為の参照として、また指針として、個別の経験知が引き出され、あるいは複数の経験知が〈そのつど〉、〈具体的、一時的、局所的〉に、連接し（〈結びつけ〔つなぎ〕〉）、組み合わされる。時には、〈実践知〉は、何より〈そのつど〉の必要に応じて、余儀なく、異なる経験知を相互に接近させることすらある。

このようなことが可能なのは、〈実践知〉が「〈一個の人格と一体化した実践思想〉」(似田貝, 1977 ; 30) として現出するからであろう。

支援者は、〈そのつど〉、〈具体的、一時的、局所的〉な支援行為に関する支援者の実存的定義を、次第に、経験的定義化し、それを自己の経験知として豊かにする。K・マルクス Karl Marx の疎外論的な表現をすれば、この過程は、支援者が経験知として「我がものとして獲得〔領有〕」する過程であり、同時に、支援者としての「自己確証 Betätigung」過程でもある。〈実践知〉とはこのような意味で、「〈一個の人格と一体化した実践思想〉」である。

新たなる支援の経験知を、支援者の実践思想として受けとめ、ここから支援者は、私たちとの対話に応答しながら、自らが〈そのつど〉対応し、経験してきた支援の時間的経過を想起しながら、この経過を「少なからぬ自己の変化として捉え」(似田貝, 1977 ; 29) た、と思う。

支援者の言葉（実践語）は、支援者の人となり（人格の一体性）の表現である。いわば実践思想を「語る」のである。多くの経験知を自らが〈そのつど〉対応し、経験してきた支援の時間的経過を想起しながら、言葉と言葉が、「たった一人を大切に」という基本思想を中心に、相互に重層し、被覆し合う。行為が言葉と一体化し、言葉と言葉の〈隙間〉を行為が埋め、そして、それを暫定的に定義、中間総括する表現として、言葉が生み出されてくる。

つまり支援者の言葉（実践語）は、それに忠実であろうとすると、決して自己充足にとどまっていることは出来ないことを意味する。支援者の言葉は、否応なく、被災者（他者）へ自らを開かざるをえない。そのような実践を自らに課する、自己への〈約束・関与＝責任 engagement〉的言語である。

したがって〈実践知〉とは、常に自己の経験知をはみ出していかねばならない。こうして〈実践知〉は、その特異な性格として、脱自と脱構築の

運動性を有している。

〈実践知〉のこうした、経験知群の〈結びつけ〔つなぎ〕〉、組み合わせ（動態的ネットワーキング）による形成は、その結果として、経験知群の多層化・重層化と相互被覆化という構成をもたらす。〈実践知〉の生成は、まずは個別の経験知が、時間的には〈そのつど〉、〈具体的、一時的、局所的〉に継起的に生成され、空間的には、経験知群が、〈そのつど〉必要に応じて、つながれ、組み合わされ、その結果、多層化・相互被覆化が非継起的に生成される。

つまり〈実践知〉は、非連続的な個別の経験知の非継起的連続化、という動態的な構成化を伴って生成されてくる。

こうした複数の経験知は、必要に応じて、〈そのつど〉、多層的に構成化され、その結果、支援の行為は複合化され、幅広い応用性を持ち合わせるようになる。その意味で〈実践知〉とは、支援の対象の量的、質的数量と時間の経過と共に豊饒化され、多義化され、他の実践の意味にも展開化されうるような可能性を孕む、異なる経験知の連続化という動態的な経験知群といえよう。

たとえば、和田耕一さんのいう「モラル」という考え方を例示しよう。

和田耕一さんのいう「モラル」とは、概ねこのような〈実践知〉と同義である。

和田さんはいう。「被災者とふれあっている支援者に規則（ルール）はいらない」（傍点、引用者）。「最も弱い者への配慮」等の支援内容（対象）に対し、〈そのつど〉、〈具体的、一時的、局所的〉に、「何が公益か、何が公共か」、「何がその人にとって必要」なことなのか、について問い、支援可能性の状況判断を行う可能性の参照体系が、「モラル」reference である。これによって決断し、「前に一歩飛び出す」。

和田さんにとっては「モラル」とはこうして、〈そのつど〉・〈具体的、一時的、局所的〉に形成された個別の経験知よって構成され、「今あることに全力を尽くす」〈実践知〉である。

支援行為が常に、完遂されるとは限らず、むしろ、中断、〈未決定・未完遂・停留〉を避けられない。この中断、〈未決定・未完遂・停留〉に、〈そのつど〉

終止符を打つのは、支援者の〈決断〉である。これによってしか、支援行為は前に進めない。未完遂、未決定のなかの、不確実な決断である。だから、際限のない（「条件なしの」）〈約束・関与＝責任 engagement〉が支援行為の持続の前提条件である。

それ故、「条件のない」、「際限のない」応答関係のなかで生成する〈実践知〉は、〈そのつど〉支援の「原点 mission」へ常に立ち戻り、「覚悟し」、「耐えながら」、〈具体的、一時的、局所的〉に、〈決断〉という行為によって、不可避に脱自と脱構築を求められことになる。つまり〈実践知〉は、〈受動的主体〉の主体性＝脱自という脱構築の実践の知という性格を持たざるをえない。

同時に〈実践知〉は、多層化された経験知のセットという共時的な性格を帯びざるをえない。それは〈実践知〉は、多義性 ambiguity を生み出ことになる。それは、支援活動という行為の〈生成と持続〉を、緊密に連携させようとする、展開性を持つ動態的経験知群といえる。ここから〈実践知〉を構成し、組織化する言葉は、主体変様を含む多様性、多義性、創造性、展開性、近接性という性格を有していると理解出来る。

このように〈実践知〉は一つの体系だった技法や知として存在しているのではなく、〈そのつど〉の必要に応じて、時空間の多層化された経験知のネットワーク状態として構成化され、組み立てられている。

それはなにより、支援の対象の広がりと深さに対応する、現場の知の形態といえよう。このような〈実践知〉は、社会に対する多様な行為の原初的生成とも成りうる可能性を孕んでいる。

(4) 支援活動の特異性 singularité

支援活動の基本的実践思想である被災者の自立の希望する〈声〉への〈約束・関与＝責任 engagement〉という行為は、どのような支援活動を組織的に、支援戦略を生み出してきたか。

自立への生活支援は、制度体や自己支援組織を含め、多くの現実的制約のなかで行われている。被災者の〈声〉に対して、その当該の事柄のすべてが解決可能とは限らないにもかかわらず、支援者は責任を看取するとい

うこと engagement を回避しない、ということを目指している。「自分らしく生きる」という〈生の固有性〉に「こだわる」支援活動は、生活支援が未完遂の形でしか解決を余儀なくされる場合でも、それをもって断念したり終わり、としないということである。

〈声〉の内容の支援の解決の中断、留保、停留とか、それへの意思決定そのものの未決定、という道を余儀なく選択することも多い。このことを支援者はいやというほど経験してきた。それが故に、支援者もまた〈可傷性 vulnérabilité〉を被らざるをえなくなる。このような状態にある主体の様相を、私たちは〈受動的主体性〉と呼んできた。この主体の主体性とは、あらゆる支援活動の制約に、〈耐え〉て活動を〈持続する〉戦略を「したたかに」、「しなやかに」(大賀重太郎) 打ち出すことにある。

支援活動は、達成を阻害している諸条件が開放されるまで、あるいは緩やかになるまで、当事者との了解の下で、一旦、当該の実践目標は留保され、あるいは繋留される。それでもその間、異なる目標、代替的目標が追求され、可能なものはすべて「つなげ」られ（〈結びつけ〔つなぎ〕conjuncture〉）、当事者とのかかわりを、〈隙間と混在〉という考え方で持続的につないでいる。要するに、活動・運動は、現実の諸条件・制約に耐えながら、希望を待ち続け、被災者の自立の支援を持続しようとしている。

〈隙間と混在〉とのメダルの表と裏にあたる、留保せざるをえない、〈声〉当事者の「関係を切らない」とか、「抱え込まない」という行為は、余儀なく生まれているものとはいえ、しかし、支援活動の「使命 mission へのこだわり」(大賀重太郎)、「使命を続ける」(村井雅清；2007/08/07) もとでの、当事者－支援者の両者による、忍耐と「耐える」ことによる、支援活動の〈持続〉への迂回的支援戦略である。

能動的主体（「強い存在」）は、困難には、〈克服 Überwindung〉という行為が重要なモメントを構成するが、受動的主体（「弱い存在」）は、むしろ、待機、〈耐えること Verwindung〉、持続、という行為が重要になる。こうした支援行為が、〈受動的主体性〉を裏付けるといえよう。

〈受動的主体〉の行為に不可避にかかわる、〈耐える Verwindung〉という制約は、〈生の固有性〉の人間観に裏打ちされている。支援行為が〈未決定・

未完遂・停留〉なるが故に〈耐える〉という行為が不可避であった。〈生の固有性〉の根底にある人間観は、人間存在が「未完成で未完了」(P・フレイレ)な存在であり、なにかになろうとする becoming 過程の存在として捉えられている。〈弱い存在〉とはこのような人間観である。ここから、〈生の固有性〉を支える、支援活動もまた、中断、〈未決定・未完遂・停留〉に、常にみまわれることを覚悟、耐えつづけることが、支援の可能性 possibilité であり、持続であると考えられている。

　ここに、「自分らしく生きる」という〈生の固有性〉の支援の基本思想と人間観に裏打ちされた行為の特異性がある。

　この意味で、「自分らしく生きる」という〈生の固有性〉に「こだわる」支援活動の、組織的・支援戦略の特異性 singularité は、もっぱら〈受動的主体性〉に起因することなる。

(5) 今後の課題

　被災という苦しみ pathos から、自立しようとする人々と、それを支援する支援者を〈近傍からの接近〉(=〈語る〉-〈聴く〉)による主体の変様過程を私たちは研究の中心として行ってきた。今後、以下の点へと問題視点の移動をはかる必要あろう。被支援者の自立をめぐる「障害者自立支援法」等の法制度は、支援活動を可能とする実践の場の主戦場として、法制度やその運用等の制度体が、次第に被支援者―支援者等のよって〈争点 issue〉化され、そこに抵抗、対立、競合という緊張関係を生み落としつつある。

　とりわけ、障害者運動が長らく運動や活動で培ってきた、〈生き甲斐・仕事・自立・支え合い〉というテーマが、「支援法」により、仕事・自立の意味が換骨奪胎され、労働市場へ参入する労働主体こそ自立、というように旧いテーマに引き戻されつつある。こうした政策の背後の考え方と、改めて戦わなければならぬ自立支援の現場の実践的・理論的な運動前線を強く認識しなければならないと思う。作業所の仕事と、「支援法」での就労との相違点を、私たちもしっかり理論化しなければならない。

　また、「支援法」による作業所の合理化は、行政の効率性の論理(狭い補助金支援の正当性の論理の一種)によるものであるが、今後はこうした、自立

―支援の根拠地型の運動活動のなお一層の実践的―理論的強化は無論のこと、改めて「自分らしく生きる」という〈生の固有性〉への支援活動、運動の根拠地から、グローバルな地平に目を向けるような戦い方(前々から大賀さんが提唱しているような「市民の共感」)で、市民社会の揺さぶり、共振を引き出す力を生み出さねばならぬ、と強く思う。

支援者にとって余儀なく現出した、このような制度体との緊張関係は、支援行為の実現の条件付けの外枠(支援行為の諸課題の位相)が、身体を介し、「顔の見える」、対話的な相互行為による「変わり合い」というミクロな主体論のみならず、このような主体過程と制度過程との連接、交叉、重層、相互浸透 osmose という実践空間を現出させている。

したがって、私たちの視点もまた、主体論から、新たに現出しつつある実践空間(支援主体空間と制度空間の交錯的な空間)を介して、制度形成的な実践的理論水準へ移さねばならないだろう。

私たちの、第2次調査研究は、途についたばかりである。

注

1 黒田裕子さんは、1996年まで宝塚市立病院総副看護師長、震災直後の避難所で活動した後、第七仮設住宅での支援を「阪神高齢者・障害者支援ネットワーク」(当時副代表、2004年特定非営利活動法人となり、理事長)。
　新潟中越地震、スマトラ島沖地震島の国内外の災害時の支援活動に尽力した。活動については、黒田裕子, 2006「阪神大震災をとうして自己の可能性を見つける――人と人とが向き合うなかでの私」(似田貝香門編『ボランティアが社会を変える』関西看護出版)、三井さよ, 2004『ケアの社会学―臨床現場との対話』(勁草書房) 参照。

2 大賀重太郎さんは、1995年まで、「障害者問題を考える兵庫県連絡会議」事務局長。この団体を責任団体とし、「被災地障害者センター」(2006年特定非営利法人「拓人こうべ」と名称変更)を同年発足させ、被災障害者の支援活動を実践(事務局長・専務理事)。活動の概要については、大賀重太郎, 2006「障害者自立支援の実践論に向かって」(似田貝香門、前掲書)、佐藤恵『自立と支援の社会学――阪神大震災とボランティア』(東信堂, 2008 ; 8-9頁) 参照。

3 村井雅清さんは、震災後、「ちびくろ救援グループ」(現在「ぐるうぷ"えん"」代表として救援活動に取り組み、同時に、「阪神地元NGO救援連絡会議」、「阪神・淡路大震災『仮設』支援連絡会」(現在「被災地NGO恊働センター」代表、1999

年台湾大地震、新潟中越地震、アフガン震災、トルコ震災、スマトラ島沖地震島の国内外の災害時の支援活動に尽力した。海外では過去34回のコーディネイターの役をこなした。活動概要については、村井雅清、2006「たった一人を大切に──かけがえのないボランティアたち」(似田貝香門編、前掲書)、西山志保、2005『ボランティア活動の論理──阪神・淡路大震災からサブシステンス社会へ』(東信堂)参照。

4 村井雅清「たった一人を大切に ── かけがいのないボランティアたち」(似田貝香門編、2006『ボランティアが社会を変える』関西看護出版、所収)参照。

5 黒田裕子、2006(前掲書 p39)参照。

6 K・マルクスは「個体的生命」と「個性の独自性」の positive な現実化というテーマを、「類的存在」Gattungswesen(『経済学・哲学手稿』)→「人間的存在」Menshilich Gemainwesen(『ミル評注』)→社会的な共産主義、という流れのなかで、人間の自己確証行為の現実的展開を求めた。しかし、この展開は、『経済学批判要綱』→『資本論』においても完結してはいない。しかし、E・フロムの「生命への愛」(Bio-Sophie：『人間の心』)への関心とか、排除された生命＝生活の複数性の問題を、「見棄てられた境遇 Verlassenheit」で捉えようとしたH・アーレントとか、H・ヨナスの「自己の傷つきやすさを思っておののく人への姿への畏敬にこそ、責任の倫理の核心がある」(The Imperative of Respnsibility,in Search of an Ethics for the Technologikal Age.1984,pp.201-202)、というような、時代と世代を越えて受け継がれてきた生命への配慮の議論が現代的のテーマである。〈生の固有性〉という実存、人間はこの問いのなかに無限に立っている。似田貝香門, 1984『社会と疎外』(世界書院)参照。

7 「その人のために」、「ただ1人のために」という支援思想は、やがて見るように、〈多様性〉の原理を育む根源となる。本章7)村井雅清さんの実践的な言葉(3)「十人十色」の項、参照。

8 似田貝香門編、2006『ボランティアが社会を変える』(関西看護出版 第1章1節・2節、第2章第1節、第3章3節・4節)参照。

9 〈耐える〉行為は、被った事柄(受難)の解決の道が、未知なるが故に、気長に〈待つ〉という持続的行為選択を余儀なく行うことを免れない。本章では、後にふれるように、能動的主体との対比において、〈受動的主体性〉という主体論のなかに〈耐える Verwindung〉という行為契機を理論的にも、経験的にも、不可避なものとして主題化している。

10 梁勝則さん(リャン・スンチ；阪神高齢者・障害者支援ネットワーク副代表)の発言(2003/07/21)。

11 「一人を大切に」という〈生の固有性〉にこだわる支援活動は、「隙間だらけである」(村井雅清；2004/08/24)。その意味で、支援の現場は「不安定」であり、支援できないことが多い。こうして支援の現場は、「落とし穴(隙間)」であり、

だからネットワークで「繋ぐ」(村井雅清) 必要がある、という。そこで村井雅清さんは、「市民と市民がどのようにつながっていくのか。つながっていくのは、人間としての共感」だとし、特に支援の境界領域でのボランティアは、「テーマが変わると別のネットワークの繰り返し」、個のネットワークを増やすこと、と考えている (2002/08/21)。また、大賀重太郎さんは、「ボランティアはピラミッドの組織体ではない。支援活動を知らない人が参加してくるので、固定した形はない」(2007/08/07) という。しかし支援する社会の状況に応じて、柔軟に活動する「アメーバーのごとく多様な戦略」(2002/08/20) と、そのもとになる、出自の異なる多系な「強さの環をいくつももつネットワーク」を有している (2007/08/07)。〈生の固有性〉をめぐる支援組織が、これまでの運動論や組織論とは異なり、ある種の生命系の活動組織という特異性 singularité を持つことについては別稿を準備している。

12 〈生の固有性〉の支援をめぐる実践組織の特異性については本章の後段で論ずる「バラバラで、(なお) 一緒」の論述を看られたい。

13 黒田裕子, 2006「阪神大震災をとおして自己の可能性を見つける——人と人とが向き合うなかでの私」(似田貝香門編, 2006年, 前掲書) 参照。

14 「共に cum」とは、被災者―支援者両者が、解決を必要とする、当該のテーマ、課題、出会った出来事に関し、同じ時に同じ場所で、相互に接触してなり立つ。この意味で「共に」とは、異なる人間の間での、出来事との〈出会い〉であり、こうした接触の〈そのつど〉、〈具体的、一時的、局所的〉にふるまわれる同一性の原理と呼んでもよい。そして同時に、この原理のもとに、主体の複数性(＝〈共に－ある être-avec〉) が引き出される。本章で使用されている相互に関係の深い用語群について、次のように使い分けたい。〈居合わせる co-presence〉、傍らにいる、隣り合わせとは、〈共に－ある être-avec〉という関係性が成立する前の、被災者の周辺、近隣に、いつでもアクセス出来うるような、支援者としてのふるまい方と、ひとまず定義しておく。このふるまい方は、支援者としての支援行為の一般的な自己参照、自己準拠である。この自己準拠が実際に、〈そのつど〉、当事者の〈呼びかける声〉を了解した状態が〈共に－ある être-avec〉という関係性である。この関係性が成立したのち、当該の生起したテーマ・課題へ相互に実践行為および主体の行為を〈共同出現〉と呼ぶ。ただ、これらの関係性は時空間的には、ほぼ同時的連続した変化 sequence change として、〈そのつど〉生起する。〈共同出現〉は、したがって、被災者およびその支援者の、出来事への苦しみ pathos という受動性からの相互的な主体的立ち上がりを意味する (受動的主体の主体化)。同時に、このような主体化の様相を、出来事、課題、テーマへの「分割＝分有 partage」としての、〈われわれ〉という共同化された〈主体の複数性〉が成り立つ様相である。なお多くの存在論が「存在」と「現れ」の2分法を使用しているが、私は本文やこの注で述べたように、この区

別に否定的である。この議論については、「間主観性」(E・フッサール Edmund Husserl、M・ハイディガー Martin Heidegger、A・アーレント)、あるいは「間の存在論」としてのM・ベルガー Martin Buber を引き合いに出しながら論じている M・テュイニッセン Michel Theunissen, Der Andere, 2. Aufl., ruyter, 1977. および「われわれ」と「共出現 com-parution」を根源的な事態と考えている、J・L・ナンシー 1996＝2005『複数にして単数の存在』(松籟社) 参照のこと。

15　本章で使用している、関係概念としての〈寄りそう co-presence〉、傍らにいる、隣り合わせ、〈共に－ある être-avec〉と、時間・空間概念としての、〈そのつど〉、〈具体的、一時的、局所的〉の関係については、P・フレイレもまた同じような関心を持っている。「運動の出発点は、人間自身に存在する。しかし、人間は世界を離れ、現実と離れて存在するわけではないので、運動もまた人間－世界関係から始まらなければならない。したがって、出発点は、つねにこの場所のこの瞬間に、人間とともにいなければならない。この場所とこの瞬間が状況を構成しており、人びとはその内側に埋没したり、そこから出現した、そのなかに介在したりしているのである」(邦訳、p 90)。

16　具体的な被災者に呼びかけられた〈わたし〉は、もはや自分を一般者とは見なさず、具体的な被災者の支援を行う〈わたし〉という具合に自らを特殊化する。このような〈わたし〉の表現として、西田幾多郎の「一般者の自己限定」という用語との関連を想起することができよう。

17　黒田さんは「中越沖地震」での次のような具体的な例示あげている。足が腫れている老婦人の被災者が病院をすすめても、中越地震 (2004年10月23日) で家がつぶれ、それでも耐えてきたが、今回の地震で「どうなってもよい」とあきらめていて、行こうとはしなかった。「この人にどんな言葉を与えることが可能か」と考え、対話したこと、日頃は畑仕事をやってきたがそれも今や「どうでもよい」という。畑仕事がこの人の日常にとって大切、と考えた黒田さんは、足が治ればまた畑仕事が可能であることを話したところ、「何で他人がそこまでいうのか」との言葉に対し、「私も(阪神・淡路大震災)の被災者ですから」といったという。一挙に2人の距離が縮まり、病院へ連れて行くことができたという (2007/08/08)。双方的対話によって、日常的な「暮らしを整える」を軸にケアが可能である、と黒田さんはいう。

18　この定義については本書第5章、似田貝香門「専門職ボランティアの可能性」参照。

19　J・ハバーマスは、言葉は「皮膚下 (subkutam) に持ち込まれた、変化の兆候であり、あるいはそのテーマの始まりである」(s116) といい、それが故に、「下部政治的性格 (subpolitischer)」をもつという。J・Habermas "Kömnen Konplexe Gesllshaften eine vernunftige Identität ausbilden?" *Zur Rekonstruktion,des Historischen Materialisumus*.1976.

20　支援者はこのような責任のふるまい方を、「信頼」、「被災者とのふれあい」(和田耕一)と呼ぶ場合もある。
21　〈聴く〉行為が、支援者の主体性を、〈受動的主体性〉へと、またそれが〈可傷性 vulnérabilité〉と結びつかされ、やがて〈主体の複数性〉の形成にかかわる論点については、本書第1章、似田貝香門「市民の複数性 ── 現代の〈生〉をめぐる〈主体性〉と〈公共性〉」の「〈可傷性 vulnérabilité〉──「弱い存在」と受動的主体──」の稿参照。
22　自己と異なる他者と〈出会う rencontre、rencounter〉という実感は、〈そのつど〉、「現実」から発せられる具体的被災者の〈生の固有性〉の内容が、私のそれとは非同一的なると判断されるとき、避けがたく生ずる。それは、否応なく自らを越えでた異質的なものに出会った、という実感である。他者と〈出会う〉ということは、他者を認識することでなく、他者の不幸からの解放途上で示される、〈生の固有性〉にかかわる他者体験の事実に遭遇した、ということである。支援者の〈生の固有性〉へのこだわり、という支援行為(ふるまい)は、この「他者体験の事実」そのものを大切にしていることに他ならない。
23　「拓人こうべ」ホームページ http://www.takuto-kobe.net/ 参照。
24　詳細は黒田裕子 (2006) 参照。
25　「つなぐ」(〈結びつけ〉)とは、行為の持続・完遂のため、潜在的・可能的対象を自ら発見し、それを自己提示するため、〈主体の変様〉を伴う行為といえよう。「現実社会の現実性からつかまれた仮説(提示)が、現実化しうる可能性のモメントを問う」(似田貝香門、1984『社会と疎外』世界書院)。
26　〈越境的に〉とは、実践の場で出現しつつある新しい出来事に対し、関与する行為者が、この出来事から回避することなく、むしろそれを潜在性 virtualité、可能性 possibilité 的な対象(新しい行為として創造)へと転換させ、かつそれを制度体と〈結びつけ conjoncture〉〔結び付ける・接合・取りこみ〕るとき生起する動きである。私はこのような事象を捉える概念として〈越境的ダイナミズム〉という用語を準備している。この動きを生起させる〈新たな行為〉は、制度・構造を揺り動かし、それらの機能変化を生み出そうとする動きである。しかしこの動きは、既存の制度領域(境界)の有限性が露わになることであり、いわば新しい出来事にかかわる主体と制度の「裂け目」という危機的〈隙間〉と、制度形成に向かっての創造的〈隙間〉の両義的な動きが、不安定的、可動的な〈越境的ダイナミズム〉が働く。似田貝香門, 2006「越境と共存世界」(前掲書)参照。
27　「ひとりの人として救う」(黒田)、「障害者問題へのこだわりという『原点』」(大賀)、「たったひとりを大切に」「最後の一人まで」(村井)という、〈生の固有性〉に着目した支援は、可能な限り、「一人一人のニーズ」を、異なる領域、制度体を、あるいは新たなる行為と秩序・制度を〈結びつけ〉る。しかし、実現できないニーズ、未実現のニーズをも同時に抱え込む。そのような〈結びつき〉の実現性と、

直近には未実現、未決場の内容とが自覚的に置かれている場を、大賀重太郎さんは〈隙間と混在〉とよぶ。いわば「つなぐ」(〈結びつけ〉)は、ニーズの実現性と可能的潜在性 virtualité の〈繋ぎ目〉の場としての〈隙間〉といえる。

28　その後、特定非営利活動法人 (NPO 法人)「被災地障害者センター」(1999年10月)、特定非営利活動法人 (NPO 法人)「拓人こうべ」(2005年10月名称を変更)と組織を改変してきている。

29　被災者の「次の生活を創(る)」担い手は、先に「聴く姿勢」の項で論じたように、〈語る－聴く〉という関係性の形成に伴い「変わり合い」という相互応答性の過程から、当該の未実現の生活支援内容に対しての、当事者と〈共に－ある être-avec〉あるいは〈共同出現〉という〈主体の複数性〉が準備されなければならない。

30　〈生の固有性〉の視点から支援する者は、〈聴く〉という行為を行うことによって、支援を引き受けることになるが、この実現に困難性が伴うの、はいうまでもない。かくして、支援者もまた〈可傷性 vulnérabilité〉を被る〈受動的主体〉とならざるをえない。

31　〈変化の兆候〉を、新しいニーズとの〈出会い rencontre rencounter〉による新しい客体・対象としてみるだけでなく、それを〈主体の変様の兆し〉の位相として捉えることもまた可能である。このような位相からの捉え方は、スピノザの「触発＝変様」(アフェクチオ)の理論と近くなる。つまり、人は、新たなニーズに出会い、「働きを受ける能力(感応力)」と「みずから働く能力(活動力)」の主体過程の関係が「触発＝変様」されうる。

　　主体の〈受動的主体性〉とは、出来事との〈出会い〉において、他者と〈出会い〉、その他者との関係性が、未実現、未決定のニーズを引き受けという、〈可傷性 vulnérabilité〉の働きを受ける感性力と、それを活動(支援)へと自らに働きかける能力が共に作用する、という主体の〈変化の兆候〉である。主体にとって、新たなニーズ、他者〈出会い〉とは、受動的主体性(受動的＝能動的主体)という、〈主体の変様の兆し〉の「触発＝変様」のモメントとなる。私が主体変容でなく〈主体変様〉と記するのはこのモメントを重視するからである。

32　実践の場で出現しつつある新しい出来事に対し、関与する行為者が、この出来事から回避することなく、むしろそれを潜在性 virtualité、可能性 possibilité 的な対象(新しい行為として創造)へと転換させ、かつそれを制度体と〈結びつける conjoncture〉〔結び付ける・接合・取りこみ〕とき生起する動きを、〈越境的 dynamism〉と呼んでおく。この動きを生起させる〈新たな行為〉は、制度・構造を揺り動かし、それらの機能変化を生み出そうとする動きである。しかしこの動きは、既存の制度領域(境界)の有限性が露わになることであり、いわば新しい出来事にかかわる主体と制度の「裂け目」という危機的〈隙間〉と、制度形成に向かっての創造的〈隙間〉の両義的な動きが、不安定的、可動的な〈越境的ダイナミズム〉が働く。これについては、似田貝香門、2005「越境と共存

8章 〈ひとりの人として〉を目指す支援の実践知　319

世界」(前掲書、所収) 参照のこと。

33　「拓人こうべ」(旧名称「被災地障害者センター」)は、1995年の阪神・淡路大震災後、障害者自身による救援活動の拠点として活動を開始、その後は緊急支援から緩やかに生活支援へと活動内容を障害当事者の必要に応じて変えていき、1999年には特定非営利活動法人(NPO法人)となった。活動の概要については、佐藤恵, 2007 (前掲書) 参照。

34　「社会福祉の増進のための社会福祉事業法等の一部を改正する等の法律」(2000年6月) により、厚労省の説明によれば、「利用者の立場に立った制度を構築するため、これまでの行政がサービスの受け手を特定し、サービス内容を決定する『措置制度』から、新たな利用の仕組み」としての『支援費制度』に2003年度より移行した。

35　在宅で介護や支援を必要とする障害者にたいし、自宅に、資格を持ったホームヘルパーが出向いて、食事、排泄等の介護の介護や、家事その他の日常生活の上のケアを行うサービス。ガイドヘルプは、障害者は自宅に留まるのでなく、外出して社会生活に参加するための、外出介護である。いうまでもなく、社会参加の大切なプログラムである。

36　「ゆめ・風10億円基金助成事業」によって、セルフ・マネージメント手法の研究と開発および支援ネットワーク作りを取り組んだもの。新しい仕組みについて説明、内容について、行政側からの説明はほとんどなく、そのため独自に、基礎研究と情報収集・分析を行い、当時、兵庫県の10近くの障害者ホームヘルプ事業参入希望グループへの相談・情報提供を行ってきた。詳細は、大賀重太郎, 2002「NPO法人被災地障害者センターのめざすもの ── 支援費制度対応と委託事業の受託を見据えて」(『月刊福祉』2002年6月号、pp. 48-51)、大賀重太郎, 2006「障害者自立支援の実践に向かって」(似田貝香門編, 2006年、前掲書) 参照。

37　1960年代前半まで「重度障害者」は障害者施策の対象外であった。施設整備などの公的な対策の必要性が論じられるようになるのはようやく1970年代に入ってからである。障害を持つ当事者の団体である「青い芝の会」は、こうした状況を「親がかりの福祉」と呼び、1970年代前半から批判運動を展開し、「親がかりの福祉」では、十分な「自己決定権」がえられないとし、「自己決定」を妨げる「代行」の一切を拒否するため「親は敵だ」、「介護する人は自分たちの手足だ」とした。青い芝の会メンバー達が「自己決定権」という言葉を使っているわけではない。荒川章二・鈴木雅子1997「1970年代告発型障害者運動の展開：日本脳性マヒ者協会「青い芝の会」をめぐって」(『静岡大学教育学部研究報告 (人文・社会科学篇)』: 13-32頁) 参照。

38　「自己決定」の本章での定義は、本書1章、似田貝香門「市民の複数性──現代の〈生〉をめぐる〈主体性〉と〈公共性〉」で論じた。

39　より詳しくは、本章の「聴く姿勢」の〈共に－ある être-avec〉・〈共同出現〉の

実例を参照のこと。
40 大賀重太郎さんの、震災後の、自らの10年の活動の整理、総括したときの表現 (2004/08/27)。
41 村井雅清「たった一人を大切に」(似田貝香門編, 2006年, 前掲書, p135)。
42 1995年1月の震災直後からのボランティアの支援のあり方は、レスキューの時期、復旧の時期、復興の時期、と大きく変化している。私たちはこうした被災地の状況に応じたボランティアの諸相とその時系列的展開を、I緊急・救援→生活支援、II復旧→復興、III復興→社会再生、と段階区分した。本書、序章 似田貝香門「再び『「共同行為」』へ──阪神大震災の調査から」──〈サバイバーズ・スピーク・アウト〉生還者の声は社会を変える」参照。
43 村井雅清「たった一人を大切に」(似田貝香門編, 2006年, 前掲書, p135)。
44 大賀重太郎「障害者自立支援の実践論に向かって」(似田貝香門編, 2006年, 前掲書, p89)。
45 〈呼びかける声〉に対する聴取する者の現れは、当然ながら、〈聴く〉という行為や、そのための〈語る−聴く〉という関係性の成立が、なにより大切である。本章の黒田裕子さんの〈聴く姿勢〉の項参照。
46 だからといって、この〈協働〉は自足的組織構造という完結的形をとらない、あるいはとれない。ここでの〈協働〉という形をとる共同性は、個のみならず、集合体(組織)も有限性を有するからである。つまり、組織体も〈個の有限性〉に代替されるものでないからである。同時に〈協働〉の組織体は、多様性に対し柔軟的な flexible 組織原理を持つことになる。大賀重太郎は、支援活動が制度的サービスの委託や、市民との独自の協働のサービスを行うとき、「市民との共感を得るために多様性」であることの必要性を痛感している。この多様性へ自らが開く組織様相こそが、「市民に開く」ことであり、またそれこそが「行政との差」であるという (2002/08/20)。つまり、自分たちが多様でないと、市民の多様性に対応できない、ということである。
47 こうした多様性認識については、似田貝香門, 2004「社会と多様性」(国際高等研究所『多様性の起源と維持のメカニズム』95-110頁) 参照。
48 村井雅清, 2006「たった一人をたいせつに」(似田貝香門編, 2006年, 前掲書, p144以下参照)。
49 平凡社版『南方熊楠全集第7巻』からの書簡から抽出して編集された『南方熊楠コレクションI』(中沢新一責任編集 河出文庫 1991年, P.297) 参照。
50 こうして〈復旧―復興段階〉における支援活動の困難という客観的状況のなかで、「レスキュー段階」以来の、自然発生的ボランティア組織の内部に支援活動をめぐる亀裂・〈裂け目〉が生ずる。こうした状況のなかで、専門職によって「経営」される組織体の福祉関連施設、医療関連施設から、少なからずの専門職が被災者の支援活動を始める。この専門職がボランティア化することの意

義と、〈モラル〉視点からの支援活動の施設化・制度化批判の論理とが、どのように交差するのであるか。本書、5章似田貝香門「専門職ボランティアの可能性」（長田地区高齢者・障害者支援ネットワーク）参照。

51 〈そのつど〉、〈具体的、一時的、局所的〉に、問われる「何が公益か、何が公共か」は、あくまでも「その人にとって必要なこと」かどうかの、判断水準である。〈生の固有性〉への支援とは、このように、その人をその人なりに見ることや配慮が不可欠である。したがって、従来のように、「みんなのために」というように、社会が個人をみんなと同じに扱おうという行為に中心があるのではなく、「その人のために」、「ただ1人のために」、ということがサポートの基本思想である。一回性によって特色づけられる個人の〈生〉の「他ならなさ uniqueness」への配慮、自己と他者とが「まみえる」共通の世界への、「存在」―「現れ」の非分離的な共同関係を、H・アーレントは「現れの空間 the space of appearance」と呼び、これを「公共空間」と呼ぶ。このように〈生の固有性〉の支援をめぐる共同性（「〈共に－ある être-avec〉」）は、人の「存在」―「現れ」の位相の存在論的〈公共性〉というテーマを孕む。また、和田さんは、「未だに日本のボランティア活動は、非日常（rescue 段階）にしか十分意味をもたない」と指摘し、本格的ボランティア論は、市民社会（日常性）のなかで構築していかねばならないという（1998/08/03）。このような意味での新らしい公共性を市民社会に日常化しようとする思いが、少数者、受難者への支援という、従来、見逃されてきたフィールド（場所）から、迫り上がってきた。この動きは、日本社会に大きな変化への兆候をもたらすことへの期待は大きい。

52 和田さんは、このような「決断―全力を尽く」というふるまいを、「神にゆだねる」という表現でいい換える。この種の支援行為は、計算不可能であり、不確定性が高いが故に、決断とはこのような表現を伴うのであろう。「神」という第三者と〈共に－ある être-avec〉という精神高揚状況にないと、「前に一歩飛び出す」ことは出来ない。

53 支援者が被災者から〈呼びかけ〉られ、支援するかどうか熟慮した後、思い切って支援行為を決断し、実践する際の表現としての「人のありよう」（中辻直行）、「人のあり方を主語にする」（大賀重太郎）、「人ってこんなもんでしょう」（和田耕一）の表現は、ふたたび「一般者」（西田幾多郎）という人としての共通感覚の再構築である（新たな正義による人間の共同存在）。こうして、支援行為が生み出した実践知については、本書、1章、似田貝香門「市民の複数性――今日の生をめぐる〈主体性〉と〈公共性〉」注3)を参照。P・フレイレは、限りなく人間になっていくプロセスを、対話と学習による被抑圧的状況を対象化し、その状況を主体的に変えていく実践と省察のプロセスに認め、それをテーマ化している。「人間であることは、他者および世界との関係において生きることだ」（『自由の実践としての教育』）と敷衍する。アントワーヌ・ド・サン＝テグジュ

ペリは、『星の王子様』のなかで、本来、(動物を)飼い慣らす。(人を)扱いよくする、という意味を持つアプリボワーゼ apprivoiser (仏)という言葉を何度も使って〔狐と王子との会話に16回登場〕、時間をかけて関係をつくり、かけがいのない馴染みとなる、という意味に使用している。つまり、会話によって、時間をかけて相手と関係を相手と一つとなることを意味するようになる。その結果、再び自己を認識し、人となり、相手と再び人間となる、という人間の哲学の根源をテーマ化している。

54 「被災者」という公共的領域での匿名性を、聴かねばならぬタイミング(「瞬間を大切にする」)を経た瞬間に、支援者にとって、「こだわり」の関係が生成されることについては、本章の5)の(1)を参照のこと。

55 そのため「恊働」という言葉を準備する。村井さんは、ボランティア活動を「働く」という概念と比較する。彼は、「ボランティアの活動と『働く』と意味では同じでないか。この関係を検証するため『恊働』という言葉を使用したい」(1998/08/03)。黒田裕子さんは「ボランティア活動を仕事として行う」(1998/08/04)という。「仕事」、「働き」とボランティア活動の関係を、H・アーレントの「活動」概念や、U・ベック U・Beck の「市民労働」概念等との検討を介して、主題となっている社会活動の場としての「市民社会」論を組み立てる必要があろう。とりわけ、長らく障害者や被災者の自立支援の運動や活動で培ってきた、〈生き甲斐・仕事・自立・支え合い〉という活動の考え方が、「障害者自立支援法」の創設により、仕事・自立の意味が換骨奪胎され、労働市場へ参入する労働主体こそ自立、という旧い「自立」、「労働」のテーマに引き戻されつつある。このような考え方と、戦わなければならぬ理論的－運動的前線構築が緊要となっている。今後は、改めて自立－支援の根拠地型の運動活動から、グローバルな地平に目を向け、活動の場としての「市民社会」への揺さぶり、共振を引き出す力を生み出さねばならぬ、状況といえよう。

56 「共時的な相互接触」とは E・ミンコフスキー Eugene Minkowski の「生きられた共時性」(synchronisme vécu)。Le temps vecu (1933=1977)『生きられる時間』1977, みすず書房。

57 出来事や経験の個別性や具体性を一つの重要なモメントとして扱い、それらを順序立て成立する言葉(言明)を、人が「生きる」現実の組織化の大切な形としてアプローチする方法に、構築主義によるナラティブ・アプローや、自己の「語り」分析がある。既に多くの研究者が認めているように、この「語り」に参与している研究者もまた、現実構築にかかわっている。しかし、まだこのかかわりは、曖昧である。研究者(インタビュー者)は、「語り」が研究者に語りかけられていることを忘れてはいけない。多くの場合、いつの間にか、「語り」(当事者のパロール)を、対象化・客体化している。研究者に向けられている〈「語り」〉を、〈「語る」－「聴く」〉という相互的な行為の関係性のなかで、相互に実践的テー

マと課題を発見すること、およびその課題を社会に、実践として働きかけるという〈共同出現〉こそが、現実を構築していく力の生成なのである。その意味では、構築とは〈共同出現〉という力であり、各主体の自存力 conatus である。

58 第1章「市民の複数性——今日の生をめぐる〈主体性〉と〈公共性〉」の注)2 参照。

あとがき

1）第2章の、絶望した者の「希望を持ちましょうよ」、という転生の可能性の瞬間の光景は、何度もふれるごとく、〈受動的主体〉の主体的可能性を予感させるものであった。

被災者は受難＝受苦の位相にある。にもかかわらず、「希望へ」と被災者の意志を変えうる可能性がある、ということについて、その光景は、私たちの調査現場での精神的衝撃ともいえる体験であった。

しかしこの可能性は、なかなか現実化できない環境条件にあった。一方で、多くの被災者にとってレスキュー段階がようやく終わりを告げ、復旧段階以降になってから、他方で依然としてレスキュー段階にある被災者のなかから、「孤独死」が次第に増えてきた。このことで、次第に解ってきたのであるが、自立できない「震災弱者」が少なからず生み出され、「貧なるものは、一層貧に」というように、「震災弱者」構造化という状況を、この時期に呈し始めていた。

「震災弱者」にとって、自立の課題やテーマは、支援者なしには自立はとうてい不可能であった。

「自立とは支え合い」という支援者の言葉を、やがて私たちは、〈そのつど〉、〈具体的、一時的、局所的〉に、〈共に－ある être-avec〉という動態的な共同の関係の生成、という意味（概念）を措定することによって理解しようとした。

しかし、支援者もまた、支援できない現実と、自らの限界のなかで、何度も途方に暮れる姿を私たちは垣間見てきた。支援を引き受けるその内容の重さにより、支援者もまた受難＝受苦の位相に陥る。

支援者はこうした事態を、相互の話し合いにより、中断という、〈未決定・未完遂・停留〉の位相に一旦置きつつも、しかし、再び、被災者に勇気づけと支援を絶えることなく行ってきた。そこには被災者と支援者の両者の

相互に「支え合い」がある。この様相から私たちは、〈われわれ〉という〈主体の複数性〉という概念を想起することになった。

　そして同時に、このような可能性を引き出そうと努力している支援者の独自な方法が、〈「語る」－「聴く」〉という、被災者と支援者の相互の主体変様を伴う関係性の形成への姿であった。私たちはこうした方法を、〈近傍からの接近〉、〈近傍に寄る〉と呼ぶことにした。

　私たちはこうした調査での経験から、支援者の〈聴く〉という行為が行われる現場での経験を、支援者から、繰り返し、繰り返し、具体的に聴きあわせた。被災者の当該の問題そのものを、自らが変様しながら、〈近傍に寄る〉という特異な相互的対話という方法を、同時に学びながら習得することにした。

　2)〈われわれ〉という〈主体の複数性〉や、〈共に－ある être-avec〉、〈共同出現〉という概念が、被災者－支援者の関係性だけでなく、支援者と調査者との関係にも同じように、明確に拡大、包摂、適応されることがある。

　そのように思えたきっかけは、ある時突然、支援者の和田耕一さんに、「これからはあなた方がボランティアである」(和田耕一；1997/07/30) といわれたことがある。

　そのようにいわれることを想像していなかったので、驚いて「どういう意味ですか」と尋ねた。和田さんは「いま神戸で何が起きているのか、何が求められているのか、何が生み出されようとしているのか。このことを知ることは今、重要である。それらを記録し、外へ情報発信するあなたがたはボランティアである」、というのである。

　これまで調査の専門家としての私たちと、調査対象者という主体を弁別し、かつその上で、相互に役割の明確な相違を当たり前のように前提として問題提起した。かつて私が論じた、被調査者との「共同行為」(似田貝香門；1974) の議論も正にそのような前提である。この前提で、私は調査者－被調査者の共同関係の形成論を論じていた。

　和田さんは、一挙にこの主体間の弁別を、全く異なった視点から解消してしまった。あなたがたも私たちと同じようにボランティアだという。単

に役割の異なるボランティアだ、というのである。専門性、専門家という立場に、知らず知らずにこだわっていたのは、私である。虚を突かれた。

　和田さんは、数年、神戸に通ってくる私たちの姿勢やふるまいを見ながら、あなたもボランティアでしょう、と喝破したのである。

　この時点から、私たちは、被災地（被災者）という同じ「場所」、同じ「時間」に、被災者（受苦者）に、支援者と同じように、近傍に寄ろうとしている（approaching）、〈寄りそう co-presence〉、隣り合わせようとする、一者（支援者、調査者）として、同格に扱われたのである。本書5章の「職能ボランティア」という概念の着想の一端は、この経験であった。

　この経験によって、同格の主体として扱われ、ふるまわれることなしに、〈われわれ〉という〈主体の複数性〉の概念の有効性は困難であることを、いやというほど知った。課題は、双方が、お互いに同格と扱うことができる、「共に cum」の視点を、同じ場所、同じ時間に、〈そのつど〉、〈具体的、一時的、局所的〉見出すことにあるのであろう。それは決して、抽象的で、普遍的で、固定的で規範的な言説ではない。また実体でもない。〈そのつど〉、〈具体的、一時的、局所的〉に、問題の生起した、その時間と場所に現れる、実践の様相そのもののなかに出現する。

　普遍的な〈われわれ〉なるものは存在しない。〈そのつど〉、〈具体的、一時的、局所的〉に、ときには世界のあらゆるところで、瞬間的に、それは現われる。小さな社会関係や小さなグループのなかで、常に、至るところで生起する可能性がある。

　また大きなテーマを背負い込んだ。

3）1995年、定年を5年〜6年後にひかえ（その後、東京大学の定年が年金支給の開始年齢に合わせられ、9年後になるのだが）、自分の仕事として、大学院博士課程の院生に調査現場で経験的調査の手ほどきを行い、各自に博士論文の素材と、できればテーマを共に見出すようなことができたら理想的だな、と思った。このような願いや希望のもとに調査研究を実施した。

　外部からの依頼等いろいろな事情も加わり、結局、1995年から一挙に、以下の三つの調査を同時平行的に行うこととなった。

①原子力発電所にかかわる住民投票運動の「新潟県巻町調査」(1995-1996) には、成元哲〔現在 中京大学准教授〕、中澤秀雄〔現在 千葉大学准教授〕が、

②准看護婦養成廃止と看護婦（士）の資格向上をめざす方向への決着をめざす初めての国による調査であった厚生省「准看護婦問題調査検討会」の「准看護婦問題調査」(1995-1996) には、細田満和子〔現在 コロンビア大学研究員〕・三井さよが〔現在 法政大学准教授〕、

③阪神・淡路大震災の調査には、第1次調査 (1995-1996；当時大学院博士課程の院生であった水津嘉克〔現在 東京学芸大学専任講師〕、佐藤恵〔現在 桜美林大学准教授〕、清水亮〔現在 東京大学大学院准教授〕、藤井敦史〔現在 立教大学准教授〕）、本格的調査となった第2次調査 (1996-2007現在) には、同じく院生の佐藤恵、清水亮、三井さよ、西山志保〔現在 山梨大学准教授〕というメンバーであった。震災直後でもあり、調査の初期の最も困難な時の第1次調査には、私の長らく地域社会研究仲間（「地域政策研究会」）であった、矢澤澄子〔東京女子大学教授〕さん、吉原直樹〔東北大学大学院教授〕さん、森反章夫〔東京経済大学教授〕さんにも加わっていただき、助けてもらった。

また、教育を意図とした調査でもあったので、阪神・淡路大震災のボランティア調査には、若手の研究者、院生にも参加してもらった。特に、本書で中心となっている、現場からの問題、課題、テーマの立ち上げ、〈「語る」−「聴く」〉という関係を介した〈近傍からの接近〉、〈近傍に寄る〉による方法の経験してもらい、研究室に戻って、ワーク・ショップや討論会を数多く重ねてきた。

この3つの調査に加わったコアのメンバーの院生たちの多くは、私が期待したように、それぞれの調査現場でテーマと素材を見つけ、博士号を取得し、それぞれ研究書を出版した。

この調査では、三井さよ、2004『ケアの社会学――臨床現場との対話』(勁草書房)、西山志保、2005『ボランティア活動の論理――阪神・淡路大震災からサブシステンス社会へ』(東信堂)、佐藤恵『自立と支援の社会学――阪神・淡路大震災とボランティア』(東信堂、2008) である。

また、本書に登場した主要な支援者と私たちとの恊働の仕事として、似田貝香門編、2006『ボランティアが社会を変える——支え合いの実践知』(関西看護出版) がある。

他の調査では、中澤秀雄、2006『住民投票運動とローカルレジーム：新潟県巻町と根源的民主主義の細道、1994-2004』(ハーベスト社)、細田満和子、2006『脳卒中を生きる意味—病と障害の社会学』、星加良司、2007『障害とは何か——ディスアビリティの社会理論に向けて』(生活書院) であり、いずれも研究と教育の道を歩み始めている。

当初の調査の意図が、これほど見事に、参加者によって実現できるとは思ってみなかった。私が学んだ先生方や諸先輩の調査研究の領域を継いで、さらに発展させてくれる可能性が、これらの調査によって拓けたことは、望外の喜びであった。

本書の出版はこうした意味でも、12年前に始まった阪神・淡路大震災の調査で育った若手の研究者との恊働の仕事であり、その証である。

4) 本書に登場した、「拓人こうべ」(旧「被災地障害者センター」) の福原史朗 (故人) さん、大賀重太郎さん、溝渕裕子さん、「阪神高齢者・障害者支援ネットワーク」の黒田裕子さん、中辻直行さん、梁勝則 (リャン・スンチ) さん、「被災地NGO恊働センター」(旧「阪神地元NGO救援連絡会議」) の、草地賢一 (故人) さん、村井雅清さん、細川裕子さん、「たかとりコミュニティセンター」(旧「たかとり救援基地」) の神田裕さん、和田耕一さん、鈴木迪子さん、野田北部まちづくりコンサルタントの森崎輝行 (森崎建設事務所) さん、「野田北部まちづくり協議会」の浅山三郎さん、焼山昇二さん、林博司さん、河合節二さん、松田利之さん、福田道夫さん、これらの方々には、この12年間、いつお邪魔をしても、いつも長時間にわたる私たちのとの対話時間をとっていただいた。私たちを受け入れ、信頼していただき本当に感謝に堪えない。

また、本書の序 (はじめに) の表3「調査対象団体および対象者 (1995〜2000年)」に示したように、あの混乱のなかにあって、忙しい時にもかかわらず、実に多くの支援者が、私たちを受け入れてくれた。ここでも表現で

きないほど、多くのことを学ばせていただいた。記して感謝したい。

かつて調査について論じた「共同行為」という考え方は、今回の12年にわたる調査のなかで、おぼろげながら、輪郭をつかめるようになってきた。

ひとつは本書で紹介したように、この書の刊行前に、ここに登場する支援者と一緒に書を著したことである（似田貝香門編、2006）。似かよったことは、住民運動（1973年〜75年）調査後に、多くの住民運動者と一緒に書を出したことがあった（似田貝香門他編、1976）。しかし、その時はあまり意識的でなかったし、その書に登場した住民運動者との対話も不十分であった。

今回は、支援者との長きにわたる対話・討論と、その結果、意識された共同出版（協働の行為）を行った、という点で遙かに前進したと思う。

もう一つは、本書で論じたように、支援者の支援実践に関する大切な言葉（実践語）と、私たちのそれに対応すべき準備された概念が、長い対話と討論によって、相互浸透 osmose され、お互いに対話のなかで、あるいは支援者の実践のなかや、私たちの論文のなかで、自由闊達に使用され始めたということである。これも、また「共同行為」の一つの形であろう。

しかしなにより大切な経験は、支援者によって「あなた方も、いま神戸で起きていることを記録し外部に発信するボランティアである」といい、私たちを支援者と同格の位置に置いたことにある。

この瞬間に、支援者にとって調査という専門性は、支援グループの異なる活動をする一者（〈共に－ある être-avec〉）としての意味を持つ、と判断されたのである。支援者にとって調査者は、その場所の、その瞬間に居あわせる、〈共に－ある être-avec〉関係のなかの一者、と捉えたのである。この意味を今後、調査論として、もっと実践的にも、理論的にも詰めてみたい。

私たちの長期にわたる調査の準備や、収集した資料やデータの整理、テープ起こしに多くの時間を割いてくれた、旧似田貝研究室の秘書の玉田千誉子さん、西井（木下）まゆみさん、この方々の支えがなければ、調査時期に、管理職また同時に2つの研究科を併任して激務であった私や、私たちの研究はおぼつかないものであった。改めてお礼を述べたい。

東京大学定年退職時に、阪神・淡路大震災の調査を含む私たちのこれまでの調査の一切の資料、データ、関連書籍、ノート類を引取り、保管、管

理し、将来、データの2次分析が可能な状態に整理してくれている札幌学院大学社会情報学部データ・アーカイブには、感謝したい。

　出版事情が良くない昨今にもかかわらず、私たちの研究を受け入れ、出版にまで引っ張っていっていただいた東信堂の下田勝司さんの熱意には本当に感謝したい。お誘いと励ましによってようやく出版にまでこぎ着けることになった。

　最後になるが、本書は、もともと私の定年退職(2006年3月)の記念として、本書の他の執筆者である佐藤恵さん、清水亮さん、三井さよさん、西山志保さんによって準備され、原稿もそれに間に合うように出されていた。にもかかわらず、このように出版が延びてしまった責任はすべて私にある。改めてお詫びをしたい。

　私たちは、本書8章でもふれたように、第3次の調査を行いつつある。

　被支援者の自立をめぐる「障害者自立支援法」等の法制度は、支援活動を可能とする実践の場の主戦場として、法制度やその運用等の制度体が、次第に被支援者─支援者等のよって〈争点 issue〉化され、そこに抵抗、対立、競合という緊張関係を生み落としつつある。

　支援主体にとって、制度体との緊張関係は、今後の調査の方法が、ミクロな相互行為論的な主体論(過程)のみならず、主体過程と制度過程との交差、重層という実践空間を把握する方法をさらに構築しながら前進しなければならないであろう。

　H・アーレントが、そしてM・フーコーやG・アガンベンがテーマにする「剥き出しの生ゾーエを直接統治する政治や主権(生政治)」は、いわば自己の固有性(=〈生の固有性〉)を剥奪していく様相である。「孤独死」や、障害者の地域生活の居場所や労働を奪う政策は、人の〈弱い存在〉を、一層、自己との関係、自己への回帰を剥奪していく過程である。改めて自己の固有性(=〈生の固有性〉)を回復するミクロ・ポリティックスの動きが活性化することに注目しなければならない。

　支援の現場は、一方で、いつも制約に満ちている。しかし他方では、可能性への特異的条件に開かれている。支援の実践の経験知、そしてその累積としての〈実践知〉は、いつもここから始まる。

私たちを支えてくれた方々に報いるためにも、一層の努力が必要となった。

執筆者を代表して
似田貝　香門

参考文献

似田貝香門　1974「社会調査の曲がり角 ―― 住民運動調査後の覚え書き」(『UP』24号)

似田貝香門他編　1976『地域開発と住民運動』(フジテクノシステム出版部)

事項索引

【ア行】

「青い芝の会」	278, 319
新しい主体論	4
アドボカシー活動	62
「現れの空間 the space of appearance」	xx, 17, 19, 20, 300, 321
〈居合わせる co-presence〉	xix, xxv, xxvi, 4, 5, 22, 23, 301, 306, 315
異質な支援者間の補完性・相互依存性	207, 235-238
「依存と自立の連続性」	219
「依存のスティグマ」視	218
「痛み」	xxiii, 3, 4, 10, 146, 257
イタリアン・ハディガー	5
「一律『平等』主義」	209, 210
〈一体化〉	xxiv, 163, 169, 170, 177
インナーシティ問題	160, 161, 163, 180-183, 192
ヴァルネラビリティ〈可傷性 vulnerabilite〉	ix, xix, xx, xxiv, 9-11, 25, 152, 206, 207, 213, 214, 216, 217, 220, 229, 238, 265, 311, 317, 318
「ヴァルネラビリティと能動性の連続性」	220
受苦的な存在	7
〈越境的ダイナミズム〉	153, 317
応急仮設住宅	55, 80, 124
〈応答 response＝責任〉	100, 113, 119, 120
オープン性	238
オルタナティブな自立観	206, 220, 227, 229, 243

【カ行】

解決的要素	231-235
カオス	ix, xx, 153, 276
「顔のみえる関係」	19, 20
「かけがえのない『この人』」	215
〈語る―聴く〉	ii, 267, 269, 304-307, 312, 322
過程的主体	7
可能性 possibilite	5, 182, 317, 318
「変わり合い」	v, ix, xxv, xxvi, 43, 154, 266, 267, 304, 305, 313, 318
記憶の共同体	179
〈聴く〉	ii-iv, vii, xxv, 11, 43, 242, 243, 254, 261, 264, 266-269, 305-307, 317, 325
「技術的合理性」technical rationality	200
規則	132, 133, 151, 285, 295, 296, 298, 309
「気づき」	153, 224
〈希望〉	iv, 7, 8, 34-36, 40-42
共生	180, 213, 214, 290
「協働」	186, 189, 296, 320, 322
「共同行為」	vi, viii, 31, 33, 43, 252, 325, 329
〈共同出現〉	i, viii, ix, xxv, xxvi, 4, 5, 11, 22, 43, 265-268, 279, 289, 300, 301, 303, 305, 306, 315, 323, 325
居住者優先の思想	158, 162, 163, 169
〈居住の論理〉	xxiii, 189-192
「切らない」	224-226
緊急時の救援ボランティア活動	205
近代市民社会	72, 219

近傍　　　xxv, 5, 154, 261, 269, 305, 306, 326
〈近傍からの接近〉　　ii-iv, ix, xxv, xxvi,
　　　　　　　　304-307, 312, 325, 327
〈近傍による〉　　　　ii-iv, ix, xxv, 261,
　　　　　　　　304, 305, 325, 327
〈具体的、一時的、局所的〉　　iii, vi, ix,
　　　　　　　　xx, xxii, xxv, xxvi, 22,
　　　　　　　　299-305, 308-310, 324-326
組み合わせ　　4, 12, 20-22, 70, 290, 307, 309
苦しみ pathos　　　　i, xix, 4, 5, 7, 10,
　　　　　　　　43, 298, 306, 307, 312, 315
経験知　　　vi, xxvi, 282, 307-310, 330
〈経験的定義〉　　　　　　　　　　249
限界状況 limits-situsation　　xx, 7, 24
健全者の自立観　　　　　　　218, 219
「原点」　xxii, 91, 92, 114, 119, 120, 126
「行為の中の省察」reflection-action
　　　　　　　　　　　　　　201, 202
公共空間　　　　　　　　　　300, 321
「公共圏」　　　　　　　14, 19, 27, 42
「公共性」　xx, 14, 16, 17, 42, 138, 304
CODE　　　　　　　　　　　x, 49, 69
〈克服 Uberwindung〉　　　viii, xx, 24, 311
「こだわり」　viii, ix, 254, 256, 299, 306, 322
「こだわる」　　　　　　　ii, v, vii, 255,
　　　　　　　　271, 299, 311, 312
孤独死　　　　　　　xii, xxi, 6, 47, 54,
　　　　　　　　57, 58, 61, 71, 81-84, 86,
　　　　　　　　97-101, 107, 116, 212, 324, 330
「孤独な生」　　　　　　xxi, 60, 61, 81
〈個の有限性〉　　　　　　287, 288, 290, 320
コミュニケーション　vii, xxvi, 43, 65, 148,
　　　　　　　　198, 201, 223, 260, 262, 264, 266, 307
「コミュニティ」　　　　　　157-159, 161,
　　　　　　　　163-170, 177, 183-187, 189-192
コミュニティ・アーキテクト　　199, 201
コミュニティ再生　　　7, 42, 158, 184
コミュニティ・ビジネス　xxi, 69, 70, 74

「コムスティ」　　　160, 177-179, 183, 188
〈コモンズ〉　　　　　　172, 174, 183, 189
固有性　　　　　　77, 79, 87-91, 93-95, 97,
　　　　　　　　100, 112, 114-117, 119-123
根拠地　　　　　　　258, 259, 294, 313, 322
〈混在〉　　　　　　　　　xxv, 18-20, 275
コンサルタント　　　　167, 169-171, 188,
　　　　　　　　189, 197-202, 328
コンパクトシティ　　　160, 179-181, 194
コンパクトタウン　　　　　180, 181, 194

【サ行】

「災害弱者」　　　　　　xxii, 77, 99, 123,
　　　　　　　　124, 127, 147, 152
災害復興公営住宅　　　　　　　　　60
細街路整備　　　　　160, 171, 172, 174,
　　　　　　　　177, 179, 181, 186, 188, 189
「支えあい」　　24, 48, 65, 67-71, 303, 325
サバイバーズ・エリア　　　xxii, 135, 136,
　　　　　　　　141-143, 147, 205
サブシスタンス（サブシステンス）　xxi,
　　　　　　　　4, 22, 69, 74
三者関係　　　207, 235, 237, 239, 240, 244
「支援の実践知」　　　　　　25, 304-306
「支援の独我論」　　　　　　237, 238, 240
支援費制度　　　206, 220, 268, 277, 319
事業型まちづくり　　　　　　　179, 185
私権の延長　　　　　　　　　　188, 197
「試行性の隙間」　　　　　　　xxvi, 234
自己犠牲的ボランティア　　　　　　59
〈自己決定 self-determining〉　　　　7, 28
自己決定の相互性　　　　　　　　　221
自己再帰性 reflexivity　　　　　　　　25
自己反省的 reflexive　　　　　　　　149
自己満足的ボランティア　　　　　　59
自省性 reflexivity　　　　　　　　　143
「自助的自立」　　　　　　209, 243, 244

持続型まちづくり　　　179, 182, 185
自存力 conatus　　　8, 25, 262, 291, 323
自治会　　　xxiv, 58, 72, 86, 160,
　　　162, 165, 185, 186, 193, 197
実践行為 pratique　　　vii-viii, 48, 176,
　　　177, 257, 267, 315
実践知　　　ii, iv-v, viii-ix, xx, xxv, xxvi, 36,
　　　43, 249, 276, 282, 286, 290, 293, 304-308
「自分が変わる」契機　　　221, 224, 225, 243
「市民社会」　　　xii, xx, 13, 14, 22, 37, 38,
　　　41-48, 255, 257, 259, 284, 289, 298-303
「市民の共感」　　　207, 238-240, 313
集合的記憶　　　179
〈主体化〉　　　158, 175
〈主体（の位相）の転位〉　　　xix, 9, 11, 12
〈主体の複数性〉　　　i, xxv, xxvi, 5, 25, 26,
　　　146, 266, 269, 315, 317, 318, 325, 326
主体（の）変様　　　v, xix, xxv, xxvi, 42, 43,
　　　146, 262, 264, 269, 271, 272, 281,
　　　304, 306, 312, 317, 318, 320, 325
主体論　　　xix, 4, 22, 53, 265,
　　　276, 281, 293, 313, 330
受動的主体性　　　vii, xix, xx, 7-11, 146,
　　　265, 281, 284, 291, 293, 312, 313
受難＝受動の様相　　　i, 5
障害者市民　　　217, 219, 220, 242
「障害者問題へのこだわり」という「原点」
　　　＝ミッション　　　206
職能　　　197, 199, 201, 270
職能的ボランティア　　　134, 262
〈職能ボランティア〉　　　xxiii, 131, 134,
　　　139-145, 147-149, 326
〈所有の論理〉　　　xxiii, 163, 167, 168,
　　　170, 172, 183, 190-192, 195
「自立＝自己選択・自己決定＝自己責任」
　　　図式　　　227, 229, 230, 243, 244
震災弱者　　　xii, xxiv, 56, 58, 72, 209-213,
　　　215, 251, 254, 256, 292, 296, 324

「震災復興土地区画整理事業」　　　165
震災ユートピア　　　xxi, 52, 54, 71, 73
〈身体性〉　　　8, 13, 16, 21
〈隙間〉　　　xx, xxvii, 18-20, 141-143,
　　　152, 153, 272, 275, 276, 308
「隙間と混在」　　　271, 272, 280-282, 285
「隙間の発見」　　　231, 233-236, 274
生活再生　　　7, 34, 35, 40, 261, 296, 297, 299
正義 justice　　　5
制度的支援　　　94, 116, 117
制度的手段　　　78, 83-85, 88, 91,
　　　94, 95, 103, 119, 122-124, 126
〈生の固有性〉　　　i-iii, xii, xx, xxiii, xxvi, 43,
　　　86, 132, 134, 145, 252, 253, 255-260,
　　　262, 264, 266, 269, 271-274, 276-278,
　　　282, 285, 287-300, 304-306, 311-314,
　　　321, 330
生の有限性　　　5, 7
〈責任 responsibility〉　　　xxii, 89
積極的関与 commited involvement
　　　xxxvi, 40, 42, 148
セルフ・マネージメント　　　16, 25, 28,
　　　206, 268, 277-279, 302, 309
専門職ボランティア　　　141, 142
専有＝割当て Appropriation　　　172, 174-176
相互行為　　　ii-iv, ix, xxv, 4,
　　　5, 11, 134, 143, 205, 213,
　　　214, 222, 225, 264, 267, 305, 306
相互浸透 osmose　　　vii, 313, 329
喪失体験　　　223
〈相補性〉　　　14, 42
組織の使命（ミッション）　　　58
措置から利用へ　　　220, 227
〈そのつど〉　　　iii, vi, ix, xx, xxii, xxv, xxvi,
　　　7, 22, 255, 259, 260, 264, 266, 272,
　　　283-286, 288, 289, 298-310, 324-326
〈存在－現れ〉　　　300, 321

【タ行】

〈耐えること verwindung〉　viii, xx, 24
「他者の驚き＝不意撃ち（サプライズ）」
　　　　　　　　　　　　　　223
脱スティグマ化　　　　　　　　219
多様性　　5, 13, 22, 24, 27, 28, 206, 207,
　　　227, 229, 258, 287-290, 299, 300, 304
多様な存在　　　　　　　217, 229, 238
「弾力性の隙間」　　　　　　xxvi, 233
地域代表性　　　　　　　　　　72
〈近さ〉　　　　　　　　　　　　5
中間組織 intermediate　　　　　189
超高齢社会の縮図　　　　　　xxi, 56
〈強い〉　　　98-100, 102, 103, 116, 122
〈強い〉個人の仮定　　　　　228, 229
「強い存在」　　　　　　　　xix, 11, 311
〈強さ〉　xxii, 96, 98-100, 103, 104, 111, 116
〈出会い rencontre、rencounter〉　i, vii,
　　　ix, 12, 19-23, 253, 260, 261, 266,
　　　　　　　283, 290, 302, 306, 317
〈問い直し〉　　　　　　　91, 118-124
特異性 singularite　　ii, iii, 21, 134, 255,
　　　　259, 287, 288, 304, 305, 310, 312
土地区画整理事業　　160, 161, 165-171,
　　　　　　　177, 178, 184, 193, 194
〈共に―ある etre-avec〉　i, vii, ix, xix, xxv,
　　　xxvi, 4, 5, 11, 22, 43, 260, 261, 265-268,
　　　279, 287-289, 300, 301, 315, 316, 321,
　　　　　　　　　　　324, 325, 329
トラブル　　　　　　　　　231-235
トラブルの「終息」　　　　　232-234

【ナ行】

2次的ストレス　　　　　　　54, 73
「21世紀日本の構想」懇談会　　227, 228
日常的・恒常的な「障害者市民活動」205
認識の行為 acts of cognition　40, 42, 298
ネットワーク　　vi, vii, x, 3, 270, 273,
　　　　　　　282, 290, 291, 302, 303
能動性　206, 207, 214-217, 220, 229, 238
ノーマライゼーション　　209, 213, 218

【ハ行】

〈場〉　　　143, 147, 149, 150, 200, 201
媒介　　　　　134, 142, 152, 153, 189,
　　　　　198-200, 202, 220, 237, 263
排除的対応　　　　　　　　211, 213
パテーマ論　　　　　　　　5, 8, 9, 26
阪神高齢者・障害者支援ネットワーク
　　　77-81, 83, 86, 112, 145, 213, 297,
　　　　　　　　　　　　313, 328
〈被害の重層化〉　　　　　106, 108,
　　　　　　　110-113, 115, 118, 121
「被災者生活再建支援法」　　　　63
被災地NGO恊働センター　47-49, 63,
　　　73, 132, 230, 291, 293, 297, 313, 328
被災地障害者センター　　16, 17, 28,
　　　　126, 205, 206, 213, 226, 232,
　　　　238, 240, 265, 268, 273, 277,
　　　　282, 292, 297, 303, 318, 319, 328
「被災地責任」　　　　　　　　255
「被災地発の人のあり方」　　　　241
人としてのいのち　78, 79, 84, 91, 94,
　　　　　　98, 100, 102, 112, 116, 118, 119
「広がりの混在」　　　　　　236-238
「深さの混在」　　　　　　　236, 238
複数性　16-22, 146, 266, 269, 289, 305, 325
「復旧」　　　　　　　xxiv, 159, 171, 241
復旧―復興段階　　　　132, 133, 144,
　　　　　　　　　251, 254, 296, 320
復旧・復興の社会的な格差　　　212
「復興」　　　　　　xxiv, 159, 163, 165,
　　　　　　　171, 181, 182, 194, 241
復興まちづくり　157-161, 163, 165-169,
　　　　　179, 182, 183, 185, 186, 188, 189
〈ふれあい〉　　　　　　132, 152, 285

分有 Partage	21, 22, 297, 301, 315
放置／管理	209, 213
「ポスト・イット（付箋紙）方式」	51
ホモ・パティエンス論	5
ボランタリズム	44
ボランティア／NPO	205, 213, 214, 230, 242, 243
ボランティア活動	24
ボランティアの「入口」	47, 236

【マ行】

マクロ・ボランタリズム	ii, xxiii, 257, 258
「まちづくり」	159, 186, 191, 192, 198
まちづくり協議会	162, 164, 167-169, 171, 172, 176, 177, 179, 185, 188, 189, 193, 194, 197, 198, 328
「まちなみ」	171, 172, 181-183
街並み誘導型地区計画	171, 172, 178
ミクロ・ボランタリズム	ii, xxiii, 257, 258
「未決定」	277
未検証の可能性 untested feasbility	iv, xx, 25, 35, 36, 42
未検証の行為 unsetting action	ix, xx, 25, 35, 36
「見棄てられた境遇 Verlassenheit」	15, 314
ミッション	viii, 50, 58, 205, 206, 293
〈結びつけ〔つなぎ〕conjoncture〉	vi, vii, x, xx, xxvi, 265, 272, 282, 307, 311, 317
「もう一つの働き方」	69, 70, 303, 304

| モラル | xxi, 53, 132-134, 152, 182, 295, 297, 298, 309, 321 |

【ヤ行】

〈約束・関与＝責任 engagement〉	iii, vii, ix, xix, xxvi, 10, 43, 143, 146, 254, 261, 264, 265, 276, 280, 282, 284, 296-298, 308, 310
〈呼びかけ〉	23, 321
〈呼びかけの声〉	254, 265, 266
〈呼びかける声〉	vi, 10, 11, 265-267, 286-289, 300, 302, 315, 320
弱い存在	xix, xx, 9, 11, 20

【ラ行】

留保	222, 225-227, 265, 275-277, 280, 311
臨床現場	16, 25, 43, 260, 262
レスキュー段階	iii, xii, 50, 131, 132, 134, 138, 144, 147, 163, 250, 254, 285, 292, 296, 320, 324
老計第7号通達	139, 141, 144

【ワ行】

| 「分からなさへの定位」 | 206, 221, 222, 225-227, 231, 233, 235 |
| 〈われわれ〉 | i, 5, 289, 305, 315, 325, 326 |

人名索引

【ア行】

アーレント，H（Arendt, Hannah） ii, xx, 15-17, 19, 20, 300, 314, 316, 321, 322, 330
アガンベン，G（Agamben, Giorgio） 330
浅山三郎 167, 176, 186, 187, 198, 328
阿部志郎 44
アルヴァックス，M（Halbwachs, Maurice） 179
イーグルトン，T（Eagleton, Terry） 27
石牟礼道子 153-154
今田高俊 127
イリイチ，I（Illich, Ivan） xxi, xxvi, 4, 64, 148, 303
ヴァイツゼッカー，V・V（Weizsicke, Victor Von） 26
ヴァッティモ，G（Vattimo, Gianni） 11, 26, 27
ウェイツ，N（Wates, Nick） 199
ヴェーバー（ウェーバー），M（Weber, Max） 28, 38, 174
ヴェンジャミン，W 11
エマーソン，R・M（Emerson, R. N.） 231
大賀重太郎 x, 16, 25, 28, 135, 210, 249, 250, 252, 253, 264, 267, 268, 271-273, 277, 281, 289, 292, 297, 301-303, 305, 311, 313, 315, 318, 320, 321, 328
大谷強 211, 216, 217
奥村隆 221

【カ行】

樫村志郎 232
金子勝 228
苅谷剛彦 228
河合節二 189, 328
神田裕 294, 295, 328
ギデンス，A（Giddens, Anthony） 3
草地賢一 x, vii, 37, 39, 43, 44, 131, 236, 250, 288, 299, 304, 328
黒田裕子 ii, iii, 10, 43, 81, 87-92, 93-97, 101, 109, 110, 113, 114, 145, 146, 249-253, 259-262, 266, 269-271, 280, 297, 316, 317, 328
ゴルドマン・L（Goldmann, Lucien） xx
今防人 32

【サ行】

最首悟 221
桜井厚 32
佐藤恵 28, 126, 327, 330
佐藤健二 32
サルトル，J・P（Sartre, Jean Paul） xxvi
清水亮 327, 330,
ジョンソン，B（Jonson, B.） 223
スピノザ，B・D（Spinoza, Baruch De） 25, 318
セルトー，M・ド（Certeau, Michel de） xxiv, 206
成元哲 327

【タ行】

立岩真也 232

ドゥルーズ，G（Delenze, Gilles） 20
トゥレーヌ，A（Touraine, Alain） 3

【ナ行】

中井久夫 22
中澤秀雄 327
中辻直行 x, 136, 137, 139, 140, 145, 147–149, 152, 301, 321, 328
中野卓 32
中村雄二郎 xix, 8, 9, 26
ナンシー，J・L（Nancy Jean-Luc） 28, 261, 316
似田貝香門 viii, 6, 9, 13, 22, 23, 36, 42, 43, 73, 132, 236, 252, 328, 329
西田幾多郎 23, 301, 316, 321
西山志保 22, 73, 314, 327, 330
額田勲 106, 125
ネヴィット，C（Knevitt, Charles） 199
野田正彰 127, 214

【ハ行】

バーガー，P・L（Berger, Peter Ludwig） 214
バーク，K（Burke, K.） 218
パーソンズ，T（Parsons, Talcott） 125, 219
ハーバーマス，J（Habermas, Jurgen） 3, 14, 27, 37
蓮見音彦 33, 36
花崎皋平 26, 238
フーコー，M（Foucault, Michel） 150, 330
福永年久 216, 217
福原史朗 215, 216, 222–224, 241, 282, 283, 313
フッサール，E（Husserl, Edmund） 24, 316
フランクル，V・E（Frankl, Viktor Emil） 9
ブルーマー，H（Blumer, Harbert eorge） 214

古川孝順 219
フレイレ，P（Freire, Paul） xx, 7, 23–25, 35, 40, 298, 312
ベラー，R・N（Bellah, Robert N.） 179
ベルグソン，H（Bergson, Henri） 24, 316
細田満和子 327
ポランニー，K（Polanyi, Karl） xxi

【マ行】

松田素二 32
松原治郎 28
マルクス，K（Marx, Karl） 9, 253, 308, 314
溝渕裕子 232, 235, 252, 328
三井さよ 327, 330,
南方熊楠 291
ミンコフスキー，E（Minkowski, Eugene） 322
村井雅清 ii, viii, x, 49, 132, 152, 249–253, 255, 263, 267, 269, 272, 282, 283, 285, 287, 289–291, 293, 297, 299, 302–304, 328
メシンガー，S・L（Messinger, Sheldon L.） 231
メルッチ，A（Melucci, Albert） 3, 5, 242, 243
森岡正博 74
森崎輝行 167, 188, 197–199, 201, 328
森反彰夫 188, 327

【ヤ行】

焼山昇二 187, 189, 328
矢澤澄子 36, 327
安田三郎 32, 216
安田雪 216
ヤスパース，K（Jaspers, Karl） 24
山口節郎 32
山花雅一 xi, 34

湯浅博雄	221	【ワ行】	
吉原直樹	327	鷲田清一	xix, 4, 22, 225
ヨナス，H（Jonas, Hans）	27, 314	和田耕一	vii, x, 9, 10, 23, 266, 274, 288, 292, 295, 299, 309, 325
【ラ行】		渡辺京二	153
梁勝則（リャン・スンチ）	314		
レヴィナス，E（Levinas, Emmanuel） xxii, xxvi, 12, 25, 26, 125			

執筆者紹介　　　　　　　　○ 編者

○似田貝　香門（にたがい　かもん）

　1943生まれ。東京大学名誉教授。

　1973年、東京大学大学院社会学研究科博士課程単位取得退学。山梨大学教育学部助教授、東京学芸大学助教授をへて、東京大学人文社会系研究科・文学部および新領域創成科学研究科教授。

　主要著作：共編著『住民運動の論理』（学陽書房、1976年）。似田貝香門『社会と疎外』（世界書院、1984年）、共編『都市政策と地域形成―神戸市を対象に』（東京大学出版会、1990年）、共編『現代都市と地域形成―転換期とその社会形態』（東京大学出版会、1993年）、編著『第三世代の大学』（東京大学出版会、2002年）、編著『ボランティアが社会を変える―支え合いの実践知』（関西看護出版、2006年）、共編『越境する都市とガバナンス』（東京大学出版会、2006）。

西山　志保（にしやま　しほ）

　慶應義塾大学大学院社会学研究科後期博士課程を修了後、日本学術振興会特別研究員等を経て、2005年から、山梨大学大学院医学工学総合研究部准教授。博士（社会学）

　専攻：地域社会学、都市再生・まちづくり論、NPO・社会的企業論

　主要著作：『改訂版　ボランティア活動の論理』（単著、東信堂、2007）、岩崎信彦・矢澤澄子監修、玉野和志・三本松政之他編『地域社会学講座第3巻　地域社会の政策とガバナンス』（共著、東信堂、2006）、『阪神大震災研究5―大震災を語り継ぐ』（共著、神戸新聞総合出版センター、2002）など。

三井　さよ（みつい　さよ）

　1973年生まれ。法政大学社会学部准教授。

　2003年、東京大学大学院人文社会系研究科博士課程修了。博士（社会学）。

　専攻：医療社会学、臨床社会学。

　主要著作：『ケアの社会学―臨床現場との対話』（単著、勁草書房、2004年）。船津衛編『感情社会学の展開』（共著、北樹出版、2006年）。三井さよ・鈴木智之編著『ケアとサポートの社会学』（共著、法政大学出版局、2007年）。

清水　亮（しみず　りょう）

　1967年生まれ。東京大学大学院新領域創成科学研究科准教授

　1996年、東京大学大学院人文社会系研究科博士後期課程単位取得退学。

　専攻：地域社会学、環境社会学

　主要著作：似田貝香門・矢澤澄子・吉原直樹編『越境する都市とガバナンス』（共著、法政大学出版局、2006年）。岩崎信彦・矢澤澄子監修、玉野和志・三本松政之他編、『講座地域社会学第3巻　地域社会の政策とガバナンス』（共著、東信堂、2006年）

佐藤　恵（さとう　けい）
　1966年東京都生まれ。東京大学大学院人文社会系研究科博士課程修了。博士（社会学）。日本学術振興会特別研究員等を経て、2003年より桜美林大学国際学部専任講師、2007年より桜美林大学リベラルアーツ学群准教授。
　最近の研究テーマはボランティア／NPO、障害者支援、犯罪被害者支援。
　主な著作：「障害者支援ボランティアにおけるミッションの再帰性と『支え合い』の技法」（日本社会学会『社会学評論』210、2002年）、「障害者の自己決定とボランティア／NPOによる支援」（福祉社会学会『福祉社会学研究』1、2004年）、「地域形成主体としての『弱者』」（古城利明監修、新原道信・広田康生他編『地域社会学講座第2巻　グローバリゼーション／ポスト・モダンと地域社会』東信堂、2006年）、『自立と支援の社会学―阪神大震災とボランティア』東信堂、2008年）。

自立支援の実践知──阪神・淡路大震災と共同・市民社会──		定価はカバーに表示してあります。	
2008年2月8日　　初　版第1刷発行		〔検印省略〕	

編著者Ⓒ似田貝香門／発行者　下田勝司　　　　　　印刷・製本／中央精版印刷

東京都文京区向丘1-20-6　　郵便振替00110-6-37828
〒113-0023　TEL (03) 3818-5521　FAX (03) 3818-5514　　　　発行所
Published by TOSHINDO PUBLISHING CO., LTD.　　　株式会社　東信堂
1-20-6, Mukougaoka, Bunkyo-ku, Tokyo, 113-0023 Japan
E-mail : tk203444@fsinet.or.jp　　http://www.toshindo-pub.com/

ISBN978-4-88713-797-4　C3036　　Ⓒ NITAGAI Kamon

東信堂

グローバル化と知的様式 ―社会科学方法論についての七つのエッセー	J・ガルトゥング 大矢 光訳 重澤俊次郎	二八〇〇円
社会階層と集団形成の変容 ―集合行為と「物象化」のメカニズム	丹辺宣彦	六五〇〇円
世界システムの新世紀―グローバル化とマレーシア化	山田信行	三六〇〇円
階級・ジェンダー・再生産 ―現代資本主義社会の存続メカニズム	橋本健二	三二〇〇円
現代日本の階級構造―理論・方法・分析	橋本健二	四五〇〇円
人間諸科学の形成と制度化 ―社会諸科学との比較研究	長谷川幸一	三八〇〇円
現代社会と権威主義 ―フランクフルト学派権威論の再構成	保坂 稔	三六〇〇円
現代社会学における歴史と批判（上巻） ―グローバル化の社会学	山田信行編	二八〇〇円
現代社会学における歴史と批判（下巻） ―近代資本制と主体性	武川正吾編	二八〇〇円
自立支援の実践知―阪神・淡路大震災 と共同・市民社会	片桐新自編 丹辺宣彦	二八〇〇円
〔改訂版〕ボランティア活動の論理 ―ボランタリズムとサブシステンス	似田貝香門編	三八〇〇円
貨幣の社会史―経済社会学への招待	西山志保	三六〇〇円
捕鯨問題の歴史社会学 ―近代日本におけるクジラと人間	森 元孝	一八〇〇円
覚醒剤の社会史―ドラッグ・ディス コース、統治技術	渡邊洋之	二八〇〇円
情報・メディア・教育の社会学	佐藤哲彦	五六〇〇円
BBCイギリス放送協会（第二版） ―カルチュラル・スタディーズしてみませんか？	井口博充	二三〇〇円
記憶の不確定性―社会学的探求 ―アルフレッド・シュッツにおける他者・リアリティ・超越	簑葉信弘	二五〇〇円
日常という審級	松浦雄介	二五〇〇円
日本の社会参加仏教 ―法音寺と立正佼成会の社会活動と社会倫理	李 晟台	三六〇〇円
現代タイにおける仏教運動 ―タンマガーイ式瞑想とタイ社会の変容	ランジャナ・ムコパディヤーヤ	四七六二円
	矢野秀武	五六〇〇円

〒113-0023 東京都文京区向丘1-20-6　TEL 03-3818-5521　FAX 03-3818-5514　振替 00110-6-37828
Email tk203444@fsinet.or.jp　URL：http://www.toshindo-pub.com/
※定価：表示価格（本体）＋税

東信堂

〈シリーズ 社会学のアクチュアリティ：批判と創造 全12巻＋2〉

クリティークとしての社会学――現代を批判的に見る眼	西原和久・宇都宮京子編 １８００円
都市社会とリスク――豊かな生活をもとめて	藤野正弘編 ２０００円
言説分析の可能性――社会学的方法の迷宮から	佐藤俊樹・友枝敏雄編 ２０００円
グローバル化とアジア社会――ポストコロニアルの地平	吉原直樹編 ２３００円
公共政策の社会学――社会的現実との格闘	三重野卓・平野敏政編 ２０００円
社会学のアリーナへ――21世紀社会を読み解く	厚東洋輔編 ２２００円

【地域社会学講座 全3巻】

地域社会学の視座と方法	似田貝香門監修 ２５００円
グローバリゼーション／ポスト・モダンと地域社会	古城利明監修 ２５００円
地域社会の政策とガバナンス	岩崎信彦監修 ２７００円

〈シリーズ世界の社会学・日本の社会学〉

タルコット・パーソンズ	――最後の近代主義者	中野秀一郎 １８００円
ゲオルグ・ジンメル	――現代分化社会における個人と社会	居安正 １８００円
ジョージ・H・ミード	――社会的自我論の展開	船津衛 １８００円
アラン・トゥーレーヌ	――現代社会のゆくえと新しい社会運動	杉山光信 １８００円
アルフレッド・シュッツ	――主観的時間と社会的空間	森元孝 １８００円
エミール・デュルケム	――社会の道徳的再建と社会学	中島道男 １８００円
レイモン・アロン	――危機の時代の透徹した警世家	岩城完之 １８００円
フェルディナンド・テンニエス	――ゲマインシャフトとゲゼルシャフト	吉田浩 １８００円
カール・マンハイム	――時代を診断する亡命者	澤井敦 １８００円
費孝通	――民族自省の社会学	佐々木衞 １８００円
奥井復太郎	――都市社会学と生活論の創始者	藤田弘夫 １８００円
新明正道	――綜合社会学の探究	山本鎭雄 １８００円
米田庄太郎	――新総合社会学の先駆者	中久郎 １８００円
高田保馬	――理論と政策の無媒介的統一	北島滋 １８００円
戸田貞三	――家族研究・実証社会学の軌跡	川合隆男 １８００円

〒113-0023 東京都文京区向丘 1-20-6
TEL 03-3818-5521 FAX03-3818-5514 振替 00110-6-37828
Email tk203444@fsinet.or.jp URL:http://www.toshindo-pub.com/

※定価：表示価格（本体）＋税

東信堂

〈現代社会学叢書〉

開発と地域変動——開発と内発的発展の相克	北島滋	三二〇〇円
在日華僑のアイデンティティの変容——華僑の多元的共生	過放	四四〇〇円
健康保険と医師会——社会保険創始期における医師と医療	北原龍二	三八〇〇円
事例分析への挑戦——個人現象への事例媒介的アプローチの試み	水野節夫	四六〇〇円
海外帰国子女のアイデンティティ——生活経験と通文化的人間形成	南保輔	三八〇〇円
有賀喜左衛門研究——社会学の思想・理論・方法	北川隆吉編	三六〇〇円
現代大都市社会論——分極化する都市?	園部雅久	三八〇〇円
インナーシティのコミュニティ形成——神戸市真野住民のまちづくり	今野裕昭	五四〇〇円
ブラジル日系新宗教の展開——異文化布教の課題と実践	渡辺雅子	七八〇〇円
イスラエルの政治文化とシチズンシップ	奥山眞知	三八〇〇円
正統性の喪失——アメリカの街頭犯罪と社会制度の衰退	G・ラフリー室月誠監訳	三六〇〇円

〈シリーズ社会政策研究〉

福祉国家の社会学——21世紀における可能性を探る	三重野卓編	二〇〇〇円
福祉国家の変貌——グローバル化と分権化のなかで	小笠原浩一武川正吾編	二二〇〇円
福祉国家の医療改革——政策評価にもとづく選択	三重克野則卓編近藤	二〇〇〇円
福祉政策の理論と実際(改訂版)福祉社会学研究入門	三重野卓編平岡公一	二五〇〇円
韓国の福祉国家・日本の福祉国家	武川正吾キム・ヨンミョン編	三三〇〇円
改革進むオーストラリアの高齢者ケア	木下康仁	二四〇〇円
認知症家族介護を生きる——新しい認知症ケア時代の臨床社会学	井口高志	四二〇〇円
新版 新潟水俣病問題——加害と被害の社会学	舩橋晴俊飯島伸子編	三八〇〇円
新潟水俣病をめぐる制度・表象・地域	関礼子編	五六〇〇円
新潟水俣病問題の受容と克服	堀田恭子	四八〇〇円
公害被害放置の社会学——イタイイタイ病・カドミウム問題の歴史と現在	藤川賢飯島伸子川辺一編	三六〇〇円

〒113-0023 東京都文京区向丘 1-20-6 TEL 03-3818-5521 FAX 03-3818-5514 振替 00110-6-37828
Email tk203444@fsinet.or.jp URL:http://www.toshindo-pub.com/

※定価：表示価格（本体）＋税